Manfred Siemoneit

Typographisches Gestalten

Regeln und Tips
für die richtige Gestaltung
von Drucksachen

Polygraph Verlag Frankfurt am Main

Gesamtkonzept und Gestaltung:
Manfred Siemoneit
24229 Schwedeneck

4. überarbeitete Auflage

Gesamtherstellung:
Kraus-Druck, Altenholz

Printed in Germany

ISBN 3-87641-253-6

Inhaltsübersicht

Allgemeine Einführung in das Thema

1

Es gibt kaum Berufszweige, die von der rasanten Entwicklung der Computertechnik verschont geblieben sind. Das gilt auch für Schriftsetzer und Reprophotographen, zwei kreativen Berufen der Druckindustrie, die sich mit der Text- bzw. Bildgestaltung auseinanderzusetzen haben.

Mit der Entwicklung der »Personal Computer« (PC) wurden Werkzeuge geschaffen, die Text- und Bildbearbeitung auf kleinstem Raum ermöglichen, wobei der Kreativität (fast) keine Grenzen mehr gesetzt sind. Die Druckerei, Setzerei und Reproanstalt auf dem Schreibtisch wurden durch die Zauberformel »Desktop Publishing«, abgekürzt DTP, zur Realität.

Ihr Interesse für Typographie läßt den Rückschluß zu, daß Sie sich mit dem Thema Gestaltung, eventuell sogar im Zusammenhang mit DTP, auseinanderzusetzen haben. Es wird folglich unterstellt, daß Ihnen die Bedienung der Hard- und Software bereits nahegebracht worden ist, Sie also mit dem Werkzeug umgehen können. Dieses Lehrbuch enthält deshalb auch keine Bedienungsanweisungen für Gestaltungssysteme, sondern ausschließlich systemneutrale Gestaltungsregeln für Drucksachen jeder Art. Es werden fachliche Kenntnisse aus den Lehrberufen Schriftsetzer und Reprophotograph vermittelt, die bei gestalterischen Aufgaben beachtet werden müssen.

Es wird von Typographie und Satz, von Layout und Durchschuß, von Schriftart und Schriftschnitt, von Rasterpunkt und von Dichte die Rede sein. Von Begriffen also, die Sie vielleicht schon einmal gehört oder gelesen haben – vielleicht sogar in der Bedienungsanweisung Ihres DTP-Systems – aber nicht in das Thema einordnen konnten.

Apropos **Typographie** und **Satz**. Beide Begriffe werden gleich an dieser Stelle unter die Lupe genommen, denn sie werden uns als Leitworte durch das ganze Lehrbuch hindurch begleiten. Beginnen wir mit der Typographie.

In einem Lexikon wird dieser Begriff so erläutert: »Typographie ist die Umwandlung eines geschriebenen Textes in einen gedruckten Text.« Dem ist im Prinzip nichts hinzuzufügen. Man kann es aber noch treffender sagen: »Typographie ist die Lehre des Gestaltens einer Drucksache, um eine optimale Lesbarkeit zu erzielen.« Die Kunst dabei ist der Umgang mit den typographischen Gestaltungsmitteln Bild, Schrift, Fläche, Linie und Farbe (siehe erste Umschlagseite) und deren harmonische Anordnung und Kombination auf einem ausgewählten Format.

Fachleute unterscheiden zwischen der **Mikrotypographie** und der **Makrotypographie**. Erstere beschreibt die Grundregeln für die Behandlung von schrift- bzw. textbezogenen Einheiten, wie

den Buchstaben, das Wort, die Zeile, den Absatz und die Seite. Unter dem Begriff Makrotypographie ist demgegenüber der Gesamteindruck einer Drucksache zu verstehen.
Bliebe noch zu erwähnen, daß Typograph auch eine andere Bezeichnung des Lehrberufes Schriftsetzer ist.
Schriftsetzer und Satz stehen folglich in engem Zusammenhang. Satz in diesem Sinne hat also nichts mit dem grammatikalischen Ausdruck zu tun, sondern beschreibt das Produkt der Arbeit eines Schriftsetzers, nämlich das Setzen und Gestalten von Text.

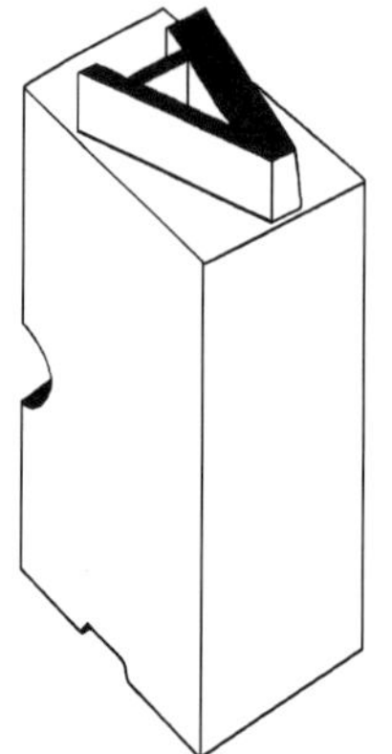

Abbildung 1.1
Der Handsatzbuchstabe oder die Letter weist ein erhabenes seitenverkehrtes Schriftbild auf

Die Geschichte des Satzes begann um 1440, als **Johannes Gutenberg** die **bewegliche Letter** erfand. Er war also nicht der Erfinder der Buchdruckerkunst gemeinhin; die kannte man nämlich bereits, denn es wurde schon vor Gutenberg von Holztafeln mit eingeschnitzten Buchstaben gedruckt.
Vermutlich aber waren die Holztafeln Vater des Gedankens, den Einzelbuchstaben aus der Gesamtform herauszulösen, um ihn dann einzeln in einer Drucksache verwenden zu können. Denn *das* war das Geniale der Erfindung Gutenbergs: Drucksachen wurden nun aus Einzellettern zusammengesetzt, die nach Auflösen der Druckform auch wiederverwendet werden konnten. Es war die Geburtsstunde der Technologie **Handsatz**. Lettern für den Handsatz (siehe Abbildung 1.1) werden aus einer Blei-Antimon-Zinn-Legierung gegossen und nach Schriftarten und -größen in **Setzkästen** untergebracht. Der Setzvorgang besteht darin, daß die Lettern aus dem Setzkasten entnommen, in einem **Winkelhaken** zu einer Zeile gesammelt und danach auf ein **Setzschiff** abgestellt werden (siehe Abbildungen 7.20 und 7.21).

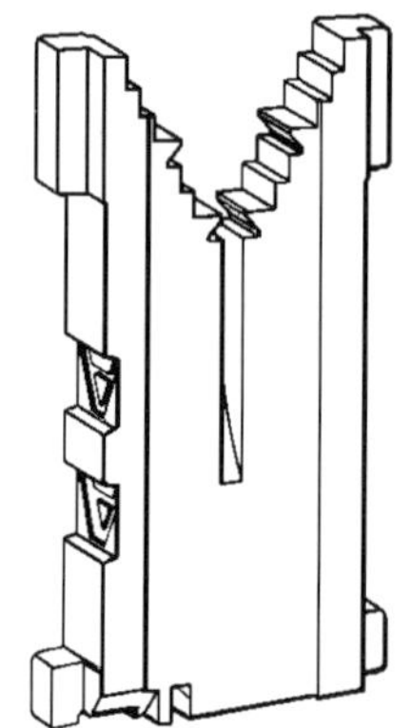

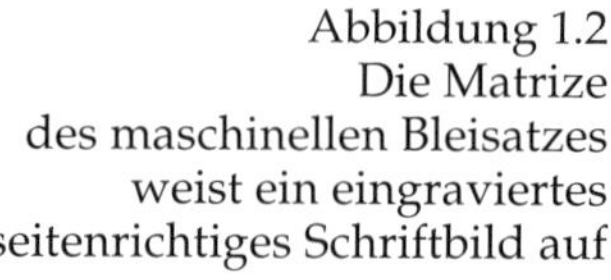

Abbildung 1.2
Die Matrize des maschinellen Bleisatzes weist ein eingraviertes seitenrichtiges Schriftbild auf

Die nächste Stufe in der Entwicklung der Satzverfahren waren die maschinellen Herstellungsverfahren (der **Maschinensatz**), deren Erfindungen ab 1890 begannen. Der wesentliche Unterschied besteht darin, daß nicht die gegossenen Lettern, sondern **Matrizen** (Abbildung 1.2) mit eingraviertem Schriftbild zu Zeilen gesammelt und danach komplett ausgegossen werden. Das Produkt sind folglich Bleisatzzeilen »in einem Stück«. Eine **Setzmaschine** ist in Abbildung 12.1 dargestellt.

Die nächste Stufe der Entwicklung der Satzherstellungsverfahren war der Fotosatz, eine logische Entwicklung, die in engem Zusammenhang mit den Druckverfahren steht. Man unterscheidet im wesentlichen zwischen dem Hoch-, Flach- (Offset-) und Tiefdruck.
Während im Hochdruck von erhabenen Lettern, sozusagen im Stempelprinzip gedruckt wird, benötigt man für die Druckformherstellung der anderen Druckverfahren Satz auf Film.

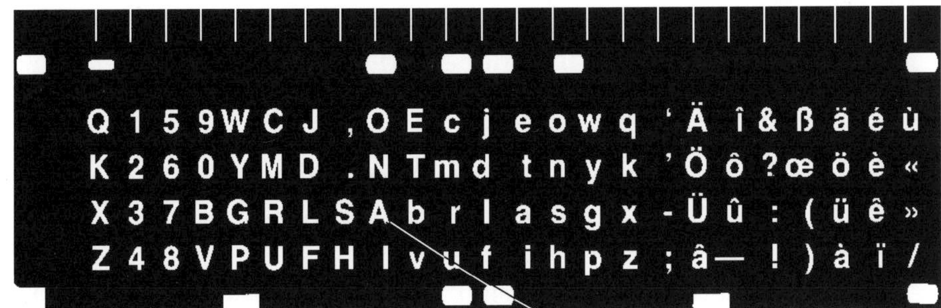

Abbildung 1.3
Im optomechanischen Fotosatzverfahren sind die Zeichen einer Schrift auf einem Schriftbildträger zusammengefaßt. Schriftenzeichen im CRT- und Lasersatzverfahren sind digitalisiert, d. h. elektronisch speicherbar gemacht

Technologisch wird zwischen dem **optomechanischen Fotosatz**, dem CRT- und Laser-Fotosatzverfahren unterschieden.
Beim optomechanischen Verfahren sind alle Zeichen einer Schrift in Schriftbildträgern unterschiedlicher Form (Abbildung 1.3) als Negativ zusammengefaßt. Die auf Film zu belichtenden Zeichen werden mechanisch vor eine Lichtquelle positioniert und »durchleuchtet«.
Mechanik ist bei den anderen beiden Fotosatzverfahren weitgehend ausgeschaltet, weil alle Schriftzeichen nicht mehr gegenständlich, sondern digitalisiert, d. h. elektronisch speicherbar, vorhanden sind.
Beim **CRT-Fotosatzverfahren** ist die Lichtquelle eine Kathodenstrahlröhre, englisch Cathode Ray Tube. Die Anfangsbuchstaben der englischen Worte haben dem Verfahren den Namen gegeben.
Beim **Laser-Fotosatzverfahren** ist die Lichtquelle der Laser. Dieses Verfahren zeichnet sich vor allen Dingen dadurch aus, daß neben dem Text auch Bilder belichtet werden können. Nach einem ähnlichen Prinzip arbeiten auch die Laserdrucker.
Heutige Satzherstellungsverfahren basieren auf **interaktiven** Arbeitsplätzen, deren Merkmal darin besteht, daß gestalterische Eingaben jeder Art sofort sichtbar gemacht werden, und zwar nach einem Prinzip, das man als **WYSIWYG** (What you see is what you get) bezeichnet. Das heißt frei übersetzt: Was man eingibt, bekommt man in Originalgestaltung auch auf dem Bildschirm zu sehen. Soviel zu den Satzverfahren.

Zur didaktischen Aufbereitung dieses Lehrbuches sei erwähnt, daß es Anliegen des Autors war, einfach zu formulieren und zu informieren.
Deshalb wurde auf oft übliche philosophische Betrachtungen ganz verzichtet, weil in der Praxis meist damit wenig anzufangen ist. Oder anders formuliert: Das Thema wurde pragmatisch angegangen, um dem Praktiker Hilfestellung zu geben.

Das Lehrbuch ist in Kapitel unterteilt, das Kapitel wiederum in Abschnitte. Dabei sind besonders wichtige Stellen und Merksätze mit dem nebenstehenden Symbol gekennzeichnet.

Als Lesehilfe sind Worte, auf denen innerhalb eines Satzes die Betonung zu legen ist, in *kursiver Schrift* ausgezeichnet. Auch das ist in gewisser Weise ein Beitrag zur besseren Lesbarkeit, also zur Typographie, denn es ist sicherlich jedem schon einmal passiert, daß er aufgrund falsch erkannter Betonung einzelner Worte einen Satz mehrmals lesen mußte.
Als Suchhilfe sind Wörter, die im Sachregister zu finden sind, in **halbfetter Schrift** gedruckt. Sofern also Begriffe noch nicht erklärt, aber trotzdem schon in halbfetter Schrift erwähnt werden, kann davon ausgegangen werden, daß die Erklärung folgt. Man kann eben nicht alles auf einmal erläutern.

Soviel der Vorrede. Der Verfasser wünscht Ihnen nun viel Erfolg beim Studium. Leitsatz sei ein Sprichwort der handwerklichen Szene, das ganz besonders für typographisches Gestalten Gültigkeit hat:

Übung macht den Meister.

Idee und Konzept sind der Einstieg in die Gestaltung

2

Am Anfang des Gestaltens einer Drucksache steht immer die Idee und damit verbunden der Wunsch oder Zwang, anderen Menschen etwas mitteilen zu wollen. Mit der Idee verknüpft sind im allgemeinen Vorüberlegungen des Initiators über den sachlichen, also textlichen und bildlichen Inhalt.
Vom Moment an, da die Vorstellungen des Auftraggebers über die Zielgruppe und somit dem Zweck der Drucksache vorliegen, beginnt die Arbeit des Typographen, die Entwicklung seiner Ideen über die Gestaltung der anstehenden Drucksache.
Bei Konzipierung der Gestaltung muß die Art der Drucksache berücksichtigt werden. Im wesentlichen wird zwischen folgenden Kategorien von Drucksachen unterschieden:

Zeitungen und Zeitschriften jeder Art,
Bücher jeder Art (Werksatz),
technische Dokumentationen und
Akzidenzdrucksachen.

Jede dieser Kategorien hat ihre eigenen Gestaltungsanforderungen, die man in Kurzform so beschreiben kann:
Zeitungs- und Zeitschriftentypographie muß konsequent auf Wiedererkennung ausgelegt sein. Das bedeutet Einhaltung von Spaltenbreiten, Grundschrift, Grundschriftgröße, sowie Überschriften. Ausnahmen sind Zeitschriften des Unterhaltungssektors, die freier gestaltet werden können.
Buchtypographie ist sehr streng; Spaltenbreite, Überschriften und Grundschriftgröße werden strikt eingehalten. Stimmungsvolle Illustrationen können dazu beitragen, die Strenge aufzulockern.
Typographie für technische Dokumentation ist geradlinig und sachlich; Überschriften und Grundschriftgröße bleiben gleich. Illustrationen sind auf Sachlichkeit ausgerichtet.
Die Typographie von Akzidenzen, das sind Gelegenheitsdrucksachen wie Briefbogen, Broschüren, Prospekte oder Plakate, ist frei von Zwängen. Gestaltungsunterschiede sind im privatrepräsentativen oder geschäftlichen Bereich zu sehen. Bei privatrepräsentativen Drucksachen ist meistens der Wunsch Vater der Idee, während bei geschäftlichen Drucksachen der Zwang, meist zu Werbezwecken, dahintersteht. Folglich ist bei privatrepräsentativen Drucksachen »zurückhaltend ästhetische«, bei geschäftlichen dagegen »auffallend ästhetische« Gestaltung anzustreben.
Als gemeinsames Merkmal gilt: Einhaltung der in diesem Lehrbuch beschriebenen wichtigsten typographischen Regeln.

Bevor sich ein Gestalter über Formgebung und Anwendung der Gestaltungsmittel Bild, Schrift, Fläche, Linie und Farbe Gedanken macht, muß er zunächst die Art und Größe des Bedruckstoffes – das ist überwiegend Papier – festlegen. Gestaltung beginnt also mit der Auswahl des Papiers.
Eines von mehreren Auswahlkriterien ist die Oberflächenbeschaffenheit. Sie kann weiß oder farbig, matt, glatt oder glänzend sein. Bei Papieren mit glatter Oberfläche spricht man auch von satinierten Papieren, bei denen mit glänzender von Kunstdruckpapieren.
Durch die Auswahl der richtigen Papiersorte wird das Gelingen einer Drucksache erheblich unterstützt. Dazu ein negatives Beispiel: Ein technisches Handbuch soll aus repräsentativen Gründen auf Kunstdruckpapier gedruckt werden. Dem Leser tut man damit keinen Gefallen. Denn wenn dieser das Buch bei künstlicher Beleuchtung liest, so wird das Licht von der Oberfläche des Papiers reflektiert, der Lesevorgang also erheblich gestört.

Abbildung 2.1
Die gängigsten Formate der A-Reihe

Bogen DIN A2	420 mm x 594 mm
Halbbogen DIN A3	297 mm x 420 mm
Viertelbogen DIN A4	210 mm x 297 mm
Blatt DIN A5	148 mm x 210 mm
Halbblatt DIN A6	105 mm x 148 mm
Viertelblatt DIN A7	74 mm x 105 mm

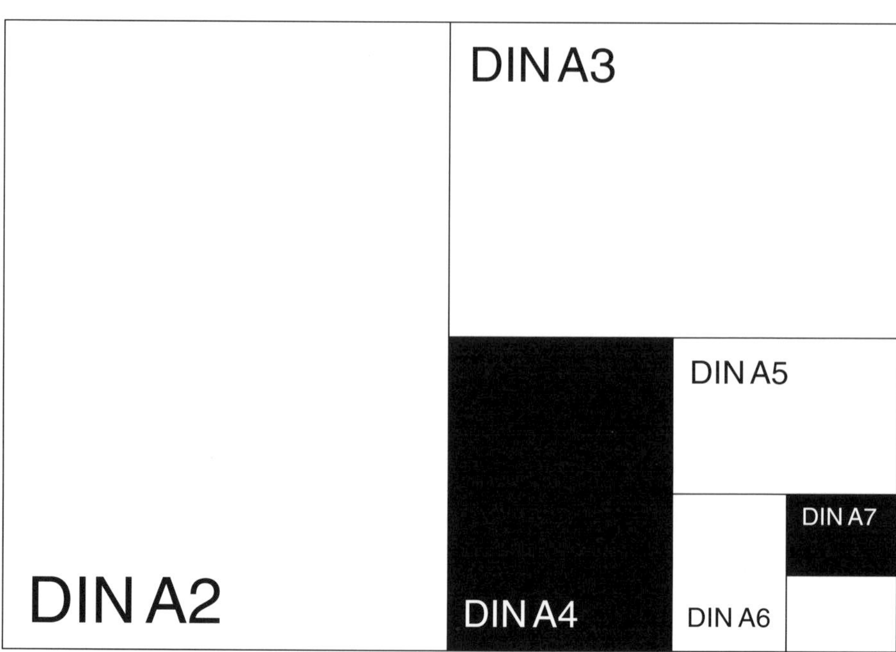

Die »gängigsten« **Papierformate** sind die Formate der DIN-A-Reihe (Abbildung 2.1). Sie werden für alle Arten von Drucksachen – von der Besuchskarte bis zum Plakat – verwendet.
Die Größe DIN A5 wird auch als **Blatt**, die Größe DIN A2 als **Bogen** bezeichnet. Auf einem Bogen sind also 8 Blätter unterzubringen. Papierbogen spielen beim Druckvorgang eine Rolle. Das Format der Druckmaschine wird ausgenutzt, indem mehrere Seiten gleichzeitig auf einem Bogen gedruckt werden.

DIN A1 und DIN A0 werden in diesem Zusammenhang als Doppel- bzw. Vierfachbogen bezeichnet. Ihre Größe ergibt sich durch Verdoppelung bzw. Vervierfachung des Formats DIN A2. Neben den Formaten der A-Reihe sind auch die Reihen B, C und D als DIN-Formate vorhanden. Die Größen von 2 bis 7 sind nebenstehend abgedruckt.
Formatübergreifend sei dazu ergänzt:

Alle DIN-Formate haben eine gemeinsame **Proportion**: Das Verhältnis der kurzen zur langen Seite beträgt 5:7.

Selbstverständlich kann ein Gestalter auch jedes andere Format verwenden. Entscheidend sind der Verwendungszweck und die Zweckmäßigkeit. Dazu ein Beispiel: Falls eine Drucksache verschickt werden soll, so muß sichergestellt sein, daß auch die entsprechenden Umschläge im Handel erhältlich sind. Dazu sei angemerkt, daß die C-Reihe der DIN-Formate überwiegend für Umschläge genutzt wird.
Neben dem Format spielt bezüglich des Versands auch das Gewicht des Papiers eine wichtige Rolle. Denn: Durch die Auswahl des richtigen Papiergewichts sollte angestrebt werden, die minimal möglichen Portokosten zu erreichen.
Das **Papiergewicht** wird in Gramm pro Quadratmeter der jeweiligen Papiersorte, abgekürzt in g/m², angegeben. Ein Quadratmeter entspricht annähernd dem Inhalt eines Vierfachbogens DIN A0 (841 mm x 1189 mm). Daraus kann das tatsächliche Gewicht des ausgewählten Formats nach folgendem Berechnungsschema ermittelt werden:
Für eine Drucksache wurde das Format DIN A4 mit einem Gewicht von 80 g/m² ausgewählt. Das Format DIN A0 ist 16 mal so groß wie das Format DIN A4. Folglich muß 80 durch 16 geteilt werden, um das tatsächliche Gewicht des ausgewählten Formats zu ermitteln: 80 : 16 = 5 g.

Ein weiteres wichtiges Gestaltungskriterium bei der Auswahl des Papiers ist die **Laufrichtung** oder **Faserrichtung**. Es ist *die* Richtung, in die das Papier bei der Produktion durch die Papiermaschine gelaufen ist.
Man kann die Laufrichtung beispielsweise durch Einreißen parallel zur Längst- oder Querrichtung des Papiers feststellen. *Die* Reißrichtung, die am wenigsten Widerstand bietet, ist die Laufrichtung.
Die Wichtigkeit der Beachtung der Laufrichtung sei am Beispiel eines Buches erläutert.

Bogen DIN B2	500 mm x 707 mm
Halbbogen DIN B3	353 mm x 500 mm
Viertelbogen DIN B4	250 mm x 353 mm
Blatt DIN B5	176 mm x 250 mm
Halbblatt DIN B6	125 mm x 176 mm
Viertelblatt DIN B7	88 mm x 125 mm
Bogen DIN C2	458 mm x 648 mm
Halbbogen DIN C3	324 mm x 458 mm
Viertelbogen DIN C4	229 mm x 324 mm
Blatt DIN C5	162 mm x 229 mm
Halbblatt DIN C6	114 mm x 162 mm
Viertelblatt DIN C7	81 mm x 114 mm
Bogen DIN D2	385 mm x 545 mm
Halbbogen DIN D3	272 mm x 385 mm
Viertelbogen DIN D4	192 mm x 272 mm
Blatt DIN D5	136 mm x 192 mm
Halbblatt DIN D6	96 mm x 136 mm
Viertelblatt DIN D7	68 mm x 96 mm

Die Laufrichtung muß parallel zum Bund verlaufen, weil sich im anderen Fall das Buch – z. B. durch Feuchtigkeitseinfluß – am sichtbaren Buchblock verformen kann. Außerdem läßt sich ein Buch auch leichter umblättern, wenn die Laufrichtung stimmt (Abbildung 2.2). Bei einem hochformatigen Schreibmaschinenpapier dagegen soll die Laufrichtung quer, also parallel zur Schmalseite verlaufen, damit der Bogen sicherer mit den Transportwalzen bewegt werden kann.

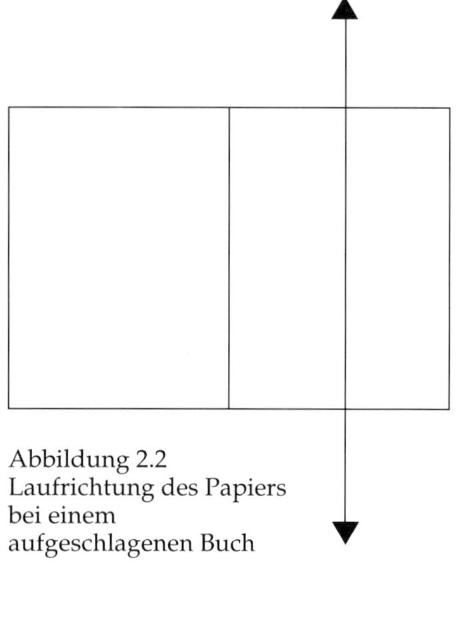

Abbildung 2.2
Laufrichtung des Papiers bei einem aufgeschlagenen Buch

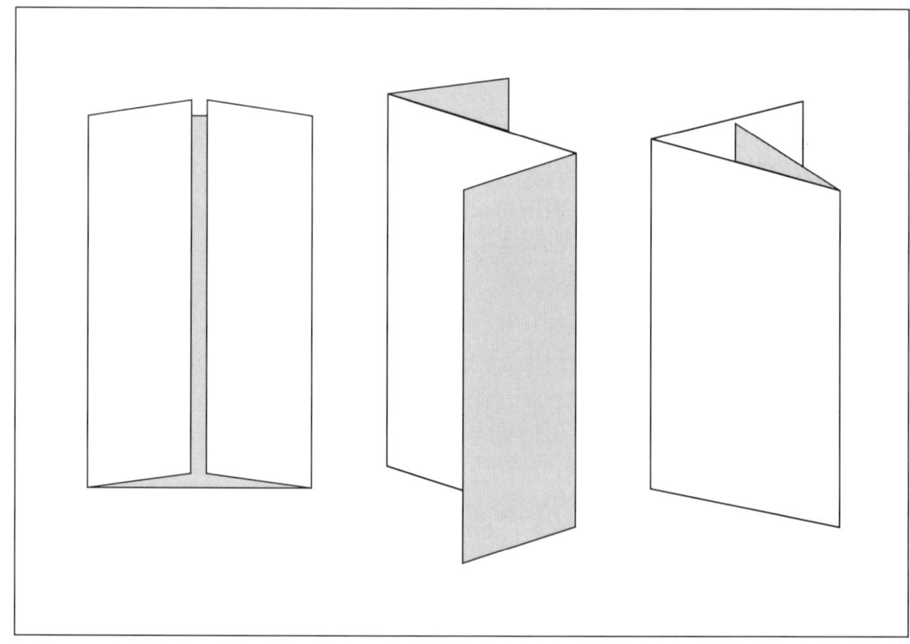

Abbildung 2.3
Schließfalz, Leporellofalz, Wickelfalz (von links nach rechts)

Es soll nicht unerwähnt bleiben, daß die Anwendung eines interessanten Falzes in einer Drucksache größere Aufmerksamkeit wecken kann. Beispiele dafür sind der **Schließ,- Leporello-** und **Wickelfalz** (Abbildung 2.3).
In diesem Zusammenhang seien auch die beiden wichtigsten Falzarten genannt, nämlich der **Kreuz-** und **Parallelfalz**. Beim Kreuzfalz wird jeweils die lange Seite, beim Parallelfalz die kurze Seite des Formats halbiert. Beide Falzarten spielen im Bogendruck eine große Rolle, wenn nämlich der Bogen nach dem Druck – auch durch mehrere Falze – auf das Ausgangsformat gebracht wird.

Ein weiteres Gestaltungskriterium ist die Entscheidung für ein **Hoch-** oder **Querformat**. Sie wird durch die Art des Inhalts, zum Beispiel Tabellen, deren Inhalt in Längstrichtung orientiert sind, durch persönlichen Geschmack, aber auch durch Zweckmäßigkeit in der Gestaltung bestimmt.

Auch Kombinationen sind möglich, wenn zum Beispiel eine tabellarische Übersicht in seitlicher Richtung so umfangreich ist, daß sie nicht in einem Hochformat untergebracht werden kann (siehe Abbildung 2.4). Für diesen Fall gilt folgende Regel:

Der Kopf muß auf einer linken Seite nach außen und auf einer rechten im Bund angeordnet sein, damit der Inhalt beider durch einmaliges Drehen eingesehen werden kann.

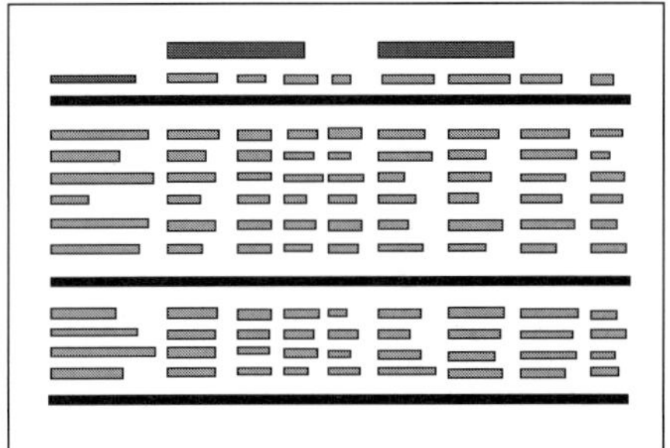

Abbildung 2.4
Skizzierte Tabelle
im Querformat

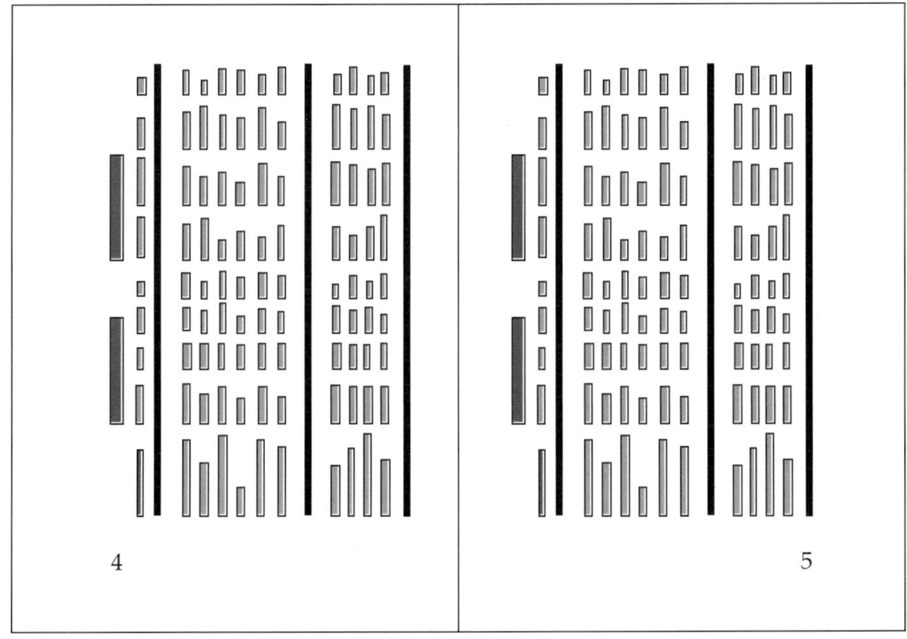

Abbildung 2.5
Anordnung
einer querformatigen Tabelle
auf einem Hochformat

Die Abbildung 2.5 zeigt auch: Der Stand der Seitenzahlen bleibt auch bei einem Querformat innerhalb einer hochformatigen Drucksache unverändert.

Nach der Bestimmung des Papierformats beginnt die Phase der typographischen Gestaltung.
Ein geübter Typograph fertigt im allgemeinen eine **Ideenskizze** von dem zu gestaltenden Objekt an (siehe Abbildung 2.4). Sie sollte unter anderem Aufschluß darüber geben, wie das ausgewählte Format am günstigsten ausgenutzt werden kann. Den zu nutzenden Platz bezeichnet man als Satzspiegel (siehe Kapitel 3). Skizzen und Entwürfe haben ebenfalls die Aufgabe, vorab einen Eindruck vom Aussehen und von der Wirkung einer geplanten Drucksache zu vermitteln. Meist genügt im allgemeinen eine sogenannte **Schmierskizze** (siehe Abbildung 2.6). Sie ist zweckmäßigerweise mit einem Bleistift auszuführen, um fehlgestaltete Stellen wieder ausradieren zu können.

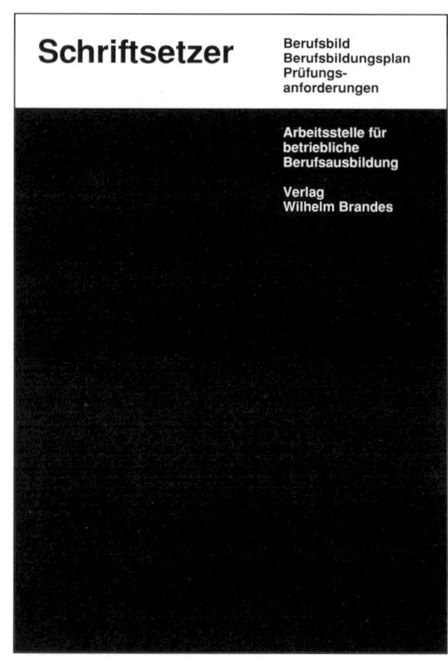

Abbildung 2.6
Gegenüberstellung einer Schmierskizze (links) und der Ausführung des Entwurfs (rechts)

Bereits in dieser Phase sollten Überlegungen für Zweckmäßigkeit, gute Lesbarkeit und Übersicht im Vordergrund stehen. Aus den Ideenskizzen ergeben sich meistens Vorstellungen über den Satzspiegel, über den Schriftcharakter, über die Größe von Überschriften im Verhältnis zum Grundtext, über Auszeichnungen im Text oder über den Stand von Texten und Bildern.
Zu diesen Themen wird noch konkret Stellung genommen. Es soll zunächst einmal über die Grundeinteilung des Formats, über den Satzspiegel gesprochen werden.

Der erste Schritt: Festlegen des Satzspiegels

3

Unter dem Begriff Satzspiegel versteht man, ganz einfach formuliert, die Festlegung einer Nutzfläche auf dem ausgewählten Papierformat, die mit Texten und Bildern ausgefüllt werden soll. Daraus ergibt sich zwangsläufig die Größe des Papierrandes, der in einem ausgewogenen proportionalen Verhältnis zur Nutzfläche stehen soll.
In vielen Fällen wird von vornherein ebenfalls festgelegt, wie viele Zeilen der ausgewählten Grundschrift in die vorgegebene Höhe hineinpassen sollen. Das hat Gründe, auf die an anderer Stelle noch näher eingegangen wird.
Sofern sich der Typograph aus Gründen der besseren Übersicht und Lesbarkeit dazu entschließt, die Seite in mehrere Spalten einzuteilen, so muß auch die Anzahl und die Breite der Spalten sowie der Zwischenraum zwischen den Spalten aus dem Satzspiegel hervorgehen. Ob ein- oder mehrspaltig wird ebenfalls in einem späteren Abschnitt erläutert, wenn von der Auswahl der optimal lesbaren Spaltenbreite die Rede sein wird.

Die Festlegung des Satzspiegels ist logischerweise in Abhängigkeit von der Art der Drucksache zu sehen. Es soll zunächst auf jene Drucksachen eingegangen werden, die aus mehreren Seiten bestehen und beidseitig bedruckt sind, wobei jede Seite der gegenüber angeordneten Seite optisch angepaßt sein soll.
Stellvertretend für diese Kategorie wird nachfolgend am Beispiel eines Buches das Vorgehen geschildert, und zwar nach einem »Rezept«, das bereits im Mittelalter angewendet wurde.

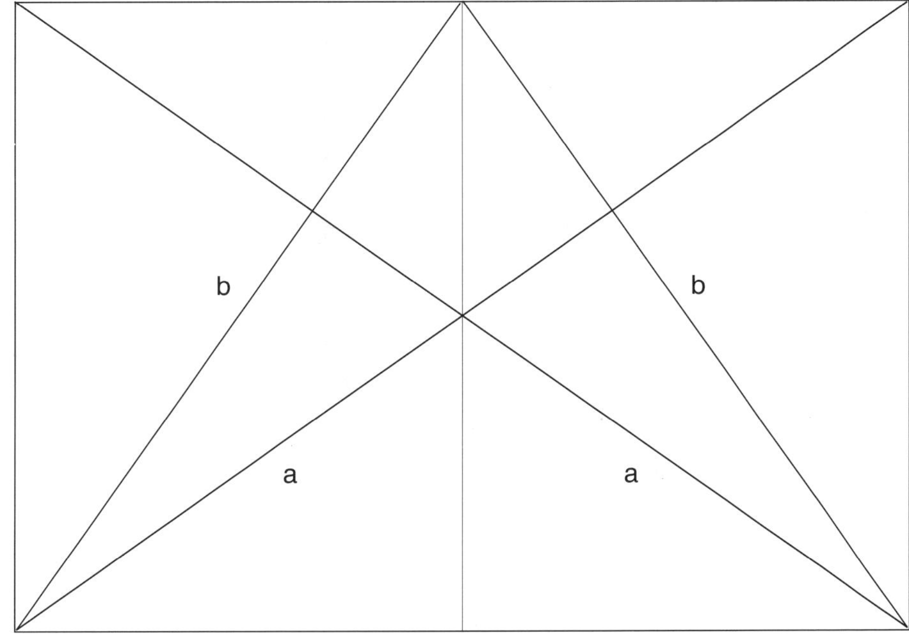

Abbildung 3.1
Vorbereitung zur Ermittlung des Satzspiegels zweier gegenüber angeordneter Seiten

Zur Festlegung des Satzspiegels nach dieser Methode werden zunächst zwei Seiten des gewünschten Papierformats nebeneinandergelegt (Abbildung 3.1).
Danach werden zwei diagonale Linien seitenübergreifend von Ecke zu Ecke gezogen (a).
Jede Seite wiederum wird anschließend nochmals jeweils aus der unteren Ecke zur gegenüberliegenden oberen Ecke mit einer Diagonalen versehen (b).

Abbildung 3.2

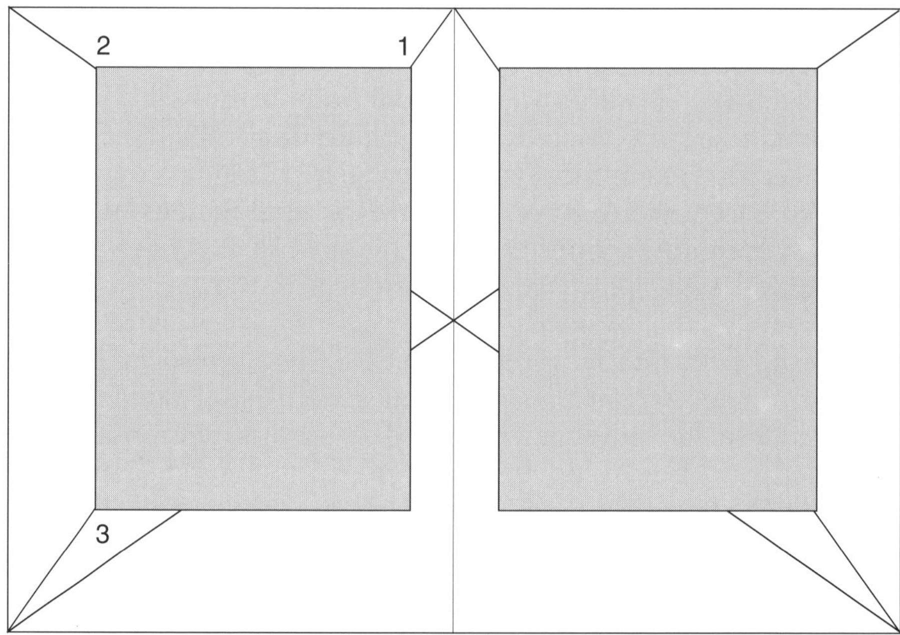

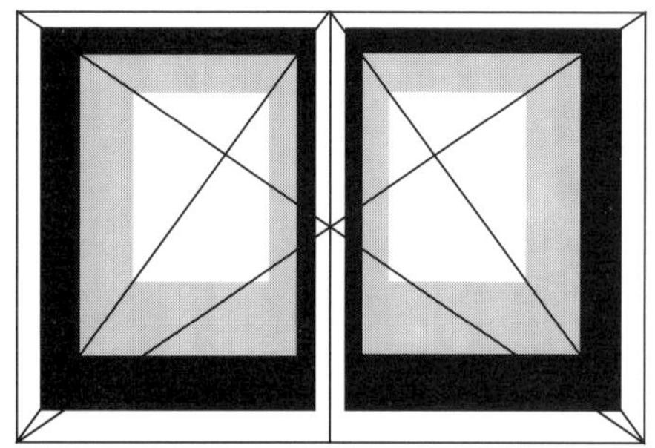

Abbildung 3.3
Kleiner Satzspiegel (weiß), mittlerer Satzspiegel (grau), großer Satzspiegel (schwarz)

Zweiter Teil der Handlung (Abbildung 3.2) ist die Festlegung des Satzspiegels innerhalb dieser Diagonalen, und zwar in Form eines Vierecks, wobei die Größe des Vierecks abhängig ist von der gewünschten Satzspiegelgröße, also von dem für Gestaltung zu nutzenden Raum auf dem Papier.
Entsprechend dieser Größenvorgabe wird das Viereck mit einer Linie ab Schnittpunkt 1 bis zum Schnittpunkt 2 begonnen.
Dann wird in senkrechter Richtung ab diesem Schnittpunkt das Viereck durch eine Linie bis zum Erreichen des unteren Schnittpunkts 3 ergänzt.
Durch gleichlange Linien seitlich und nach oben erfolgt dann die Vervollständigung des Vierecks. Auf der gegenüber angeordneten Seite wird in gleicher Weise verfahren. Der Satzspiegel steht. Dazu ist zu ergänzen:
Hätte man den Ausgangspunkt höher oder niedriger angesetzt (Abbildung 3.3), so wären die Seiten entsprechend größer oder kleiner geworden.

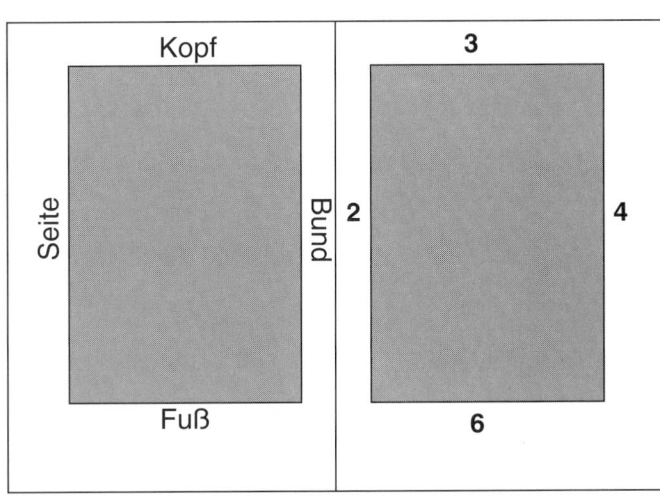

Abbildung 3.4
Das Verhältnis des freien Raumes von Bund zu Kopf zu Seite zu Fuß beträgt 2:3:4:6

Die vier begrenzenden Seiten des Satzspiegels (Abbildung 3.4) bezeichnet man als **Bund**, **Kopf**, **Seite** und **Fuß**. In vielen Beschreibungen ist diesen Begriffen noch das Wort »Steg« hinzugefügt (z.B. **Bundsteg**).
Dazu folgende Erklärung: Beim Druck mehrseitiger Drucksachen werden – abhängig vom Format der Druckmaschine – unterschiedlich viele Seiten in einer »Form« als Druckbogen (vgl. dazu Text zu Abbildung 2.1) gleichzeitig gedruckt. Bei traditioneller Buchdrucktechnik in Verbindung mit Bleisatztechnik wurde der Abstand aller zu einem Bogen gehörenden Seiten zueinander mit Eisenstegen geregelt. Folglich: Die Begriffe Kopf-, Bund,- Fuß- und Seitensteg haben nur noch dort ihre Daseinsberechtigung, wo in dieser Technik gearbeitet wird.
Bei dieser Gelegenheit sei noch ein Fachausdruck erwähnt: Der Drucker hat dafür zu sorgen, daß die Seiten in der richtigen Reihenfolge in der Druckform plaziert werden, so daß sich nach dem Falzen des Druckbogens die richtige Lesereihenfolge der Seiten ergibt. Das richtige Plazieren der zu einer Druckform gehörenden Seiten bezeichnet man als **Ausschießen**.

Zum Schema in Abbildung 3.4 sei ergänzt: Die freien Räume in Bund, Kopf, Seite und Fuß ergeben in DIN-Formaten ein Verhältnis von 2:3:4:6. Als Konsequenz daraus sollte dieses Verhältnis auch Ausgang der Gestaltung für Satzspiegel aller Art außerhalb der DIN-Norm sein.

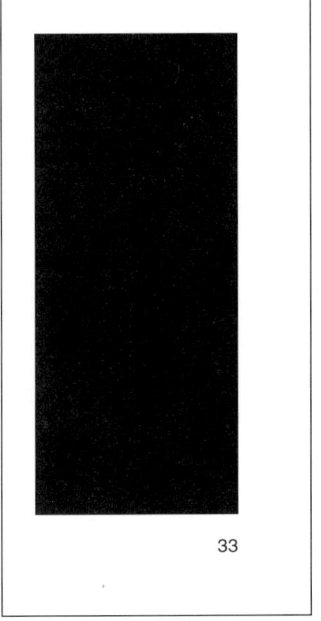

Abbildung 3.5
Übernahme
des Verhältnisses 2:3:4:6
außerhalb
der DIN-Formate (rechts)
im Vergleich
zu DIN-Formaten (links)

In etwas anderer Weise erfolgt die Festlegung des Satzspiegels bei einseitigen Drucksachen, wie Handzetteln, Prospektblättern oder ähnlichen Druckprodukten.
Auch hierfür gibt es ein »Rezept«, das zwar nicht unbedingt Norm ist, bei dessen Anwendung aber nichts falsch gemacht werden kann: Es kann der **Goldene Schnitt** angewendet werden, nach dem übrigens auch in der Architektur seit vielen Jahrhunderten gearbeitet wird. Dabei ist zu beachten:

Das Verhältnis des Papierrands an beiden Seiten und am Kopf sollte gleich sein, während am Fuß aus optischen Gründen mehr Papierrand vorhanden sein muß. Das trifft bei Anwendung des Goldenen Schnitts (5:8) ebenso zu wie bei Anwendung des Verhältnisses der DIN-Formate (5:7)

Das wird in der obigen Darstellung dieser These selbst bewiesen. Wenn man sich die negative Fläche als Format und die Schrift darin als Satzspiegel vorstellt, so ist der Abstand Satzspiegel zum Format oben und seitlich optisch gleich, während unten mehr Raum vorhanden ist. Das Ganze vermittelt einen ruhigen und harmonischen Eindruck.
Auf ein Hochformat richtig umgesetzt und angewandt, wirkt sich das Verhältnis des Goldenen Schnittes in folgender Weise optisch aus: Die Anteile an den beiden Seiten sowie am Kopf betragen jeweils 5. Im Verhältnis dazu sind am Fuß 8 Anteile vorhanden.
Wie in der Abbildung 3.7 vergleichsweise dargestellt, würden sich andere Verhältnisse in folgender Weise auswirken:

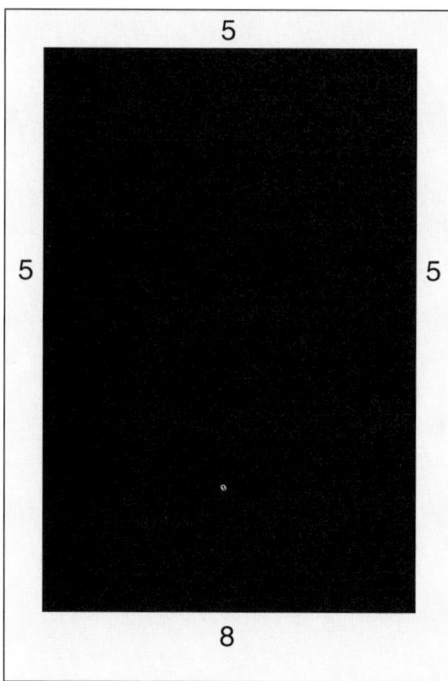

Abbildung 3.6
Richtige Anwendung des Goldenen Schnitts bei einem Satzspiegel für ein Hochformat

 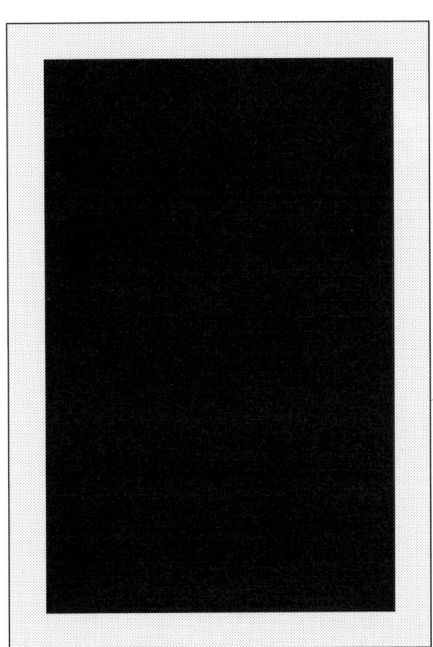

Abbildung 3.7

Vergleicht man die drei Beispiele miteinander, so wirkt das rechte Beispiel langweilig, weil alle Abstände zwischen Format und Satzspiegel – seitlich, oben und unten – gleich sind. Man hat das Gefühl, daß die Seite nach unten »durchfällt«.
Beim linken Beispiel ist der untere Raum unbegründet zu groß. Das bedeutet Unausgewogenheit der Verhältnisse.
Beim mittleren Beispiel ist das Verhältnis des Goldenen Schnittes angewandt worden; es vermittelt im Vergleich zu den anderen Beispielen einen ausgewogenen Eindruck.
Dieses Verhältnis ändert sich auch dann nicht, wenn aus Gründen der besseren Lesbarkeit der Satzspiegel über mehrere Spalten eingerichtet wird (siehe Abschnitt »Mehrspaltiger Satzspiegel«).

Falls an der linken Seite ein Heftrand erforderlich ist, so wird der Satzspiegel zunächst normal ermittelt und anschließend die linke Satzspiegelgrenze um die notwendige Größe des Heftrands erweitert (Abbildung 3.8).

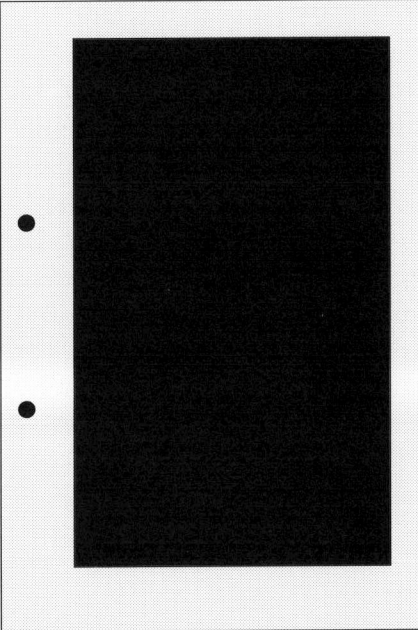

Abbildung 3.8
Bei der Notwendigkeit eines Heftrands wird die linke Satzspiegelbegrenzung der erforderlichen Größe entsprechend erweitert

Im Zusammenspiel der oberen Satzspiegelbegrenzung mit der Schrift soll nachfolgend auf eine optische Begebenheit hingewiesen werden.
Es liegt in der Eigenart der meisten Schriften, daß die Mittellängen der Kleinbuchstaben optisch dominieren (siehe Abbildung 3.9, links oben). Ober- und Unterlängen der Buchstaben wirken optisch kaum. Diese Tatsache macht sich *dann* bemerkbar, wenn Schrift in den Satzspiegel hineingestellt wird.

Der Beginn einer Seite

Der Beginn einer Seite

Der Beginn einer Seite

Der Beginn einer Seite

Der Beginn einer Seite

Abbildung 3.9
Berücksichtigung
der optischen Eigenschaften
von Schriften
beim Einrichten des Satzspiegels

Trotz gleichen oberen und seitlichen Abstands des Satzspiegels vom Papierrand wirkt die Distanz zwischen oberen Papierrand und Schrift optisch größer. (Abbildung 3.9, oben Mitte). Dieser Effekt macht sich um so stärker bemerkbar, je größer die am Seitenanfang verwendete Schriftgröße ist.
Der obere Abstand des Satzspiegels vom Papierrand sollte aus diesem Grunde von vornherein in diesem Sinne berücksichtigt werden, also etwas kleiner gestaltet werden, als der seitliche Abstand. Maßstab ist meistens die Größe der Grundschrift.
Falls so verfahren wird, so wirken die Räume angepaßter, wie der Vergleich der Beispiele in Abbildung 3.9, unten, zeigt.

Der beschriebene Effekt macht deutlich, daß Typographie nicht nur nach mathematischen, sondern vor allen Dingen nach optischen Gesichtspunkten zu betrachten ist.

Der mehrspaltige Satzspiegel

Abbildung 3.10
Einteilung eines Satzspiegels
in drei Spalten

Die Einteilung des Satzspiegels in mehrere Spalten geschieht in erster Linie der besseren Lesbarkeit wegen. Aber auch gestalterische Gründe können Veranlassung sein, eine Seite in mehrere, vielleicht sogar unterschiedlich breite Spalten einzuteilen.
In Abbildung 3.10 wird dargestellt, wie sich die Aufteilung des Satzspiegels in drei Spalten gegenüber der einspaltigen Variante (vgl. Abbildung 3.6) auswirkt, und zwar bezogen auf **Blocksatz**.
Bei Festlegung der Spaltenbreite im Blocksatz gibt es eine Faustregel, die besagt, daß eine Zeile mindestens 35 Zeichen enthalten soll (siehe dazu auch Kapitel 6).
Diese Aussage macht deutlich, daß die Festlegung der Spaltenbreite kein mathematischer Wert ist, sondern in Abhängigkeit von der verwendeten Schrift und Schriftgröße gesehen werden muß; es ist folglich ein relativer Wert bezogen auf die **Grundschrift** (siehe Abbildung 4.3). Daraus ergeben sich folgende Hauptregeln für die Bestimmung des Spaltenzwischenraums:

Der Spaltenzwischenraum muß deutlich größer sein, als die Wortzwischenräume in den Spalten davor und dahinter.

Für die Gestaltung des Grundtextes sollen »im Normalfall« aus Gründen der anzustrebenden optimalen Lesbarkeit normal verlaufende Schriften – folglich keine schmalen oder breiten – verwendet werden. Der normale Wortzwischenraum entspricht dann der Breite des »i« (siehe dazu Kapitel 6). Daraus ergibt sich:

Wird dem »i« noch ein breiter Buchstabe, das »m«, hinzugefügt, so ist das die Distanz des Spaltenabstands.

Beim Einrichten des Spaltenzwischenraums ist zu beachten: Alle Buchstaben sind aus lesetechnischen Gründen durch einen kleinen Zwischenraum optisch voneinander getrennt, geregelt durch eine Vor- und Nachbreite (siehe dazu Abbildungen 5.21 und 5.23). Vor und hinter »mi« ist deshalb der natürliche Buchstabenabstand zu berücksichtigen.

Es gibt kaum Berufszweige, die von der rasanten Entwicklung der Computertechnik verschont geblieben sind. Das gilt auch für Schriftsetzer und Reprophotographen, zwei kreativen Berufen der Druckindustrie, die sich mit der Text- bzw. Bildgestaltung auseinanderzusetzen haben.
Mit Entwicklung der Personal Computer wurden Werkzeuge geschaffen, die sowohl Text- als auch Bildbearbeitung auf kleinstem Raum ermöglichen, wobei der Kreativität (fast) keine Grenzen mehr gesetzt sind. Die Drukkerei, Setzerei und Reproanstalt auf dem Schreibtisch wurde durch die Zauberformel »Desktop Publishing«, abgekürzt DTP, zur Realität.
Ihr Interesse für Typographie läßt den Rückschluß zu, daß Sie sich mit dem Thema Gestaltung, vielleicht sogar im Zusammenhang mit DTP, auseinan-

mi
mi
mi

Abbildung 3.11
Einrichten
des Spaltenzwischenraums
mit Berücksichtigung
der normalen Zeichenabstände

Bezogen auf den beschriebenen Normalfall ist eine zusätzliche Harmonisierung des Satzbildes dadurch zu erreichen, daß der Leerraum einer Absatzausgangszeile – ausgehend von der »mi«-Regel – dem Spaltenzwischenraum optisch angepaßt wird (siehe Abbildungen 3.11 und 3.12).
Um die Auswirkungen der aufgezeigten Regeln zu beweisen, sind auf dieser Seite zum Vergleich unterschiedlich große Spaltenzwischenräume gegenübergestellt.

Abbildung 3.12
Dieses ist der empfohlene optimale Spaltenzwischenraum in der Breite von »mi«. Es wird harmonische Anpassung an den Leerraum der Absatzausgangszeile erreicht

Es gibt kaum Berufszweige, die von der rasanten Entwicklung der Computertechnik verschont geblieben sind. Das gilt auch für Schriftsetzer und Reprophotographen, zwei kreativen Berufen der Druckindustrie, die sich mit der Text- bzw. Bildgestaltung auseinanderzusetzen haben.
Mit der Entwicklung der »Personal Computer« (PC) wurden Werkzeuge geschaffen, die Text- und Bildbearbeitung auf kleinstem Raum ermöglichen, wobei der Kreativität (fast) keine Grenzen mehr gesetzt sind. Die Druckerei, Setzerei und Reproanstalt auf dem Schreibtisch wurde durch die Zauberformel »Desktop Publishing«, abgekürzt DTP, zur Realität.
Ihr Interesse für Typographie läßt den Rückschluß zu, daß Sie sich mit dem Thema Gestaltung, vielleicht sogar im Zusammenhang mit DTP, auseinanderzusetzen haben. Es wird folglich unter

Abbildung 3.13
Dieses ist ein Spaltenzwischenraum in der Breite des »i«. Er ist kaum vom Wortzwischenraum der Zeilen zu unterscheiden

Es gibt kaum Berufszweige, die von der rasanten Entwicklung der Computertechnik verschont geblieben sind. Das gilt auch für Schriftsetzer und Reprophotographen, zwei kreativen Berufen der Druckindustrie, die sich mit der Text- bzw. Bildgestaltung auseinanderzusetzen haben.
Mit der Entwicklung der »Personal Computer« (PC) wurden Werkzeuge geschaffen, die Text- und Bildbearbeitung auf kleinstem Raum ermöglichen, wobei der Kreativität (fast) keine Grenzen mehr gesetzt sind. Die Druckerei, Setzerei und Reproanstalt auf dem Schreibtisch wurde durch die Zauberformel »Desktop Publishing«, abgekürzt DTP, zur Realität.
Ihr Interesse für Typographie läßt den Rückschluß zu, daß Sie sich mit dem Thema Gestaltung, vielleicht sogar im Zusammenhang mit DTP, auseinanderzusetzen haben. Es wird folglich unterstellt, daß

Abbildung 3.14
Dieses ist ein Spaltenzwischenraum, der die Breite des »m« ausmacht; noch zu akzeptieren, aber keine Harmonie mit dem Leerraum der Absatzausgangszeile

Es gibt kaum Berufszweige, die von der rasanten Entwicklung der Computertechnik verschont geblieben sind. Das gilt auch für Schriftsetzer und Reprophotographen, zwei kreativen Berufen der Druckindustrie, die sich mit der Text- bzw. Bildgestaltung auseinanderzusetzen haben.
Mit der Entwicklung der »Personal Computer« (PC) wurden Werkzeuge geschaffen, die Text- und Bildbearbeitung auf kleinstem Raum ermöglichen, wobei der Kreativität (fast) keine Grenzen mehr gesetzt sind. Die Druckerei, Setzerei und Reproanstalt auf dem Schreibtisch wurde durch die Zauberformel »Desktop Publishing«, abgekürzt DTP, zur Realität.
Ihr Interesse für Typographie läßt den Rückschluß zu, daß Sie sich mit dem Thema Gestaltung, vielleicht sogar im Zusammenhang mit DTP, auseinanderzusetzen haben. Es wird folglich unterstellt

Abbildung 3.15
Dieses ist ein Spaltenzwischenraum in der Breite von »mm«. Die Spalten fallen auseinander

Es gibt kaum Berufszweige, die von der rasanten Entwicklung der Computertechnik verschont geblieben sind. Das gilt auch für Schriftsetzer und Reprophotographen, zwei kreativen Berufen der Druckindustrie, die sich mit der Text- bzw. Bildgestaltung auseinanderzusetzen haben.
Mit der Entwicklung der »Personal Computer« (PC) wurden Werkzeuge geschaffen, die Text- und Bildbearbeitung auf kleinstem Raum ermöglichen, wobei der Kreativität (fast) keine Grenzen mehr gesetzt sind. Die Druckerei, Setzerei und Reproanstalt auf dem Schreibtisch wurde durch die Zauberformel »Desktop Publishing«, abgekürzt DTP, zur Realität.
Ihr Interesse für Typographie läßt den Rückschluß zu, daß Sie sich mit dem Thema Gestaltung, vielleicht sogar im Zusammenhang mit DTP, auseinander-

Eine Abweichung vom Normalfall ist dann gegeben, wenn – aus welchen Gründen auch immer – der Zeilenabstand ungewöhnlich groß ist. In diesem Fall muß der Spaltenzwischenraum größer sein. Das Maß ist der optische Leerraum der Absatzausgangszeile, das entspricht etwa der Höhe einer **Grundschriftzeile** (Schriftgrad plus dem Abstand zur nächsten Zeile).
Die Auswirkung wird in folgenden Beispielen in der Gegenüberstellung des Normal- und Ausnahmefalls gezeigt:

Abbildung 3.16

Es gibt kaum Berufszweige, die von der rasanten Entwicklung der Computertechnik verschont geblieben sind. Das gilt auch für Schriftsetzer und Reprophotographen, zwei kreativen Berufen der Druckindustrie, die sich mit der Text- bzw. Bildgestaltung auseinanderzusetzen haben.
Mit der Entwicklung der »Personal Computer« (PC) wurden Werkzeuge geschaffen, die Text- und Bildbearbeitung auf kleinstem Raum ermöglichen, wobei der Kreativität (fast) keine Grenzen mehr gesetzt sind. Die Druckerei, Setzerei und Reproanstalt auf dem Schreibtisch wurde durch die Zauberformel »Desktop Publishing«, abgekürzt DTP, zur Realität. Ihr Interesse für Typographie läßt den Rückschluß zu, daß Sie sich mit dem Thema Gestaltung, vielleicht sogar im Zusammenhang mit DTP, auseinanderzusetzen haben. Es wird folglich unter-

Normal verlaufende Schrift mit normalem Zeilenabstand und Spaltenzwischenraum in der Größe »mi«

Es gibt kaum Berufszweige, die von der rasanten Entwicklung der Computertechnik verschont geblieben sind. Das gilt auch für Schriftsetzer und Reprophotographen, zwei kreativen Berufen der Druckindustrie, die sich mit der Text- bzw. Bildgestaltung auseinanderzusetzen haben.
Mit der Entwicklung der »Personal Computer« (PC) wurden Werkzeuge geschaffen, die Text- und Bildbearbeitung auf kleinstem Raum ermöglichen, wobei der Kreativität (fast) keine Grenzen mehr gesetzt sind. Die Druckerei, Setzerei und Reproanstalt auf dem Schreibtisch wurde durch die Zauberformel »Desktop Publishing«, abgekürzt DTP, zur Realität. Ihr Interesse für Typographie läßt den Rückschluß zu, daß Sie sich mit dem Thema Gestaltung, vielleicht sogar im Zusammenhang mit DTP, auseinanderzusetzen haben. Es wird folglich unter-

Gleicher Text mit größerem Zeilenabstand und unverändertem, folglich falschem Spaltenzwischenraum

Es gibt kaum Berufszweige, die von der rasanten Entwicklung der Computertechnik verschont geblieben sind. Das gilt auch für Schriftsetzer und Reprophotographen, zwei kreativen Berufen der Druckindustrie, die sich mit der Text- bzw. Bildgestaltung auseinanderzusetzen haben.
Mit der Entwicklung der »Personal Computer« (PC) wurden Werkzeuge geschaffen, die Text- und Bildbearbeitung auf kleinstem Raum ermöglichen, wobei der Kreativität (fast) keine Grenzen mehr gesetzt sind. Die Druckerei, Setzerei und Reproanstalt auf dem Schreibtisch wurde durch die Zauberformel »Desktop Publishing«, abgekürzt DTP, zur Realität. Ihr Interesse für Typographie läßt den Rückschluß zu, daß Sie sich mit dem Thema Gestaltung, vielleicht sogar im Zusammenhang mit DTP, auseinanderzusetzen haben. Es wird folglich

Gleicher Text mit größerem Zeilenabstand und verändertem, etwa dem Wert einer Leerzeile entsprechenden, folglich richtigem Spaltenzwischenraum

Eine Variante des Spaltenzwischenraums besteht darin, daß in die Mitte des Leerraums zwischen den Spalten eine **Spaltenlinie** gestellt wird. Damit wird die optische Trennung der Spalten voneinander verstärkt. Dazu die wichtigsten Regeln:

Die Stärke der Spaltenlinie sollte der Strichstärke des Schriftbildes der Grundschrift angepaßt sein. Der Abstand entspricht etwa der Breite der Buchstaben »mii«.

Abbildung 3.17
Der optisch ideale Abstand ist die Breite von »mii«; die Stärke der Spaltenlinie entspricht der Stärke des Schriftbildes und paßt sich harmonisch in das Gesamtbild ein

Es gibt kaum Berufszweige, die von der rasanten Entwicklung der Computertechnik verschont geblieben sind. Das gilt auch für Schriftsetzer und Reprophotographen, zwei kreativen Berufen der Druckindustrie, die sich mit der Text- bzw. Bildgestaltung auseinanderzusetzen haben.
Mit der Entwicklung der »Personal Computer« (PC) wurden Werkzeuge geschaffen, die Text- und Bildbearbeitung auf kleinstem Raum ermöglichen, wobei der Kreativität (fast) keine Grenzen mehr gesetzt sind. Die Druckerei, Setzerei und Reproanstalt auf dem Schreibtisch wurde durch die Zauberformel »Desktop Publishing«, abgekürzt DTP, zur Realität. Ihr Interesse für Typographie läßt den Rückschluß zu, daß Sie sich mit dem Thema Gestaltung, vielleicht sogar im Zusammenhang mit DTP, auseinanderzusetzen haben. Es wird folglich unter-

Abbildung 3.18
Der Spaltenzwischenraum entspricht der Breite von »mii«; die Spaltenlinie ist zu dünn und paßt sich nicht harmonisch in das Gesamtbild ein

Es gibt kaum Berufszweige, die von der rasanten Entwicklung der Computertechnik verschont geblieben sind. Das gilt auch für Schriftsetzer und Reprophotographen, zwei kreativen Berufen der Druckindustrie, die sich mit der Text- bzw. Bildgestaltung auseinanderzusetzen haben.
Mit der Entwicklung der »Personal Computer« (PC) wurden Werkzeuge geschaffen, die Text- und Bildbearbeitung auf kleinstem Raum ermöglichen, wobei der Kreativität (fast) keine Grenzen mehr gesetzt sind. Die Druckerei, Setzerei und Reproanstalt auf dem Schreibtisch wurde durch die Zauberformel »Desktop Publishing«, abgekürzt DTP, zur Realität. Ihr Interesse für Typographie läßt den Rückschluß zu, daß Sie sich mit dem Thema Gestaltung, vielleicht sogar im Zusammenhang mit DTP, auseinanderzusetzen haben. Es wird folglich unter-

Abbildung 3.19
Der Spaltenzwischenraum in der Breite des Buchstabens »m« ist zu gering

Es gibt kaum Berufszweige, die von der rasanten Entwicklung der Computertechnik verschont geblieben sind. Das gilt auch für Schriftsetzer und Reprophotographen, zwei kreativen Berufen der Druckindustrie, die sich mit der Text- bzw. Bildgestaltung auseinanderzusetzen haben.
Mit der Entwicklung der »Personal Computer« (PC) wurden Werkzeuge geschaffen, die Text- und Bildbearbeitung auf kleinstem Raum ermöglichen, wobei der Kreativität (fast) keine Grenzen mehr gesetzt sind. Die Druckerei, Setzerei und Reproanstalt auf dem Schreibtisch wurde durch die Zauberformel »Desktop Publishing«, abgekürzt DTP, zur Realität. Ihr Interesse für Typographie läßt den Rückschluß zu, daß Sie sich mit dem Thema Gestaltung, vielleicht sogar im Zusammenhang mit DTP, auseinanderzusetzen haben. Es wird folglich unter-

Abbildung 3.20
Der Spaltenzwischenraum in der Breite von »mm« ist zu groß, die Stärke der Linie zu dick, sie sprengt das Schriftbild

Es gibt kaum Berufszweige, die von der rasanten Entwicklung der Computertechnik verschont geblieben sind. Das gilt auch für Schriftsetzer und Reprophotographen, zwei kreativen Berufen der Druckindustrie, die sich mit der Text- bzw. Bildgestaltung auseinanderzusetzen haben.
Mit der Entwicklung der »Personal Computer« (PC) wurden Werkzeuge geschaffen, die Text- und Bildbearbeitung auf kleinstem Raum ermöglichen, wobei der Kreativität (fast) keine Grenzen mehr gesetzt sind. Die Druckerei, Setzerei und Reproanstalt auf dem Schreibtisch wurde durch die Zauberformel »Desktop Publishing«, abgekürzt DTP, zur Realität.
Ihr Interesse für Typographie läßt den Rückschluß zu, daß Sie sich mit dem Thema Gestaltung, vielleicht sogar im Zusammenhang mit DTP, auseinander-

Zum Thema Satzspiegel wurden bisher Regeln angesprochen, die mit der **Satzart Blocksatz** zusammenhängen. Das ist *die* Satzart, bei der die Zeilen durch Variieren der Wortzwischenräume auf eine vorbestimmte Spaltenbreite »**ausgeschlossen**« werden (siehe dazu Kapitel 7). Darüber hinaus soll nachfolgend auf eine optische Begebenheit hingewiesen werden, die in Zusammenhang mit der Satzart **Flattersatz** steht, bei der die Zeilen bei gleichmäßigem Wortabstand »nach hinten auslaufen«.

Es gibt kaum Berufszweige, die von der rasanten Entwicklung der Computertechnik verschont geblieben sind. Das gilt auch für Schriftsetzer und Reprophotographen, zwei kreativen Berufen der Druckindustrie, die sich mit der Text- bzw. der Bildgestaltung auseinanderzusetzen haben. Mit der Entwicklung der »Personal Computer« (PC) wurden Werkzeuge geschaffen, die Text- und Bildbearbeitung auf kleinstem Raum ermöglichen, wobei der Kreativität (fast) keine Grenzen mehr gesetzt sind. Die Druckerei, Setzerei und Reproanstalt auf dem Schreibtisch wurde durch die Zauberformel »Desktop Publishing«, abgekürzt DTP, zur Realität. Ihr Interesse für Typographie läßt den Rückschluß zu, daß Sie sich mit dem Thema Gestaltung, vielleicht sogar im Zusammenhang mit DTP, auseinanderzusetzen haben. Es wird folglich unterstellt, daß Ihnen die Bedie-

Es gibt kaum Berufszweige, die von der rasanten Entwicklung der Computertechnik verschont geblieben sind. Das gilt auch für Schriftsetzer und Reprophotographen, zwei kreativen Berufen der Druckindustrie, die sich mit der Text- bzw. der Bildgestaltung auseinanderzusetzen haben. Mit der Entwicklung der »Personal Computer« (PC) wurden Werkzeuge geschaffen, die Text- und Bildbearbeitung auf kleinstem Raum ermöglichen, wobei der Kreativität (fast) keine Grenzen mehr gesetzt sind. Die Druckerei, Setzerei und Reproanstalt auf dem Schreibtisch wurde durch die Zauberformel »Desktop Publishing«, abgekürzt DTP, zur Realität. Ihr Interesse für Typographie läßt den Rückschluß zu, daß Sie sich mit dem Thema Gestaltung, vielleicht sogar im Zusammenhang mit DTP, auseinanderzusetzen haben. Es wird folglich un-

Abbildung 3.21
Gegenüberstellung der Wirkung des Spaltenzwischenraums beim Blocksatz (oben) und beim Flattersatz (unten)

Das wird in der Gegenüberstellung beider Satzarten bei Einhaltung des gleichen Spaltenzwischenraums in der Abbildung 3.21 verdeutlicht. Wie die Abbildung zeigt, besteht der wesentliche Unterschied darin, daß beim Blocksatz die Größe des ausgewählten Spaltenzwischenraums auch optisch dieser Dimension entspricht. Beim Flattersatz dagegen wirkt der gleiche Spaltenzwischenraum optisch deutlich größer.

Darüber hinaus, das sei aus gestalterischer Sicht nebenbei angemerkt, ist beim Flattersatz auch die rechte Satzspiegelbegrenzung nicht zu identifizieren; sie ist zerrissen. Das trägt dazu bei, daß Flattersatz einen sehr unruhigen Eindruck vermittelt. Der Blocksatz dagegen wirkt aufgrund seiner beidseitigen Begrenzung optisch ruhig.

Diese Unruhe wird dann sogar zur Unausgewogenheit, wenn neben dem Text auch Abbildungen in einer Drucksache vorhanden sind. Das wird in Abbildung 3.22 auf der folgenden Seite gezeigt.

Abbildung 3.22
Gegenüberstellung von Blocksatz und Flattersatz in Verbindung mit Abbildungen

Es gibt kaum Berufszweige, die von der rasanten Entwicklung der Computertechnik verschont geblieben sind. Das gilt auch für Schriftsetzer und Reprophotographen, zwei kreativen Berufen der Druckindustrie, die sich mit der Text- bzw. der Bildgestaltung auseinanderzusetzen haben. Mit der Entwicklung der »Personal Computer« (PC) wurden Werkzeuge geschaffen, die Text- und Bildbearbeitung auf kleinstem Raum ermöglichen, wobei der Kreativität (fast) keine Grenzen mehr gesetzt sind. Die Druckerei, Setzerei und Reproanstalt auf

Es gibt kaum Berufszweige, die von der rasanten Entwicklung der Computertechnik verschont geblieben sind. Das gilt auch für Schriftsetzer und Reprophotographen, zwei kreativen Berufen der Druckindustrie, die sich mit der Text- bzw. der Bildgestaltung auseinanderzusetzen haben. Mit der Entwicklung der »Personal Computer« (PC) wurden Werkzeuge geschaffen, die Text- und Bildbearbeitung auf kleinstem Raum ermöglichen, wobei der Kreativität (fast) keine Grenzen mehr gesetzt sind. Die Druckerei, Setzerei und

Beim Blocksatz wirken die Abstände der Bilder zum Text im Verhältnis zum Spaltenzwischenraum sehr harmonisch, beim Flattersatz dagegen sehr unharmonisch.
Das heißt in der Konsequenz: Falls vom Auftraggeber Flattersatz gewünscht wird, so muß der Gestalter das bereits beim Einrichten des Satzspiegels berücksichtigen. Dazu sei angemerkt, daß das Thema Flattersatz oder Blocksatz im Kapitel 7 ausführlich abgehandelt wird.
Der effektive Spaltenzwischenraum ist beim Flattersatz nicht mathematisch, sondern nur optisch festzulegen. Das optische Spaltenende liegt dabei zwischen der längsten und kürzesten Zeile. Der sich ergebende optische Raum ist sowohl zwischen den Abbildungen als auch zwischen Abbildungen und Text vorzusehen. Das wird in Abbildung 3.23 dargestellt.

Abbildung 3.23
Beim Einsatz von mehrspaltigem Flattersatz ist der Abstand der Spalten optisch größer als beim Blocksatz

Es gibt kaum Berufszweige, die von der rasanten Entwicklung der Computertechnik verschont geblieben sind. Das gilt auch für Schriftsetzer und Reprophotographen, zwei kreativen Berufen der Druckindustrie, die sich mit der Text- bzw. der Bildgestaltung auseinanderzusetzen haben. Mit der Entwicklung der »Personal Computer« (PC) wurden Werkzeuge geschaffen, die Text- und Bildbearbeitung auf kleinstem Raum ermöglichen, wobei der Kreativität (fast) keine Grenzen mehr gesetzt sind. Die Druckerei, Setzerei und

Die Seitennumerierung

Zum Thema Satzspiegel gehört bei mehrseitigen Drucksachen auch die Kennzeichnung der Seiten mit fortlaufenden Zahlen, weil diese aus gestalterischer Sicht bereits bei der Festlegung des Satzspiegels berücksichtigt werden müssen. Bevor über Gestaltungsformen gesprochen wird, sollen zunächst im Zusammenhang stehende Ausdrücke erläutert werden.
Der Fachmann bezeichnet die einzelne Seite, genauer gesagt den Satz einer Seite, auch als **Kolumne**. Das ist die Begründung, daß die Seitenzahlen oft auch als Kolumnenziffern bezeichnet werden.
Hieran angelehnt wird die Durchnumerierung der Seiten einer Drucksache auch als **Kolumnen-** oder **Seitentitel** bezeichnet.
Das lateinische Wort für Seite heißt »Pagina«. In Anlehnung an diesen Begriff wird bei der Seitennumerierung auch von **Paginierung** gesprochen.
Sofern in einer Drucksache die Paginierung notwendig wird, kann der Typograph zwischen einem »lebenden« und »toten« Kolumnentitel wählen.

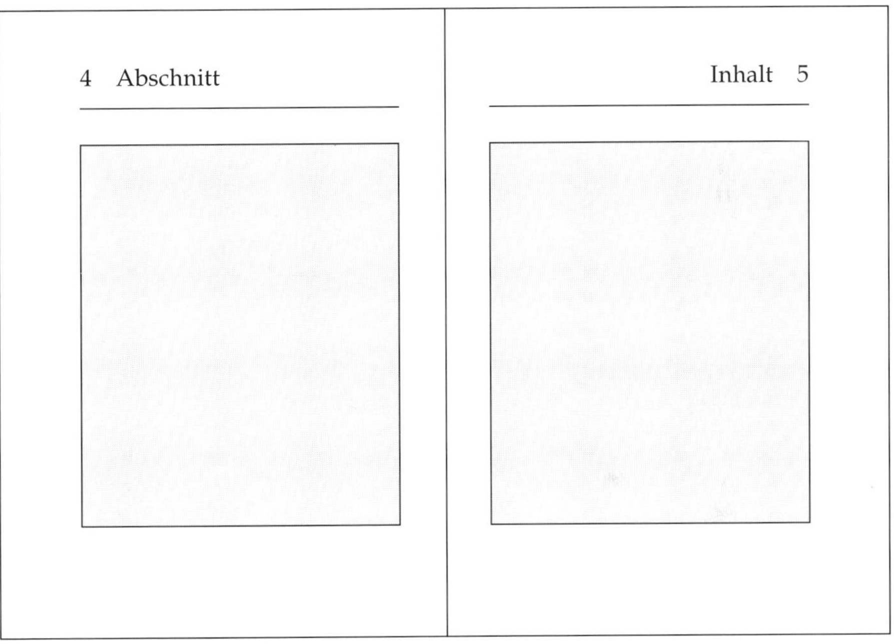

Abbildung 3.24
Doppelseite eines Buches
mit lebendem Kolumnentitel

Der **lebende Kolumnentitel** hat seinen Namen deswegen, weil er sich dem Seiteninhalt entsprechend verändert; er lebt also im weitesten Sinne des Wortes. Der tiefere Grund besteht darin, daß der Inhalt einer Seite nicht anonym, sondern auf den ersten Blick mittels eines Stichworts oder auch mehrerer Stichwörter inhaltlich zu identifizieren ist.
Das ist ein großer Vorteil in solchen Drucksachen, in denen Suchhilfen gefordert sind. Als Beispiel seien hier das Lexikon oder das Telefonbuch genannt. Aber auch in Fachzeitschriften oder einem Lehrbuch wie »Typographisches Gestalten« sind solche Suchhilfen wertvoll.
Der lebende Kolumnentitel enthält also neben der Seitenzahl Hinweise auf den Inhalt der Seite. Wären beispielsweise die schönsten Märchen in einem Märchenbuch zusammengefaßt, so könnte, bezogen auf die Abbildung 3.24, links anstelle von Abschnitt der Hinweis »Brüder Grimm« und rechts anstelle von Inhalt »Hänsel und Gretel« stehen.

Abbildung 3.25
Der lebende Kolumnentitel ist stets innerhalb des Satzspiegels plaziert

Für die Anwendung des lebenden Kolumnentitels ist folgende wichtigste Regel zu beachten:

Der lebende Kolumnentitel ist immer innerhalb des Satzspiegels anzuordnen.

Der lebende Kolumnentitel ist stets am Kopf einer Seite zu plazieren, denn nur dort erfüllt er die ihm zugedachte Funktion, nämlich über den folgenden Inhalt der jeweiligen Seite zu informieren.
Aus gestalterischer Sicht ist der oben genannten Regel hinzuzufügen, daß ein lebender Kolumnentitel meist aus der Grundschrift gesetzt wird. Im Vorgriff auf Kapitel 5 sei dazu ergänzt, daß auch Varianten der Grundschrift (siehe Abbildung 3.26) ebenfalls zur Gestaltung des lebenden Kolumnentitels benutzt werden können. Das sind kursive Schrift, **Kapitälchen** oder Großbuchstaben, die man auch als Versalien bezeichnet.

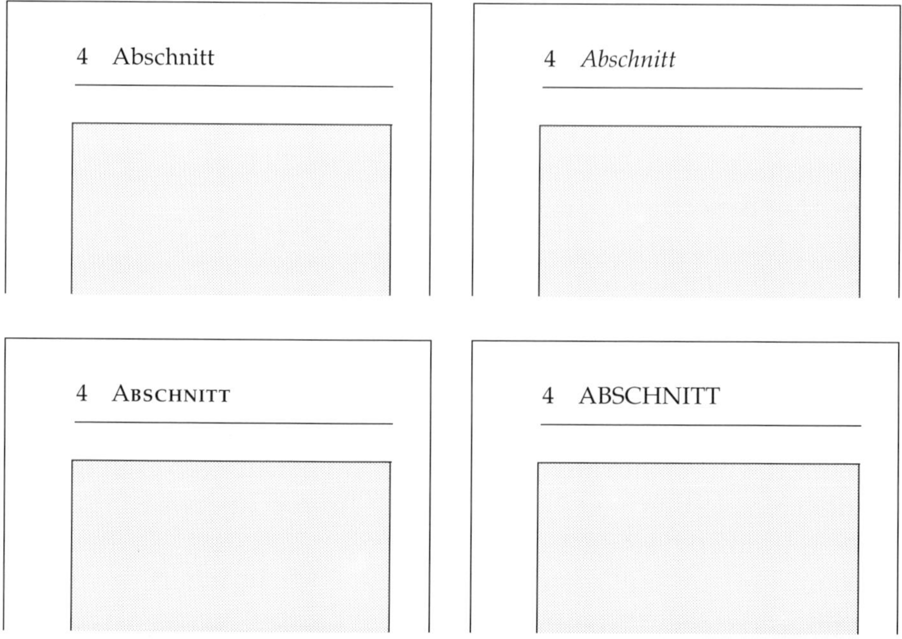

Abbildung 3.26
Varianten von Schriftformen für den lebenden Kolumnentitel

Das Stichwort bzw. die Stichworte des lebenden Kolumnentitels sollten aus Gründen der Zweckmäßigkeit nach links oder rechts außen – abhängig davon, ob es sich um eine linke oder rechte Seite handelt – hinter bzw. vor die Seitenzahl plaziert werden (siehe Abbildung 3.24). Denn nur bei einer Außenplazierung wird die gewollte Suchfunktion – wie das beispielsweise beim Blättern eines Telefonbuches oder eines Lexikons erfolgt – optimal erfüllt.

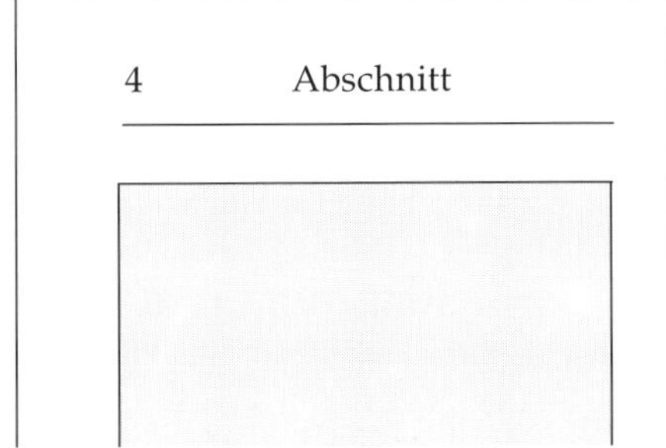

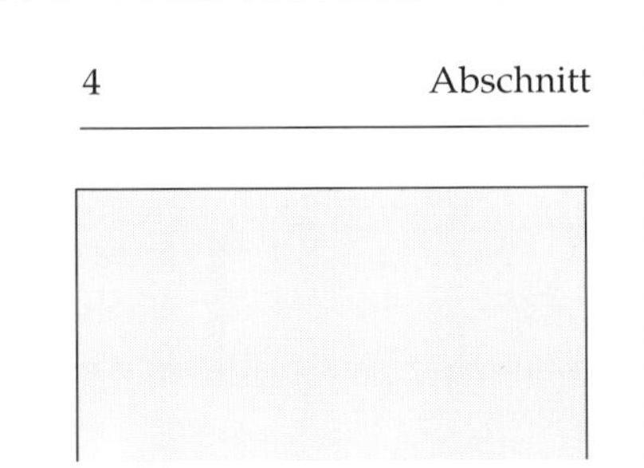

Abbildung 3.27
Plazierung
des lebenden Kolumnentitels
zur Mitte des Satzspiegels (links)
und in den Bund (rechts)

Eine Plazierung zur Mitte ist eine in Büchern oft angewandte, zu akzeptierende Variante (Abbildung 3.27, links). Eine Plazierung im Bund (Abbildung 3.27, rechts) ist nur mit Einschränkung zu akzeptieren, da sie nicht die gewünschte Funktion erfüllt.
Der Abstand zwischen Seitenzahl und Stichworten des lebenden Kolumnentitels sollte deutlich mehr als ein Wortzwischenraum sein und etwa einem **Geviert** entsprechen. Das ist die Distanz des verwendeten Schriftgrades in horizontaler Richtung.

Abbildung 3.28
Plazierung einer Trennlinie
zwischen lebendem Kolumentitel
und Text.
Oben falsch, unten richtig

Der Abstand zwischen lebendem Kolumnentitel und der ersten Textzeile sollte dem Abstand von ein bis zwei Leerzeilen (ein bis zwei Grundschriftzeilen) entsprechen.
Eine Variante der Trennung des lebenden Kolumnentitels vom Text besteht in der Verwendung einer Trennlinie.
Bei Verwendung einer Linie ist darauf zu achten, daß die Stärke dem Schriftbild angepaßt sein muß.
Aus typographischer Sicht ist ferner zu beachten, daß die Linie nicht in die Mitte des Raumes von zwei Leerzeilen, sondern aus optischen Gründen deutlich höher plaziert werden muß, und zwar etwa im Verhältnis 3:8 bis 5:8. Eine Plazierung zur Mitte ist erstens langweilig und zweitens sachlich nicht richtig, da die Linie immer zum Kolumnentitel gehört.
Nicht zu empfehlen ist eine Teilung zwischen Stichworten und Seitenzahlen, indem die Stichworte oben innerhalb des Satzspiegels und die Seitenzahlen unten außerhalb des Satzspiegels plaziert werden.

Der **tote Kolumnentitel** besteht lediglich aus einer Seitenzahl, die praktisch in jeder Gestaltungsform seitlich oder am Fuß plaziert werden kann (Abbildung 3.29).

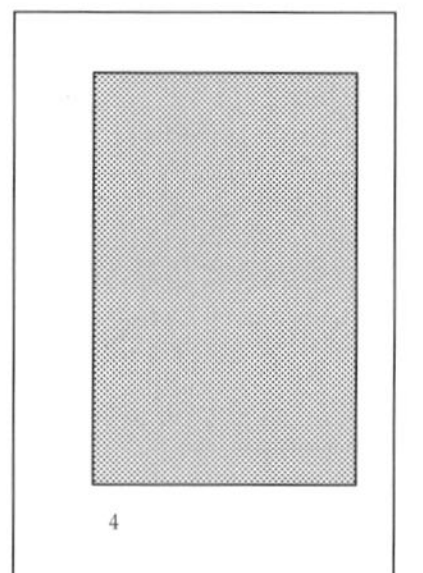

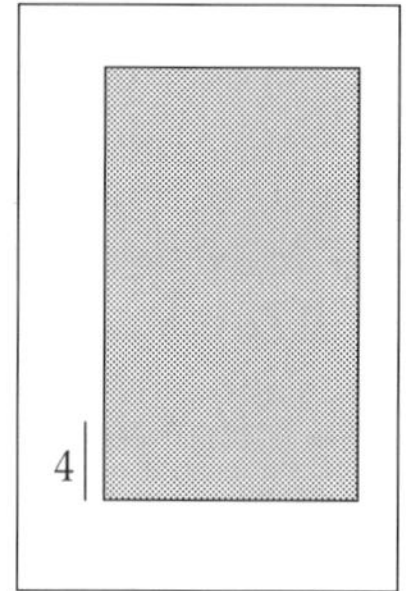

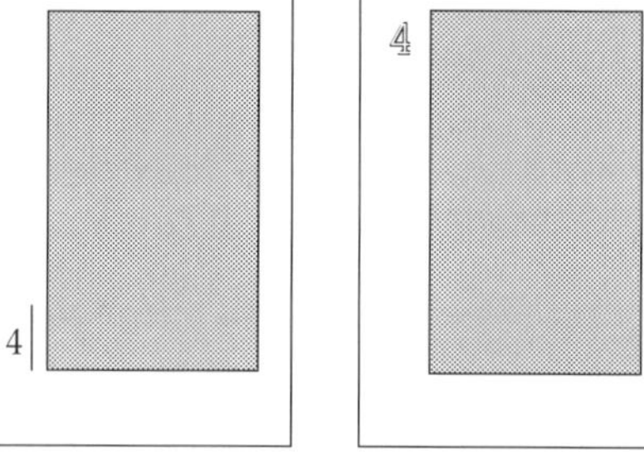

Abbildung 3.29
Varianten
des toten Kolumnentitels

Für alle Varianten gilt die Regel: Der tote Kolumnentitel wird stets außerhalb des Satzspiegels plaziert.

Der Abstand zwischen Text und totem Kolumnentitel entspricht einer Leerzeile der Grundschrift. Als Schrift für die Seitennumerierung wird meistens die Grundschrift verwendet.
Wie aus den Beispielen zu ersehen ist, sind den Gestaltungsvarianten des toten Kolumnentitels keine Grenzen gesetzt.
Im Beispiel links unten ist die Seitenzahl eingezogen. Für diesen Einzug lautet die Regel, daß er der Größe des Einzugs im Text entsprechen soll, falls die Anfänge von Absätzen durch Einzüge gekennzeichnet sind (siehe Kapitel 8).
Eine Variante wäre, die Seitenzahl konsequent zur Mitte des Satzspiegels zu stellen.
Wie aus den Beispielen ebenfalls zu ersehen ist, kann die Seitenzahl auch seitlich angeordnet werden. Da die Seitenzahl in diesem Falle nicht am Fuß steht, kann auch erwogen werden, den Satzspiegel etwas höher zu gestalten und vom klassischen Verhältnis 2:3:4:6 abzuweichen. Wichtig ist, daß die Satzspiegel-Variante optisch zu vertreten ist.
Man sollte jedoch niemals Seitenzahlen in den Bund stellen. Das widerspräche dem Sinn und der Funktion einer Seitenzahl, nämlich Seiten gegebenenfalls so schnell wie möglich wiederzufinden.
Abschließend sei noch ergänzt: Ob toter oder lebender Kolumnentitel, für beide gilt die Regel:

Gerade Seitenzahlen stehen immer auf einer linken Seite und ungerade Seitenzahlen auf einer rechten Seite.

Gestalterische Vorgaben in einem Layout

4

Der Begriff Layout ist aus der englischen Sprache übernommen und bedeutet soviel wie Entwurf.
Ein Layout zu erstellen heißt, daß unter Zugrundelegung des Satzspiegels der Stand von Texten, Linien, Flächen oder Bildern gestalterisch seitenweise vorgegeben wird, damit nach dieser Vorlage der **Umbruch** der Seite(n) erfolgen kann. Als Umbruch oder **Montage** bezeichnet man die technische Ausführung der Zusammenstellung einer Seite nach Layoutvorgaben.

Dem Gestalter stehen drei Layout-Techniken zur Auswahl:

Skizzieren des Stands der Seitenbestandteile mit einem Bleistift,
der Klebeumbruch oder Klebemontage und
das papierlose Erstellen eines Layouts am Bildschirm.

Das **Skizzieren** der Positionen der Seitenbestandteile hat den Nachteil, daß am skizzierten Stand keine Korrekturen vorgenommen werden können, was soviel bedeutet, daß für jede Standkorrektur ein neues Layout skizziert werden muß.

Die **Klebemontage** wird immer dann angewandt, wenn Texte als **Satzfahne** und Bilder gestaltet vorliegen, also schon satz- bzw. reprotechnisch bearbeitet worden sind. In dieser Technik kann der Gestalter Seitenbestandteile so lange bewegen, bis sie nach seiner Meinung die optimale Position erreicht haben.

Für beide Techniken kann als Arbeitshilfe der Satzspiegel vorgedruckt werden (siehe Abbildungen 4.1 und 4.9).

Ideal ist das papierlose Erstellen eines Layouts am Bildschirm, bei dem normalerweise der Satzspiegel dargestellt wird und nach der Layouterstellung bei den meisten Systemen ein Ausdruck des Layouts über einen Laserdrucker erfolgen kann.

Vor der Erstellung eines Layouts steht jedoch die Überlegung, für welchen Druckauftrag das Layout hergestellt werden soll. Bei einem Layout für ein einspaltiges Buch genügt normalerweise der Vordruck des Satzspiegels, um Texte und Bilder plazieren zu können.
Bei einem mehrspaltigen Layout, z. B. für eine Zeitschrift, eine Zeitung oder ein Lehrbuch wie »Typographisches Gestalten«, kommt man jedoch damit nicht aus. Als Layouthilfen werden zusätzlich zum Satzspiegel senkrechte Positionierhilfen benötigt. Diese Hilfen bezeichnet man als **Zeilenraster**.

Abbildung 4.1
Zeilenraster dieses Lehrbuchs

Damit sich der Leser optisch vorstellen kann, was denn eigentlich ein Zeilenraster ist, wird in der obigen Abbildung das Zeilenraster dieses Lehrbuchs gezeigt.
Neben der Spalteneinteilung in horizontaler Richtung, ist der Satzspiegel in vertikaler Richtung in Segmente unterteilt. Auch die Linie des lebenden Kolumnentitels sowie die Seitennumerierung sind gestalterisch einbezogen worden und im oberen Segment erkennbar.

Typographisches Gestalten

Allgemeine Einführung in das Thema

1

Es gibt kaum Berufszweige, die von der rasanten Entwicklung der Computertechnik verschont geblieben sind. Das gilt auch für Schriftsetzer und Reprophotographen, zwei kreativen Berufen der Druckindustrie, die sich mit der Text- bzw. Bildgestaltung auseinanderzusetzen haben.
Mit der Entwicklung der »Personal Computer« (PC) wurden Werkzeuge geschaffen, die Text- und Bildbearbeitung auf kleinstem Raum ermöglichen, wobei der Kreativität (fast) keine Grenzen mehr gesetzt sind. Die Druckerei, Setzerei und Reproanstalt auf dem Schreibtisch wurde durch die Zauberformel »Desktop Publishing«, abgekürzt DTP, zur Realität.
Ihr Interesse für Typographie läßt den Rückschluß zu, daß Sie sich mit dem Thema Gestaltung, eventuell sogar im Zusammenhang mit DTP, auseinanderzusetzen haben. Es wird folglich unterstellt, daß Ihnen die Bedienung der Hard- und Software bereits nahegebracht worden sind, Sie also mit dem Werkzeug umgehen können. Dieses Lehrbuch enthält deshalb keinerlei Bedienungsanweisungen für irgendein Gestaltungssystems, sondern ausschließlich systemneutrale Gestaltungsregeln für Drucksachen jeder Art. Es werden fachliche Kenntnisse aus den Lehrberufen Schriftsetzer und Reprophotograph vermittelt, die bei gestalterischen Aufgaben beachtet werden sollten.
Es wird von Typographie und Satz, von Layout und Durchschuß, von Schriftart und Schriftschnitt, von Rasterpunkt und von Dichte die Rede sein. Von Begriffen also, die Sie vielleicht schon einmal gehört oder gelesen haben – vielleicht sogar in der Bedienungsanweisung Ihres DTP-Systems – aber nicht in das Thema einordnen konnten.
Apropos Typographie und Satz. Beide Begriffe werden gleich an dieser Stelle »unter die Lupe« genommen, denn sie werden uns als Leitworte durch das ganze Lehrbuch hindurch begleiten.
Beginnen wir mit der **Typographie**.
In einem Lexikon wird dieser Begriff so erläutert: »Typographie ist die Umwandlung eines geschriebenen Textes in einen gedruckten Text«. Dem ist im Prinzip nichts hinzuzufügen. Man kann es aber noch treffender sagen: »Typographie ist die Lehre des Gestaltens einer Drucksache, um eine optimale Lesbarkeit zu erzielen.«
Die Kunst dabei ist der Umgang mit den typographischen Gestaltungsmitteln Schrift, Linie, Fläche und Bild und ihre harmonische Anordnung auf einem ausgewählten Format.
Fachleute unterscheiden zwischen der **Mikrotypographie** und der **Makrotypographie**. Erstere beschreibt die Grundregeln für die Behandlung von schrift- bzw. textbezogenen Einheiten, wie

Abbildung 4.2
Zeilenraster dieses Lehrbuchs
mit positionierten Seitenteilen.
Das obere, etwas größere Segment,
ist für Überschriften
und den lebenden Kolumnentitel,
die unteren fünf,
gleich großen Segmente,
sind für Texte, Abbildungen
und Bildtexte reserviert

Der Vorteil eines Zeilenrasters besteht darin, daß immer wiederkehrende Seitenbestandteile einer mehrseitigen Drucksache durchgängig exakt positioniert werden können. Die Frage nach dem »Warum« ist einfach zu beantworten: Typographie heißt *auch*, Ordnung und Ruhe in eine Drucksache hineinzubringen. In der obigen Abbildung ist das Prinzip der Positionierung von lebendem Kolumnentitel, Überschrift, Kapitelnummer und Text deutlich erkennbar.

Ein weiterer wichtiger Vorteil des Zeilenraster-Verfahrens besteht darin, daß damit eine Entscheidungshilfe für die Größe von Abbildungen geschaffen worden ist, und zwar angelehnt an die Segmentgrößen.
Damit wird verhindert, daß viele willkürlich bestimmte Abbildungsgrößen sehr viel Unruhe in eine Drucksache hineinbringen. Das wirkt sich vor allen Dingen dann aus, wenn zwei Seiten gegenüber angeordnet sind. Als Beispiel für gute Harmonie sei auf die Seiten 30 und 31 hingewiesen.
Die Wichtigkeit einer Abbildung kann insofern berücksichtigt werden, indem sie sich sowohl in vertikaler als auch in horizontaler Richtung über mehrere Segmente erstrecken kann.
Das schließt aber nicht aus, daß eine Abbildung aus Gestaltungs- oder Platzgründen auch einmal in Zwischengrößen dargestellt wird. Wichtig ist, daß die Plazierung entweder oben oder unten an den Segmentgrenzen eingehalten und somit Bezug zu den übrigen Seitenbestandteilen hergestellt wird. Als Beispiele, daß durch Variieren der Abbildungsgrößen die Harmonie einer Seite nicht gestört wird, seien hier die Abbildungen 3.26 und 3.29 genannt.

Natürlich ergibt sich ein Zeilenraster nicht zufällig. Es ist im Gegenteil sogar notwendig, den Aufbau des Zeilenrasters bereits bei der Festlegung des Satzspiegels mit zu bedenken. Denn: Aus bestimmten Gründen, auf die gleich näher eingegangen wird, sollte die vertikale Ausrichtung des Satzspiegels und des Zeilenrasters auf eine bestimmte Anzahl von Grundschriftzeilen eingerichtet sein.
Warum aber soll das Zeilenraster einer Drucksache auf Grundschriftzeilen ausgerichtet sein, und was sind überhaupt Grundschriftzeilen?

Was sind Grundschriftzeilen?

Bestandteil vieler Drucksachen sind Überschriften in verschiedenen Größen und Texte, auf die diese Überschriften Bezug nehmen. An dieser Stelle soll aber nicht über die Auswahl von Schriftart und Schriftgröße, sondern von textbezogener Grundschrift und somit von Grundschriftzeilen die Rede sein. Dazu sei generell angemerkt:

Grundschriftzeilen bestehen aus ihrer eigenen Höhe und dem Abstand zur Oberkante der nächsten Zeile.

Im Vorgriff auf andere Abschnitte sei dazu erläutert: Die Höhe einer Schrift bezeichnet man als **Schriftgrad** bzw. **Schriftgröße**, den Abstand zur nächsten Zeile als **Zeilenabstand** oder **Durchschuß.**
Daraus ergibt sich folgende Erkenntnis: Schriftgrad plus Zeilenabstand ergeben die Gesamthöhe einer Grundschriftzeile, wie in Abbildung 4.3 dargestellt.

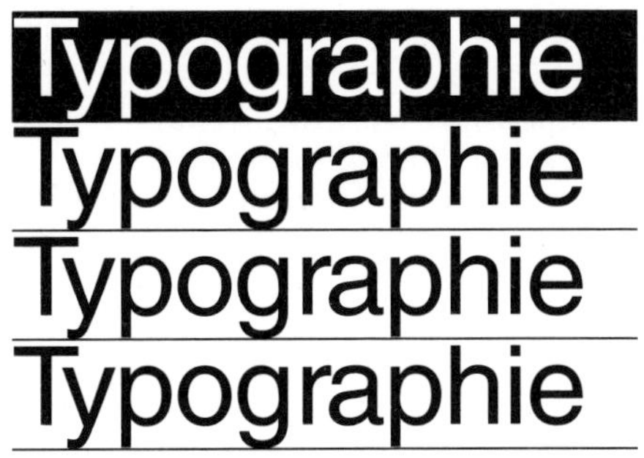

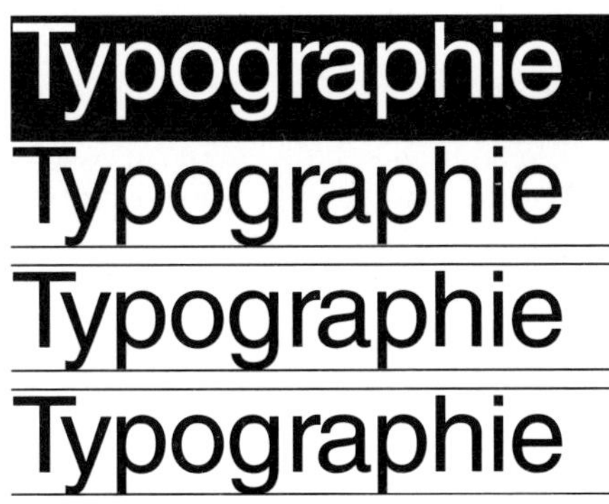

Abbildung 4.3
Grundschriftzeilen ohne Abstand zur nächsten Zeile (links)

Grundschriftzeilen mit Abstand zur nächsten Zeile (rechts)

Bezogen auf den Satzspiegel und das Zeilenraster dieses Lehrbuches bedeutet das: Eine Seite besteht aus 44 Grundschriftzeilen, wobei jedes Segment des Zeilenrasters 8 Grundschriftzeilen enthält. Die Segmente wiederum sind jeweils durch eine Grundschriftzeile voneinander getrennt (nachzuvollziehen in Abbildung 4.2).

Die Höheneinteilung einer Drucksache in Grundschriftzeilen hat neben den bereits erläuterten typographischen Gründen auch redaktionelle Vorteile.
Wenn nämlich aus redaktioneller Notwendigkeit heraus das Streichen oder Hinzufügen von Text erforderlich wird, so kann anhand des Layouts schnell die Anzahl von Grundschriftzeilen ermittelt werden. Würde man dagegen flächenbezogen arbeiten, so müßte der Redakteur oder der Autor die angegebene Fläche

erst in Grundschriftzeilen umrechnen. Das ist ein sehr umständliches Verfahren

Aus typographischer Sicht gibt es für die vertikale Einteilung einer Seite in Grundschriftzeilen einen weiteren gewichtigen Grund, nämlich Registerhaltigkeit. Was das ist, soll nachfolgend erläutert werden.

Abbildung 4.4
Nichtregisterhaltiger Satz zweier Buchseiten. Die Zeilen beider Seiten sind nicht in horizontaler Richtung ausgerichtet

Es gibt kaum Berufszweige, die von der rasanten Entwicklung der Computertechnik verschont geblieben sind. Das gilt auch für Schriftsetzer und Reprophotographen, zwei kreativen Berufen der Druckindustrie, die sich mit der Text- bzw. Bildgestaltung auseinanderzusetzen haben.

Mit der Entwicklung der »Personal Computer« (PC) wurden Werkzeuge geschaffen, die Text- und Bildbearbeitung auf kleinstem Raum ermöglichen, wobei der Kreativität (fast) keine Grenzen mehr gesetzt sind. Die Druckerei, Setzerei und Reproanstalt auf dem Schreibtisch wurde durch die Zauberformel »Desktop Publishing«, abgekürzt DTP, zur Realität.

Ihr Interesse für Typographie läßt den Rückschluß zu, daß Sie sich mit dem Thema Gestaltung, eventuell sogar im Zusammenhang mit DTP, auseinanderzusetzen haben.

Es wird folglich unterstellt, daß Ihnen die Bedienung der Hard- und Software bereits nahegebracht worden sind, Sie also mit dem Werkzeug umgehen können. Dieses Lehrbuch enthält deshalb keinerlei Bedienungsanweisungen für irgendein Gestaltungssystems, sondern ausschließlich systemneutrale Gestaltungsregeln für Drucksachen jeder Art. Es werden fachliche Kenntnisse aus den Lehrberufen Schriftsetzer und Reprophotograph vermittelt.

4

Es wird von Typographie und Satz, von Layout und Durchschuß, von Schriftart und Schriftschnitt, von Rasterpunkt und von Dichte die Rede sein. Von Begriffen also, die Sie vielleicht schon einmal gehört oder gelesen haben – vielleicht sogar in der Bedienungsanweisung Ihres DTP-Systems – aber nicht in das Thema einordnen konnten.

Apropos Typographie und Satz. Beide Begriffe werden gleich an dieser Stelle »unter die Lupe« genommen, denn sie werden uns als Leitworte durch das ganze Lehrbuch hindurch begleiten.

Beginnen wir mit der **Typographie**.

In einem Lexikon wird dieser Begriff so erläutert: »Typographie ist die Umwandlung eines geschriebenen Textes in einen gedruckten Text«. Dem ist im Prinzip nichts hinzuzufügen. Man kann es aber noch treffender sagen: »Typographie ist die Lehre des Gestaltens einer Drucksache, um eine optimale Lesbarkeit zu erzielen.«

Die Kunst dabei ist der Umgang mit den typographischen Gestaltungsmitteln Schrift, Linie, Fläche und Bild und ihre harmonische Anordnung auf einem ausgewählten Format.

Fachleute unterscheiden zwischen der **Mikrotypographie** und der **Makrotypographie**. Erstere beschreibt die Grundregeln für die Behandlung von schrift- bzw. textbezogenen Einheiten, wie den

5

Was ist Registerhaltigkeit?

Wenn man ein gutes Buch zur Hand nimmt und eine Seite gegen das Licht hält, so stellt man fest, daß die Grundschriftzeilen der Vorderseite und der Rückseite genau aufeinanderstehend gedruckt sind. Der Fachmann sagt, die Zeilen halten Register.
Aus der Sicht eines Typographen ist Registerhaltigkeit bei anspruchsvollen Drucksachen oberstes Gebot und ein Maßstab für hohe Qualität. Denn sie trägt dazu bei, daß in eine Drucksache Ruhe und somit Harmonie hineingebracht wird.
Das wird in den Abbildungen 4.4 und 4.5 in der Gegenüberstellung zweier Buchseiten deutlich. Während in der Abbildung 4.5 Registerhaltigkeit eingehalten worden ist, ist dieses Register in der Doppelseite der Abbildung 4.4 durchbrochen, und zwar durch Variieren der Abstände zwischen den Absätzen.
Es ist augenscheinlich, daß registerhaltiger Satz viel mehr Ruhe und Harmonie ausstrahlt als nicht registerhaltiger. Das wird noch deutlicher, wenn zwei Spalten auf einer Seite dicht nebeneinanderstehen (Abbildungen 4.6 und 4.7, nächste Seiten).

Abbildung 4.5
Registerhaltiger Satz zweier Buchseiten.
Die Zeilen beider Seiten sind in horizontaler Richtung ausgerichtet

Es gibt kaum Berufszweige, die von der rasanten Entwicklung der Computertechnik verschont geblieben sind. Das gilt auch für Schriftsetzer und Reprophotographen, zwei kreativen Berufen der Druckindustrie, die sich mit der Text- bzw. Bildgestaltung auseinanderzusetzen haben.
Mit der Entwicklung der »Personal Computer« (PC) wurden Werkzeuge geschaffen, die Text- und Bildbearbeitung auf kleinstem Raum ermöglichen, wobei der Kreativität (fast) keine Grenzen mehr gesetzt sind. Die Druckerei, Setzerei und Reproanstalt auf dem Schreibtisch wurde durch die Zauberformel »Desktop Publishing«, abgekürzt DTP, zur Realität.
Ihr Interesse für Typographie läßt den Rückschluß zu, daß Sie sich mit dem Thema Gestaltung, eventuell sogar im Zusammenhang mit DTP, auseinanderzusetzen haben. Es wird folglich unterstellt, daß Ihnen die Bedienung der Hard- und Software bereits nahegebracht worden sind, Sie also mit dem Werkzeug umgehen können. Dieses Lehrbuch enthält deshalb keinerlei Bedienungsanweisungen für irgendein Gestaltungssystems, sondern ausschließlich systemneutrale Gestaltungsregeln für Drucksachen jeder Art. Es werden fachliche Kenntnisse aus den Lehrberufen Schriftsetzer und Reprophotograph vermittelt, die bei allen gestalterischen Aufgaben beachtet werden sollten.

4

Es wird von Typographie und Satz, von Layout und Durchschuß, von Schriftart und Schriftschnitt, von Rasterpunkt und von Dichte die Rede sein. Von Begriffen also, die Sie vielleicht schon einmal gehört oder gelesen haben – vielleicht sogar in der Bedienungsanweisung Ihres DTP-Systems – aber nicht in das Thema einordnen konnten.
Apropos Typographie und Satz. Beide Begriffe werden gleich an dieser Stelle »unter die Lupe« genommen, denn sie werden uns als Leitworte durch das ganze Lehrbuch hindurch begleiten.
Beginnen wir mit der **Typographie**.
In einem Lexikon wird dieser Begriff so erläutert: »Typographie ist die Umwandlung eines geschriebenen Textes in einen gedruckten Text«. Dem ist im Prinzip nichts hinzuzufügen. Man kann es aber noch treffender sagen: »Typographie ist die Lehre des Gestaltens einer Drucksache, um eine optimale Lesbarkeit zu erzielen.«
Die Kunst dabei ist der Umgang mit den typographischen Gestaltungsmitteln Schrift, Linie, Fläche und Bild und ihre harmonische Anordnung auf einem ausgewählten Format.
Fachleute unterscheiden zwischen der **Mikrotypographie** und der **Makrotypographie**. Erstere beschreibt die Grundregeln für die Behandlung von schrift- bzw. textbezogenen Einheiten, wie den Buchstaben, das Wort, die Zeile oder den Absatz. Unter Makrotypographie ist demgegenüber der

5

Abbildung 4.6
Die Spalten einer Seite sind horizontal registerhaltig ausgerichtet

Es gibt kaum Berufszweige, die von der sehr rasanten Entwicklung der Computertechnik verschont geblieben sind. Das gilt auch für Schriftsetzer und Reprophotographen, zwei kreativen Berufen der Druckindustrie, die sich mit der Text- bzw. Bildgestaltung auseinanderzusetzen haben.
Mit der Entwicklung der »Personal Computer« (PC) wurden Werkzeuge geschaffen, die Text- und Bildbearbeitung auf kleinstem Raum ermöglichen, wobei der Kreativität (fast) keine Grenzen mehr gesetzt sind. Die Druckerei, Setzerei und Reproanstalt auf dem Schreibtisch wurden durch die Zauberformel »Desktop Publishing«, abgekürzt DTP, zur Realität.
Ihr Interesse für Typographie läßt den Rückschluß zu, daß Sie sich mit dem Thema Gestaltung, eventuell sogar im Zusammenhang mit DTP, auseinanderzusetzen haben.
Es wird folglich unterstellt, daß Ihnen die Bedienung der Hard- und Software bereits nahegebracht worden ist, Sie also mit dem Werkzeug umgehen können. Dieses Lehrbuch enthält deshalb keinerlei Bedienungsanweisungen für irgendein Gestaltungssystem, sondern ausschließlich systemneutrale Gestaltungsregeln für Drucksachen jeder Art. Es werden fachliche Kenntnisse aus den Lehrberufen Schriftsetzer und Reprophotograph vermittelt, die bei gestalterischen Aufgaben beachtet werden sollten.
Es wird von Typographie und Satz, von Layout und Durchschuß, von Schriftart und Schriftschnitt, von Rasterpunkt und von Dichte die Rede sein. Von Begriffen also, die Sie vielleicht schon einmal gehört oder gelesen haben – vielleicht sogar in der Bedienungsanweisung Ihres DTP-Systems – aber nicht in das Thema einordnen konnten.
Apropos Typographie und Satz. Beide Begriffe werden gleich an dieser Stelle »unter die Lupe« genommen, denn sie werden uns als Leitworte durch das ganze Lehrbuch hindurch begleiten.

Beginnen wir mit der **Typographie**. In einem Lexikon wird dieser Begriff so erläutert: »Typographie ist die Umwandlung eines geschriebenen Textes in einen gedruckten Text«. Dem ist im Prinzip nichts hinzuzufügen. Man kann es aber noch treffender sagen: »Typographie ist die Lehre des Gestaltens einer Drucksache, um eine optimale Lesbarkeit zu erzielen.«
Die Kunst dabei ist der Umgang mit den typographischen Gestaltungsmitteln Schrift, Linie, Fläche und Bild und ihre harmonische Anordnung auf einem ausgewählten Format.
Fachleute unterscheiden zwischen der **Mikrotypographie** und der **Makrotypographie**. Erstere beschreibt die Grundregeln für die Behandlung von schrift- bzw. textbezogenen Einheiten.
Es gibt kaum Berufszweige, die von der sehr rasanten Entwicklung der Computertechnik verschont geblieben sind. Das gilt auch für Schriftsetzer und Reprophotographen, zwei kreativen Berufen der Druckindustrie, die sich mit der Text- bzw. Bildgestaltung auseinanderzusetzen haben.
Mit der Entwicklung der »Personal Computer« (PC) wurden Werkzeuge geschaffen, die Text- und Bildbearbeitung auf kleinstem Raum ermöglichen, wobei der Kreativität (fast) keine Grenzen mehr gesetzt sind. Die Druckerei, Setzerei und Reproanstalt auf dem Schreibtisch wurde durch die Zauberformel »Desktop Publishing«, abgekürzt DTP, zur Realität.
Ihr Interesse für Typographie läßt den Rückschluß zu, daß Sie sich mit dem Thema Gestaltung, eventuell sogar im Zusammenhang mit DTP, auseinanderzusetzen haben. Es wird folglich unterstellt, daß Ihnen die Bedienung der Hard- und Software bereits nahegebracht worden sind, Sie also mit dem Werkzeug umgehen können. Dieses Lehrbuch enthält deshalb keinerlei Bedienungsanweisungen für irgendein Gestaltungssystems, sondern aus-

4

Abbildung 4.7
Die Spalten einer Seite sind horizontal nicht registerhaltig ausgerichtet

Es gibt kaum Berufszweige, die von der sehr rasanten Entwicklung der Computertechnik verschont geblieben sind. Das gilt auch für Schriftsetzer und Reprophotographen, zwei kreativen Berufen der Druckindustrie, die sich mit der Text- bzw. Bildgestaltung auseinanderzusetzen haben.

Mit der Entwicklung der »Personal Computer« (PC) wurden Werkzeuge geschaffen, die Text- und Bildbearbeitung auf kleinstem Raum ermöglichen, wobei der Kreativität (fast) keine Grenzen mehr gesetzt sind. Die Druckerei, Setzerei und Reproanstalt auf dem Schreibtisch wurden durch die Zauberformel »Desktop Publishing«, abgekürzt DTP, zur Realität.

Ihr Interesse für Typographie läßt den Rückschluß zu, daß Sie sich mit dem Thema Gestaltung, eventuell sogar im Zusammenhang mit DTP, auseinanderzusetzen haben.

Es wird folglich unterstellt, daß Ihnen die Bedienung der Hard- und Software bereits nahegebracht worden ist, Sie also mit dem Werkzeug umgehen können. Dieses Lehrbuch enthält deshalb keinerlei Bedienungsanweisungen für irgendein Gestaltungssystem, sondern ausschließlich systemneutrale Gestaltungsregeln für Drucksachen jeder Art. Es werden fachliche Kenntnisse aus den Lehrberufen Schriftsetzer und Reprophotograph vermittelt, die bei gestalterischen Aufgaben beachtet werden sollten.

Es wird von Typographie und Satz, von Layout und Durchschuß, von Schriftart und Schriftschnitt, von Rasterpunkt und von Dichte die Rede sein. Von Begriffen also, die Sie vielleicht schon einmal gehört oder gelesen haben – vielleicht sogar in der Bedienungsanweisung Ihres DTP-Systems – aber nicht in das Thema einordnen konnten.

Apropos Typographie und Satz. Beide Begriffe werden gleich an dieser Stelle »unter die Lupe« genommen, denn sie werden uns als Leitworte durch das ganze Lehrbuch hindurch begleiten.

Beginnen wir mit der **Typographie**.

In einem Lexikon wird dieser Begriff so erläutert: »Typographie ist die Umwandlung eines geschriebenen Textes in einen gedruckten Text«. Dem ist im Prinzip nichts hinzuzufügen. Man kann es aber noch treffender sagen: »Typographie ist die Lehre des Gestaltens einer Drucksache, um eine optimale Lesbarkeit zu erzielen.«

Die Kunst dabei ist der Umgang mit den typographischen Gestaltungsmitteln Schrift, Linie, Fläche und Bild und ihre harmonische Anordnung auf einem ausgewählten Format.

Fachleute unterscheiden zwischen der **Mikrotypographie** und der **Makrotypographie**. Erstere beschreibt die Grundregeln für die Behandlung von schrift- bzw. textbezogenen Einheiten.

Es gibt kaum Berufszweige, die von der sehr rasanten Entwicklung der Computertechnik verschont geblieben sind. Das gilt auch für Schriftsetzer und Reprophotographen, zwei kreativen Berufen der Druckindustrie, die sich mit der Text- bzw. Bildgestaltung auseinanderzusetzen haben.

Mit der Entwicklung der »Personal Computer« (PC) wurden Werkzeuge geschaffen, die Text- und Bildbearbeitung auf kleinstem Raum ermöglichen, wobei der Kreativität (fast) keine Grenzen mehr gesetzt sind. Die Druckerei, Setzerei und Reproanstalt auf dem Schreibtisch wurde durch die Zauberformel »Desktop Publishing«, abgekürzt DTP, zur Realität.

Ihr Interesse für Typographie läßt den Rückschluß zu, daß Sie sich mit dem Thema Gestaltung, eventuell sogar im Zusammenhang mit DTP, auseinanderzusetzen haben. Es wird folglich unterstellt, daß Ihnen die Bedienung der Hard- und Software bereits nahegebracht

4

Wie die Beispiele zeigen, ist bei Markierung von Absätzen durch zusätzlichen Zwischenraum keine Registerhaltigkeit zu erreichen. Als Alternative zur deutlichen Kenntlichmachung eines Absatzes besteht die Möglichkeit mit einem Einzug am Absatzanfang zu arbeiten (Gestaltungsmerkmale siehe Kapitel 8).

Das Variieren des Absatzabstands in vertikaler Richtung wird als **automatischer Höhenausgleich** bezeichnet. Eine andere Bezeichnung für diesen Vorgang ist »**vertikaler Keil**«. Dazu sei angemerkt, daß dieser Begriff vermieden werden sollte. Der Keil hatte seine Bedeutung in der Bleisatztechnik, und zwar im Zeilenguß. Mit einem keilförmigen Gebilde (oben schlank, unten breit) wurden variable Wortzwischenräume beim Setzen einer Blocksatzzeile markiert. Je nach Zeilenrestwert wurde mittels des Keils die betreffende Zeile mehr oder weniger mechanisch »ausgetrieben«, um auf den Wert der eingestellten Zeilenbreite zu kommen.
Aus technischer Sicht sei weiter ergänzt, daß bei einem Buch, das mit zusätzlichem Absatzabstand hergestellt wird, normalerweise die Abstände so lange variiert werden, bis die betreffende Satzspiegelhöhe erreicht ist. Das bedeutet, daß, je nach Anzahl der Absätze, auf einer Seite auch unterschiedliche Werte zwischen den Absätzen eingesetzt werden. Das ist ein weiterer Fakt, der Unruhe in eine Seite bringt.
Es ist ferner anzumerken, daß nicht alle Satzprogramme einen automatischen Höhenausgleich in der beschriebenen Weise durchführen. In diesem Falle ist ein manueller Höhenausgleich eine mühsame Angelegenheit.
Probleme bei der Erhaltung der Registerhaltigkeit bereiten Überschriften sowie Abbildungen, Tabellen, umrandete Texte und Texte in Flächen innerhalb des Textbereichs. Auf diese Probleme wird im Kapitel 9 »Gestalten von Überschriften« und im Abschnitt »Plazierung von Abbildungen im Text« (Kapitel 12) näher eingegangen.

Zusammenfassend sei zur Registerhaltigkeit gesagt:
Registerhaltiger Satz ist in solchen Drucksachen notwendig, in denen hohe Qualität gefordert wird, beispielsweise in schöngeistiger Literatur, aber auch in hochwertigen mehrspaltigen Druckobjekten, wie Zeitschriften oder Prospekten.
Nichtregisterhaltiger Satz ist in Drucksachen zu bevorzugen, in denen durch Gliederung des Textes Lese- und Lernprozesse unterstützt werden, zum Beispiel im Bereich der Lernliteratur, in technischen Handbüchern und in Zeitungen.

Die Arbeit des »Layouters«

Eine Form des Layouts besteht darin, Seitenbestandteile nach vorliegendem Satzspiegel mit Zeilenraster vorzugeben. Diese Form wird in solchen Drucksachen angewandt, die einen hohen Qualitätsanspruch haben, meist mehrspaltig angelegt sind und einen in sich geordneten, registerhaltigen Aufbau der Seite verlangen. Das sind unter anderem Prospekte, Fachzeitschriften, anspruchsvolle Zeitschriften, also Objekte, die typographisch durchgestaltet sind. Dazu folgendes Beispiel:

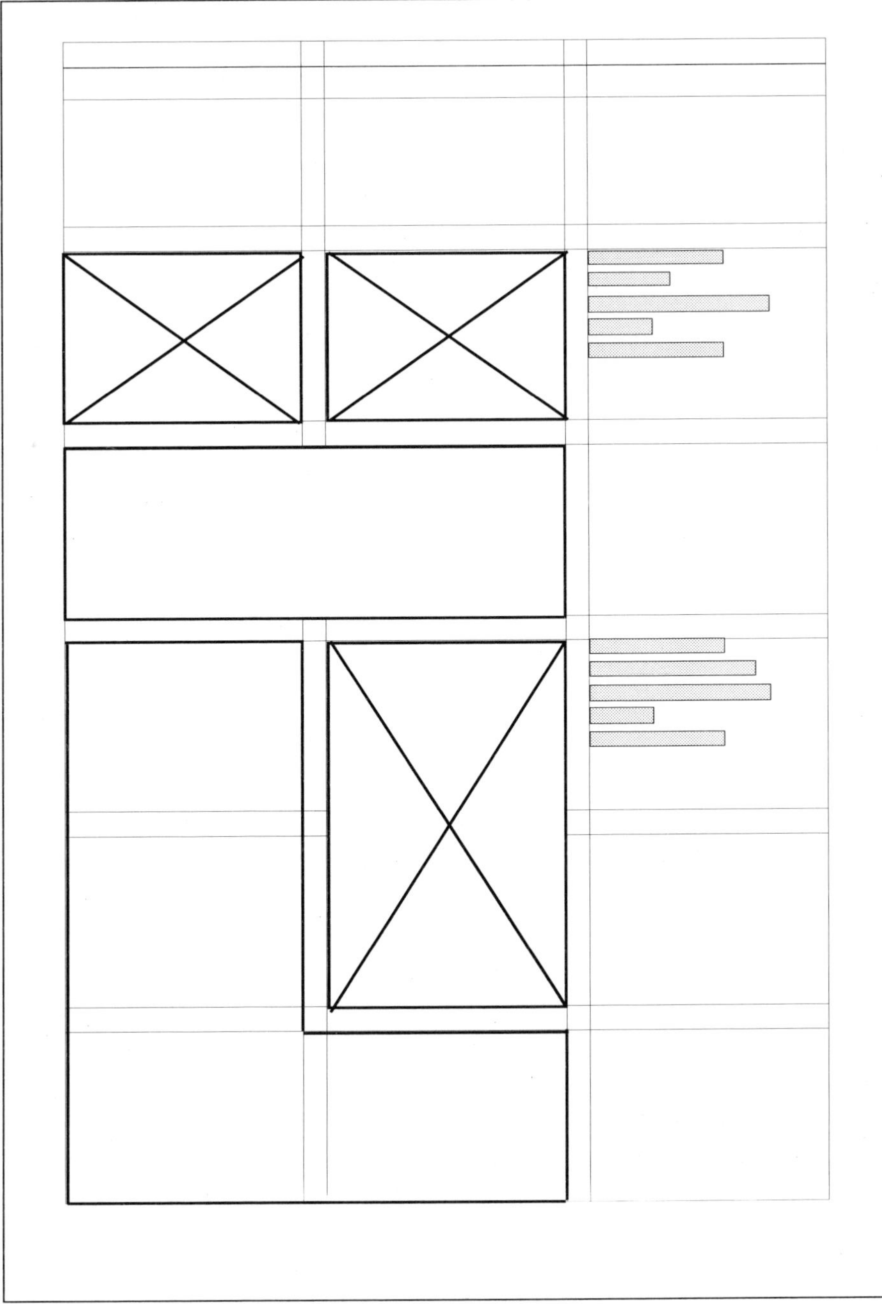

Abbildung 4.8
Seite 31 dieses Lehrbuchs als vorgegebenes Layout. Texte sind in diesem Beispiel durch eine Umrandung, Abbildungen durch eine Umrandung mit zwei diagonalen Linien gekennzeichnet

Abbildung 4.9
Beispiel eines Layoutvordrucks
für Zeitungen und Zeitschriften

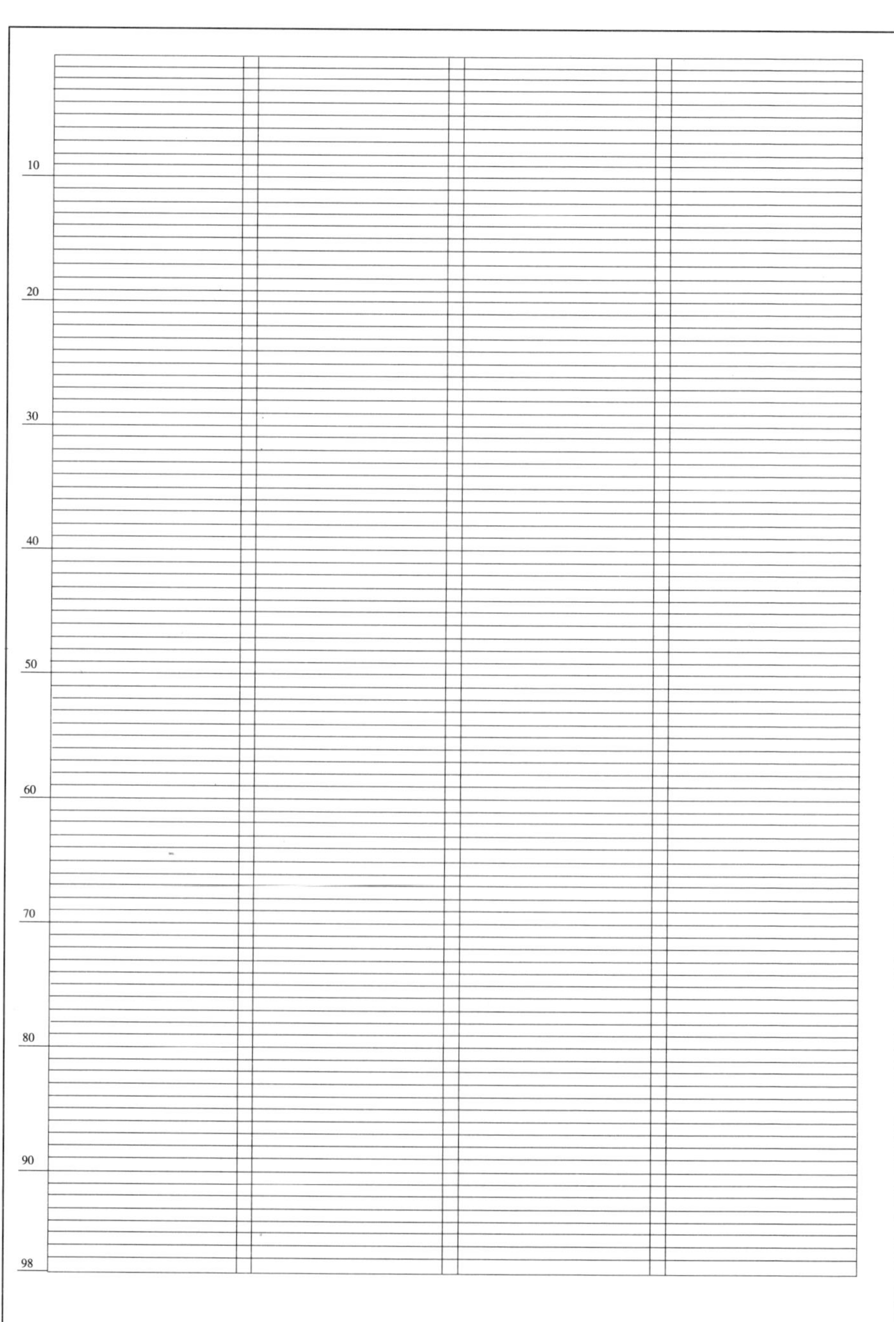

Eine andere Form eines Satzspiegels mit Zeilenraster ist in Abbildung 4.9 dargestellt. Hierbei wird auf Unterteilung in vertikal ausgerichtete Segmente verzichtet. Statt dessen ist die gesamte Seite neben der horizontalen Einteilung in Spalten vertikal in Grundschriftzeilen eingeteilt, die in regelmäßigem Abstand der besseren Übersicht wegen durchnumeriert sind.
Diese Form des Satzspiegels als Layoutvordruck wird meist in Druckobjekten wie Zeitschriften und Zeitungen verwendet, in

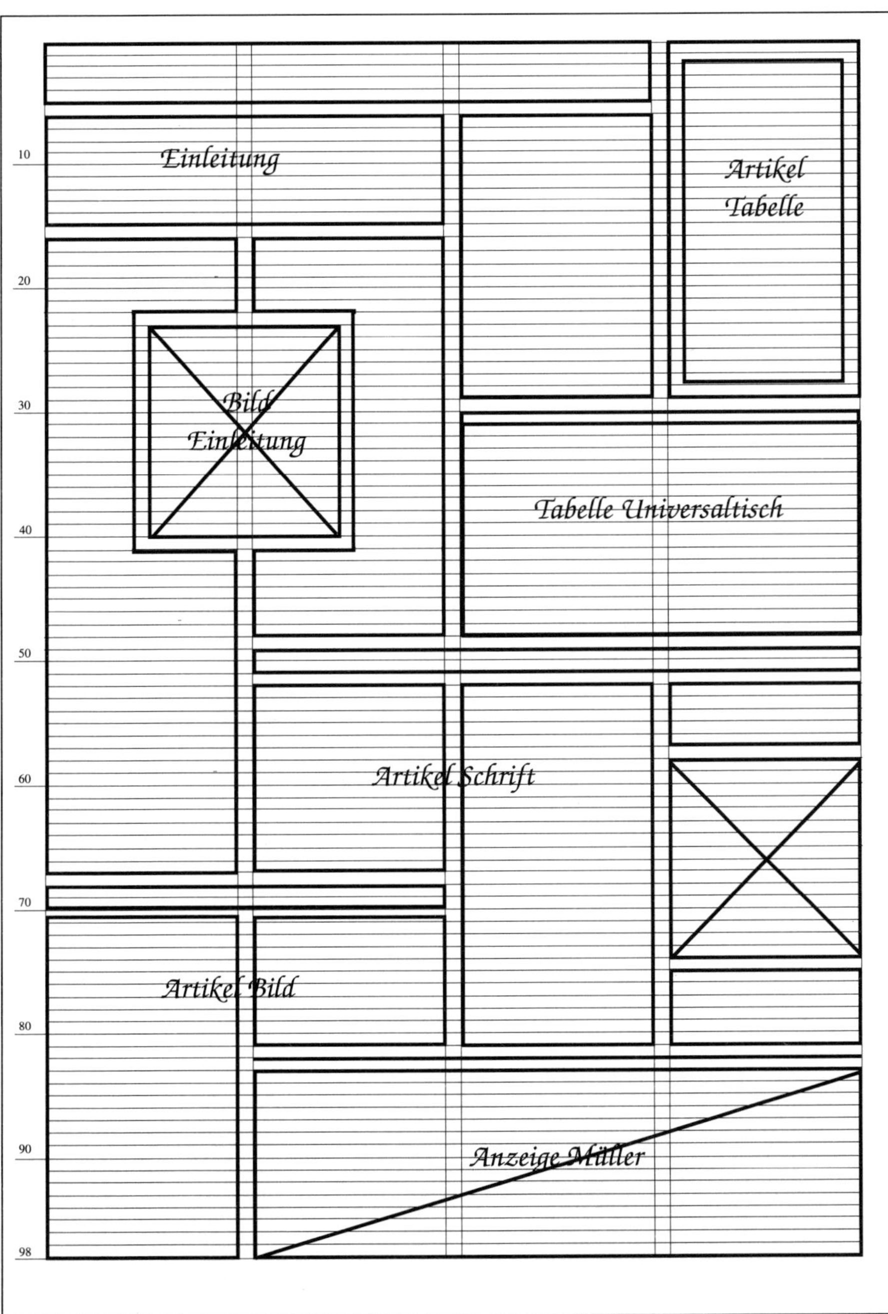

Abbildung 4.10
Beispiel eines Layouts
für eine Zeitschriftenseite.
Sinnvollerweise
sind alle Seitenbestandteile
namentlich gekennzeichnet

denen Zweckmäßigkeit im Mittelpunkt des Geschehens steht und Registerhaltigkeit meist vernachlässigt wird.
In Abbildung 4.10 wird als Beispiel das Layout einer Zeitschriftenseite gezeigt. Neben ein- und mehrspaltigen, umrahmten und nicht umrahmten redaktionellen Artikeln sind auch Bilder, eine Tabelle sowie eine Anzeige enthalten. Anzeigen werden zur Unterscheidung zu Abbildungen meist durch *eine* diagonale Linie gekennzeichnet.

Zusammenfassend sei zum Thema Layout festgestellt und ergänzt, daß *vor* der Erstellung folgende satztechnische Fakten festgelegt sein müssen:

Größe und Schriftart der Hauptüberschrift,
Größe und Schriftart von Unter- oder Zwischenüberschriften,
Größe und Schriftart der Grundschrift,
Größe und Schriftart von Bildtexten,
Zeilenabstand bei Überschriften und Grundschrift,
Abstände zwischen Überschriften und Text,
andere typographische Gestaltungsformen,
die ab Kapitel 5 angesprochen werden.

Nach der Erstellung eines Layouts sollte Klarheit über den Stand von Texten einschließlich Haupt-, Unter- und Zwischenüberschriften sowie Bildern, Linien und anderen Seitenbestandteilen geschaffen sein, um den Umbruch einer Seite nach den Layoutangaben technisch ausführen zu können.
Die in den Abbildungen vorgeschlagenen Markierungen der verschiedenen Seitenbestandteile sollten zwischen allen Beteiligten exakt abgesprochen sein, um Mißverständnissen beim Seitenumbruch vorzubeugen.

Das wichtigste Gestaltungsmittel: Die Schrift

5

»Die Sprache und die Schrift sind die Grundpfeiler menschlicher Geistesentwicklung«. So lautet der erste Satz zum Kapitel Schrift in einem bekannten Lehrbuch für Schriftsetzer. Dieser These ist nur noch hinzuzufügen, daß wir es folglich der Schrift verdanken, wenn wir heute überhaupt etwas von unseren Vorfahren wissen.
Man kann es auch anders formulieren:
Die Schrift ist das Gedächtnis der Menschheitsgeschichte.

Bereits in grauer Vorzeit bestand der Wunsch des Menschen, den gesprochenen Laut zu fixieren. Waren es zunächst nur Kerben in Holz und Höhlenzeichnungen, so folgten bald Bilderschriften und Wortbildschriften. Die Keilschrift der Sumerer und die Hieroglyphen der Ägypter sind beredtes Zeugnis davon.
Aber erst die Phonetisierung der Schrift durch die Griechen und Römer war die erste Vorstufe zu Alphabeten, wie wir sie heute kennen und auch anwenden (Abbildungen 5.1 und 5.2).

Die Entwicklung der Schrift steht in ganz engem Zusammenhang mit einem anderen Berufszweig der gestaltenden Kunst, nämlich der Architektur.
Basiselemente der griechischen Architektur waren die geometrischen Grundformen Quadrat, Rechteck, Dreieck sowie der Kreis. Die gleichen Formen sind in der griechischen Schrift erkennbar.
Diese Formen wurden zwar überwiegend von den Römern übernommen, doch die Anlehnung an die typischen Gewölbebögen der römischen Architektur gaben ihr ein völlig anderes Aussehen. Es entstand die **Kapitalis Quadrata**, deren besonderes Merkmal Querstriche an den Senkrechten waren, eine für die weitere Schriftentwicklung ganz wichtige Eigenschaft. Diese Querstriche bezeichnet man heute als **Serifen** oder auch **Schraffen** (siehe dazu Abbildung 5.11).
Als Abschluß einer Kette von Entwicklungen gilt eine Kleinbuchstabenschrift, die unter Karl dem Großen entstand und auch nach ihm benannt wurde: Die **Karolingische Minuskel** (Abbildung 5.3).

Abbildung 5.1
Griechisch um 500 v. Chr.
Geometrische Formen sind deutlich erkennbar

Abbildung 5.2
Römisch um 100 n. Chr.
Die Kapitalis Quadrata war eine reine Großbuchstabenschrift

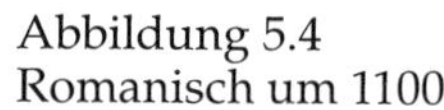

Abbildung 5.4
Romanisch um 1100

Abbildung 5.5
Gotisch um 1250

Abbildung 5.3
Karolingisch
um 800 n. Chr.

Man erkennt in ihr ganz deutlich die Hinwendung zur geschriebenen Schrift. Angelehnt an den Baustil mit vielen Rundbögen, entstand eine gut lesbare und schöne Rundbogenschrift, deren Formen durch Schreiben mit der Breitfeder geprägt wurden. Turmbauten an den Seitenschiffen sowie Rundbögen an Fenstern und Portalen waren die Merkmale des romanischen Baustils (Abbildung 5.4). Die Bauten wurden höher, die Schrift folglich steiler. Erste Anzeichen für Groß- und Kleinbuchstaben-Schreibweise waren erkennbar.
Hochgestreckte Spitzbögen waren ein typisches Merkmal der gotischen Baukunst; die Bauwerke wirkten dadurch schlanker (Abbildung 5.5). Die Rundungen der überlieferten Karolingischen Minuskel wurden gebrochen; es entstand eine völlig neue Schriftform, die gitterförmige **Gotisch**, die später von Johannes Gutenberg in seiner 42zeiligen Bibel als **Textura** übernommen wurde (siehe Abbildung 7.8).

Abbildung 5.6
Renaissance um 1500

Das Zeitalter der Renaissance war im wesentlichen dadurch geprägt, daß sich die mitteleuropäischen Völker wieder auf ihr gemeinsames Kulturerbe besannen und sich an die Ideale der griechischen und römischen Antike zurückwandten (Humanismus). Die karolingische Minuskel wurde »wiederentdeckt« und mit den Großbuchstaben der römischen Kapitalis verbunden.
Daneben blieb die gotische Schrift erhalten. Sie wurde allerdings etwas runder und offener (Abbildung 5.6).

Abbildung 5.7
Barock, Rokoko um 1700

Abbildung 5.8
Klassizismus um 1800

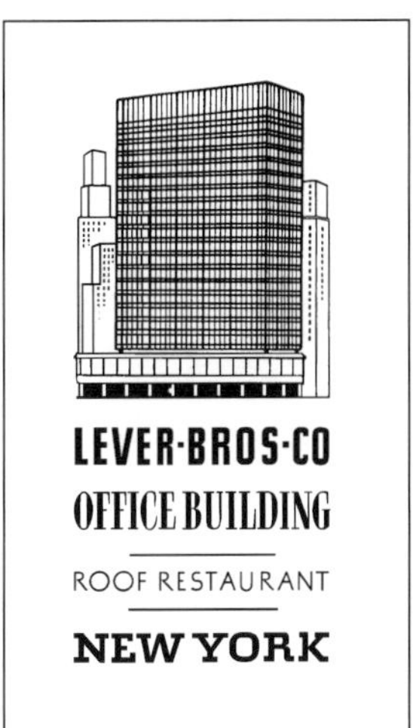

Abbildung 5.9
Neue Sachlichkeit
um 1930

Merkmal der Bauten des Barocks waren die schwungvollen Linienführungen an den Grundrissen und Baukörpern, die das Gewicht des Steins aufzuheben schienen.
Im Rokoko wurden daraus zierliche Spielereien, die teils sogar »entarteten«. In dieser Epoche erhielten, dem Baustil entsprechend, auch die Schriften Zierschwünge (Abbildung 5.7). Es wurden Kursivschriften entwickelt, aber auch Schriftformen, die man heute als Schreibschriften bezeichnet.
Das Zeitalter des Klassizismus bescherte eine klare, kontrastreiche Gliederung der Bauwerke. Ebenso streng und kontrastreich wurden auch die Schriftformen (Abbildung 5.8). Ein Übergang von der geschriebenen Schrift zur Drucktype wurde damit klar deutlich.
Diese Entwicklung fand ihre Fortsetzung im Zeitalter der neuen Sachlichkeit. Dem Baustil entsprechend, entstanden neue sachliche Schriftformen (Abbildung 5.9).

Abgeleitet aus dieser sehr gerafften Übersicht der Entwicklung der Schriftalphabete, stehen dem Typographen heute eine große Anzahl von Schriftarten in verschiedenen Schriftstilen zur Verfügung. Es sollte für ihn oberstes Gebot sein, für jede Drucksache die richtige Schrift auszuwählen, denn die Schrift ist das wichtigste typographische Gestaltungsmittel. Davon wird noch ausführlich die Rede sein.
Damit unter Typographen bezüglich der Schriftstile die gleiche Sprache gesprochen wird, wurde die »Klassifikation von Druckschriften« erarbeitet. Im deutschen Bereich ist das die Norm DIN 16 518 mit insgesamt elf Varianten. Daraus abzuleiteten, scheint sich international eine Reduzierung auf acht Schriftstile durchzusetzen, die in Abbildung 5.10 zusammengefaßt sind.

Abbildung 5.10
Klassifikationen der Schriftstile
mit Namen der Schrift

1 Renaissance-Antiqua	Typographie	Palatino
2 Barock-Antiqua	Typographie	Times
3 Klassizistische Antiqua	Typographie	Bodoni
4 Serifenbetonte Antiqua	Typographie	Glypha
5 Serifenlose Antiqua	Typographie	Helvetica
6 Antiqua-Varianten	Typographie	Arnold Böcklin
7 Schreibschriften	Typographie	Künstler-Script
8 Gebrochene Schriften	Typographie	Fette Fraktur

1 Venezianische Renaissance-Antiqua
2 Französische Renaissance-Antiqua
3 Barock-Antiqua
4 Klassizistische Antiqua
5 Serifenbetonte Antiqua
6 Serifenlose Antiqua
7 Antiqua-Varianten
8 Schreibschriften
9 Handschriftliche Antiqua
10 Gebrochene Schriften
11 Fremdländische Schriften

Diese **Schriftklassifikation** ist eine Norm, die von namhaften Schriftkünstlern der Gegenwart aufgestellt worden ist. Sie ist das praxisgerechtere, vereinfachte Gegenstück zur deutschen DIN-Norm 16518.

In dieser DIN-Norm sind die nebenstehenden elf Stilrichtungen beschrieben. Der Vergleich zeigt, daß darin zwei Formen der Renaissance-Antiqua ausgewiesen werden, deren Unterscheidung nach Meinung vieler Fachleute nicht notwendig ist. Auch ein Unterschied zwischen Antiqua-Varianten und handschriftlichen Antiqua-Formen ist überflüssig. In der Gruppe 11 werden fremdländische Schriften, wie griechisch, kyrillisch oder arabisch, aufgeführt.

Beide Klassifikationen enthalten sowohl die **runden Schriften**, die auch als **Antiqua-Schriften** bezeichnet werden, als auch die **gebrochenen Schriften**, die man auch als **Frakturschriften** bezeichnet. Auf die speziellen Merkmale beider wird im nächsten Abschnitt näher eingegangen.

Charakteristisches der runden und gebrochenen Schriften

Wie aus der Abbildung 5.10 zu ersehen, ist bei den meisten runden Schriften *ein* typisches Merkmal festzustellen:
An den Ausläufen der Senkrechten befinden sich waagerechte Querstriche, die man als **Serifen** oder **Schraffen** bezeichnet. Serifen haben sich ursprünglich aus der Haltung der Schreibwerkzeuge der Antike, nämlich dem Meißel und der Breitfeder ergeben und wurden in einigen Druckschriften als charakteristisches Merkmal übernommen.

Abbildung 5.11
Serifen in Antiqua-Schriften von links nach rechts: Renaissance-Antiqua, Barock-Antiqua, klassizistische Antiqua, serifenbetonte Antiqua

Serifen in unterschiedlichen Formen sind das typische Merkmal eines großen Teils der runden Schriften, nämlich der Renaissance-Antiqua, der Barock-Antiqua, der klassizistischen und der serifenbetonten Antiqua.
Diese Schriftstile sind auch gleichzeitig die wichtigsten in der täglichen Gestaltungspraxis. Sie werden ergänzt durch die einzige Antiqua-Schrift, die keine Serifen aufweist, nämlich die serifenlose Antiqua.

Abbildung 5.12
Unbehandelte (links) und nähergestellte Buchstaben (rechts) in Schreibschriften

Schreiben Schreiben
Schreiben Schreiben
Schreiben Schreiben

Völlig anders gestaltet sind im Verhältnis dazu die **Schreib-** oder **Pinselschriften**. Als typisches Merkmal ist gegenüber allen anderen Druckschriften festzuhalten, daß Buchstaben dort aneinander anschließen müssen, sich also berühren dürfen, wo es die Form erlaubt, um somit den Eindruck von »Geschriebenem« zu vermitteln. Schreibschriften finden vor allen Dingen im privat-repräsentativen Bereich Anwendung.

Auf die Unterschiede der Antiqua-Schriften, ganz speziell der mit Serifen, soll nachfolgend besonders eingegangen werden, um Hilfestellung bei der Bestimmung des Schriftstils und deren Anwendungsmöglichkeiten zu geben.

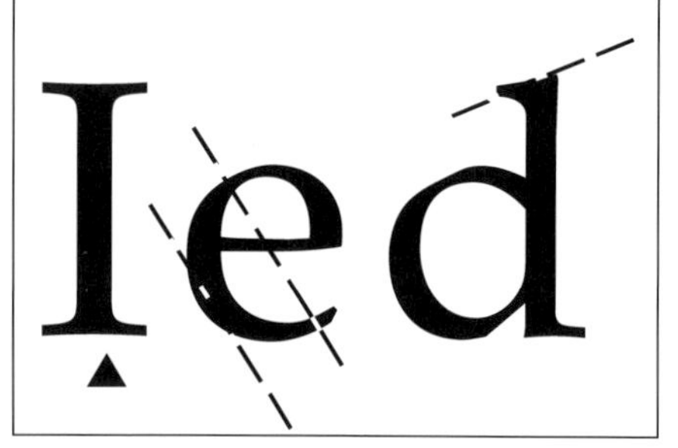

Abbildung 5.13
Typische Merkmale
der Renaissance-Antiqua

Bei der **Renaissance-Antiqua**, die man auch als **ältere Antiqua** oder **Mediäval** bezeichnet, wird zwischen der venezianischen und französischen Form dieses Schriftstils unterschieden. Beide haben den gleichen Ursprung; ihre Vorbilder sind Schriften, die mit schräg angesetzter Breitfeder geschrieben wurden. Da es kaum gravierende Unterschiede gibt, soll auf sie auch nicht weiter eingegangen werden.
Typisch sind für beide Formen:
Der Ansatz der Serifen bei Buchstaben, deren Senkrechte oben mit einer Serife endet (b, i, l), ist schräg. Die Verstärkungen bei Zeichen mit Rundungen (b, e, q) liegen nicht in senkrechter, sondern in schräger Achse. Diese Fakten ergeben sich aus der bereits erwähnten Federhaltung beim Schreiben. Die Serifen von Buchstaben, die nach beiden Seiten auslaufen (siehe Pfeil), wie H, T, p sind ausgerundet.
Typische Schriften dieser Kategorie sind die Palatino (siehe Abbildung 5.13), die Garamond oder die Trump-Mediäval.

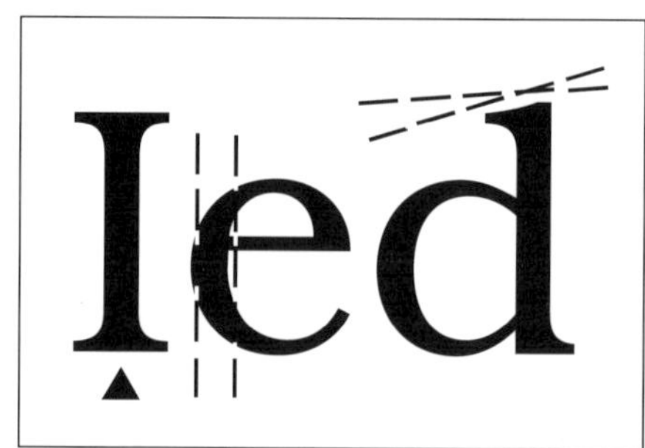

Abbildung 5.14
Typische Merkmale
der Barock-Antiqua

In der **Barock-Antiqua**, die man auch als **Übergangs-Antiqua** bezeichnet, liegt die Verstärkung der Buchstaben eher in der Senkrechten, Serifen an oberen Buchstabenenden tendieren zur geraden Stellung. Die beidseitig auslaufenden Serifen (siehe Pfeil) sind nicht ausgerundet. Der Kontrast zwischen waagerechten und senkrechten Elementen ist gegenüber der Renaissance-Antiqua gesteigert worden, um dann in der klassizistischen Antiqua eine weitere Kontraststeigerung zu erfahren.
Typische Beispiele sind die Schriften Bookman (Abbildung 5.14) oder in einer Variante die Times.

Es ist in vielen Fällen selbst für den Fachmann nicht einfach, Schriften der venezianischen und französischen Renaissance-Antiqua auseinanderzuhalten. Auch die Abgrenzung der Merkmale zwischen Renaissance- und Barock-Antiqua sind teilweise verwischt. Unproblematisch dagegen ist die Abgrenzung beider zur klassizistischen, serifenbetonten und serifenlosen Antiqua.

Typisches Merkmal der **klassizistischen Antiqua**, die man auch als **jüngere Antiqua** bezeichnet, ist der starke Kontrast zwischen den feinen waagerechten und kräftigen senkrechten Anteilen eines Buchstabens. Die feinen Serifen sind ungerundet und bilden den waagerechten Abschluß jeder Senkrechten.
Typische Beispiele für klassizistische Antiqua-Schriften sind die Bodoni (Abbildung 5.15), die Didot oder in einer Variante die Century Schoolbook.

Abbildung 5.15
Klassizistische Antiqua

Abbildung 5.16
Serifenbetonte Antiqua

Das charakteristische Merkmal aller **serifenbetonten Antiqua-Schriften**, die man auch als **Egyptienne** bezeichnet, besteht darin, daß alle Teile eines Buchstabens optisch gleiche **Strichstärke** aufweisen. Das gilt sowohl für Rundungen, Schrägen, Geraden als auch für Serifen.
Typische Beispiele für serifenbetonte Antiqua-Schriften sind die Glypha (Abbildung 5.16) oder in Varianten die Memphis oder Clarendon.

Bei der **serifenlosen Antiqua**, die man auch als **Grotesk** bezeichnet (Abbildung 5.17), sind alle möglichen Teile eines Buchstabens (Rundungen, Schrägen und Geraden) optisch gleich stark. Das Charakteristische ist jedoch, daß eine Grotesk keine Serifen aufweist.
Typische Beispiele für serifenlose Antiqua-Schriften sind die Helvetica (Abbildung 5.17) oder in Varianten die Univers, Futura oder Avant Garde.

Abbildung 5.17
Serifenlose Antiqua

Zusammenfassend kann festgestellt werden, daß die Gruppe der runden Schriften aus den Schriftstilen Renaissance-Antiqua, Barock-Antiqua, klassizistische Antiqua, serifenbetonte Antiqua und serifenlose Antiqua besteht. In dieser Reihenfolge sind sie auch entwickelt worden. Sie haben wesentlichen Anteil am Geschehen in der Praxis. Welcher Schriftstil für welche Zwecke am besten geeignet ist, wird im Abschnitt »Die Auswahl der richtigen Schrift« näher erläutert.

Abbildung 5.18
Klassifikation der gebrochenen Schriften, in Klammern Name der Schrift

Gruppe Xa **Gotisch** (Weiß Gotisch)	Typographie
Gruppe Xb **Rundgotisch** (Weiß Rundgotisch)	Typographie
Gruppe Xc **Schwabacher** (Alte Schwabacher)	Typographie
Gruppe Xd **Fraktur** (Walbaum Fraktur)	Typographie

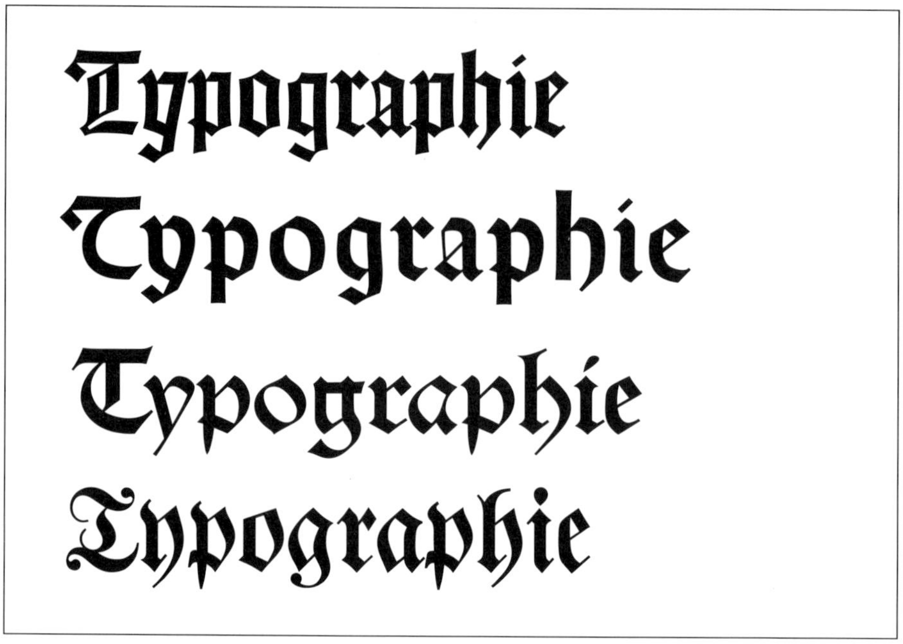

Gebrochene Schriften haben ihre Bezeichnung deshalb, weil alle Buchstaben, die in Antiqua-Schriften Rundungen aufweisen, in dieser Gruppe ganz konsequent oder teilweise gebrochen sind. Man bezeichnet sie auch als Fraktur-Schriften (lateinisch Bruch). Diese Bezeichnung ist nicht ganz zutreffend, denn die Fraktur ist nur eine von vier Varianten (Abbildung 5.18).
Die **Gotisch** ist konsequent gebrochen. Die Serifen sind durch rautenförmige Gebilde ersetzt. Dadurch wirkt die Schrift eng und gitterförmig.
Die **Rundgotisch**, die man auch als **Rotunda** bezeichnet, ist eine Schrift, die im oberitalienischen Raum entwickelt wurde. Die konsequent gebrochenen Formen der Gotisch werden teils in Rundungen abgefangen. Die rautenförmigen Serifen sind nicht mehr vorhanden. Dadurch wirkt die Schrift offener.
Die **Schwabacher** war eine Parallel- oder Weiterentwicklung der Rundgotisch im deutschen Raum. Die Rundungen wirken noch stärker ausgeprägt.
Die **Fraktur** entstand zu Beginn des 16. Jahrhunderts aus der Schwabacher und wird zur meist gebrauchten Schrift der Deutschen. Man bezeichnet sie deshalb auch als **Deutsche Schrift**. Ein typisches Merkmal der Fraktur ist die Spaltung von Buchstaben mit Oberlängen am oberen Teil.
Dazu sei ergänzt, daß unter der Gruppe Xe der DIN-Norm 16518 *die* Varianten der gebrochenen Schriften zusammengefaßt sind, die nicht eindeutig den anderen vier Gruppen zugeordnet werden können. Man bezeichnet sie als **Kanzlei-Schriften**.

Schriftschnitt und Schriftfamilie

Der Begriff Schriftschnitt stammt noch aus einer Zeit, als das Schriftbild aller Buchstaben einer Druckschrift manuell von einem Stempelschneider in Stahl geschnitten werden mußte, um dann durch Ausguß »vervielfältigt« werden zu können. Das Ergebnis waren Lettern aus Blei.

Nach heutiger Auffassung versteht man im Zeitalter des Fotosatzes und des Desktop Publishing unter Schriftschnitt *eine* von mehreren Variationsmöglichkeiten des Schriftbildes einer Schrift.

Aufschluß über die Variationsmöglichkeiten des Schriftbildes einer Schrift gibt die Abbildung 5.19. Damit ist gleichzeitig auch der Übergang zum zweiten Begriff der Überschrift gefunden:

Alle Varianten des Schriftbildes einer Schrift bezeichnet man als Schriftfamilie.

Helvetica leicht

Helvetica normal

Helvetica kursiv

Helvetica schmal normal

Helvetica halbfett

Helvetica schmal halbfett

Helvetica extrafett

Abbildung 5.19
Schriftschnitte der Helvetica.

Für einige dieser Schnitte werden häufig folgende englische Begriffe verwendet:
light (mager)
medium (halbfett)
bold (fett)
italic (kursiv)
condensed (schmal)
extended (breit)

Aus aktuellem Anlaß soll an dieser Stelle auf eine Unsitte hingewiesen werden, die mit heutigen Satzsystemen zwar möglich ist, für einen Typographen aber tabu sein sollte:

Man sollte eine Schrift niemals durch **Modifikation**, das heißt durch Verzerren in irgend eine Richtung, verunstalten. Das sind in diesem Sinne **Schmalstellen**, **Breitstellen**, **Stauchen** oder **Strecken**.

Man soll eine Schrift immer so verwenden, wie es der Schriftkünstler vorbestimmt hat. Jede Verzerrung ist zu vermeiden, weil die Schönheit und Charakteristik einer Schrift dadurch verlorengeht.
Es gibt auch keinen Grund, eine Schrift zu verzerren, denn: In vielen Schriften gibt es neben dem normalen Schnitt auch eine schmale und breite Variante, falls die Anwendung aus Platz- oder Gestaltungsgründen erwünscht ist.

Abbildung 5.20
Schriftmodifikationen verunstalten jeden Schriftcharakter

In der Abbildung 5.20 wird deutlich, wie sich Verzerrungen gegenüber dem normalen Verlauf einer Schrift auswirken: Der ursprüngliche Schriftcharakter ist überhaupt nicht mehr erkennbar; die Schrift ist verunstaltet.

Gestaltungsmerkmale eines Buchstabens

Es gibt viele Schriftfamilien, die auseinanderzuhalten, sogar dem Fachmann schwerfällt. Sie haben jedoch alle ein gemeinsames Merkmal, das in Abbildung 5.21 dargestellt ist, nämlich eine einheitliche **Schriftlinie**, die man auch als **Schriftgrundlinie** (englisch **baseline**) bezeichnet. Die Schriftgrundlinie ist der genormte Teil eines Buchstabens, und zwar in der vertikalen Position. Das prozentuale Verhältnis zwischen dem oberen Teil **(Oberhöhe)** und unteren Teil **(Unterlänge)** beträgt 72:28.

Das Schriftbild kann aber trotzdem – je nach Schriftart, abhängig vom Empfinden des Schriftkünstlers – in der Höhe variieren, wie der Vergleich der »H« in unterschiedlichen Schriften, aber gleichen Schriftgrößen, zeigt.

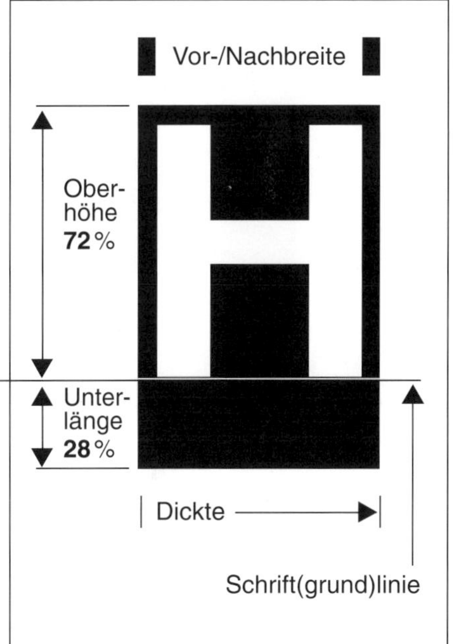

Abbildung 5.21
Die Gestaltungsmerkmale eines Buchstabens.
Das Verhältnis von Oberhöhe zu Unterlänge beträgt 72:28

Der wesentliche Zweck einer einheitlichen Schriftgrundlinie aus typographischer Sicht besteht darin, daß verschiedene Schriften bzw. Schriftschnitte – auch unterschiedlicher Hersteller – innerhalb einer Zeile gemischt werden können, ohne daß die Harmonie gestört wird.

Tanzende **Zeilen**, da die **Auszeichnung** einer Schrift nicht **Linie hält**, wie man sagt.

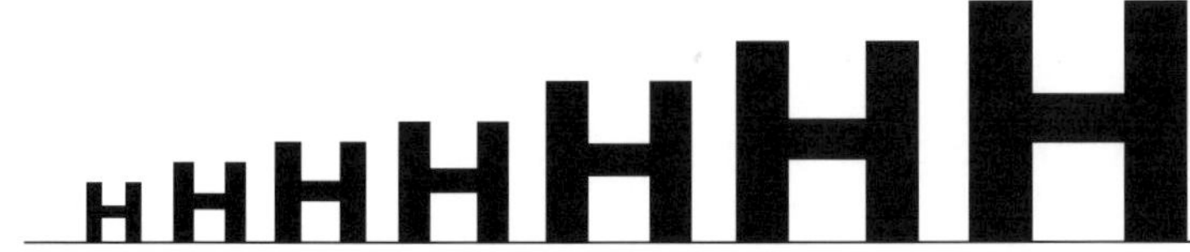

Abbildung 5.22

Wenn nämlich keine einheitliche Schriftlinie vorhanden wäre, so würde die Schrift »tanzen« oder, wie man auch sagt, sie würde nicht **Linie halten**. Wie sich das optisch auswirkt, wird in Abbildung 5.22 gezeigt.
Das Prinzip des **Schriftliniehaltens** gilt selbstverständlich auch für unterschiedliche Schriftgrößen, wie der Vergleich in Abbildung 5.22 zeigt, obwohl es in der Praxis kaum vorkommt, daß verschiedene Schriftgrade in einer Zeile verwendet werden.

Die Breite eines Buchstabens wird als **Dickte** oder **Dicke** bezeichnet; sie hat keine unmittelbare Bedeutung bei der Gestaltung, sondern spielt beim Zeilenaufbau durch einen Satzrechner eine entscheidende Rolle.
Die Breiten der einzelnen Zeichen einer Schrift sind in sogenannten **Dicktentabellen** zusammengefaßt, werden im Speicher eines Satzrechners hinterlegt und im Falle des Gebrauchs bereitgestellt.

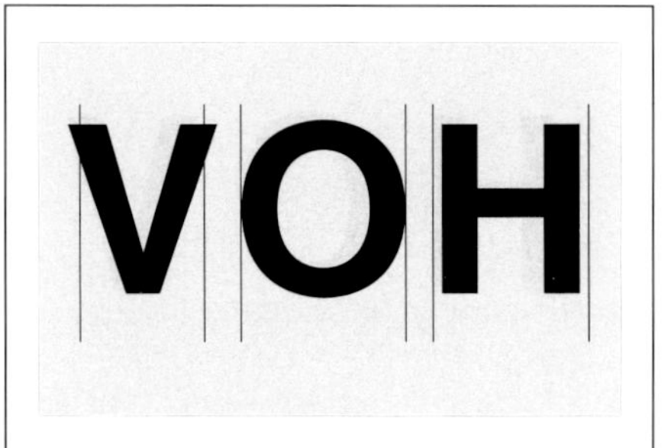

Abbildung 5.23
Die Vor- und Nachbreiten der Buchstaben sind unterschiedlich groß, möglicherweise sogar negativ, wie beim »V«

Im Zusammenhang mit der Dickte eines Buchstabens muß der Vollständigkeit halber erwähnt werden, daß man den freien Raum rund um den Buchstaben außerhalb des Schriftbildes als **Fleisch** und innerhalb als **Punzen** bezeichnet (siehe Abbildung 5.21). Das Fleisch seitlich des Buchstabens wird wiederum als **Vor-** bzw. **Nachbreite** bezeichnet.
Die Vor- und Nachbreiten der einzelnen Zeichen einer Schrift sind unterschiedlich groß, abhängig davon, ob das betreffende Zeichen viel optisch freien Raum (V, W oder T) oder weniger freien Raum (E, H oder I) davor oder dahinter aufweist. Vor- und Nachbreite haben für das Erscheinungsbild einer Schrift insofern große Bedeutung, weil der Schriftkünstler sie zum Justieren der Zeichenabstände zueinander benutzt. Bei Zeichen mit optisch großem Raum (z. B. »V«) oder mit Rundungen (z. B. »O«) sind die Vor- und Nachbreiten geringer als bei Buchstaben mit glatten Konturen (z. B. »H«). Das garantiert ein ausgeglichenes Schriftbild, an dem man nichts ändern sollte.

Abbildung 5.24
Strichstärke drei verschiedener Schriften: Palatino (oben), Garamond (Mitte), Times (unten)

Hier wird dargestellt, wie das optische Erscheinungsbild von drei ähnlichen Schriften voneinander abweichen kann.

Hier wird dargestellt, wie das optische Erscheinungsbild von drei ähnlichen Schriften voneinander abweichen kann.

Hier wird dargestellt, wie das optische Erscheinungsbild von drei ähnlichen Schriften voneinander abweichen kann.

Auch das optische Erscheinungsbild einer Schrift hat bei der Gestaltung große Bedeutung. Es wird neben dem Schriftstil durch die **Strichstärke**, die man auch als **Duktus** bezeichnet, geprägt. Sie ist beispielsweise im Zusammenspiel Schrift und Linie wichtig; die Strichstärken beider Gestaltungsmittel sollten aufeinander abgestimmt sein. In der Abbildung 5.24 wird dargestellt, wie das optische Erscheinungsbild von drei ähnlichen Schriften voneinander abweichen kann.

In Abbildung 5.25 werden einige buchstabenbezogene Begriffe angesprochen, die für die Gestaltung wichtig sind. Sie betreffen die vertikale Ausdehnung eines Schriftzeichens und stehen in unmittelbarem Zusammenhang mit der **Schriftgröße**.

Die gesamte Schriftgröße besteht aus **Oberlänge**, **Mittellänge** und **Unterlänge**.

Abbildung 5.25
Darstellung
der Ober-, Mittel- und Unterlänge

Die Bedeutung der Mittellänge im Verhältnis zur Ober- und Unterlänge soll aus gestalterischer Sicht an folgendem Beispiel deutlich gemacht werden.
Bei Betrachtung der Abbildung 5.26 fällt auf, daß der Zeilenabstand bei Verwendung von Großbuchstaben optisch kleiner wirkt als in Groß-Klein-Schreibweise, obwohl zwischen allen Zeilen der gleiche Abstand gewählt worden ist. Der Grund besteht darin, daß sich Großbuchstaben optisch über die Distanz von Mittel- und Oberlänge, der sogenannten **Versal-** oder **Oberhöhe**, erstrecken, während bei Kleinbuchstaben nur die Mittellänge optisch den Ausschlag gibt (vgl. Abbildung 3.9).
Da die Mittellänge der Buchstaben in vielen Schriftarten unterschiedlich hoch ist, wird sie zu einem wichtigen Kriterium bei der Festlegung des **Zeilenabstands** (siehe dazu Kapitel 6).

Typograph
Typograph
Typograph
TYPOGRAPH
TYPOGRAPH
TYPOGRAPH
Typograph
Typograph
Typograph

Abbildung 5.26
Unterschied zwischen
dem optischen Zeilenabstand
einer Normalzeile
und einer Versalzeile

Auf eine optische Begebenheit in Schriften soll außerdem hingewiesen werden:
Schriftzeichen mit Rundungen (zum Beispiel b, e, o,) ragen immer etwas über und unter der Mittellänge hinaus, damit sie im optischen Einklang mit Buchstaben stehen, die gerade Konturen aufweisen, wie »H«, teilweise »b«. Das wird in Abbildung 5.25 verdeutlicht. Das gleiche gilt ebenfalls für Großbuchstaben, beispielsweise im Verhältnis »O« zum »H« (siehe Abbildung 5.23)
Auch das sei erwähnt: Großbuchstaben sind gelegentlich etwas kleiner und stärker als Kleinbuchstaben mit Oberlänge.

Bezüglich der Dickte und somit der horizontalen Ausdehnung von Buchstaben sei ergänzt, daß man zwischen dicktengleichen und dicktenindividuellen Schriften unterscheidet.
Dicktengleiche Schriften werden auch als **Monospace**-Schriften bezeichnet. Typisches Beispiel dafür sind Schreibmaschinen-Schriften, bei der alle Schriftzeichen die gleiche Breite aufweisen. Das bedeutet: Unausgeglichenheit zwischen den Buchstaben.
Dicktenindividuelle Schriftzeichen sind Voraussetzung für alle Druckschriften. Diese Form bezeichnet man als **proportionale Schriftzeichen.** Das bedeutet: Ausgeglichenheit zwischen den Buchstaben.
Der Unterschied wird in Abbildung 5.27 dargestellt.

Bezüglich der Dickte und somit der horizontalen Ausdehnung von Buchstaben sei ergänzt, daß man zwischen dicktengleichen und dicktenindividuellen Schriften unterscheidet.

Bezüglich der Dickte und somit der horizontalen Ausdehnung von Buchstaben sei ergänzt, daß man zwischen dicktengleichen und dicktenindividuellen Schriften unterscheidet.

Bezüglich der Dickte und somit der horizontalen Ausdehnung von Buchstaben sei ergänzt, daß man zwischen dicktengleichen und dicktenindividuellen Schriften unterscheidet.

Abbildung 5.27
Gegenüberstellung dicktenindividueller Schriften (Palatino und Glypha) und dicktengleicher Schrift (Courier)

Dabei sei erwähnt, daß für Proportional-Schriften sowohl **Blocksatz** als auch **Flattersatz** gewählt werden kann.
Monospace-Schriften dagegen sollten aufgrund ihrer Eigenschaft ausschließlich im Flattersatz-Modus verwendet werden, da die Wortzwischenräume nicht von der einheitlichen Breite aller Zeichen abweichen dürfen.
Schriften mit Monospace-Charakter (z. B. Courier) werden überwiegend auf Schreibmaschinen angewendet und folglich auch als **Schreibmaschinen-Schriften** bezeichnet. Sie sollten *dann* im Textteil eines Briefes verwendet werden, wenn der Eindruck eines individuellen Schreibens erreicht werden soll. Dagegen vermitteln proportionale Druckschriften in Brieftexten von vornherein den Eindruck einer Drucksache.

Zeichenumfang einer Schrift

In jeder Schrift kann über einen Standard-Zeichenvorrat (**Fond** oder **Font**) verfügt werden, der im allgemeinen folgende Zeichengruppen umfaßt: Klein- und Großbuchstaben, Akzentzeichen, Ligaturen, Ziffern, Interpunktions- und Sonderzeichen.
Zu den **Kleinbuchstaben**, die man auch als **Gemeine** oder **Minuskeln** bezeichnet, zählen 26 Buchstaben des Alphabets von a bis z. Das gleiche gilt auch für **Großbuchstaben**, **Versalien** oder **Majuskeln**.

Bei den **Akzentzeichen** wird zwischen echten und fliegenden Akzenten unterschieden. Bei den echten Akzentzeichen besteht der Buchstabe aus dem Zeichen plus augesetztem Akzent. Sie sind meist in begrenztem Umfang sprachenbezogen in einem Fond vorhanden. Im deutschen Sprachenbereich sind beispielsweise die Umlaute ä, ö und ü obligatorisch. Auch Zeichen wie æ, œ, Æ, Œ, ø, Ø gehören dazu.
Fliegende Akzente sind einzelne Akzentzeichen, die über den betreffenden Buchstaben auf die optische Mitte gesetzt werden. Eine Übersicht der wichtigsten und im europäischen Sprachenbereich am häufigst vorkommenden fliegenden Akzente ist in Abbildung 5.28 dargestellt.
Auf *eine* Variante bei fliegenden Akzenten sei besonders aufmerksam gemacht: Sofern ein »i« mit einem Akzent versehen werden soll, so würde der vorhandene »i-Punkt« stören. Deshalb befindet sich in den meisten Schriften ein punktloses »ı«, über das jeder fliegende Akzent gesetzt werden kann: ı́, ı̂ oder ı̀.

Akzent Akut a´ á
Akzent Zircumflex aˆ â
Akzent Gravis a` à
Cedille ç Ç
Trema a¨ ä
Tilde a˜ ã
Haček aˇ ǎ
Strich a¯ ā
Punkt a˙ ȧ
Angström a˚ å
Halbkreis a˘ ă

Abbildung 5.28
Die wichtigsten Akzente
im mitteleuropäischen Bereich

Ligaturen sind Buchstabenkombinationen, die ihre Bedeutung im Bleisatz hatten. Sie standen dem Setzer als zusammengegossene Lettern zur Verfügung und dienten der Verschönerung des Satzes (ch, ck). Es waren aber auch technische Gründe maßgebend (ff, fi, fl, ft), weil der obere Bogen des »f« in Verbindung mit den Einzelzeichen f, i, l und t abbrach.
Heutige Technik macht *solche* Ligaturen überflüssig, die ohne Qualitätsverlust ineinander gestellt werden können (ch, ck, ff). Bei fl, fi und ft spielt jedoch die Anpassung der Form eine große Rolle (siehe dazu Abbildung 5.29)
Auch der Buchstabe »ß« ist eine Ligatur, die nicht aus den Zeichen ſ und ʒ, sondern aus ſ und s entstanden ist. Wenn man sich diese beiden Buchstaben ineinandergeschoben vorstellt, bleibt vom s nur noch die rechte, ʒ-ähnliche Hälfte über. Richtigerweise muß man also das »ß« als »scharfes s« und nicht als »Eß-zett« bezeichnen. Das ist in folgendem Beispiel nachzuempfinden: aus groß wird GROSS, nicht aber GROSZ.

Da der Aufbau einer Zeile heute überwiegend mit Satzprogrammen geschieht, kann es im Falle der Anwendung von Ligaturen folgenden Hinderungsgrund geben:

Es muß gewährleistet sein, daß im Falle der Silbentrennung eines Wortes die Ligatur durch zwei Einzelbuchstaben ersetzt wird. Anderenfalls darf die Ligatur nicht benutzt werden, weil häufige falsche Trennungen die Folge wären.

Wenn man Ligaturen verwendet, so müssen folgende Regeln beachtet werden:

Zu einer Ligatur gehörende Buchstaben dürfen keine Wortstämme miteinander verbinden, wie beispielsweise in dem zusammengesetzten Hauptwort »Hof-tor«. In normalen Worten dagegen dürfen Silben durch Ligaturen verbunden werden, wie im Wort »Schriften«.

Während in der Praxis im Bereich des **Mengensatzes** auf die Anwendung von Ligaturen meist verzichtet wird, sollten sie in Überschriften für einen Typographen Pflicht sein.
Beim Simulieren von Ligaturen ist jedoch zu beachten: Schrift ist nicht gleich Schrift. Das ch und ck steht in vielen Schriften optisch so gut nebeneinander, daß sich ein Zusammenrücken erübrigt. Beim ft paßt oft der f-Strich nicht zum t-Strich. Deutliche Verbesserungen sind in der Schrift Times zu erreichen:

Abbildung 5.29 Anwendung von Ligaturen, jeweils erstes Beispiel ohne, zweites mit Ligatur. Die Buchstabenabstände wirken ausgeglichener

Schriften	Kaffee
Schriften	Kaffee
Tonfläche	Dickte
Tonfläche	Dickte
Wachsfigur	
Wachsfigur	

Abbildung 5.30
Rund-s und Lang-s
in gebrochenen Schriften

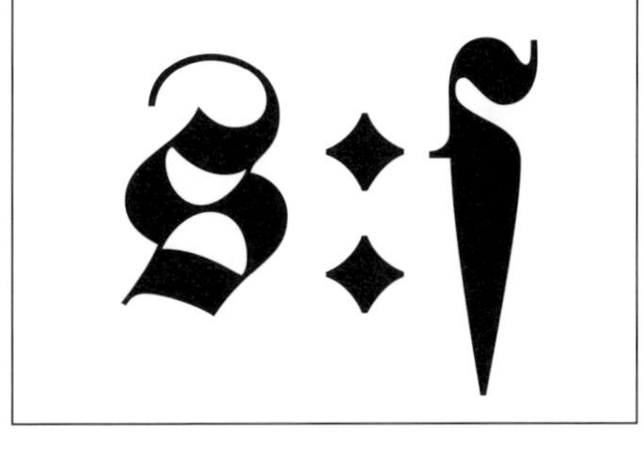

In gebrochenen Schriften sind neben den genannten einige Ligaturen *mehr* vorhanden. Diese zusätzlichen Ligaturen resultieren aus einer Eigenschaft gebrochener Schriften, auf die nachfolgend besonders hingewiesen werden soll:
In gebrochenen Schriften werden zwei Formen des kleinen »s« verwendet, und zwar das »Rund-s« und das »Lang-s« (siehe Abbildung 5.30).
Das Lang-s gleicht in seiner Form einem »f« ohne Querstrich. Das ist der Hintergrund, weshalb die Buchstaben i, s und t als Ligatur mit dem Lang-s kombiniert werden. Hinzu kommt das »sch« und »tz«.
Für die Anwendung eines Lang-s oder eines Rund-s gelten folgende Regeln:

Abbildung 5.31
Zusätzliche Ligaturen
in gebrochenen Schriften
gegenüber
runden Schriften

Das **Lang-s** wird grundsätzlich am Silbenanfang sowie im Wort in Verbindung mit den Ligaturen »st« und »sch« verwendet. Das **Rund-s** steht immer am Silben- oder Wortende.

Gegenüber den runden Schriften haben demzufolge die Lang-s-Ligaturen nicht nur technische oder optische, sondern auch sprachliche Gründe, bezogen auf die richtige Anwendung der beiden Formen des »s«. Das sollen folgende Beispiele verdeutlichen:
Im Wort »Jahrtausend« steht das »s« am Silbenanfang, deshalb wird ein Lang-s verwendet. Bei »Ausstellung« steht das erste »s«

Jahrtauſend Ausſtellung
Gaſthaus Gaſtſtätte
Rotbarſch Intereſſengemeinſchaft

Abbildung 5.32
Anwendung
von Rund-s und Lang-s
in Verbindung
mit Ligaturen

am Silbenende, deshalb Rund-s. Das zweite »s« steht in Verbindung mit dem »t« als Ligatur am Silbenanfang, deshalb Lang-s. Sofern ein »s« im Wort steht, so steht es immer in Verbindung mit einer Ligatur. Beispiele dafür sind die Wörter »Gasthaus« oder »Rotbarsch«. In diesen Fällen muß immer ein Lang-s verwendet werden.
Zwei Lang-s müssen im Wort »Interesse« verwendet werden, da »ss« eine Ligatur ist, obwohl das erste »s« am Silbenende steht.

H. H! H!
▲ ▲

Doppelpunkt:
Semikolon;
Fragezeichen?
Ausrufezeichen!

Abbildung 5.33
Optischer Hintergrund, warum der Abstand zwischen Text und den oben genannten Zeichen größer sein muß:
Obwohl der Abstand des Punktes an den mit ▲ gekennzeichneten Stellen gleich ist, steht das Ausrufezeichen optisch näher am Text. Optisch angepaßt wirkt der Abstand zwischen erstem und drittem H

Unter dem Begriff **Interpunktionszeichen** oder **Punkturen** sind jene Zeichen zu verstehen, die aus grammatikalischer Sicht für den Satzaufbau notwendig sind. Das sind:
Punkt, Doppelpunkt, Komma, Semikolon, Fragezeichen, Ausrufezeichen, An- und Abführungen, Apostroph, runde und eckige Klammern auf und zu, Divis (Binde- oder Trennungsstrich) und Gedankenstrich, letzterer oftmals in mehreren Varianten (siehe nächste Seite).
Zum Doppelpunkt, Semikolon, Frage- und Ausrufezeichen ist anzumerken, daß sie nach typographischen Regeln immer etwas vom Text abgesetzt werden müssen. Das hat optische Gründe, die in Abbildung 5.33 dargestellt sind. In den meisten Schriften mit Qualitätsanspruch ist diese Regel bereits berücksichtigt, die Vorbreite ist geringfügig größer gestaltet. Sollte das nicht der Fall sein, so muß ein **Achtelgeviert** (siehe Abbildung 5.38) eingefügt werden. Falsch wäre jedoch das Einfügen eines normalen Wortzwischenraums.

Sprache	” ”	“ ”	„ ”	„ “	“ „	» »	» «	« »
Dänisch				■			■	
Deutsch				■			■	
Englisch		■						
Finnisch	■					■		
Französisch		□ [1]						□ [2]
Italienisch					■ [1]			■
Niederländ.			■					
Norwegisch				■ [1]				■
Polnisch				■			■	
Portugiesisch		□ [1]						□
Rumänisch				■				■
Russisch				■				■
Schwedisch	■					■		
Serbokroat.				■ [1]			■	
Slowenisch				□				□
Spanisch		■						■
Tschechisch				■			■	
Türkisch					■ [1]			■
Ungarisch			■				■	

Abbildung 5.34
An- und Abführungen der wichtigsten europäischen Sprachen.
Die mit »1« gekennzeichneten An- und Abführungen werden nur bei Überschriften verwendet, bei den mit »2« gekennzeichneten wird vor und hinter der An- und Abführung je ein **Achtelgeviert** eingefügt

Die Anwendung der richtigen **An- und Abführungen** im Text ist in jeder Sprache vorgeschrieben. Die Regeln für die wichtigsten europäischen Sprachen werden in Abbildung 5.34 gezeigt. Aus typographischer Sicht ist dazu anzumerken: Voraussetzung für den Anspruch auf Qualitätssatz ist die richtige Anwendung der An- und Abführungen. Es ist also unbedingt darauf zu achten, daß die in Abbildung 5.35 dargestellten Vorschriften eingehalten werden.

„Deutsch doppelt“
‚Deutsch einfach‘
»Französisch doppelt«
›Französisch einfach‹
Apostroph’

Abbildung 5.35
Deutsche Anwendung von An- und Abführungen und des Apostrophs

Ein Qualitätsmerkmal ist die Anwendung der richtigen **Gedankenstriche**. Der auf Halbgeviert ist — aus optischen Gründen — immer zu bevorzugen. Der auf Geviertbreite — das sei gesagt — wirkt beim Lesen störend, während sich der Halbgeviert-Gedankenstrich — das sei ergänzt — harmonisch in das Satzbild einfügt.

Ein Qualitätsmerkmal ist die Anwendung der richtigen **Gedankenstriche**. Der auf Halbgeviert ist – aus optischen Gründen – immer zu bevorzugen. Der auf Geviertbreite – das sei gesagt – wirkt beim Lesen störend, während sich der Halbgeviert-Gedankenstrich – das sei ergänzt – harmonisch in das Satzbild einfügt.

Ein Qualitätsmerkmal ist die Anwendung der richtigen **Gedankenstriche**. Der auf Halbgeviert ist - aus optischen Gründen - immer zu bevorzugen. Der auf Geviertbreite - das sei gesagt - wirkt beim Lesen störend, während sich der Halbgeviert-Gedankenstrich - das sei ergänzt - harmonisch in das Satzbild einfügt.

Abbildung 5.36
Der Gedankenstrich auf Geviertbreite (oben) wirkt störend, während der auf Halbgeviert (Mitte) sich harmonisch in das Satzbild einfügt. Das Divis als Gedankenstrich (unten) ist falsch

Ein weiteres Qualitätsmerkmal ist die Anwendung richtiger **Gedankenstriche**. Sie sind meist in zwei Ausführungen vorhanden: auf **Geviert**- und **Halbgeviert**breite. Letzterer ist aus optischen Gründen immer zu bevorzugen. Die Abbildung 5.36 zeigt: Gedankenstriche auf Geviertbreite wirken beim Lesen störend, die auf Halbgeviert fügen sich harmonisch in das Satzbild ein.

Als Regeln gelten: Vor und hinter dem Gedankenstrich ist ein Wortzwischenraum einzufügen, ein Gedankenstrich steht immer am Zeilenende, niemals am Zeilenanfang.

Bei den **Sonderzeichen** unterscheidet man zwischen **schriftabhängigen** und schriftunabhängigen. Erstere sind den Formenmerkmalen des jeweiligen Schriftschnittes nachvollzogen. Dazu gehören: %, ‰, &, *, §, †, $, £., © und ®. **Schriftunabhängige** Sonderzeichen sind z. B. das Gleichheits- oder Pluszeichen. Merkmal: Sie dürfen nicht schräg gestellt werden.

Wenn von **Ziffern** die Rede ist, so sind im allgemeinen die zehn arabischen Ziffern von 0 bis 9 gemeint. Diese Ziffern haben zwar ihren Ursprung in Indien, wurden aber von den Arabern übernommen und verbreitet. Darüber hinaus sollten einem Typographen auch die römischen Ziffern bekannt sein.
Bei der Anwendung von arabischen Ziffern wird grundsätzlich zwischen Normalziffern, Tabellenziffern, gemeinen Ziffern und Bruchziffern unterschieden.

23156189

23156189

Abbildung 5.37
Der Unterschied
zwischen Normalziffern (oben)
und Tabellenziffern (unten)

Normalziffern zeichnen sich dadurch aus, daß deren Breite dem jeweiligen Schriftbild entspricht, während **Tabellenziffern** immer die gleiche Breite haben.
Beide sind an der »1« leicht zu unterscheiden. Während sich die »1« als Normalziffer ohne Lückenbildung in das Satzbild einfügt, entsteht durch Verwendung der Tabellenziffer »1« der Eindruck eines zusätzlichen Wortzwischenraums aufgrund des optisch freien Raumes davor und dahinter (Abbildung 5.37).
Diesem Unterschied entspricht die Anwendung: Normalziffern werden im laufenden Text und in Überschriften verwendet, ohne daß in Zahlenangaben Lücken entstehen, Tabellenziffern sind notwendig, wenn Zahlenkolonnen entsprechend ihrer dezimalen Stellenwertigkeit (Einer, Zehner, Hunderter) untereinanderstehen müssen.
Um Stellenwertigkeit in Zahlen zu erhalten, wenn innerhalb eine Ziffer entfällt, können »Blindziffern« verwendet werden, die mit sogenanntem Festausschluß zu realisieren sind.

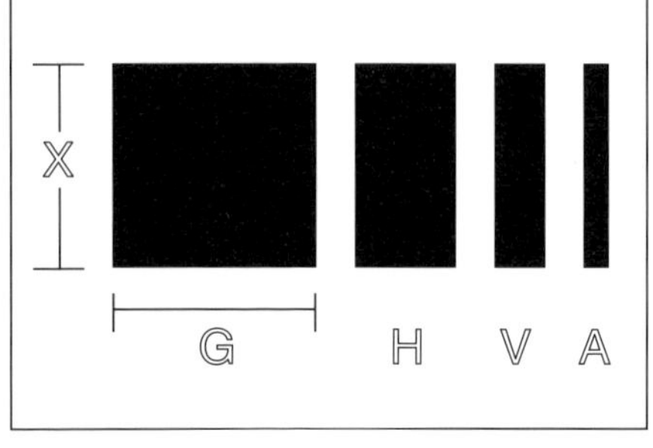

Abbildung 5.38
Darstellung eines Gevierts,
Halbgevierts, Viertelgevierts
und Achtelgevierts

Festausschluß steht in enger Beziehung zur Schriftgröße. Das bedeutet, daß die Breite des Festausschlusses kein absolutes, sondern immer ein relatives Maß ist.
Die Schrifthöhe der verwendeten Schrift ist in Abbildung 5.38 mit dem Wert x angenommen. Falls *auch* die Breite diesem Wert entspricht, so bezeichnet der Fachmann dieses »Gebilde« als **Geviert** (G). Ein Geviert wiederum entspricht der Breite von zwei Tabellenziffern.
Teilt man diesen Wert (Höhe Wert x, Breite die Hälfte von x), so erhält man ein **Halbgeviert** (H), entsprechend der Breite einer Tabellenziffer. Die Breite eines Halbgevierts ist demzufolge identisch mit einer Blindziffer.
Teilt man das Halbgeviert nochmals in der horizontalen Ausdehnung, so ist das Ergebnis ein **Viertelgeviert** (V), teilt man das Viertelgeviert wiederum, so entspricht das einem **Achtelgeviert** (A). Auf die Anwendung des Viertel- und Achtelgevierts wird noch an anderer Stelle eingegangen.

Abbildung 5.39
Gemeine Ziffern oder Mediävalziffern. Sie wirken gediegen und idividuell

1 2 3 4 5
6 7 8 9 0

Gemeine Ziffern werden in Drucksachen mit hohem qualitativen Anspruch verwendet. Sie heißen gemeine Ziffern, weil sie wie gemeine Buchstaben Ober- und Unterlängen aufweisen; sie passen sich also dem Schriftbild an (Abbildung 5.39). Man bezeichnet sie auch als **Mediävalziffern**, weil sie ursprünglich nur in klassischen Antiqua-Schriften verwendet wurden.
Die Auswirkung von Normal- und Mediävalziffern im laufenden Text wird in Abbildung 5.40 gegenübergestellt.

Abbildung 5.40
Gegenüberstellung von Normalziffern (oben) und gemeinen Ziffern (unten) im laufenden Text. Gemeine Ziffern werden überwiegend im Bereich Werksatz angewendet

In Abbildung 5.39 sind gemeine Ziffern, die man auch als Mediävalziffern bezeichnet, dargestellt. In Abbildung 5.40 sind die Auswirkungen von 5.39 gegenüber den normalen Ziffern (vgl. Abbildung 5.37) gegenübergestellt. In der Abbildung 5.41 sind Bruchziffern in richtiger (5.41, oben) und falscher Darstellung (5.41, unten) abgebildet. Auf Seite 68 werden die römischen Ziffern mit der Jahreszahl 1988 erklärt

In Abbildung 5.39 sind gemeine Ziffern, die man auch als Mediävalziffern bezeichnet, dargestellt. In Abbildung 5.40 sind die Auswirkungen von 5.39 gegenüber den normalen Ziffern (vgl. Abbildung 5.37) gegenübergestellt. In der Abbildung 5.41 sind Bruchziffern in richtiger (5.41, oben) und falscher Darstellung (5.41, unten) abgebildet. Auf Seite 68 werden die römischen Ziffern mit der Jahreszahl 1988 erklärt

Abbildung 5.41
Bruchziffern mit geradem und schrägem Bruchstrich, richtig und falsch angewendet

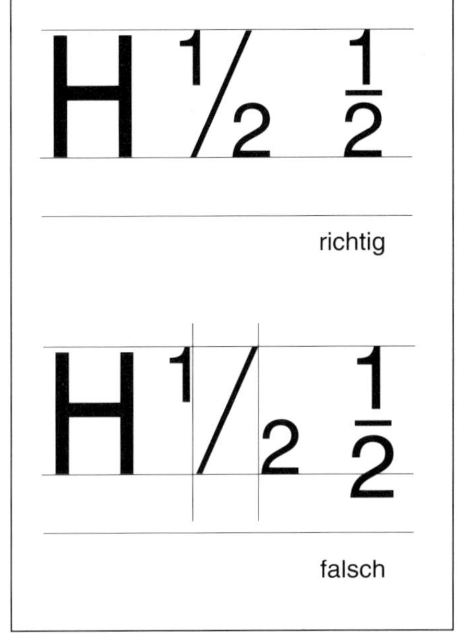

Bruchziffern werden in mathematischen Brüchen mit schrägem und geradem Bruchstrich verwendet; sie sind etwa halb so groß wie Normalziffern.
Bruchziffern können entweder durch Verkleinern der Grundschrift ([1]) erzeugt werden oder sie sind als echte Bruchziffern vorhanden.
Für qualitativ anspruchsvollen Satz sind echte Bruchziffern als Zähler und Nenner »Pflichtübung«, denn sie müssen sich dem Schriftduktus der verwendeten Grundschrift anpassen ([1]). Beim Verkleinerungsprinzip kann dieser Effekt je nach Schriftart durch Verwendung des halbfetten Schnittes erreicht werden.
Als Regel für die Anwendung von Bruchziffern gilt außerdem:

Brüche sind innerhalb der Oberlänge auf der Schriftgrundlinie zu plazieren. Bei Anwendung schräger Bruchstriche werden Zähler und Nenner aus optischen Gründen in den Schrägstrich hineingestellt.

Die Systematik der römischen Ziffern in der Übersicht

I 1 **V** 5 **X** 10 **L** 50
C 100 **D** 500 **M** 1000

Zur Anwendung von **römischen Ziffern** gibt es aus Sicht der Gestaltung nichts Besonderes anzumerken. Sie werden aus den Buchstaben I (1), V (5), X (10), L (50), C (100), D (500) und M (1000) zusammengestellt.
Für die Anwendung gelten folgende Regeln:

Die Zusammenstellung wird gekennzeichnet durch nebeneinanderstehende Zeichen. Es dürfen maximal drei gleiche Zeichen nebeneinander angeordnet sein.

Beispiele: III (3), XXX (30), CCC (300)

Sind mehr als drei gleiche Ziffern hintereinander für die Darstellung einer Zahl notwendig, so wird vor die nächst höherwertige Ziffer die nächst niederwertigere gestellt.

Beispiele: IV (4), XL (40), CD (400)

Von der größerwertigen Ziffer darf stets nur ein Wert abgezogen werden.

Beispiele: IL (49), IC (99), XD (490)

Alle anderen Werte, die nicht in die bisher genannten Regeln eingeschlossen sind, müssen von unten her aufgebaut werden.

Beispiele: LVI (56), LVII (57), LVIII (58), 60 (LX), DC (600)

Die Jahreszahl 1988 ist demzufolge so zu schreiben:

Der optimale Wortzwischenraum

Die Schrift und der Wortzwischenraum stehen in ganz enger Beziehung zueinander. Falls nämlich die Wortzwischenräume innerhalb einer Zeile zu groß oder auch zu klein sind, so wird die Harmonie des Satzbildes und somit die Lesbarkeit eines Textes erheblich beeinträchtigt.
Wenn von einem optimalen Wortzwischenraum die Rede ist, so muß man grundsätzlich zwischen den beiden Bereichen Text und Überschriften unterscheiden. Dazu folgende Begründung:

Für das Erreichen von optimalen Wortzwischenräumen im Textbereich ist die **Satzart** (**Blocksatz** oder **Flattersatz**) ein mitentscheidendes Kriterium. Der optimale Wortzwischenraum kann *nur* im Flattersatz erreicht werden, denn der Zeilenverlauf im Blocksatz geschieht durch Variieren der Wortzwischenräume, um eine vorgegebene Zeilenbreite zu erreichen.
Als klassisches Maß für die Größe des Wortzwischenraums im Textbereich gilt das Drittelgeviert. Diese alte Setzerregel ist allerdings nur bedingt richtig, da es bezogen auf den verwendeten Schriftgrad ein absolutes Maß ist. Das würde bedeuten, daß ein Drittelgeviert sowohl für eine schmale als auch für eine normal oder breiter verlaufende Schrift gilt. Die daraus abzuleitende Fehlgestaltung wird in Abbildung 5.42 erläutert.
Richtigerweise muß für die Bestimmung des optimalen Wortzwischenraums ein relatives Maß benutzt werden. Aus dieser Forderung ergibt sich folgende Regel:

Für Flattersatz oder Blocksatz entspricht der optimale Wortzwischenraum der Breite des »i«. Beim Einrichten ist der natürliche Abstand der Buchstaben zu berücksichtigen

Diese Regel verdeutlicht, daß der Wortzwischenraum von der ausgewählten Schriftart abhängig ist.
Für Blocksatz ist dieser Regel hinzuzufügen, daß es sich nur um einen durchschnittlichen Wert handeln kann, der aufgrund der Methode des Variierens der Wortzwischenräume mal etwas größer und mal etwas kleiner ausfallen kann. Beredtes Zeugnis dieser Aussage legen die Zeilen dieser Seite ab.
Wichtig für das Erreichen eines durchschnittlich gleichen Wortzwischenraumwertes im Blocksatz ist die richtige Einstellung der dafür vorgesehenen Vorgaben in einem Satzprogramm. Dazu sind in jedem Satzprogramm für den Aufbau einer Zeile zwei Werte vorzugeben: Der normale Wortabstand (**Optimum**) und der minimale Wortabstand (**Minimum**). Den Aufbau der Zeile aufgrund dieser Werte bezeichnet man als **Ausschluß**.

Abbildung 5.42
In der normalen Schrift (oben) und in der schmalen Schrift (Mitte) wurde zunächst der gleiche Wortzwischenraum verwendet, im schmalen Text ist er folglich zu groß. Er wurde im unteren Beispiel der »i«-Regel entsprechend reduziert

▼
Für das Erreichen vonioptimalen Wortzwischenräumen im Textbereich ist die Satzart (Blocksatz oder Flattersatz) ein mitentscheidendes Kritierium. Der optimale Wortzwischenraum kann nur im Flattersatz erreicht werden.

▼
Für das Erreichen vonioptimalen Wortzwischenräumen im Textbereich ist die Satzart (Blocksatz oder Flattersatz) ein mitentscheidendes Kritierium. Der optimale Wortzwischenraum kann nur im Flattersatz erreicht werden.

▼
Für das Erreichen vonioptimalen Wortzwischenräumen im Textbereich ist die Satzart (Blocksatz oder Flattersatz) ein mitentscheidendes Kritierium. Der optimale Wortzwischenraum kann nur im Flattersatz erreicht werden

Abbildung 5.43
Das Prinzip
des Zeilenaufbaus
im Blocksatz

Sprache wird durch Schriftierst schön
Sprache wird durch Schrift erst schön
Sprache wird durch Schrift erst

Ausschließen heißt, daß die Wortzwischenräume einer Blocksatzzeile so lange manipuliert werden, bis die eingestellte Zeilenbreite erreicht ist. Zur Verdeutlichung ist in Abbildung 5.43 das Zeilenende durch einen senkrechten Strich gekennzeichnet. Beim Ausschließprozeß wird zunächst für jeden Wortzwischenraum das eingestellte Optimum übernommen, das der Breite eines »i« entsprechen sollte (oben).
Falls sich jedoch nach Übernahme des letzten Wortes in einer Zeile ein Überlauf ergibt, so versucht das Satzprogramm, durch Verringern der Wortzwischenräume bis zum vorgegebenen Minimum das Wort in die Zeile hineinzubringen (Mitte). Wenn das nicht möglich ist, so wird das Wort entweder getrennt oder, falls es nicht getrennt werden kann, in die nächste Zeile übernommen (unten).
Bei diesem Vorgang ist es im Blocksatz unvermeidbar, daß sich nach Übernahme des letzten Wortes in die nächste Zeile in der laufenden Zeile größere Wortzwischenräume ergeben können, denn der Zeilenverlauf ist ja zufällig.
Beim Flattersatz dagegen sind die Wortzwischenräume immer gleichmäßig, weil die Zeile nicht auf Zeilenbreite ausgetrieben, sondern der Zeilenrestwert nach Überlauf einer Zeile entweder links oder rechts plaziert wird (siehe dazu Abbildung 6.5). Das Thema Ausschließen wird im Kapitel 7 nochmals aufgegriffen.

Es obliegt also in jedem Falle dem Anwender, die richtigen Werte für Optimum und Minimum in seinem Satzsystem einzustellen, um den qualitativ bestmöglichen Satz zu erzielen. Bewährte Ausgangs-Standardwerte sind das Drittelgeviert als Optimum und das Viertelgeviert als Minimum.
Über die konkrete Wertigkeit von Optimum und Minimum läßt sich allgemein nichts sagen, denn jedes Satzsystem arbeitet mit unterschiedlichen Einheiten.
Wie sich richtige und falsche Einstellung des Optimums und Minimums auswirken, zeigen die folgenden Abbildungen 5.44 bis 5.47:

Die Schrift und der Wortzwischenraum stehen in ganz enger Beziehung zueinander. Falls nämlich die Wortzwischenräume innerhalb einer Zeile zu groß oder auch zu klein sind, so wird die Harmonie des Satzbildes und somit selbstverständlich auch die Lesbarkeit eines jeden Textes erheblich beeinträchtigt.

Abbildung 5.44
Normale Einstellung.
Die Größe des Optimums beträgt ein Drittelgeviert, die des Minimums etwa ein Viertelgeviert, die durchschnittlichen Werte der Wortzwischenräume wirken angeglichen

Die Schrift und der Wortzwischenraum stehen in ganz enger Beziehung zueinander. Falls nämlich die Wortzwischenräume innerhalb einer Zeile zu groß oder auch zu klein sind, so wird die Harmonie des Satzbildes und somit selbstverständlich auch die Lesbarkeit eines jeden Textes erheblich beeinträchtigt.

Abbildung 5.45
Zu geringe Einstellung des Minimums im Blocksatz, sichtbar in der 4. Zeile.
Flattersatz bleibt unverändert, da das Optimum erhalten bleibt

Die Schrift und der Wortzwischenraum stehen in ganz enger Beziehung zueinander. Falls nämlich die Wortzwischenräume innerhalb einer Zeile zu groß oder auch zu klein sind, so wird die Harmonie des Satzbildes und somit selbstverständlich auch die Lesbarkeit eines jeden Textes erheblich beeinträchtigt.

Abbildung 5.46
Zu große Einstellung des Optimums, augenscheinlich in der Ausgangszeile.
Die Werte der Wortzwischenräume weichen sehr voneinander ab.
Flattersatz wird stark beeinträchtigt, da das Optimum größer als normal eingestellt ist

Die Schrift und der Wortzwischenraum stehen in ganz enger Beziehung zueinander. Falls nämlich die Wortzwischenräume innerhalb einer Zeile zu groß oder auch zu klein sind, so wird die Harmonie des Satzbildes und somit selbstverständlich auch die Lesbarkeit eines jeden Textes erheblich beeinträchtigt.

Abbildung 5.47
Zu große Einstellung des Optimums und Minimums.
Der Wert des durchschnittlichen Wortzwischenraums ist zu groß.
Flattersatz wird stark beeinträchtigt, da das Optimum größer als normal eingestellt ist

Soviel zu der »i«-Regel im Textbereich. Dieser Regel ist hinzuzufügen, daß bei Verwendung von halbfetten oder fetten Schnitten im Textbereich – falls es überhaupt vorkommt – der Wortzwischenraum geringer sein sollte als bei mageren Schnitten.
Diese auf den ersten Blick widersprüchliche Aussage ist ein optisches Phänomen (siehe dazu Abbildung 5.48), aber zugleich auch Grundlage der bereits erwähnten Regel für den Überschriftenbereich.

Abbildung 5.48

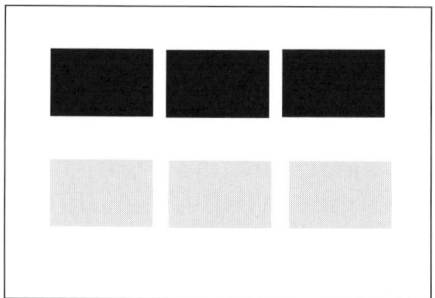

Betrachtet man den linken Teil der Abbildung 5.48, so entsteht beim zweiten Hingucken der Eindruck, als ob die Abstände zwischen den fetten Flächen größer sind als die der grauen. Verringert man die Abstände der schwarzen Flächen geringfügig (rechter Teil der Abbildung), so wirken die Räume angepaßter. Aus dieser optischen Tatsache heraus ist für den Überschriftenbereich die Regel abzuleiten, daß die Wortabstände bei mageren Schriften größer sein müssen als bei fetten.

Abbildung 5.49
Der Innenraum des »n«
als idealer Wortzwischenraum
in Überschriften

Die Regel, nach der man im allgemeinen bei der Findung des idealen Wortzwischenraums in Überschriften verfahren kann, lautet:

Als idealer Wortzwischenraum in Überschriften mit unterschiedlichen Schriftarten gilt der Innenraum des »n«.

Diese Regel wird in Abbildung 5.49 durch die grauen Flächen in und zwischen den Buchstaben verdeutlicht.
Bei Anwendung dieser Regel muß der natürliche Abstand der Buchstaben einzubezogen werden. Das ist die Vor- und Nachbreite der Buchstaben (siehe Abbildung 5.50, rechts).
In Abbildung 5.50 werden darüber hinaus die unterschiedlichen Innenräume des »n« in verschiedenen Schriftschnitten einer Schrift gezeigt. Wie man deutlich sieht, ist der Abstand in einer mageren Schrift größer als in einer fetteren. Das entspricht proportional genau der Regel.

Abbildung 5.50
Bei unterschiedlichen Schriftschnitten
sind die Innenräume des »n«
auch unterschiedlich groß

Die Anwendung und die Auswirkung dieser Regel sollen in den folgenden Beispielen in unterschiedlichen Schriftschnitten der gleichen Schrift verdeutlicht werden. Dazu sei ausdrücklich gesagt, daß hierbei das visuelle Beurteilungsvermögen eines Typographen gefordert ist.

Sprache wird durch Schrift erst schön
Sprache wird durch Schrift erst schön ✓
Sprache wird durch Schrift erst schön
Sprache wird durch Schrift erst schön
Sprache wird durch Schrift erst schön

Abbildung 5.51
Gegenüberstellung unterschiedlicher Schriftschnitte. Die Wortzwischenräume sind in den einzelnen Zeilen pro Schriftschnitt jeweils gleich groß. Der nach der Regel ideale Wortzwischenraum ist mit ✓ gekennzeichnet

Sprache wird durch Schrift erst schön
Sprache wird durch Schrift erst schön
Sprache wird durch Schrift erst schön ✓
Sprache wird durch Schrift erst schön
Sprache wird durch Schrift erst schön

Dieses Beispiel entspricht dem Normalschnitt einer Schrift, der Wortzwischenraum entspricht folglich dem »i«

Sprache wird durch Schrift erst sch
Sprache wird durch Schrift erst sch
Sprache wird durch Schrift erst sch
Sprache wird durch Schrift erst sch ✓
Sprache wird durch Schrift erst sch

Sprache wird durch Schrift erst
Sprache wird durch Schrift erst
Sprache wird durch Schrift erst
Sprache wird durch Schrift erst
Sprache wird durch Schrift erst ✓

Abschließend sei zum Thema Wortzwischenraum in Überschriften noch einmal an die These angeknüpft, daß ein Typograph nicht nur regelentsprechend, sondern auch nach optischen Gesichtspunkten vorgehen sollte. Das betrifft vor allen Dingen Buchstaben mit viel Freiraum. Der Abstand vor Buchstaben wie V, W oder T und hinter »r« ist zu reduzieren, damit optisch gleiche Abstände erreicht werden (vgl. dazu auch **Ausschließregeln**). Die Auswirkung wird in Abbildung 5.52 verdeutlicht.

Abbildung 5.52
Erreichen einheitlicher Wortabstände durch individuelle Reduzierung des Wortzwischenraums

ein Wort n der Vers n
ein Wort n der Vers n
die Tonne n
die Tonne n
der Typograph n
der Typograph n

Dieses Thema wird im Kapitel 9 »Gestalten von Überschriften« nochmals aufgegriffen, speziell in Abbildung 9.14.

Die Auswahl der richtigen Schrift

»Der Typograph, der die speziell für eine Drucksache geeignete Schrift nicht gefunden hat, hat zwar den Informationsgehalt eines Textes nicht gemindert, er hat jedoch eine Möglichkeit vergeben, den Wirkungsgrad des Textes beträchtlich zu erhöhen«. Das sind Worte eines bekannten Typographen, die »den Nagel auf den Kopf treffen«, wenn es darum geht, die Auswahl der richtigen Schrift für eine Drucksache zu finden. Dem ist nichts hinzuzufügen.

Juwelier	**Juwelier**
Architekt	*Architekt*
Maurer	Maurer
Optiker	**Optiker**
MALER	*Maler*
Gärtner	**Gärtner**

Abbildung 5.53
Gegenüberstellung gelungener Schriftauswahl (links) und mißlungener Schriftauswahl (rechts)

Um zu verdeutlichen, was unter dem Begriff **Schriftauswahl** zu verstehen ist, wird angenommen, daß ein Briefbogen gestaltet und die Schriftart der Schlagzeile bestimmt werden soll. Ein versierter Typograph wird bemüht sein, die Schrift nach visuellem Eindruck auszuwählen. Was darunter zu verstehen ist, wird in Abbildung 5.53 dargestellt.
In der Gegenüberstellung erkennt man, welche Fehlgestaltung mit einer falschen Schriftauswahl erreicht werden kann. Juwelier und Maurer sind dafür gute Beispiele. Was damit gesagt sein soll: Bei der Schriftauswahl spielt das visuelle Beurteilungsvermögen, also die Empfindung, die eine Schrift auslöst, eine wichtige Rolle. Oder anders formuliert:

Wer mit Schrift umgeht, benötigt unbedingt Schriftbewußtsein. Es sollte immer ein Zusammenhang zwischen dem Inhalt einer Mitteilung und der dieser Mitteilung zugeordneten Schrift bestehen.

Abbildung 5.54
Beispiele
von Übereinstimmung
von inhaltlicher Aussage
und Schrift

CORPUS JURIS
Schwerindustrie
Moderne Damenhüte
LEUCHTRÖHREN
Ritterturnier
Kohle und Brikett

Dieser Grundsatz typographischen Denkens wird auch in Abbildung 5.54 verdeutlicht. Darin sind Begriffe dargestellt, in denen Übereinstimmung zwischen inhaltlicher Aussage und der richtigen Schriftauswahl nachzuvollziehen ist.
Entscheidungshilfe für die richtige Schriftauswahl – sowohl für den Grundschrift- als auch für den Überschriftenbereich – soll in den folgenden Gegenüberstellungen eine Charakterisierung der für die Praxis wichtigsten Schriftgruppen bringen:

Schreibschriften:
vornehm, persönlich,
beschwingt

Gebrochene Schriften:
spannungsreich,
individuell, traditionell

Abbildung 5.55

Renaissance-Antiqua:
würdig, in sich ruhend, abgeklärt

Barock-Antiqua:
spannungsreich, aufbauend, variabel

Klassizistische Antiqua:
klar, edel, gediegen

Serifenbetonte Antiqua:
kraftvoll, konstruktiv, linienbetont

Serifenlose Antiqua:
sachlich, ruhig, konstruktiv

Abbildung 5.56
Charakterisierung
der wichtigsten Schriftstile

Abbildung 5.57
Gegenüberstellung der Lesefreundlichkeit und Eignung von Antiqua-Schriften

Aus diesen Übersichten der Charakterisierung von Druckschriften läßt sich der Grad der Eignung einer Schrift für bestimmte Themenkreise ableiten. Dazu zwei Beispiele für die Auswahl von Grundschriften: Für ein schöngeistiges Buch ist die Renaissance-Antiqua eine Schriftart, die sich am besten eignet, während für ein technisches Handbuch die serifenlose Antiqua am ehesten in Frage kommt. Denn: Ein schöngeistiges Buch liest man anders als ein techni-

Renaissance-Antiqua
bedeutet:
Klassische Literatur,
Bibel, Gesangbuch,
repräsentative Drucksachen,
wie Geschäftsberichte

Aus diesen Übersichten der Charakterisierung von Druckschriften läßt sich der Grad der Eignung einer Schrift für bestimmte Themenkreise ableiten. Dazu zwei Beispiele für die Auswahl von Grundschriften: Für ein schöngeistiges Buch ist die Renaissance-Antiqua eine Schriftart, die sich am besten eignet, während für ein technisches Handbuch die serifenlose Antiqua am ehesten in Frage kommt. Denn: Ein schöngeistiges Buch liest man anders als ein technisches Handbuch, ersteres entspannt flott, letzteres

Barock-Antiqua
bedeutet:
Zeitung, Zeitschrift,
Taschenbuch, Lexikon,
Verzeichnisse

Aus diesen Übersichten der Charakterisierung von Druckschriften läßt sich der Grad der Eignung einer Schrift für bestimmte Themenkreise ableiten. Dazu zwei Beispiele für die Auswahl von Grundschriften: Für ein schöngeistiges Buch ist die Renaissance-Antiqua eine Schriftart, die sich am besten eignet, während für ein technisches Handbuch die serifenlose Antiqua am ehesten in Frage kommt. Denn: Ein schöngeistiges Buch liest man anders als ein technisches

Klassizistische Antiqua
bedeutet:
Urkunde, Firmenjubiläum,
sachbezogene Literatur,
z. B. Kunstbuch,
sachbezogene Prospekte,
z. B. über Schmuck

Aus diesen Übersichten der Charakterisierung von Druckschriften läßt sich der Grad der Eignung einer Schrift für bestimmte Themenkreise ableiten. Dazu zwei Beispiele für die Auswahl von Grundschriften: Für ein schöngeistiges Buch ist die Renaissance-Antiqua eine Schriftart, die sich am besten eignet, während für ein technisches Handbuch die serifenlose Antiqua am ehesten in Frage kommt. Denn: Ein schöngeistiges

Serifenbetonte Antiqua
bedeutet
Gebrauchsanweisung,
Verpackung,
sachbezogene Prospekte,
z. B. über Bauutensilien,
Overhead-Folien,
Preisschild, Plakat

Aus diesen Übersichten der Charakterisierung von Druckschriften läßt sich der Grad der Eignung einer Schrift für bestimmte Themenkreise ableiten. Dazu zwei Beispiele für die Auswahl von Grundschriften: Für ein schöngeistiges Buch ist die Renaissance-Antiqua eine Schriftart, die sich am besten eignet, während für ein technisches Handbuch die serifenlose Antiqua am ehesten in Frage kommt. Denn: Ein schöngeistiges liest man anders als ein technisches

Serifenlose Antiqua
bedeutet:
Formblatt, Vordruck,
Handzettel, Preisschild,
Kalendarium,
technisches Handbuch,
Statik, Statistik,
sachbezogene Prospekte,
z. B. über technische Geräte,
Overhead-Folien

Aus diesen Übersichten der Charakterisierung von Druckschriften läßt sich der Grad der Eignung einer Schrift für bestimmte Themenkreise ableiten.
Dazu zwei Beispiele für die Auswahl von Grundschriften: Für ein schöngeistiges Buch ist die Renaissance-Antiqua eine Schriftart, die sich am besten eignet, während für ein technisches Handbuch die serifenlose Antiqua am ehesten in Frage kommt. Denn: Ein schöngeistiges Buch liest man anders als ein technisches Handbuch, ersteres entspannt flott, letzteres eher konzentriert bedächtig. Diese beiden Beispiele deuten an:

Ein wichtiges Kriterium bei der Schriftauswahl ist das mit der Art der Drucksache verbundene Leseverhalten.

Abgesehen davon spielen bei der Entscheidung für eine Grundschrift auch Abbildungen, beispielsweise Zeichnungen, eine wichtige Rolle.

Abbildung 5.58
Auswahl der Grundschrift für ein schöngeistiges Buch. Schrift und Bild sind »spielerisch« aufeinander abgestimmt

Aus diesen Übersichten der Charakterisierung von Druckschriften läßt sich der Grad der Eignung einer Schrift für bestimmte Themenkreise ableiten. Dazu zwei Beispiele für die Auswahl von Grundschriften: Für ein schöngeistiges Buch ist die Renaissance-Antiqua eine Schriftart, die sich am besten eignet, während für ein technisches Handbuch die serifenlose Antiqua am ehesten in Frage kommt. Denn: Ein schöngeistiges Buch liest man anders als ein technisches Handbuch, ersteres entspannt flott, letzteres eher konzentriert bedächtig. Diese beiden Beispiele deuten an: Ein wichtiges Kriterium bei der Schriftauswahl ist das mit der Art der Drucksache verbundene Leseverhalten. Abgesehen davon spielen bei der Entscheidung für eine Grundschrift auch Abbildungen, beispielsweise

Abbildung 5.59
Auswahl der Grundschrift für ein technisches Handbuch. Schrift und Bild sind streng aufeinander abgestimmt

Aus diesen Übersichten der Charakterisierung von Druckschriften läßt sich der Grad der Eignung einer Schrift für bestimmte Themenkreise ableiten. Dazu zwei Beispiele für die Auswahl von Grundschriften: Für ein schöngeistiges Buch ist die Renaissance-Antiqua eine Schriftart, die sich am besten eignet, während für ein technisches Handbuch die serifenlose Antiqua am ehesten in Frage kommt. Denn: Ein schöngeistiges Buch liest man anders als ein technisches Handbuch, ersteres entspannt flott, letzteres eher konzentriert bedächtig. Diese beiden Beispiele deuten an: Ein wichtiges Kriterium bei der Schriftauswahl ist das mit der Art der Drucksache verbundene Leseverhalten. Abgesehen davon spielen bei der Entscheidung für eine Grundschrift auch Abbildungen, beispiels-

Gedichte von J.W. von Goethe
Gedichte von J.W. von Goethe
Gedichte von J.W. von Goethe
Gedichte von J.W. von Goethe
Gedichte von J.W. von Goethe

Abbildung 5.60
Für die Darstellung dieses Titels ist die Renaissance-Antiqua am besten geeignet

Grundschrift und Überschriften stehen selbstverständlich in enger Beziehung zueinander.
In Abbildung 5.60 wird dargestellt, wie anhand der Vorgaben der Abbildung 5.57 die Schrift für die Titelzeile eines Gedichtbands von Goethe gefunden werden kann.
Vergleicht man die Zeilen miteinander, so wird jeder, der sich mit der Schrift auseinandergesetzt hat, zu dem objektiven Ergebnis kommen, daß nur die Renaissance-Antiqua mit ihrem ruhigen Schriftbild für die Gestaltung des Titels in Frage kommt. Alle anderen passen ganz einfach nicht zum Thema.

Völlig anders muß dagegen die Schriftauswahl ausfallen, wenn die Titelzeile für ein Unternehmen der Stahlrohrbranche gefunden werden soll.
Auf gar keinen Fall dürfen die Renaissance- und Barock-Antiqua sowie die klassizistische Antiqua verwendet werden.
Ideal ist die serifenbetonte Antiqua. Die Form der Serifen deutet bereits auf verwendete T-Träger dieser Branche hin.
Aber auch die serifenlose Antiqua kann aufgrund der technischen Aussage des Titels durchaus verwendet werden.

Partner nach Maß:
Herbert Müller Stahlrohrbau

Partner nach Maß:
Herbert Müller Stahlrohrbau

Partner nach Maß:
Herbert Müller Stahlrohrbau

Partner nach Maß:
Herbert Müller Stahlrohrbau

Partner nach Maß:
Herbert Müller Stahlrohrbau

Abbildung 5.61
Für die Darstellung dieses Titels ist die serifenbetonte Antiqua am besten geeignet

Ein weiteres gewichtiges Auswahlkriterium für den richtigen Schriftstil besteht darin, ob in der betreffenden Drucksache viel oder wenig Text enthalten ist.
Zwei Schriftgruppen, nämlich die Klassizistische und die serifenbetonte Antiqua, sind für Mengentexte nur beschränkt geeignet, weil sie aufgrund ihres Kontrastreichtums zwischen waagerechten und senkrechten Teilen bzw. auch gegenteilig, wegen der Einheit beider Teile, schwerer lesbar sind. Auch diese These ist in Abbildung 5.57 nachzuvollziehen. Beide sind jedoch in Drucksachen, in denen das Bild dominiert, für kurze Textblöcke gut geeignet. Beispiele sind Kunstbücher (klassizistische Antiqua) oder technische Prospekte (serifenbetonte Antiqua).

In Drucksachen der Bereiche Unterhaltung und Information (Zeitschriften, Zeitungen, Bücher) ist meist flotte Leseleistung angesagt. Deshalb sollten in diesen Objekten die Barock-Antiqua und die Renaissance-Antiqua verwendet werden.
Man sollte aber auch Ausnahmen nennen: Für ein Kinderbuch für Sechs- bis Zehnjährige ist zweifelsohne eine serifenlose Antiqua sehr gut geeignet, weil Kinder diese Schriftart meist zuerst lernen und in diesem Stadium bedächtig lesen.
Drucksachen für die Information sind auch Kataloge jeder Art. Die Schriftauswahl ist sowohl vom Thema als auch von der Menge des Textes abhängig. Für einen Schmuckkatalog beispielsweise kann die Renaissance-Antiqua oder die klassizistische Antiqua verwendet werden.

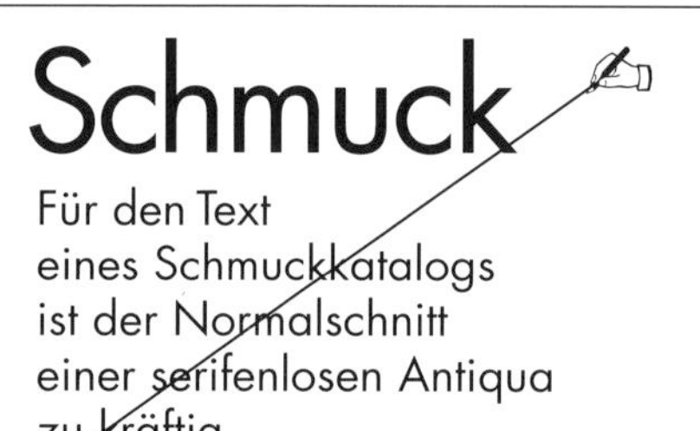

Schmuck	Für den Text eines Schmuckkatalogs bietet sich eine Renaissance-Antiqua an
Schmuck	**Für den Text eines Schmuckkatalogs bietet sich eine klassizistische Antiqua an**
Schmuck	Für den Text eines Schmuckkatalogs bietet sich eine feine serifenlose Antiqua an

Abbildung 5.62
Zum Thema Schmuck:
Gegenüberstellung der Eignung
des normalen
und leichten Schnitts
einer serifenlosen Antiqua

Aber auch hier gilt es auf eine Ausnahme hinzuweisen, die im Zusammenhang mit dem Thema Schriftschnitt steht:
Unangemessen wäre die Verwendung der normalen Version einer serifenlosen Antiqua, weil sie in krassem Gegensatz zum Thema Schmuck steht. Die leichte Version jedoch ist aufgrund ihrer feinen Formen durchaus geeignet. Das wird in Abbildung 5.62 sowohl in einem kleinen als auch in einem großen Schriftgrad gezeigt.

Ein weiterer Aspekt bei der Auswahl von Schriften betrifft ebenfalls die Schnittvarianten. Neben dem normal verlaufenden Schnitt werden überwiegend in serifenlosen Antiqua-Schriften auch schmal und breit verlaufende Schnitte angeboten.
Diese Varianten können aus typographischer Sicht einen ganz bestimmten Zweck erfüllen: Sie sollen in erster Linie das ausgewählte Format unterstützen. Dazu das Beispiel eines normalen und schmalen Schnittes eines Formats in DIN-Proportion:

Veranstaltungen im Ostseebad Schwedeneck **1989**	**Veranstaltungen im Ostseebad Schwedeneck** **1989**

Abbildung 5.63
Gegenüberstellung richtiger (links) und falscher Anwendung (rechts) von Schriftschnitten auf einem Normalformat

Im linken Teil der Abbildung 5.63 wird die Anwendung des richtigen Schnitts gezeigt: eine normal verlaufende Schrift auf einem normalen Format. Es besteht überhaupt keine Notwendigkeit, davon abzuweichen.
Die Verwendung des schmalen Schnitts der Schrift (rechter Teil der Abbildung) würde im krassen Gegensatz zum ausgewählten Format stehen. Das gleiche würde auch für einen breiten Schnitt zutreffen.
Eine Rechtfertigung für die Auswahl einer schmal verlaufenden Schrift in einem Normalformat würde auch dann nicht gegeben sein, wenn der Inhalt einer oder auch mehrerer Zeilen nicht wunschgemäß verlaufen würde. Ein anderer Zeilenverlauf bzw. ein Schriftgradwechsel wären der bessere Ausweg.

Deshalb: Der schmale Schnitt einer Schrift ist in schmalen Formaten zu verwenden, bzw. auch dann, wenn wirklich Platzmangel besteht, z.B. in Tabellenköpfen.

Grundsätzlich ist demzufolge aus gestalterischer Sicht der Normalschnitt zu bevorzugen, nicht zuletzt deshalb, weil er auch am besten lesbar ist.
Aber auch das soll erwähnt werden: Mit schmaler Schrift kann man selbstverständlich auch Titelzeilen bildhaft gestalten. Wenn beispielsweise von Hochhäusern, Wolkenkratzern oder anderen hohen Gebäuden die Rede wäre, so würde sich die Anwendung eines schmalen Schriftschnitts geradezu anbieten.

Abbildung 5.64
Richtige Anwendung eines schmal und eines normal bis breit verlaufenden Schriftschnitts für bildhafte Darstellung

Empire
State
Building

Flachbau-
weise

Mischen von Schriftstilen und Schriftarten

Für einen Typographen stellt sich oftmals nicht nur die Frage nach Auswahl der richtigen Schrift, sondern darüber hinaus, mit welcher Schrift die ausgesuchte gemischt werden kann. Der Grund dafür können Auszeichnungen im Text, die Gestaltung von Überschriften, aber auch andere gestalterische Aspekte sein. Ein typischer Aspekt sei am Beispiel eines Briefbogens erläutert, bei dem vom Gestalter bzw. dessen Auftraggeber bestimmt wurde, daß die Titelzeile eine Schreibschrift sein soll:

Juwelier Müller

4562 Adorf, den
Wilhelm-Bode-Straße 355
Telefon (0 98 52) 54 66 78

Juwelier Müller

4562 Adorf, den
Wilhelm-Bode-Straße 355
Telefon (098 52) 54 66 78

4562 Adorf, den
Wilhelm-Bode-Straße 355
Telefon (098 52) 54 66 78

Abbildung 5.65
Mischen einer Schreibschrift mit einer Barock-Antiqua für Adreßangaben in einem Briefbogen. Eine Steigerung der Gediegenheit bringt die Verwendung von Mediävalziffern

Neben der Titelzeile enthält ein Privatbriefbogen im allgemeinen auch Adreßangaben sowie die Telefonnummer. So auch beim Juwelier Müller.
Für die Gestaltung dieses Teils des Briefbogens gibt es zwei Möglichkeiten: Entweder aus der gleichen Schrift der Titelzeile in einem kleineren Schriftgrad oder aus einer passenden anderen Schrift. Der Vergleich in der Abbildung zeigt, daß eine Schreibschrift im kleinen Schriftgrad schlecht lesbar ist. Folglich ist die zweite Lösung zu bevorzugen. Das bedeutet Schriftmischung.

Schriftmischen, das sei ausdrücklich gesagt, ist ein sehr heikles Thema. Deshalb sei am Anfang eine Regel genannt, bei deren Anwendung nichts verkehrt gemacht werden kann:

Der sicherste Weg ist die Schriftmischung innerhalb einer Schriftfamilie, denn alle Schnitte einer Familie können uneingeschränkt gemischt werden (vgl. Abbildung 5.19).

Wäre nach dieser Regel der Geschäftsbriefbogen der Firma Müller in Braunschweig zu gestalten gewesen, einer Firma, die sich mit Stahlrohrbau beschäftigt, so hätte die Titelzeile aus dem fetten oder halbfetten Schnitt einer serifenlosen Antiqua und der Rest in der normalen Variante gestaltet werden können.
Als Alternative zur serifenlosen Antiqua hätte in diesem Falle in der gleichen Weise auch die serifenbetonte Antiqua verwendet werden können.

Abbildung 5.66
Beispiel
für Schriftmischung
innerhalb
einer Schriftfamilie

Herbert Müller Stahlrohrbau

Herbert Müller 3300 Braunschweig Robert-Koch-Straße 6

☎ (0531) 326798

Ihr Zeichen Unser Zeichen Ihre Nachricht vom Datum

Zweigniederlassungen:
3200 Hildesheim, Wallstraße 17
Telefon (05121)8166
3250 Hameln, Wilhelm-Bode-Straße 2
Telefon (05151)53489

Ein weiteres sicheres »Rezept«, deren Beachtung und Einhaltung eine Pflichtübung für jeden Typographen sein muß, soll auch gleich genannt werden:

Schriftschnitte aus Schriftfamilien der gleichen Stilrichtung, wie beispielsweise Schriften der Stilrichtung Renaissance-Antiqua, dürfen niemals untereinander gemischt werden.

Trump-Mediäval	Helvetica
Palatino	Futura
Garamond	Univers

Abbildung 5.67
Schriften gleicher Stilrichtung – Renaissance-Antiqua, links, serifenlose Antiqua (rechts) – dürfen nicht miteinander gemischt werden

Dazu sei ergänzend verdeutlicht: Wenn sich ein Typograph – beispielsweise bei Gestaltung eines technischen Prospekts – für die Helvetica entschieden hat, so besteht absolut keine Notwendigkeit, Auszeichnungen oder Überschriften aus den Schriften Futura oder Univers zu verwenden.

Unter Berücksichtigung dieser wichtigen Regel, gibt es eine andere Regel, die sich auf das optische Erscheinungsbild einer Schrift bezieht und folgendes aussagt:

Schriften sind mischbar, wenn sie eine gleiche oder ähnliche Struktur aufweisen (Duktus, Breitenverlauf, Mittellänge).

Diese Regel soll in ihrer Aussage in Abbildung 5.68 bestärkt werden. Das linke Beispiel zeigt oben die Schreibschrift Chancery mit der Barock-Antiqua Times. Schriftbild und Struktur (normale Mittellänge, schmaler Verlauf) wirken angepaßt. Die Times paßt dagegen nicht zur Schreibschrift Freestyle-Script im linken Beispiel unten. Im rechten Beispiel ist als zweite Schrift die serifenlose Antiqua Futura ausgewählt worden. Sie paßt zur Freestyle-Script. Mittellänge und Duktus sind angepaßt.

Abbildung 5.68
Schriften gleicher oder ähnlicher Struktur passen zueinander

Schreibschrift
mit einer Barock-Antiqua (Times) als ergänzende Schrift

Schreibschrift
mit einer Barock-Antiqua (Times) als ergänzende Schrift

Schreibschrift
mit einer serifenlosen Antiqua (Futura) als ergänzende Schrift

Schreibschrift
mit einer serifenlosen Antiqua (Futura) als ergänzende Schrift

Mit dieser Regel ist im Prinzip ausgesagt, daß ein Gestalter sehr viel Freiheit hat. Ein sicheres Gefühl für Form und Harmonie ist gefordert, um im Falle der Notwendigkeit einer Schriftmischung die richtigen Schriften zusammenzustellen.
Das kann beispielsweise in Werbedrucksachen der Fall sein. Dazu stehen dem Gestalter viele Schriften mit plakativem Werbecharakter zur Verfügung. Dazu passen meist nur serifenlose Antiqua-Schriften:

Abbildung 5.69
Zu Schriften mit plakativem Charakter paßt nur die serifenlose Antiqua (oben), auf gar keinen Fall die Renaissance-Antiqua, die Barock-Antiqua (unten) oder die klassizistische Antiqua

Werbung

Hierzu passen meist nur
serifenlose Antiqua-
Schriften, eventuell auch
serifenbetonte,
aber keine anderen

Werbung

Hierzu passen meist nur
serifenlose Antiqua-
Schriften, eventuell auch
serifenbetonte,
aber keine anderen

Wie aus der Abbildung 5.69 zu ersehen, ist das Thema Schriftmischen in diesem Zusammenhang überwiegend in den Bereich Überschriften einzuordnen. Deshalb wird es auch im Absatz »Gestalten von Überschriften« vertieft.

Schriftgrößen und Maßsysteme

Wie in Abbildung 5.70 dargestellt, erstreckt sich die Schriftgröße von der Oberkante eines Buchstabens mit Oberlänge (z.B. »H«) bis zur Unterkante eines Buchstabens mit Unterlänge (z.B. »g«, vgl. Abbildung 5.25). Diese Distanz wird auch als **Schriftgrad** oder **Schriftkegel** bezeichnet.
Die Schriftgröße ist demzufolge ein Maß, das nach Vorgaben des Gestalters in einem vorzubestimmenden Maßsystem (siehe dazu Abbildungen 5.71 und 5.72) ausgeführt wird.

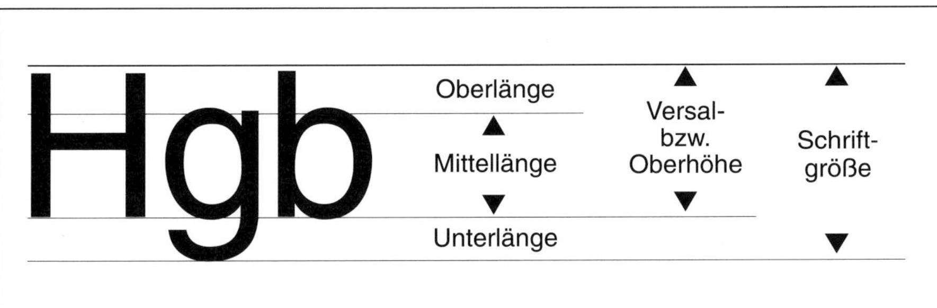

Abbildung 5.70
Darstellung
von Schriftgröße,
Versal- und Oberhöhe

Zu reproduzierende Schriftgrößen sind annähernd meßbar, wenn die Schrift in der Vorlage sowohl Ober- als auch Unterlängen aufweist.
Falls Schriftvorlagen nur Oberlängen, aber keine Unterlängen enthalten, kann auf andere Maße zurückgegriffen werden, und zwar auf die Versalhöhe oder die Oberhöhe.

Die **Versalhöhe** ist die Distanz des Großbuchstabens »H« ab der Schriftgrundlinie aufwärts. Da die Versalhöhe meist unterschiedlich ist (vgl. dazu Abbildung 5.21), kann ein zu rekonstruierender Schriftgrad nur annähernd genau gemessen werden.

Meßgrundlage für die gesamte Schriftgröße ist dann das Verhältnis 72:28 oder konkret: ermitteltes Maß der Oberhöhe plus 28 Prozent Unterlänge.

Die **Oberhöhe** ist die Größe von Kleinbuchstaben mit Oberlängen (z.B. »b«). Diese Zeichen sind aus optischen Gründen meist geringfügig größer als Großbuchstaben und erstrecken sich in aller Regel über die gesamte Distanz von der Schriftgrundlinie bis zur Oberkante des Schriftkegels.

Wenn von Schriftgrößen die Rede ist, so sind auch Maße zu nennen, mit denen die Größe bestimmt werden kann. Man unterscheidet zwischen den Maßeinheiten Millimeter, typographischer Punkt und Pica-Point.

Dazu sei erwähnt, daß durch eine Rechtsverordnung der EG zum Meßwesen festgelegt worden ist, daß ab 1. Januar 1978 nur noch das metrische Maß verwendet werden darf. Das galt auch für die Druckindustrie, und hier besonders für Setzer und Drucker, die nach dem typographischen Maßsystem arbeiteten. An diese Entscheidung hat sich allerdings niemand so recht gehalten, so daß auch noch heute nach dem typographischen Maßsystem gearbeitet wird.

Abbildung 5.71
Die Maße
des Didot-Punktes
und des Pica-Points

1 Didot-Punkt = 0,375 mm

1 Pica-Point = 0,351 mm

Beim **typographischen Maßsystem** sind zwei wichtige Maße zu nennen: Der **typographische Punkt** und die **Cicero**, wobei eine Cicero der Größe von 12 Punkten entspricht. Vier Cicero wiederum bilden eine **Konkordanz**.
Nach dem Entwickler des typographischen Punktes, dem französischen Drucker Didot, bezeichnet man ihn auch als **Didot-Punkt**. Demgegenüber steht ein Maß ähnlicher Größe, die angloamerikanische Maßeinheit **Pica-Point**. Der Didot-Punkt basiert auf dem französischen Fuß, der Pica-Point auf dem Zoll.
Dazu eine Empfehlung: Wenn die Technik es zuläßt, sollte das metrische Maßsystem einheitlich verwendet werden.

Bei Verwendung des **metrischen Maßsystems** sollte man folgendes beachten: Viele Satzsysteme bieten die Abstufung in kleinsten Einheiten, beispielsweise in einhundertstel Millimeter.

Dazu eine klare Aussage: Es hat sich in der Praxis bewährt, daß eine Schriftgrößenabstufung in einem Zehntelmillimeter allen Anforderungen gerecht wird.

Eine feinere Abstufung als ein Zehntelmillimeter bekommt allerdings in einem anderem Zusammenhang mehr Bedeutung, nämlich bei der Festlegung des **Zeilenabstands**. Das wird *deswegen* erwähnt, weil Schriftgrad und Zeilenabstand in enger Beziehung zueinander stehen. Darauf wird im Kapitel 6 noch ausführlich eingegangen.

Wertvolle Praxishilfe können Tabellen und Übersichten sein, wie in den Abbildungen 5.72 und 5.73 dargestellt, aus denen beispielsweise Schriftgrößen in Didot-Punkten und Millimetern, eventuell auch Maße in Pica-Pointen gegenübergestellt werden können und abzulesen sind.

		Didot-Punkt	Pica-Point	Millimeter
Hgb		6	6,42	2,25
Hgb		7	7,49	2,75
Hgb		8	8,56	3,00
Hgb		9	9,63	3,50
Hgb		10	10,70	3,75
Hgb		12	12,84	4,50
Hgb		14	14,98	5,25
Hgb		16	17,12	6,00
Hgb		18	19,26	7,00
Hgb		20	21,40	7,50
Hgb		24	25,68	9,00
Hgb		28	29,96	10,50
Hgb		36	38,52	13,50
Hgb		48	51,36	18,00

Abbildung 5.72
Gegenüberstellung von Didot-Punkt, Pica-Point und Millimeter

In Abbildung 5.71 sind neben der Gegenüberstellung von Schriftgraden in Didot-Punkten und Millimetern traditionelle Schriftgrad-Bezeichnungen aufgeführt, mit denen ein Typograph auch heute noch konfrontiert werden kann.
Dazu sei angemerkt, daß die Schriftgrade von 2 bis 3 Punkt überhaupt keine, von 4 bis 5 Punkt kaum Bedeutung für die Praxis haben. Sie sind der Vollständigkeit halber in der Aufstellung enthalten.

Abbildung 5.73
Die Schriftgrade
des Handsatzes
und ihre Bezeichnungen

Bezeichnung des Schriftgrads	Didot-Punkt	Millimeter	Bezeichnung des Schriftgrads	Didot-Punkt	Millimeter
Nonplusultra	2	0,75	Paragon	18	6,75
Microscopique	2½	0,94	Text	20	7,50
Brillant	3	1,13	Doppelcicero	24	9,00
Diamant	4	1,50	Doppelmittel	28	10,50
Perl	5	1,88	Kleine Kanon	32	12,00
Nonpareille	6	2,25	Kanon	36	13,50
Insertio	6½	2,44	Grobe Kanon	42	15,75
Kolonel (Mignon)	7	2,63	Kleine Missal	48	18,00
Petit	8	3,00	Missal	54	20,25
Borgis (Bourgois)	9	3,38	Grobe Missal	60	22,50
Korpus (Garmond)	10	3,75	Kleine Sabon	66	24,75
Rheinländer (Brevier)	11	4,13	Sabon	72	27,00
Cicero	12	4,50	Grobe Sabon	84	31,50
Mittel	14	5,25	Real	96	36,00
Tertia	16	6,00			

Der Vollständigkeit halber sei auch erwähnt, daß man die Schriftgrade von 6 bis 14 Punkt auch als **Brotschrift**-Schriftgrade bezeichnet. Es sind *die* Schriftgrade, die überwiegend für den Textbereich von Drucksachen eingesetzt werden. Ein Schriftsetzer verdiente damit früher in Akkordarbeit sein täglich Brot.

Im Zusammenhang mit den Schriftgrößen sei auch ein Begriff erwähnt, der im Handsatzverfahren eine Rolle spielt: **Schriftgarnitur**. Für dieses Verfahren werden die Buchstaben (**Lettern**) aus einer Bleilegierung (67 % Blei, 28 % Zinn und 5 % Antimon) gegossen oder in größeren Schriftgraden auch aus Kunststoff oder Holz gefertigt, und zwar nicht in beliebigen, sondern in fest vorgegebenen Größen (vgl. Abbildung 5.73). Mit Schriftgarnitur werden alle in einem Schriftschnitt verfügbaren Schriftgrößen bezeichnet.

Individuelles Unterschneiden

In jeder Druckschrift gibt es Zeichen, die entweder an beiden Seiten oder an einer Seite viel Fleisch, also optisch viel freien Raum aufweisen. Dazu gehören die Großbuchstaben A, L, T, V, W, Y, teilweise auch F, P und R. Bei den Kleinbuchstaben gehören das f, j, r, v, w und y dazu.
Der freie Raum hinter diesen Buchstaben beginnt *dann* unangenehm zu wirken, wenn diese Zeichen in Kombination mit solchen Zeichen stehen, die kleiner sind (Abbildung 5.74). Es entstehen »Löcher« im Satz, die das Satzbild und somit auch den Lesefluß erheblich stören. Um dieses zu verhindern, besteht die Möglichkeit des **Unterschneidens** der in Frage kommenden Zeichenfolgen.

Abbildung 5.74
Beispiele
kritischer Zeichenfolgen

Unterschneiden bedeutet, daß das nachfolgende, meist kleinere Zeichen an das größere nach links herangerückt wird, so daß entstandene Lücken geschlossen werden (Abbildung 5.75).

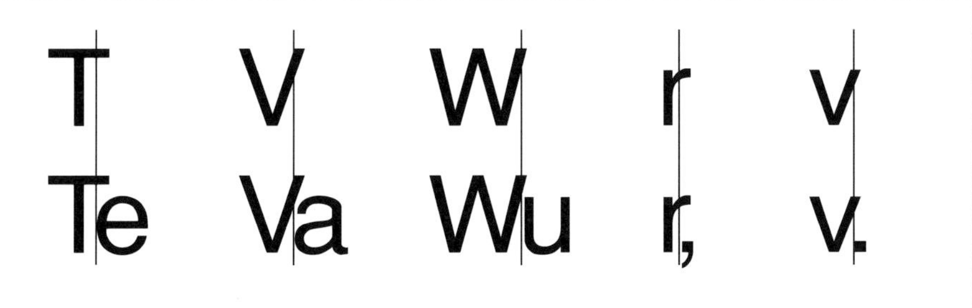

Abbildung 5.75
Prinzip des Kernings

Diesen Vorgang, der in den meisten Satzprogrammen nach Vorgaben des Anwenders automatisch durchgeführt wird, bezeichnet man auch als **Pair-Kerning** oder kurz **Kerning**.
Den Teil des Satzprogrammes, der für die Durchführung des individuellen Unterschneidens zuständig ist, bezeichnet man oft als **Ästhetik-Programm**.
Dazu sei festgestellt: Dieser Begriff ist als sehr kritisch anzusehen, denn durch Typographie sollte nicht nur in dieser Beziehung, sondern allumfassend Ästhetik zum Ausdruck gebracht werden. Deshalb ist der Begriff **Unterschneidungs-Programm** besser.
Falls ein Unterschneidungs-Programm nicht existiert oder nur teilweise die in Frage kommenden Buchstabenkombinationen berücksichtigt, so würde die Einhaltung dieser Regel im Textbereich *manuell* durchzuführenden Aufwand bedeuten. Da dieses aus wirtschaftlichen Gründen oft nicht zu verantworten ist, sollte zumindest in Überschriften der beschriebene Aufwand

betrieben werden. Denn in Überschriften werden die Lücken noch augenscheinlicher als im Textbereich.

Die für eine Unterschneidung in Frage kommenden Buchstabenkombinationen aufzulisten, ist im Prinzip nicht möglich, denn in fast jedem Schriftschnitt muß in anderer Weise reagiert werden. Trotzdem sind nachfolgend *die* Kombinationen zusammengestellt, die in (fast) jeder Schrift zu berücksichtigen sind.

A										Av	Aw	Ay
F	Fa	Fä	Fe	Fi	Fo	Fö	Fr	Fu	Fü			
P	Pa	Pä	Pe	Pi	Po	Pö						
T	Ta	Tä	Te	Ti	To	Tö	Tr	Tu	Tü			Ty
V	Va	Vä	Ve	Vi	Vo	Vö		Vu	Vü			
W	Wa	Wä	We	Wi	Wo	Wö		Wu	Wü			
Y	Ya	Yä	Ye	Yi	Yo	Yö		Yu	Yü			
a				aj						av	aw	ay
e				ej						ev	ew	ey
f	fa	fä	fe					f,	f.			
o				oj						ov	ow	oy
r								r,	r.			
v	va	vä	ve		vo	vö		v,	v.			
w	wa	wä	we		wo	wö		w,	w.			
y	ya	yä	ye		yo	yö		y,	y.			
7								7,	7.			

Abbildung 5.76
Übersicht der wichtigsten Zeichenfolgen, die für eine Unterschneidung in Frage kommen

Diese Auflistung erhebt keinen Anspruch auf Vollständigkeit. Sie soll Anregung für denjenigen sein, der ein Unterschneidungsprogramm einrichten muß oder für Typographen, die Titelzeilen oder Überschriften optimal gestalten möchten.

Beim Einrichten von Unterschneidungstabellen muß eine Tatsache unbedingt bedacht werden: Schrift ist nicht gleich Schrift. Selbst innerhalb einer Schriftfamilie kommt es oft vor, daß die Unterschneidungswerte von Schriftschnitt zu Schriftschnitt individuell eingerichtet werden müssen. Deshalb gilt aus qualitativer Sicht die Anforderung an das Satzprogramm, daß eine Unterschneidungstabelle pro Schriftschnitt eingerichtet werden kann.

Typographie	➾	Typographie
Typographie		**Typographie**
Typographie		
Typographie		
Typographie		Typographie
Typographie	➾	Typographie
Typographie		**Typographie**
Typographie		**Typographie**

Abbildung 5.77
Beim Unterschneiden dürfen Buchstaben sich nicht berühren.
Links:
Abhängig von der Schrift ist die Zeichenfolge Ty unterschiedlich zu handhaben. Probleme bereiten Schriften mit langen Serifen oben am T.
Rechts oben:
Im normalen Schnitt darf unterschnitten werden, im halbfetten nicht.
Rechts unten:
Im feinen Schnitt darf unterschnitten werden, im normalen, halbfetten und fetten nicht

In Abbildung 5.77 werden verschiedene Schriften und Schriftschnitte einer Schrift gezeigt, die das vorher Gesagte bestätigen sollen. Grundsätzlich gilt folgende Regel:

Bei der Reduzierung von Buchstabenabständen dürfen sich Buchstaben niemals berühren.

Auch auf eine andere Form von Fehlgestaltung soll aufmerksam gemacht werden: Das Unterschneiden darf nicht übertrieben werden. Das wird in der Abbildung 5.78 verdeutlicht. Im unteren Beispiel zerstört die zu enge Unterschneidung das Wortbild.
Diese Fehlgestaltung ist auch in kleineren Schriftgraden als störend zu bezeichnen, wie die folgenden Beispiele zeigen:

Typographie
Typographie
Typographie

Abbildung 5.78
Richtige und falsche Anwendung der Unterschneidung:
Oben ohne Unterschneidung, Mitte richtige und unten zu enge Unterschneidung

Dieses ist ein Test, mit dem die Wirkung des individuellen Unterschneidens innerhalb eines Wortes gezeigt werden soll. Worte wie Warteraum, Teekanne, Vogelwarte oder Trostpflaster sind davon betroffen. Aber, auch das »r« vor einem Komma oder Punkt ist aus Sicht der Typographie ebenso einzubeziehen wie die gleichen Interpunktionszeichen hinter der 7.

Abbildung 5.79
Satz ohne Unterschneidung kritischer Zeichenfolgen

Dieses ist ein Test, mit dem die Wirkung des individuellen Unterschneidens innerhalb eines Wortes gezeigt werden soll. Worte wie Warteraum, Teekanne, Vogelwarte oder Trostpflaster sind davon betroffen. Aber, auch das »r« vor einem Komma oder Punkt ist aus Sicht der Typographie ebenso einzubeziehen wie die gleichen Interpunktionszeichen hinter der 7.

Abbildung 5.80
Satz mit richtiger Unterschneidung kritischer Zeichenfolgen

Dieses ist ein Test, mit dem die Wirkung des individuellen Unterschneidens innerhalb eines Wortes gezeigt werden soll. Worte wie Warteraum, Teekanne, Vogelwarte oder Trostpflaster sind davon betroffen. Aber, auch das »r« vor einem Komma oder Punkt ist aus Sicht der Typographie ebenso einzubeziehen wie die gleichen Interpunktionszeichen hinter der 7.

Abbildung 5.81
Satz mit zu enger Unterschneidung kritischer Zeichenfolgen

Dieses ist ein Test, mit dem die Wirkung des individuellen Unterschneidens innerhalb eines Wortes gezeigt werden soll. Worte wie Warteraum, Teekanne, Vogelwarte oder Trostpflaster sind davon betroffen. Aber, auch das »r« vor einem Komma oder Punkt ist aus Sicht der Typographie ebenso einzubeziehen wie die gleichen Interpunktionszeichen hinter der 7.

Ausgleichen von Großbuchstaben

Individuelles Unterschneiden und das Ausgleichen von Großbuchstaben (Versalien) stehen in engem Zusammenhang. In beiden Fällen müssen Buchstabenkombinationen aneinander angepaßt werden, um optische Lücken im Wort zu vermeiden. Falls sich der Typograph entschließt, eine Zeile aus Großbuchstaben zu verwenden, so muß diese Zeile ausgeglichen werden. Was sich dahinter verbirgt, soll an folgenden Beispielen deutlich gemacht werden.

BEISPIEL

Abbildung 5.82
Unausgeglichenes Wort

Das Wort »BEISPIEL« besteht aus Buchstaben, die überwiegend senkrecht ausgerichtet sind. Ausnahme ist das »P«, das optisch *dadurch* eine Lücke verursacht, da es nur links eine Senkrechte, im oberen Teil eine Rundung und unten Fleisch aufweist.

BEISPIEL

Abbildung 5.83
Ausgeglichenes Wort

Diese Lücke kann man dadurch ausgleichen, indem der freie Raum zwischen »P« und »I« reduziert wird. Das Wort wirkt nun ausgeglichen, die Buchstabenabstände sind individuell angepaßt.

BEISPIEL

Abbildung 5.84
Ausgeglichenes und im Verlauf enger gestelltes Wort

Falls das gesamte Wort darüber hinaus generell schmaler verlaufen soll, so werden *nach* dem Ausgleichen alle Buchstabenabstände um den gleichen Wert reduziert.
Die Erkenntnis daraus: Beim Ausgleichen von Großbuchstaben kommt es darauf an, daß Buchstaben mit Weißraum (Fleisch) den senkrecht betonten Buchstaben angepaßt werden, so daß danach alle Buchstabenabstände optisch gleich wirken. Dabei ist wiederum zu beachten:

Weder beim Reduzieren der einzelnen Buchstabenabstände noch beim folgenden generellen Verringern der Abstände eines bereits ausgeglichenen Wortes dürfen sich die Buchstaben berühren.

FLAMMEN
FLAMMEN
FLAMMEN

Abbildung 5.85

Beim Ausgleichen von Großbuchstaben tritt oftmals der Fall ein, daß zwei aufeinanderfolgende Buchstaben mit Fleisch das Maß für alle anderen Buchstabenabstände bestimmen. Beispiel dafür ist das Wort »FLAMMEN«. Das Maß aller Dinge ist in diesem Falle der Abstand zwischen den Buchstaben »L« und »A«.
Man muß also zunächst den Abstand zwischen diesen beiden Zeichen *so* reduzieren, bis sie sich fast berühren.Wenn das geschehen ist, so muß versucht werden, alle anderen Buchstabenabstände diesem Abstand anzupassen. Die Abstände zwischen »F« und »L« sowie zwischen »A« und »M« müssen dabei aufgrund ihres Erscheinungsbildes geringfügiger als die Abstände zwischen »M« und »M« sowie »M« und »E« erweitert werden.

Neben den Buchstaben mit viel Weißraum (A, F, L, P, T, V, W, Y) müssen aber auch Buchstaben mit Rundungen (C, D, G, O, Q) anders behandelt werden, als Buchstaben mit senkrechter Betonung. Das soll am Wort »INDUSTRIE« verdeutlicht werden.

Abbildung 5.86

INDUSTRIE
INDUSTRIE
INDUSTRIE

Wie zu sehen, sind in diesem Wort drei Kategorien von Buchstabenabständen enthalten: Senkrecht betonte (IE), senkrecht betonte in Verbindung mit einer Rundung (DU) und senkrecht betonte in Verbindung mit einem Buchstaben mit viel Weißraum (TR).
Zunächst muß die Zeichenfolge »STR« ausgeglichen werden. Dann wird der Abstand zwischen »D« und »U« diesen Abständen angepaßt. Alle anderen Abstände bleiben unverändert, da sie sich aufgrund der unterschiedlichen Verringerung zwischen Buchstaben mit viel Fleisch und Buchstaben mit Rundungen automatisch ergeben.

Bliebe noch eine andere Kategorie von Buchstabenverbindungen zu erwähnen, die zwar auch große Lücken in das Wortbild reißen, die aber »ineinandergestellt« werden können. Das sind: AW, AV, AT, LW, LV, LY, LT, TA.
Ein Beispiel dafür ist das Wort »ELTERN«.

Die erste Phase besteht darin, daß die Abstände zwischen »TE« bis auf ein optisch vertretbares Mindestmaß verringert werden. Danach wird der Abstand zwischen »L« und »T« dem Abstand »TE« reguliert, indem die Buchstaben ineinandergestellt werden. Die Abstände der anderen Buchstaben ergeben sich daraus. In diese Kategorie von Zeichenkombinationen sind auch runde Buchstaben sowie verschiedene Interpunktionszeichen einzubeziehen. Beispiele dafür sind: AG, DT, LO, TC, L*, L" oder "A.

ELTERN
ELTERN
ELTERN

Abbildung 5.87

INDUSTRIE
INDUSTRIE

Abbildung 5.88

Diese Regeln, das sei ausdrücklich gesagt, zeigen nur das Prinzip auf. Jeder Schriftcharakter stellt andere Anforderungen für das Ausgleichen. Beispiel dafür ist das Wort »Industrie« aus einer serifenlosen Antiqua und einer Renaissance-Antiqua in Abbildung 5.88.
Während das »R« in einer serifenlosen Antiqua eher senkrechte Betonung aufweist, ist das »R« in einer Renaissance-Antiqua hinten mit mehr Weißraum ausgestattet, demzufolge auch anders auszugleichen. Damit soll auch gesagt sein:

Das Ausgleichen von Versalien ist wiederum ein Beispiel dafür, daß Typographie nicht nur in Regeln zu kleiden ist, sondern »ein sicheres Auge« für die Form erfordert.

Bei sehr viel Übung kann man sich auch an ganz schwierig auszugleichende Worte heranmachen. Dazu gehört auch das Wort ALTERNATIVE.

Abbildung 5.89

ALTERNATIVE
ALTERNATIVE

Das Wort ALTERNATIVE aus einer serifenbetonten Antiqua soll auch Beispiel *dafür* sein, daß unter Umständen – wenn es denn besser aussieht – einmal gegen die Regel verstoßen werden darf, daß sich Buchstaben niemals berühren dürfen.
In Abbildung 5.90 wurden die Buchstabenabstände zunächst regelentsprechend reduziert (Ergebnis mittlere Zeile). Daraus ergibt sich, daß die Abstände zwischen »A« und »L«, »I« und »V« sowie »V« und »E« optisch etwas größer wirken.

Abbildung 5.90
Beim Ausgleichen von Versalien in Schriften mit Serifen muß das Ineinanderlaufen der Serifen nicht störend wirken

ALTERNATIVE
ALTERNATIVE
ALTERNATIVE

Die logische Folge wäre: Alle anderen Buchstabenabstände müßten geringfügig vergrößert werden.
Die zweite Möglichkeit besteht darin, daß die Abstände zwischen »A« und »L«, »I« und »V« sowie »V« und »E« noch weiter reduziert werden, was bedeuten würde, daß sie sich berühren (untere Zeile).
Optisch ist diese Variante *dann* zu vertreten, wenn die Serifen so beschaffen sind, daß sie harmonisch ineinander übergehen.
Es würde sich keine Harmonie ergeben, wenn die Abstände zwischen »T« und »E« sowie zwischen »T« und »I« bis zum Berühren reduziert würden.

Laufweite und generelles Unterschneiden

Unter dem Begriff Laufweite versteht man den vom Schriftkünstler vorgegebenen natürlichen Verlauf von Buchstaben. Der Abstand der Zeichen zueinander wird durch die Dickte eines Zeichens, bestehend aus dem Buchstabenbild und der Vor- und Nachbreite (vgl. Abbbildung 5.21), vorbestimmt. Die Dickte ist ein Maß, das auf eine Ausgangs-Schriftgröße ausgerichtet ist, beispielsweise auf 12 Punkt. Bei Anwendung anderer Schriftgrade wird daraus die erforderliche neue Dickte errechnet.

Die Laufweite einer Schrift
Die Laufweite einer Schrift
Die Laufweite einer Schrift
Die Laufweite einer Schrift
Die Laufweite einer Schrift
Die Laufweite einer Schrift
Die Laufweite einer
Die Laufweite ein
Die Laufweite
Die Laufweite

Abbildung 5.91
Die Laufweite unterschiedlicher Schriftgrößen

Dabei ergibt sich für einen Typographen ein Problem, das in Abbildung 5.91 dargestellt ist: Je größer der Schriftgrad, um so lichter (gesperrter) wirkt der Text; er verliert seinen optischen Zusammenhalt.

Die Erklärung dafür ist einfach: Bei der proportionalen Vergrößerung wird nicht nur das Buchstabenbild, sondern auch die Vor- und Nachbreite vergrößert. Je größer nun der ausgewählte Schriftgrad, um so stärker macht sich dieser Effekt bemerkbar. Die Folge sind Disharmonie im Satzbild, weil das **Graubild** eines Textes erheblich gestört ist.

Um diesem Effekt entgegenzutreten, besteht in jedem Satzsystem die Möglichkeit des generellen Unterschneidens. Darunter versteht man das Ineinanderstellen *aller* Zeichen eines Textes. Betroffen sind davon vor allem Überschriften ab ca. 18 Punkt oder 6,75 mm Schriftgröße.
Der Wert der Unterschneidung wird mit »–x« (minus x) eingegeben. Unter »x« sind kleinste, sich horizontal auswirkende Einheiten zu verstehen, die aber nicht genormt sind.

Abbildung 5.92
Gegenüberstellung
von Unterschneidungswerten
für unterschiedliche Schriftgrößen

Die Laufweite einer Schrift normal
Die Laufweite einer Schrift –3
Die Laufweite einer Schrift –6
Die Laufweite einer normal
Die Laufweite einer –6
Die Laufweite einer –9

In Abbildung 5.92 ist im oberen Teil eine 24 Punkt große serifenlose Antiqua abgebildet. Die erste Zeile zeigt den normalen Verlauf der Zeile. In der zweiten Zeile ist der Verlauf mit einem Unterschneidungswert von –3 beeinflußt worden. Dieser Wert ist in Zeile 3 auf –6 verdoppelt worden. Die Qualität der Zeile ist erheblich verbessert worden.
Im unteren Teil der Abbildung 5.92 ist eine 32 Punkt große Schrift der gleichen Kategorie zunächst mit demselben Wert (–6) unterschnitten worden (zweite Zeile). Wie deutlich zu sehen ist, reicht dieser Wert noch nicht aus; er wurde in der unteren Zeile auf –9 vergrößert.
Daraus ist zu schließen:

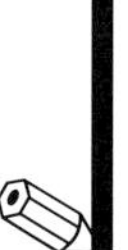

Die Quantisierung der Unterschneidung ist vom Schriftgrad abhängig. Für den Grad der Unterschneidung können, abgesehen davon, daß sich Buchstaben nicht berühren dürfen, keine Regeln genannt werden.

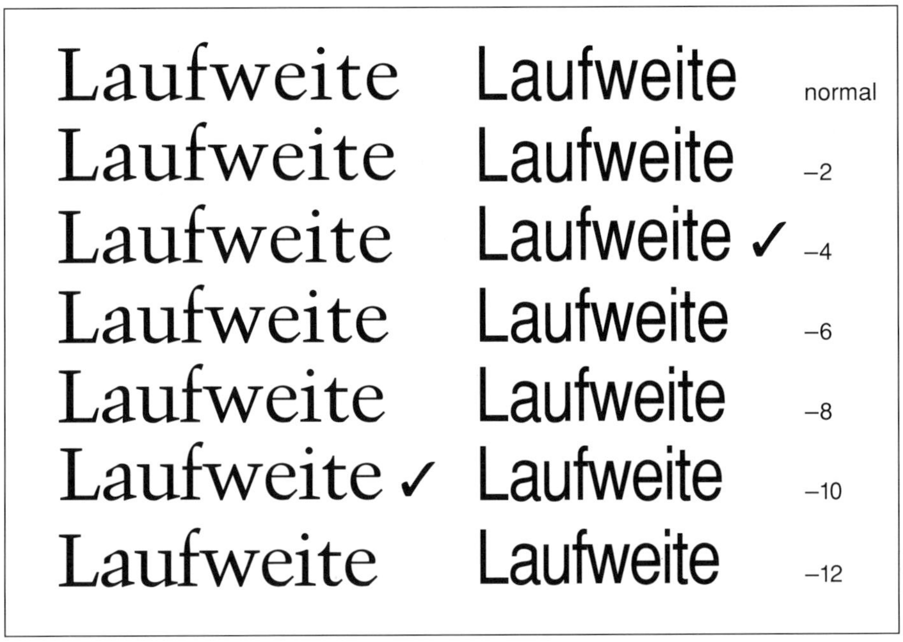

Laufweite	Laufweite	normal
Laufweite	Laufweite	–2
Laufweite	Laufweite ✓	–4
Laufweite	Laufweite	–6
Laufweite	Laufweite	–8
Laufweite ✓	Laufweite	–10
Laufweite	Laufweite	–12

Abbildung 5.93
Darstellung
der Auswirkung
gleicher Unterschneidungswerte
in unterschiedlichen Schriften

Neben dem Schriftgrad spielt auch die Schriftart eine Rolle. In Abbildung 5.93 ist auf der linken Seite eine Renaissance-Antiqua abgebildet, daneben eine schmale serifenlose Antiqua.
Bei der Verwendung gleicher Unterschneidungswerte ist deutlich zu erkennen, daß die Renaissance-Antiqua bei –10 einen optimalen Verlauf nimmt, ohne daß sich die Buchstaben berühren. Bei der schmalen serifenlosen Antiqua ist bereits bei –8 festzustellen, daß sich die Buchstaben berühren (fw).

Abbildung 5.94
Übertriebenes Unterschneiden
einer serifenlosen Antiqua.
Aus »rn« wird optisch ein »m«
(letzte Zeile)

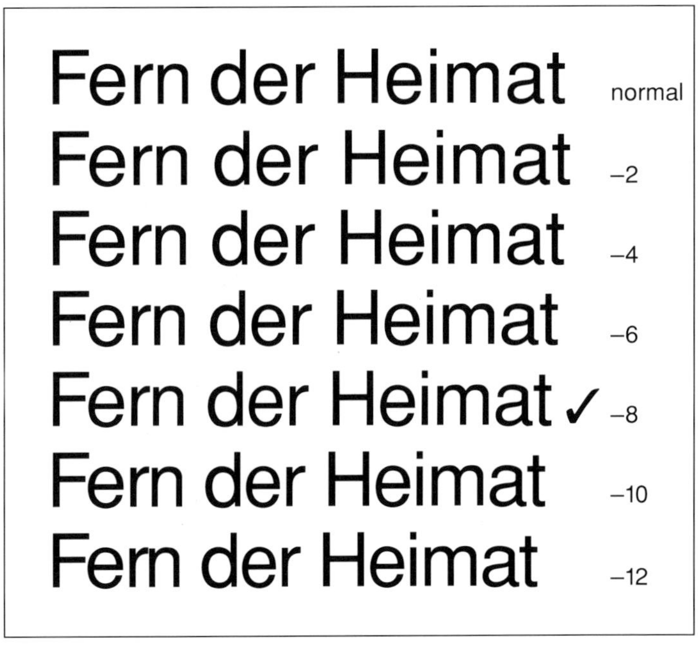

Fern der Heimat	normal
Fern der Heimat	–2
Fern der Heimat	–4
Fern der Heimat	–6
Fern der Heimat ✓	–8
Fern der Heimat	–10
Fern der Heimat	–12

In Abbildung 5.94 ist dargestellt, wie durch übertriebenes Unterschneiden die Lesbarkeit erheblich beeinträchtigt werden kann. Beispielhaft dafür ist die Zeichenfolge »rn«, aus der optisch ein »m« wird.

Alle Unterschneidungsbeispiele zeigen, daß Typographie nicht nur in Regeln zu kleiden ist, sondern »ein sicheres Auge« für die Form erfordert. Gerade beim Unterschneiden oder auch beim Unterlassen der Unterschneidung in Schriftgraden ab etwa 18 Punkt kann vieles verkehrt gemacht werden.
Das ist auch die Empfehlung:
Bei Überschriften ab 18 Punkt Schriftgröße sollten Unterschneidungen in Erwägung gezogen werden.

In Brotschriftgraden von 6 bis 14 Punkt besteht keine Notwendigkeit zum Unterschneiden, da sich eine proportionale Veränderung der Vor- und Nachbreite der Zeichen innerhalb dieser Schriftgrade kaum bemerkbar macht. Wie sich eine ungerechtfertigte Unterschneidung in einem Brotschriftgrad auswirkt, soll in den folgenden Abbildungen in der Grundschrift dieses Lehrbuchs im 12-Punkt-Schriftgrad mit verschiedenen Unterschneidungswerten gegenübergestellt werden.

Abbildung 5.95
Unterschneidungswert −3.
Der Grauwert
hat sich gegenüber der Normalversion
geringfügig verändert

In Brotschriftgraden von 6 bis 14 Punkt besteht keine Notwendigkeit zum Unterschneiden, da sich eine proportionale Veränderung der Vor- und Nachbreite der Zeichen innerhalb dieser Schriftgrade kaum bemerkbar macht. Wie sich eine ungerechtfertigte Unterschneidung in einem Brotschriftgrad auswirkt, soll in den folgenden Abbildungen in der Grundschrift dieses Lehrbuchs im 12-Punkt-Schriftgrad mit verschiedenen Unterschneidungswerten gegenübergestellt werden.

Abbildung 5.96
Unterschneidungswert −6.
Der Grauwert
hat sich gegenüber der Normalversion
erheblich verändert

In Brotschriftgraden von 6 bis 14 Punkt besteht keine Notwendigkeit zum Unterschneiden, da sich eine proportionale Veränderung der Vor- und Nachbreite der Zeichen innerhalb dieser Schriftgrade kaum bemerkbar macht. Wie sich eine ungerechtfertigte Unterschneidung in einem Brotschriftgrad auswirkt, soll in den folgenden Abbildungen in der Grundschrift dieses Lehrbuchs im 12-Punkt-Schriftgrad mit verschiedenen Unterschneidungswerten gegenübergestellt werden.

Abbildung 5.97
Unterschneidungswert −9.
Der Grauwert
hat sich gegenüber der Normalversion
erheblich verändert,
die Wortabstände sind zu eng

In Brotschriftgraden von 6 bis 14 Punkt besteht keine Notwendigkeit zum Unterschneiden, da sich eine proportionale Veränderung der Vor- und Nachbreite der Zeichen innerhalb dieser Schriftgrade kaum bemerkbar macht. Wie sich eine ungerechtfertigte Unterschneidung in einem Brotschriftgrad auswirkt, soll in den folgenden Abbildungen in der Grundschrift dieses Lehrbuchs im 12-Punkt-Schriftgrad mit verschiedenen Unterschneidungswerten gegenübergestellt werden.

Merke: Je enger eine Schrift gestellt wird, um so unleserlicher wird sie; sie beginnt beim Lesen zu flimmern.

Grundschriftgröße, Zeilenbreite und Zeilenabstand

6

In der Überschrift dieses Kapitels sind drei Gestaltungsfaktoren genannt, die in gegenseitiger Abhängigkeit zu sehen sind. Richtig ist auch die Reihenfolge, denn, nachdem sich der Typograph zuvor für einen Schriftstil und schließlich innerhalb des Schriftstils für eine Schriftart entschieden hat, gilt es die Schriftgröße, die Zeilenbreite und den Zeilenabstand festzulegen.

Schriftstil
Schriftstil
Schriftstil
Schriftstil
Schriftstil

Schriftart
Schriftart
Schriftart

Schriftgröße
Schriftgröße
Schriftgröße
Schriftgröße
Schriftgröße
Schriftgröße
Schriftgröße
Schriftgröße
Schriftgröße
Schriftgröße
Schriftgröße
Schriftgröße
Schriftgröße
Schriftgröße

Abbildung 6.1
Zusammenspiel zwischen Schriftstil, Schriftart und Schriftgröße. Daraus sind abzuleiten Zeilenbreite und Zeilenabstand

Die Auswahl der Schrift, das Festlegen der Schriftgröße und die sich daraus ergebenden Werte für die Zeilenbreite und für den Zeilenabstand sind die wesentlichen Faktoren für die Grundgestaltung einer Drucksache, denn diese Faktoren müssen bereits gedanklich bei der Einrichtung des Satzspiegels einbezogen werden.

Festlegen der Grundschriftgröße

Wenn sich ein Gestalter für eine dem Zweck entsprechende Schriftart entschieden hat, ist der nächste Schritt das Festlegen der **Grundschriftgröße**. Darunter ist die Schriftgröße des **laufenden Textes**, den man auch als **glatten Text, glatten Satz** oder **Bodytext** bezeichnet, zu verstehen.
Auch das Festlegen der Grundschriftgröße sollte normalerweise nach dem Zweck erfolgen. Oftmals steht aber auch der Zwang dahinter, den vorhandenen Platz auszunutzen.
Trotz dieses oftmals festzustellenden Zwangs sollte bei der Auswahl der Grundschriftgröße eine aus gestalterischer Sicht wichtige Empfehlung eingehalten werden:

Man sollte niemals ein Format total mit Schrift füllen, sondern auch »**freien Raum**« (**Weißraum**) wirken lassen.

Man kann nämlich mit Schrift auch etwas völlig Ungewolltes erreichen:
Sie kann »erdrücken«; sie sollte aber immer angenehm wirken und somit lesenswert sein. Viel Schrift auf einem Haufen reizt eher zum Weglegen einer Drucksache als zum Lesen. Der Sinn einer Drucksache wird also ins Gegenteil umgekehrt.
In Abbildung 6.2 sind die »erdrückende« Situation und Schrift im freien Raum gegenübergestellt. Wie deutlich zu sehen ist, wirkt die Version mit mehr Weißraum großzügiger. Sie bietet darüber hinaus dem Auge eine beim Lesen wichtige Funktion, nämlich freien Platz zum Ausruhen.

Man kann nämlich mit Schrift auch völlig Ungewolltes erreichen: Sie kann »erdrücken«; sie sollte aber immer wirken und lesenswert sein. Viel Schrift auf einem Haufen reizt eher zum Weglegen einer Drucksache als zum Lesen. Der Sinn einer Drucksache wird ins Gegenteil umgekehrt. In Abbildung 6.2 ist die »erdrückende« Situation und Schrift im freien Raum gegenübergestellt. Wie deutlich zu sehen ist, wirkt die Version mit freiem Raum großzügiger. Sie bietet darüber hinaus dem Auge eine beim Lesen wichtige Funktion, nämlich freien Platz

Man kann mit der Schrift auch Ungewolltes erreichen: Sie kann »erdrücken«; sie sollte aber wirken und somit lesenswert sein. Viel Schrift auf einem Haufen reizt eher zum Weglegen einer Drucksache als zum Lesen. Der Sinn einer Drucksache wird somit ins Gegenteil umgekehrt. In Abbildung 6.2 ist die »erdrückende« Situation und Schrift im freien Raum gegenübergestellt. Wie deutlich zu sehen ist, wirkt die Version mit freiem Raum viel großzügiger. Sie bietet darüber hinaus dem Auge eine

Abbildung 6.2
Zu viel Text auf einer Seite (links) wirkt erdrückend, weniger Text mit viel Freiraum (rechts) anziehend und großzügig

Das heißt in der Konsequenz: Die Schriftgröße darf nicht zu groß gewählt werden, damit die Situation »der überfüllten Seite« nicht eintritt. Sie darf andererseits aber auch nicht zu klein sein, damit der Text lesbar bleibt. Denn die Lesbarkeit ist oberstes Anliegen.
Im allgemeinen sollte ein Typograph mit den Brotschriftgraden von 8 bis 13 Punkt für die Gestaltung der Grundschriftgröße auskommen.

Die Brotschriftgrade von sechs bis vierzehn Punkt auf einen Blick, und zwar aus der Schrift Helvetica (6)

Die Brotschriftgrade von sechs bis vierzehn Punkt auf einen Blick, und zwar aus der Schrift Helvetica (7)

Die Brotschriftgrade von sechs bis vierzehn Punkt auf einen Blick, und zwar aus der Schrift Helvetica (8)

Die Brotschriftgrade von sechs bis vierzehn Punkt auf einen Blick, und zwar aus der Schrift Helvetica (9)

Die Brotschriftgrade von sechs bis vierzehn Punkt auf einen Blick, und zwar aus der Schrift Helvetica (10)

Die Brotschriftgrade von sechs bis vierzehn Punkt auf einen Blick, und zwar aus der Schrift Helvetica (11)

Die Brotschriftgrade von sechs bis vierzehn Punkt auf einen Blick, und zwar aus der Schrift Helvetica (12)

Die Brotschriftgrade von sechs bis vierzehn Punkt auf einen Blick, und zwar aus der Schrift Helvetica (13)

Die Brotschriftgrade von sechs bis vierzehn Punkt auf einen Blick, und zwar aus der Schrift Helvetica (14)

Die Brotschriftgrade von sechs bis vierzehn Punkt auf einen Blick, und zwar aus der Schrift Times (6)

Die Brotschriftgrade von sechs bis vierzehn Punkt auf einen Blick, und zwar aus der Schrift Times (7)

Die Brotschriftgrade von sechs bis vierzehn Punkt auf einen Blick, und zwar aus der Schrift Times (8)

Die Brotschriftgrade von sechs bis vierzehn Punkt auf einen Blick, und zwar aus der Schrift Times (9)

Die Brotschriftgrade von sechs bis vierzehn Punkt auf einen Blick, und zwar aus der Schrift Times (10)

Die Brotschriftgrade von sechs bis vierzehn Punkt auf einen Blick, und zwar aus der Schrift Times (11)

Die Brotschriftgrade von sechs bis vierzehn Punkt auf einen Blick, und zwar aus der Schrift Times (12)

Die Brotschriftgrade von sechs bis vierzehn Punkt auf einen Blick, und zwar aus der Schrift Times (13)

Die Brotschriftgrade von sechs bis vierzehn Punkt auf einen Blick, und zwar aus der Schrift Times (14)

Abbildung 6.3

Bei der Entscheidung für eine Grundschriftgröße spielt auch das optische Erscheinungsbild der ausgewählten Schriftart eine wichtige Rolle. Das sei am Beispiel zweier oft benutzter Schriften, der Helvetica und Times (Abbildung 6.3, links bzw. rechts) dargestellt. Die serifenlose Antiqua Helvetica wirkt kompakter und größer als die Barock-Antiqua Times. Folglich kann die Auswahl des Grundschriftgrades der Helvetica eher kleiner, die der Times eher größer sein.

Bei der Festlegung der Grundschriftgröße ist auch an andere mögliche Textbestandteile einer Drucksache, wie zum Beispiel Überschriften, Bildtexte, Marginalien oder Fußnoten zu denken. Denn das ist wichtig: An der Größe der Grundschrift orientieren sich die Größen der anderen Textteile. So sind Fußnoten, Marginalien und Bildtexte immer ein bis zwei Schriftgrade kleiner zu setzen als die Grundschrift, müssen aber trotzdem noch gut lesbar sein.

An der Größe der Grundschrift orientieren sich die Größen der anderen Textteile. So sind Fußnoten, Marginalien und Bildtexte immer ein bis zwei Schriftgrade kleiner zu setzen als die Grundschrift, müssen aber trotzdem noch gut lesbar sein. Hier: Grundschriftgröße 12 Punkt.

Fußnote zu diesem Text. Hier 9 Punkt, ebenso wie nebenstehender Bildtext

Abbildung 6.4
Grundschriftgröße im Verhältnis zu Fußnoten und Bildtexten

Erstes Kriterium bei der Auswahl der Grundschriftgröße ist das Format. Für die Bereiche Werksatz und technische Dokumentation kann man folgende Faustregel nennen:

Für die Formate DIN A5 bis DIN B5 kommen Grundschriftgrößen von 8 bis 11 Punkt, für das Format DIN A4 von 9 bis 13 Punkt in Frage.

Neben dem Format spielen unter Umständen – gerade im Werksatz – auch Erkenntnisse, die den Leserkreis betreffen, eine gewichtige Rolle. Dazu folgende Beispiele:
Soll ein Buch für 6- bis 9jährige Kinder herausgegeben werden, so darf der Schriftgrad der Grundschrift auf keinen Fall 12 bis 14 Punkt unterschreiten. Im Extremfall werden sogar Grundschriftgrößen bis zu 20 Punkt verwendet. Denn das Hauptanliegen besteht ja darin, daß das Buch vom Kind auch wirklich gelesen werden kann. Hierbei, das sei nebenbei erwähnt, ist sogar in Erwägung zu ziehen, als Schriftart eine serifenlose Antiqua zu wählen, weil die von 6- bis 9jährigen besser gelesen werden kann, als eine Schrift mit Serifen.
Das Lesen eines schöngeistigen Buches soll für Erwachsene und Jugendliche entspannend sein. Folglich muß auch die ausgesuchte Grundschriftgröße dieser Bedingung entsprechen. Die Schriftgröße sollte auf gar keinen Fall unter 9 Punkt, aber auch nicht größer als 12 Punkt sein. Als Schriftart ist die Renaissance-Antiqua zu bevorzugen.

Bei Zeitschriften und Zeitungen werden für die Grundschriftgröße im redaktionellen Teil im allgemeinen Schriftgrade zwischen 8 bis 10 Punkt verwendet. In diesen Objekten kommt es meist auf Wunsch der Herausgeber darauf an, viel Informationen auf wenig Papier unterzubringen. Trotz aller Sparmaßnahmen sollte gute Lesbarkeit, auch kurzlebiger Drucksachen, oberstes Gebot sein.
In diesem Zusammenhang soll nicht unerwähnt bleiben, daß Zeitungen im sogenannten Boulevardcharakter meist mehrere Grundschriftgrößen (und auch Schriftarten) aufweisen. Aus typographischer Sicht ist das grundsätzlich abzulehnen.

In Prospekten oder ähnlichen Werbedrucksachen ist neben der Lesbarkeit auch die Werbewirksamkeit gewünschtes Anliegen. Infolgedessen sollte der Grundschriftgrad eher etwas größer – etwa bis 14 Punkt – ausgewählt werden, aber auch wiederum nicht *so* groß sein, daß sich Überschriften und Schlagzeilen nicht deutlich gegeneinander abheben.
Das Motto sollte lauten: Eher weniger Text, aber gut angeordnet und somit auch gut lesbar.

Zusammenfassend kann man feststellen: Gute Lesbarkeit wird durch die richtige Auswahl der Schriftart und der Grundschriftgröße unterstützt. In Einklang mit diesen beiden Gestaltungskriterien sind aber auch die Zeilenbreite und der Zeilenabstand als weitere wichtige Kriterien für gute Lesbarkeit zu sehen.

Bestimmen der Zeilenbreite

Die Zeilenbreite ist eine Distanz in horizontaler Richtung mit linker und rechter Begrenzung (siehe Abbildung 6.5). Das Maß ergibt sich im Einklang mit allen Überlegungen, die bei der Gestaltung des Satzspiegels angestellt werden müssen.
Der Zeilenbreite steht der Begriff **Satzbreite** gegenüber. Hiermit wird eine Distanz beschrieben, die sich in horizontaler Richtung über mehrere Spalten erstreckt, also das Mehrfache der Zeilenbreite sein kann.

Diese Zeile ist auf Zeilenbreite ausgeschlossen
Diese Zeile ist zur Mitte ausgeschlossen
Diese Zeile ist linksbündig ausgeschlossen
Diese Zeile ist rechtsbündig ausgeschlossen

Abbildung 6.5
Die vier Varianten des Ausschließens einer Zeile

Im Zusammenhang mit der Zeilenbreite sei wiederum der Begriff **Ausschließen** erwähnt. Beim Ausschließvorgang können Texte jeder Art entweder auf volle Zeilenbreite, zur Mitte, nach links oder rechts stehend ausgeschlossen werden (Abbildung 6.5).
Mehrere hintereinander auf Zeilenbreite ausgeschlossene Zeilen werden als **Blocksatz** bezeichnet (siehe Kapitel 7). Das Ausschließen auf Zeilenbreite wird durch Variieren der Wortzwischenräume erreicht.
Demgegenüber steht der normale Verlauf einer zur Mitte, nach links oder rechts stehend ausgeschlossenen Zeile. In allen drei Fällen werden gleichbleibende Wortzwischenräume eingehalten. Mehrere in diesen drei Varianten hintereinander ausgeschlossene Zeilen werden als **Mittelachsensatz** bzw. **Flattersatz** bezeichnet (siehe Kapitel 7).

Beim Festlegen der Zeilenbreite sollte die optimal mögliche Lesbarkeit eines Textes im Vordergrund der Überlegungen stehen. Optimale Lesbarkeit eines Zeileninhalts wiederum steht mit der Auswahl der Schriftgröße in engem Zusammenhang. Dazu gibt es folgende grundsätzliche Regel:

Je größer der Schriftgrad, um so breiter kann die Zeilenbreite gewählt werden.

Das soll auf der folgenden Seite verdeutlicht werden.

Es gibt kaum Berufszweige, die von der rasanten Entwicklung der Computertechnik verschont geblieben sind. Das gilt auch für Schriftsetzer und Reprophotographen, zwei kreativen Berufen der Druckindustrie, die sich mit der Text- bzw. Bildgestaltung auseinanderzusetzen haben. Mit der Entwicklung der »Personal Computer« (PC) wurden Werkzeuge geschaffen, die Text- und Bildbearbeitung auf kleinstem Raum ermöglichen, wobei der Kreativität (fast) keine Grenzen mehr gesetzt sind. Die Druckerei, Setzerei und Reproanstalt

Es gibt kaum Berufszweige, die von der rasanten Entwicklung der Computertechnik verschont geblieben sind. Das gilt auch für Schriftsetzer und Reprophotographen, zwei kreativen Berufen der Druckindustrie, die sich mit der Text- bzw. Bildgestaltung auseinanderzusetzen haben. Mit der Entwicklung der »Personal Computer« (PC) wurden Werkzeuge geschaffen, die Text- und Bildbearbeitung auf kleinstem Raum ermöglichen, wobei der Kreativität (fast) keine Grenzen mehr gesetzt sind. Die Druckerei, Setzerei und Reproanstalt auf dem

Es gibt kaum Berufszweige, die von der rasanten Entwicklung der Computertechnik verschont geblieben sind. Das gilt auch für Schriftsetzer und Reprophotographen, zwei kreativen Berufen der Druckindustrie, die sich mit der Text- bzw. Bildgestaltung auseinanderzusetzen haben. Mit der Entwicklung der »Personal Computer« (PC) wurden Werkzeuge geschaffen, die Text- und Bildbearbeitung auf kleinstem Raum ermöglichen, wobei der Kreativität (fast) keine Grenzen mehr gesetzt sind. Die Druckerei, Setzerei und Reproanstalt auf dem Schreibtisch wurde durch die Zauberformel »Desktop

Abbildung 6.6
Beispiele schlechter Lesbarkeit von Texten in großen Zeilenbreiten

In der Abbildung 6.6 sind verschiedene Grundschriftgrößen (12 Punkt oben, 10 Punkt Mitte und 9 Punkt unten) innerhalb einer ungewöhnlich großen Zeilenbreite verwendet worden. Die Zeicheninhalte betragen etwa 100, 115 bzw. 130 Zeichen in der Reihenfolge der genannten Schriftgrade.
Man kann anhand dieser Beispiele leicht nachvollziehen, daß das Lesen und das Erfassen des Zeileninhalts um so schwerer fällt, je kleiner der Schriftgrad ist.
Die Lesbarkeit wird vor allen Dingen dadurch beeinträchtigt, weil kaum die Chance besteht, ohne Lesehilfe – beispielsweise in Form eines Lineals, das unter die Zeile gelegt wird – den Anfang der nächsten Zeile zu finden.
Deshalb hat sich für gute Lesbarkeit folgende Regel bewährt:

In einer Zeile sollen nicht mehr als 55 bis 60 Zeichen untergebracht sein, wobei als Zeichen alle Wortzwischenräume mitgezählt werden. Mehr als 60 Zeichen bereiten beim Erfassen des Inhalts einer Zeile große Schwierigkeiten.

Diese Grundregel wurde auch beim Festlegen der Zeilenbreite dieses Lehrbuchs zugrunde gelegt.
Als Grundschriftgrad wurde 12 Punkt gewählt, und zwar aus der Renaissance-Antiqua Palatino mit annähernd 60 Zeichen Zeileninhalt. Das Ergebnis zeigt optimale Lesbarkeit, die durch das ausgewogene, offene Schriftbild der Palatino wesentlich unterstützt wird.

Es gibt kaum Berufszweige, die von der rasanten Entwicklung der Computertechnik verschont geblieben sind. Das gilt auch für Schriftsetzer und Reprophotographen, zwei kreativen Berufen der Druckindustrie, die sich mit der Text- bzw. Bildgestaltung auseinanderzusetzen haben. Mit der Entwicklung der »Personal Computer« (PC) wurden Werkzeuge geschaffen, die Text- und Bildbearbeitung auf kleinstem Raum ermöglichen, wobei der Kreativität (fast) keine Grenzen mehr gesetzt sind. Die Druckerei, Setzerei und Reproanstalt auf dem Schreibtisch wurde durch die Zauberformel »Desktop Publishing«, abgekürzt DTP, zur Realität. Ihr Interesse für Typographie läßt den Rückschluß zu, daß Sie sich mit dem Thema Gestaltung, eventuell sogar im Zusammenhang mit DTP, auseinanderzusetzen haben. Es wird folglich unterstellt, daß Ihnen die Bedienung der Hard- und Software bereits nahegebracht worden sind, Sie also mit dem Werkzeug umgehen können. Dieses Lehrbuch enthält deshalb keinerlei Bedienungsanweisungen für irgendein Gestaltungssystems, sondern ausschließlich

Abbildung 6.7
Zeileninhalte
von über 100 Zeichen

Es gibt kaum Berufszweige, die von der rasanten Entwicklung der Computertechnik verschont geblieben sind. Das gilt auch für Schriftsetzer und Reprophotographen, zwei kreativen Berufen der Druckindustrie, die sich mit der Text- bzw. Bildgestaltung auseinanderzusetzen haben. Mit der Entwicklung der »Personal Computer« (PC) wurden Werkzeuge geschaffen, die Text- und Bildbearbeitung auf kleinstem Raum ermöglichen, wobei der Kreativität (fast) keine Grenzen mehr gesetzt sind. Die Druckerei, Setzerei und Repro-

Abbildung 6.8
Zeileninhalte von annähernd 60 Zeichen

Während sich in Abbildung 6.7 mehr als 100 Zeichen in der Zeile befinden, sind in Abbildung 6.8 nur annähernd 60 Zeichen pro Zeile enthalten. Es ist augenscheinlich, daß damit die Lesbarkeit erheblich gesteigert worden ist, weil die Zeileninhalte deutlich überschaubarer geworden sind. Das wiederum ist dem Lesefluß förderlich.
Die Lesefreundlichkeit kann aber wieder ins Gegenteil umgekehrt werden, wenn weniger als 35 Zeichen pro Zeile enthalten sind. Das zeigt die Abbildung 6.9. Die Beispiele beinhalten etwa 30, 25 und 20 Zeichen pro Zeile (von oben nach unten). Die Lesefreundlichkeit wird durch folgende zwei Faktoren »umgekippt«:

Durch die Auswahl schmaler Zeilenbreiten entstehen auch mehr Worttrennungen, infolgedessen auch viel mehr lesehemmende Trennungen.

Je weniger Zeichen in einer auf Zeilenbreite ausgeschlossenen Zeile enthalten sind, um so extremer weichen auch die Wortzwischenräume der Zeilen voneinander ab.

Der Grund: Die Anzahl nicht zu trennender Wörter oder Silben erhöht sich bei schmalen Zeilenbreiten, der entstehende freie Raum in der betreffenden Zeile muß auf weniger Wortzwischenräume verteilt werden. Folgt man ernstzunehmenden wissenschaftlichen Erkenntnissen, so führen diese beiden Faktoren bis zum Buchstabieren, also der absoluten Leseunfreundlichkeit.

Abbildung 6.9
Zeileninhalte
von unter 35 Zeichen

Es gibt kaum Berufszweige, die von der rasanten Entwicklung der Computertechnik verschont geblieben sind. Das gilt auch für Schriftsetzer und Reprophotographen, zwei kreativen Berufen der Druckindustrie, die sich mit der Text- bzw. Bildgestaltung auseinanderzusetzen haben. Mit der Entwicklung der »Personal Computer« (PC) wurden Werkzeuge geschaffen, die Text und Bildbearbeitung auf kleinstem Raum ermöglichen, wobei der Kreativität (fast) keine Grenzen mehr gesetzt sind. Die Druckerei, Setzerei und Re-

Es gibt kaum Berufszweige, die von der rasanten Entwicklung der Computertechnik verschont geblieben sind. Das gilt auch für Schriftsetzer und Reprophotographen, zwei kreativen Berufen der Druckindustrie, die sich mit der Text- bzw. Bildgestaltung auseinanderzusetzen haben. Mit der Entwicklung der »Personal Computer« (PC) wurden Werkzeuge geschaffen, die Text- und Bildbearbeitung auf kleinstem Raum ermöglichen, wobei der Kreativität (fast) keine Grenzen mehr gesetzt sind. Die Druckerei, Setzerei und Reproanstalt auf dem Schreibtisch wurde durch die Zauberformel »Desktop Publishing«, abgekürzt DTP, zur Realität. Ihr Interesse für Typographie läßt den Rückschluß zu, daß Sie sich mit dem Thema Gestaltung, eventuell sogar im Zusammenhang mit DTP, auseinanderzusetzen haben. Es wird folglich unterstellt, daß Ihnen die Bedienung der Hard- und Software bereits nahegebracht worden sind, Sie also mit dem Werkzeug umgehen können. Dieses Lehrbuch enthält deshalb keinerlei Bedienungsanweisungen für irgendein

Es gibt kaum Berufszweige, die von der rasanten Entwicklung der Computertechnik verschont geblieben sind. Das gilt auch für Schriftsetzer und Reprophotographen, zwei kreativen Berufen der Druckindustrie, die sich mit der Text- bzw. Bildgestaltung auseinanderzusetzen haben. Mit der Entwicklung der »Personal Computer« (PC) wurden Werkzeuge geschaffen, die Text- und Bildbearbeitung auf kleinstem Raum ermöglichen, wobei der Kreativität (fast) keine Grenzen mehr gesetzt sind. Die Druckerei, Setzerei und Reproanstalt auf dem Schreibtisch wurde durch die Zauberformel »Desktop Publishing«, abgekürzt DTP, zur Realität. Ihr Interesse für Typographie läßt den Rückschluß zu, daß Sie sich mit dem Thema Gestaltung, eventuell sogar im Zusammenhang mit DTP, auseinanderzusetzen haben. Es wird folglich unterstellt, daß Ihnen die Bedienung der Hard- und Software bereits nahegebracht worden sind, Sie also mit dem Werkzeug umgehen können. Dieses Lehrbuch enthält

Es gibt kaum Berufszweige, die von der rasanten Entwicklung der Computertechnik verschont geblieben sind. Das gilt auch für Schriftsetzer und Reprophotographen, zwei kreativen Berufen der Druckindustrie, die sich mit der Text- bzw. Bildgestaltung auseinanderzusetzen haben. Mit der Entwicklung der »Personal Computer« (PC) wurden Werkzeuge geschaffen, die Text- und Bildbearbeitung auf kleinstem Raum ermöglichen, wobei der Kreativität (fast) keine Grenzen mehr gesetzt sind. Die Druckerei, Setzerei und Reproanstalt auf dem Schreibtisch wurde durch die Zauberformel »Desktop Publishing«, abgekürzt DTP, zur Realität. Ihr Interesse für Typographie läßt den Rückschluß zu, daß Sie sich mit dem Thema Gestaltung, eventuell sogar im Zusammenhang mit DTP, auseinanderzusetzen haben. Es wird folglich unterstellt, daß Ihnen die Bedienung der Hard- und Software bereits nahegebracht worden sind, Sie also mit dem Werkzeug

Abbildung 6.10 bis 6.12
Mehrspaltiger Satz
mit unterschiedlichen
Zeileninhalten

Diese Aussagen werden bestätigt, wenn man den mehrspaltigen Satz, der in den Abbildungen 6.10 bis 6.12 gezeigt wird, miteinander vergleicht.

In Abbildung 6.10 sind etwa 60 Zeichen in der Zeile enthalten. Die Wortabstände sind angeglichen, die Anzahl der Trennungen ist als normal zu bezeichnen.

In Abbildung 6.11 beträgt der Zeileninhalt etwa 35 Zeichen. Die Wortabstände wirken weniger angeglichen, die Anzahl der Trennungen ist ebenfalls normal. Aber: Die Anzahl der zweibuchstabigen Trennungen nimmt zu. Das bedeutet Beeinträchtigung des Leseflusses.

In Abbildung 6.12 sind etwa 25 Zeichen in der Zeile enthalten. Die Wortabstände sind völlig abweichend, überwiegend zu groß; sie sind teilweise so groß wie der Spaltenzwischenraum. Die Anzahl der Trennungen nimmt deutlich zu. Stete Zeilensprünge beim Lesen verhindern einen angenehmen Lesefluß.

Daraus sind folgende Rückschlüsse zu ziehen:

Die untere Grenze der Zeichen pro Zeile im **Blocksatz** liegt bei etwa 35 Zeichen, die obere bei 60. Bei Zeileninhalten unter 35 Zeichen sollte **Flattersatz** verwendet werden.

Zu dieser Aussage sei angemerkt, daß es von der Art der Drucksache abhängt, welches die ideale Zeilenbreite ist. Dazu zwei Beispiele:
Für ein schöngeistiges Buch ist ein Zeileninhalt um 55 Zeichen als ideal zu bezeichnen. Der Grund: Größere, aber trotzdem überschaubare Zeileninhalte werden intensiver gelesen; der Lesefluß wird weniger durch Zeilensprünge unterbrochen.
Für Zeitungen und Zeitschriften dagegen liegt der ideale Zeileninhalt um 45 Zeichen. Diese Druckobjekte werden aus Lesersicht eher »überflogen«. Der Inhalt einer Zeile muß schneller wahrgenommen werden können.
Das Thema Blocksatz oder Flattersatz wird im Kapitel 7 ausführlich behandelt.

Ein weiteres wichtiges Kriterium für die Bestimmung der Zeilenbreite und somit des Zeileninhalts ist neben der Schriftgröße auch die Schriftart, denn alle Schriften haben einen unterschiedlichen Verlauf. Das wird in der nebenstehenden Abbildung 6.13 verdeutlicht, in der verschiedene Schriften, jeweils im 12-Punkt-Schriftgrad, gegenübergestellt werden.

Abbildung 6.13
Verlauf
unterschiedlicher Schriften

Es gibt kaum Berufszweige, die von der rasanten Entwicklung der Computer verschont geblieben sind. Das gilt für alle Schriftsetzer und auch für Reprophotographen, zwei kreativen Berufen der

Es gibt kaum Berufszweige, die von der rasanten Entwicklung der Computer verschont geblieben sind. Das gilt für alle Schriftsetzer und auch für Reprophotographen, zwei kreativen Berufen der

Es gibt kaum Berufszweige, die von der rasanten Entwicklung der Computer verschont geblieben sind. Das gilt für alle Schriftsetzer und auch für Reprophotographen, zwei kreativen Berufen der

Es gibt kaum Berufszweige, die von der rasanten Entwicklung der Computer verschont geblieben sind. Das gilt für alle Schriftsetzer und auch für Reprophotographen, zwei kreativen Berufen der

Es gibt kaum Berufszweige, die von der rasanten Entwicklung der Computer verschont geblieben sind. Das gilt für alle Schriftsetzer und auch für Reprophotographen, zwei kreativen Berufen der

Von oben nach unten:
Palatino,
Garamond,
Trump-Mediäval,
Times,
Bookman

Um den idealen Zeileninhalt zu finden, kann die Empfehlung nur lauten:

Nach der Entscheidung für eine Schriftart und für einen Schriftgrad sollte ein Probesatz vor endgültigem Festlegen der Zeilenbreite Aufschluß über den Zeileninhalt geben.

Dabei spielt noch ein weiterer wichtiger Faktor eine mitentscheidende Rolle, nämlich der Zeilenabstand.

Bestimmen des Zeilenabstands

Zeilenabstand ist die Distanz zwischen der Unterkante der Vorzeile bis zur Oberkante der Folgezeile (Abbildung 6.14). Sie wurde in der Bleisatztechnologie auch als **Durchschuß** bezeichnet und mit **Regletten** unterschiedlicher Stärke, die man zwischen die Zeilen legte, realisiert.
Mit der Einführung des rechnergesteuerten Satzes wurde die Gestaltungseinheit Zeilenabstand um den Begriff **Zeilenvorschub** aus programmtechnischen Gründen erweitert.

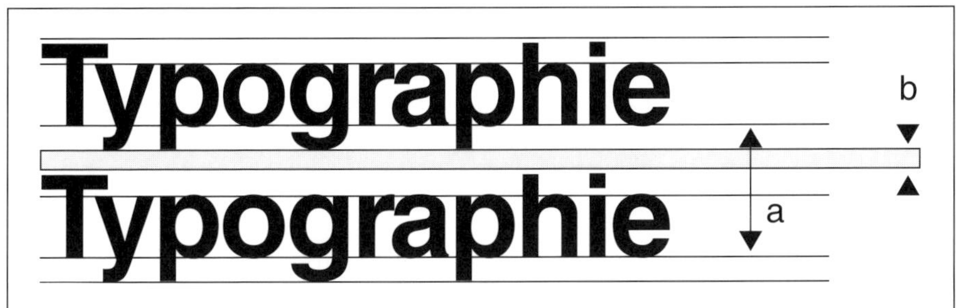

Abbildung 6.14
Darstellung
von Zeilenvorschub (a)
und Zeilenabstand (b)

Wie in Abbildung 6.14 zu erkennen ist, beinhaltet der Zeilenvorschub den Zeilenabstand. Der Zeilenvorschub besteht folglich aus Schriftgrad plus Zeilenabstand.
Ausgangspunkt für die Errechnung des Zeilenvorschubs durch ein Satzprogramm ist die Schriftgrundlinie. Der Grund: Die Position der Schriftgrundlinie ist durch das Verhältnis von Oberhöhe zu Unterlänge (72:28, vgl. Abbildung 5.21) genau definiert. Die Distanz zur nächsten Zeile kann somit eindeutig aufgrund des aktuellen Schriftgrades plus Zeilenabstand errechnet und auch nachgemessen werden.
Zur eindeutigen Verständigung hat sich nebenstehende Formel in der Praxis bewährt:

12/14

In der ersten Zahl vor dem Schrägstrich wird die Schriftgröße genannt, in der zweiten der Zeilenvorschub. Die Differenz zwischen beiden Angaben ist der Zeilenabstand.

Im obigen Beispiel beträgt folglich die Schriftgröße 12 Punkt und der Zeilenvorschub 14 Punkt, die Differenz macht den Zeilenabstand von 2 Punkten aus.
Generell gilt: Schließen Zeilen mit der Unterkante der Vorzeile und der Oberkante der Folgezeile direkt aneinander an – wenn also der Zeilenabstand gleich Null ist – so bezeichnet man diesen Zustand als **kompreß**. Das Gegenteil dazu ist **splendid**, d. h. zwischen den Zeilen ist ein Abstand vorhanden, von dessen Quantisierung nachfolgend die Rede sein wird.

Grundsätzlich gilt: Die Auswahl des richtigen Zeilenabstands steht in engem Zusammenhang mit der Zeilenbreite und mit dem optischen Erscheinungsbild einer Schrift.

Wie die Zeilenbreite den Zeilenabstand optisch beeinflussen kann, ist den Abbildungen 6.15 bis 6.17 zu entnehmen. Darin sind jeweils auf der linken Seite drei Zeilenbreiten mit gleichem Schriftgrad (9 Punkt) und gleichem Zeilenvorschub (10 Punkt) dargestellt. Der Vergleich zeigt: Je geringer der Zeileninhalt, um so größer wirkt bei gleichbleibendem Schriftgrad und Vorschub der optische Zeilenabstand (vergleiche auch Abbildungen 6.10 bis 6.12). Dieses optische Phänomen ist daraus abzuleiten, daß bei kleineren Zeilenbreiten die Wortabstände größer werden. Daraus ist folgende Regel abzuleiten:

Je größer die Zeilenbreite, um so größer muß der Zeilenabstand eingerichtet werden.

Dieser Regel entsprechend, wurden die Zeilenabstände auf der rechten Seite der Abbildungen 6.15 und 6.17 geringfügig verkleinert bzw. vergrößert. Sie wirken nun im Vergleich angepaßt, der **Grauwert** ist einheitlich.

Abbildung 6.15
Zeilenbreite 35 Zeichen,
links 9/10 Punkt,
rechts 9/9,5 Punkt

Es gibt kaum Berufszweige, die von der rasanten Entwicklung der Computertechnik verschont geblieben sind. Das gilt auch für Schriftsetzer und Reprophotographen, zwei kreativen Berufen der Druckindustrie, die sich mit der Text- bzw. Bildgestaltung auseinanderzusetzen haben. Mit der Entwicklung der »Personal Computer«	Es gibt kaum Berufszweige, die von der rasanten Entwicklung der Computertechnik verschont geblieben sind. Das gilt auch für Schriftsetzer und Reprophotographen, zwei kreativen Berufen der Druckindustrie, die sich mit der Text- bzw. Bildgestaltung auseinanderzusetzen haben. Mit der Entwicklung der »Personal Computer«

Abbildung 6.16
Zeilenbreite 45 Zeichen,
links und rechts
9/10 Punkt

Es gibt kaum Berufszweige, die von der rasanten Entwicklung der Computertechnik verschont geblieben sind. Das gilt auch für Schriftsetzer und Reprophotographen, zwei kreativen Berufen der Druckindustrie, die sich mit der Text- bzw. Bildgestaltung auseinanderzusetzen haben. Mit der Entwicklung der »Personal Computer« (PC) wurden Werkzeuge geschaffen, die Text- und Bildbearbeitung auf klein-	Es gibt kaum Berufszweige, die von der rasanten Entwicklung der Computertechnik verschont geblieben sind. Das gilt auch für Schriftsetzer und Reprophotographen, zwei kreativen Berufen der Druckindustrie, die sich mit der Text- bzw. Bildgestaltung auseinanderzusetzen haben. Mit der Entwicklung der »Personal Computer« (PC) wurden Werkzeuge geschaffen, die Text- und Bildbearbeitung auf klein

Abbildung 6.17
Zeilenbreite 55 Zeichen,
links 9/10 Punkt,
rechts 9/10,5 Punkt

Es gibt kaum Berufszweige, die von der rasanten Entwicklung der Computertechnik verschont geblieben sind. Das gilt auch für Schriftsetzer und Reprophotographen, zwei kreativen Berufen der Druckindustrie, die sich mit der Text- bzw. Bildgestaltung auseinanderzusetzen haben. Mit der Entwicklung der »Personal Computer« (PC) wurden Werkzeuge geschaffen, die Text- und Bildbearbeitung auf kleinstem Raum ermöglichen, wobei der Kreativität (fast) keine Grenzen mehr gesetzt sind. Die Druckerei, Setzerei und	Es gibt kaum Berufszweige, die von der rasanten Entwicklung der Computertechnik verschont geblieben sind. Das gilt auch für Schriftsetzer und Reprophotographen, zwei kreativen Berufen der Druckindustrie, die sich mit der Text- bzw. Bildgestaltung auseinanderzusetzen haben. Mit der Entwicklung der »Personal Computer« (PC) wurden Werkzeuge geschaffen, die Text- und Bildbearbeitung auf kleinstem Raum ermöglichen, wobei der Kreativität (fast) keine

Die zweite Regel ist aus dem Erscheinungsbild einer Schrift abzuleiten. Wenn man die verschiedenen Schriften in der Abbildung 6.13 miteinander vergleicht, so stellt man fest, daß die Zeilenabstände trotz gleichen Schriftgrads und Zeilenabstands unterschiedlich groß wirken. Der Grund dafür sind die unterschiedlich hohen Mittellängen.
Das wirkt sich auch im direktem Vergleich der drei serifenlosen Schriften Futura, Helvetica und der Avant Garde aus (Abbildung 6.18). Die Futura hat eine sehr niedrige Mittellänge, die Helvetica eine als normal zu bezeichnende und die Avant Garde eine sehr hohe. Der Vergleich der in Abbildung 6.18 dargestellten Schriften läßt den Eindruck entstehen, als wenn die Futura bereits mit optimalem Zeilenabstand versehen ist, während die Helvetica und die Avant Garde zu wenig Zeilenabstand aufweisen.

Es gibt kaum Berufszweige, die von der rasanten Entwicklung der Computer verschont geblieben sind. Das gilt für alle Schriftsetzer und auch für Reprophotographen, zwei kreativen Berufen der

Es gibt kaum Berufszweige, die von der rasanten Entwicklung der Computer verschont geblieben sind. Das gilt für alle Schriftsetzer und auch für Reprophotographen, zwei kreativen Berufen der

Es gibt kaum Berufszweige, die von der rasanten Entwicklung der Computer verschont geblieben sind. Das gilt für alle Schriftsetzer und auch für Reprophotographen, zwei kreativen Berufen der

Abbildung 6.18
Vergleich der Mittellängen zwischen Futura (oben), Helvetica (Mitte) und Avant Garde (unten) mit jeweils 45 Zeichen Zeileninhalt

Dieser optische Effekt ergibt sich aufgrund der unterschiedlich hohen Mittellängen. Daraus ist zu schließen:

Basis für die Festlegung des Zeilenabstands der Grundschrift eines Druckobjekts ist die Höhe der Mittellänge der ausgewählten Grundschrift.

Die Höhe der Mittellänge ist das Maß, das bei einer Zeilenbreite von etwa 45 Zeichen den optischen Abstand der Zeilen bestimmen soll. Daraus läßt sich folgende Hauptregel ableiten:

Der optische Raum zwischen den Zeilen soll so bemessen sein, daß er bei 45 Zeichen Zeileninhalt der Höhe der Mittellängen der verwendeten Schriftart und -größe entspricht.

In den Abbildungen 6.15 bis 6.17 ist diese Regel angewandt. In Abbildung 6.16 wurde der optimale Zeilenabstand bezogen auf 45 Zeichen Zeileninhalt ermittelt, bei 35 Zeichen reduziert, bei 55 Zeichen vergrößert. Das »Wieviel« ist nicht mathematisch zu beschreiben, sondern nach optischem Eindruck festzulegen.

Abbildung 6.19
Die Mittellängen einer Schrift dominieren optisch

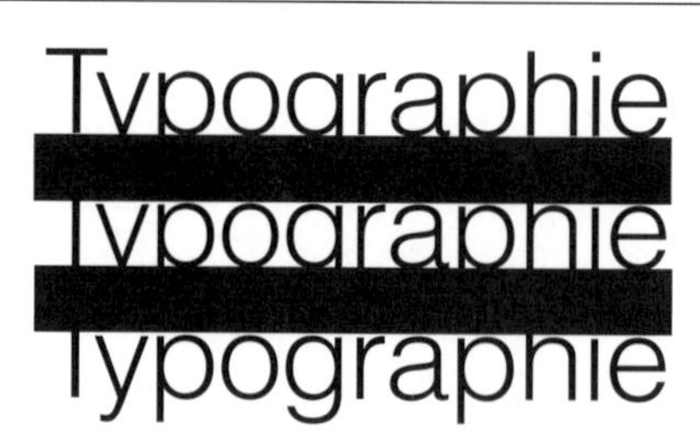

Abbildung 6.20
Die Mittellänge als Zeilenabstand

Typographie
Typographie
Typographie

Abbildung 6.21
Das Ergebnis

In den obigen Abbildungen ist die beschriebene Regel prinzipiell in ihren Phasen verdeutlicht.
In Abbildung 6.19 ist die Mittellänge der Zeilen angezeigt. Wie deutlich zu erkennen ist, beeinflussen die wenigen Ober- und Unterlängen das optische Bild der Schrift kaum.
Die sich aus der Höhe der Mittellängen ergebende Distanz ist in Abbildung 6.20 als Zeilenabstand übernommen worden. Das Ergebnis wird in Abbildung 6.21 gezeigt.

In der Abbildung 6.22 sind die beiden serifenlosen Antiqua-Schriften Futura und Helvetica konkret gegenübergestellt. Wie zu sehen, ergibt sich eine deutliche Differenz der Mittellängen. Wie sich das im laufenden Text auswirkt, wird in Abbildung 6.23 dargestellt. Darin sind Texte aus beiden Schriften aus einem 10-Punkt-Schriftgrad mit unterschiedlichen Zeilenabständen zum Vergleich gegenübergestellt.
Die kompresse Version ist in beiden Schriften nicht akzeptabel, weil sich Ober- und Unterlängen berühren, ebensowenig wie die 10/12,5-Punkt-Version, weil die Zeilen auseinanderfallen. Der ideale **Grauwert** und somit auch der zu akzeptierende Zeilenabstand ist in den gekennzeichneten Versionen festzustellen.

Abbildung 6.22
Gegenüberstellung der Mittellängen von Futura und Helvetica, exakt zu messen mit den Buchstaben »mir«

Abbildung 6.23
Gegenüberstellung des Zeilenabstands von Futura und Helvetica

Futura	Helvetica	
Es gibt kaum Berufszweige, die von der rasanten Entwicklung der Computer verschont geblieben sind. Das gilt sowohl für Schriftsetzer als auch für Reprophotographen, zwei kreativen Berufen der Druckindustrie, die sich	Es gibt kaum Berufszweige, die von der rasanten Entwicklung der Computer verschont geblieben sind. Das gilt sowohl für Schriftsetzer als auch für Reprophotographen, zwei kreativen Berufen der Druckindustrie, die	10/10 Punkt (kompreß)
Es gibt kaum Berufszweige, die von der rasanten Entwicklung der Computer verschont geblieben sind. Das gilt sowohl für Schriftsetzer als auch für Reprophotographen, zwei kreativen Berufen der Druckindustrie, die sich ✓	Es gibt kaum Berufszweige, die von der rasanten Entwicklung der Computer verschont geblieben sind. Das gilt sowohl für Schriftsetzer als auch für Reprophotographen, zwei kreativen Berufen der Druckindustrie, die	10/10,5 Punkt
Es gibt kaum Berufszweige, die von der rasanten Entwicklung der Computer verschont geblieben sind. Das gilt sowohl für Schriftsetzer als auch für Reprophotographen, zwei kreativen Berufen der Druckindustrie, die sich ✓	Es gibt kaum Berufszweige, die von der rasanten Entwicklung der Computer verschont geblieben sind. Das gilt sowohl für Schriftsetzer als auch für Reprophotographen, zwei kreativen Berufen der Druckindustrie, die	10/11 Punkt
Es gibt kaum Berufszweige, die von der rasanten Entwicklung der Computer verschont geblieben sind. Das gilt sowohl für Schriftsetzer als auch für Reprophotographen, zwei kreativen Berufen der Druckindustrie, die sich	Es gibt kaum Berufszweige, die von der rasanten Entwicklung der Computer verschont geblieben sind. Das gilt sowohl für Schriftsetzer als auch für Reprophotographen, zwei kreativen Berufen der Druckindustrie, die ✓	10/11,5 Punkt
Es gibt kaum Berufszweige, die von der rasanten Entwicklung der Computer verschont geblieben sind. Das gilt sowohl für Schriftsetzer als auch für Reprophotographen, zwei kreativen Berufen der Druckindustrie, die sich	Es gibt kaum Berufszweige, die von der rasanten Entwicklung der Computer verschont geblieben sind. Das gilt sowohl für Schriftsetzer als auch für Reprophotographen, zwei kreativen Berufen der Druckindustrie, die ✓	10/12 Punkt
Es gibt kaum Berufszweige, die von der rasanten Entwicklung der Computer verschont geblieben sind. Das gilt sowohl für Schriftsetzer als auch für Reprophotographen, zwei kreativen Berufen der Druckindustrie, die sich	Es gibt kaum Berufszweige, die von der rasanten Entwicklung der Computer verschont geblieben sind. Das gilt sowohl für Schriftsetzer als auch für Reprophotographen, zwei kreativen Berufen der Druckindustrie, die	10/12,5 Punkt

Der Grauwert, der sich bei 10/10,5 oder 10/11 Punkt in der Futura ergibt, ist vergleichbar mit 10/11,5 oder 10/12 Punkt bei der Helvetica (siehe ✓).
Mit der Markierung soll ebenfalls verdeutlicht werden, daß es durchaus einen Toleranzbereich gibt, der zu keiner Kritik Anlaß geben kann.
Wie die Abbildung 6.23 zeigt, spielen bei der Ermittlung des optimalen Zeilenabstands in Brotschriftgraden Abstufungen in Halbpunkten und darüber hinaus, bis zu Einzehntelpunkten, eine sehr große Rolle.

Abbildung 6.24
Gegenüberstellung des normalen und halbfetten Schnittes der Helvetica

	Normal	Halbfett
10/11 Punkt	Es gibt kaum Berufszweige, die von der rasanten Entwicklung der Computer verschont geblieben sind. Das gilt sowohl für Schriftsetzer als auch für Reprophotographen, zwei kreativen Berufen der Druckindustrie, die	**Es gibt kaum Berufszweige, die von der rasanten Entwicklung der Computer verschont geblieben sind. Das gilt sowohl für Schriftsetzer als auch für Reprophotographen, zwei kreativen Berufen**
10/11,5 Punkt	Es gibt kaum Berufszweige, die von der rasanten Entwicklung der Computer verschont geblieben sind. Das gilt sowohl für Schriftsetzer als auch für Reprophotographen, zwei kreativen Berufen der Druckindustrie, die	**Es gibt kaum Berufszweige, die von der rasanten Entwicklung der Computer verschont geblieben sind. Das gilt sowohl für Schriftsetzer als auch für Reprophotographen, zwei kreativen Berufen** ✓
10/12 Punkt	Es gibt kaum Berufszweige, die von der rasanten Entwicklung der Computer verschont geblieben sind. Das gilt sowohl für Schriftsetzer als auch für Reprophotographen, zwei kreativen Berufen der Druckindustrie, die ✓	**Es gibt kaum Berufszweige, die von der rasanten Entwicklung der Computer verschont geblieben sind. Das gilt sowohl für Schriftsetzer als auch für Reprophotographen, zwei kreativen Berufen**

In Abbildung 6.24 wird das Verhältnis des Zeilenabstands von normalen gegenüber fetteren Schriftschnitten dargestellt. Es ist festzustellen: Gegenüber 10/12 Punkt in der normalen Version, fällt das Schriftbild im halbfetten Schnitt bei gleichem Zeilenabstand optisch auseinander. Das bedeutet:

In der fetteren Version einer Schrift muß der Zeilenabstand gegenüber einer mageren Version geringfügig verringert werden.

Dazu ist ein Zusammenhang festzuhalten: Was in horizontaler Richtung mit dem Wortzwischenraum (siehe Abbildung 5.51) zu regeln ist, wird in vertikaler Richtung mit dem Zeilenabstand eingerichtet. Man kann es auch deutlicher formulieren: Wortzwischenraum und Zeilenabstand stehen in ganz enger Beziehung zueinander; sie müssen aufeinander abgestimmt sein, um einen optimalen **Grauwert** des Textes zu erzielen. Er kann mit folgender Formel erreicht werden:

Idealer Grauwert und somit optimale Lesbarkeit liegen dann vor, wenn Schriftart und damit verbunden das Schriftbild, Zeilenbreite, Zeilenabstand und Wortzwischenraum optimal aufeinander abgestimmt sind.

Wie mit einem falsch eingestellten Zeilenabstand der Grauwert fehlgestaltet werden kann, wird in Abbildung 6.25 gezeigt:

Abbildung 6.25
Darstellung des Grauwerts
beeinflußt durch den Zeilenabstand

Zum **Grauwert** sei gesagt, daß dieser in engem Zusammenhang mit dem Zeilenabstand steht. Ist der Zeilenabstand zu gering, so wirkt das Schriftbild des Textes dunkel, ist er zu groß, so wirkt das Schriftbild hell. Beide Varianten sind optisch unangenehm. Daraus ist zu schließen: Idealer Grauwert und somit angenehme Lesbarkeit liegen dann vor, wenn die Schriftart, die Zeilenbreite, der Zeilenabstand und der Wortzwischenraum optimal aufeinander abgestimmt sind.

12/12 Punkt Palatino (kompreß).
Der Grauwert des Schriftbildes ist zu dunkel

Zum **Grauwert** sei gesagt, daß dieser in engem Zusammenhang mit dem Zeilenabstand steht. Ist der Zeilenabstand zu gering, so wirkt das Schriftbild des Textes dunkel, ist er zu groß, so wirkt das Schriftbild hell. Beide Varianten sind optisch unangenehm. Daraus ist zu schließen: Idealer Grauwert und somit angenehme Lesbarkeit liegen dann vor, wenn die Schriftart, die Zeilenbreite, der Zeilenabstand und der Wortzwischenraum optimal aufeinander abgestimmt sind.

12/13 Punkt.
Der Grauwert des Schriftbildes ist eher zu dunkel

Zum **Grauwert** sei gesagt, daß dieser in engem Zusammenhang mit dem Zeilenabstand steht. Ist der Zeilenabstand zu gering, so wirkt das Schriftbild des Textes dunkel, ist er zu groß, so wirkt das Schriftbild hell. Beide Varianten sind optisch unangenehm. Daraus ist zu schließen: Idealer Grauwert und somit angenehme Lesbarkeit liegen dann vor, wenn die Schriftart, die Zeilenbreite, der Zeilenabstand und der Wortzwischenraum optimal aufeinander abgestimmt sind.

12/14 Punkt.
Der Grauwert des Schriftbildes ist ideal

Zum **Grauwert** sei gesagt, daß dieser in engem Zusammenhang mit dem Zeilenabstand steht. Ist der Zeilenabstand zu gering, so wirkt das Schriftbild des Textes dunkel, ist er zu groß, so wirkt das Schriftbild hell. Beide Varianten sind optisch unangenehm. Daraus ist zu schließen: Idealer Grauwert und somit angenehme Lesbarkeit liegen dann vor, wenn die Schriftart, die Zeilenbreite, der Zeilenabstand und der Wortzwischenraum optimal aufeinander abgestimmt sind.

12/15 Punkt.
Der Grauwert des Schriftbildes ist eher zu hell

Zum **Grauwert** sei gesagt, daß dieser in engem Zusammenhang mit dem Zeilenabstand steht. Ist der Zeilenabstand zu gering, so wirkt das Schriftbild des Textes dunkel, ist er zu groß, so wirkt das Schriftbild hell. Beide Varianten sind optisch unangenehm. Daraus ist zu schließen: Idealer Grauwert und somit angenehme Lesbarkeit liegen dann vor, wenn die Schriftart, die Zeilenbreite, der Zeilenabstand und der Wortzwischenraum optimal aufeinander abgestimmt sind.

12/16 Punkt.
Der Grauwert des Schriftbildes ist zu hell

Bisher war immer nur von einem Zeilenvorschub gleich oder größer des Schriftgrades die Rede. Es gibt aber auch die Möglichkeit den Zeilenvorschub kleiner als den Schiftgrad zu gestalten. Bei diesem Vorgang werden die Zeilen praktisch ineinandergestellt.
Diese Möglichkeit sollte auf gar keinen Fall für den Grundtext eines Druckobjekts angewendet werden, denn er wird schwer lesbar, wie das nachfolgende Beispiel zeigt.

Abbildung 6.26
Negativer Zeilenabstand (Zeilenvorschub kleiner als Schriftgrad) in der Grundschrift ist unzulässig, weil schwer lesbar

Bisher war immer nur von einem Zeilenvorschub gleich oder größer des Schriftgrades die Rede. Es gibt aber auch die Möglichkeit den Zeilenvorschub kleiner als den Schiftgrad zu gestalten. Bei diesem Vorgang werden die Zeilen praktisch ineinandergestellt.
Diese Möglichkeit sollte auf gar keinen Fall für den Grundtext eines Druckobjekts angewendet werden, denn er wird schwer lesbar, wie dieses Beispiel zeigt.

Die Anwendung des »**negativen Zeilenabstand**« darf deshalb nur für Überschriften verwendet werden, wenn große Schriftgrade in mehreren Zeilen hintereinanderstehen. Beispiele dafür werden im Kapitel 9 gezeigt.

Zeilenaufbau und Satzarten

7

Zeilenaufbau und **Ausschließen** stehen in engem Zusammenhang. Während bei linksbündig, rechtsbündig und zur Mitte angeordneten Zeilen die Wortzwischenräume gleichbleiben, wird im Blocksatz die Zeilenbreite durch Variieren der Wortabstände erreicht; es wird auf Zeilenbreite ausgeschlossen.
Für das Variieren der Wortzwischenräume beim Ausschließen von Blocksatz gibt es satztechnische Regeln, auf die nachfolgend eingegangen werden soll.
Grundsätzlich wird der Ausschließvorgang durch Überschreiten der Zeilenbreite eingeleitet. Dabei können folgende drei Reaktionen eines Satzprogrammes ausgelöst werden:

Das Aus kam in der letzten Runde, die

Das Aus kam in der letzten Runde, die

Abbildung 7.1

Variante 1: Der Zeilenüberlauf entsteht durch ein kurzes Wort, das durch **Verringern** der Wortzwischenräume bis zu einem vorgegebenen Minimum erreicht werden kann (vgl. Abbildungen 5.44 bis 5.47).

Das Ergebnis sind Wortzwischenräume, die kleiner als der normale Wortzwischenraum sind.

Das Aus kam in der letzten Runde, dabei

Das Aus kam in der letzten Runde, da-

bei

Abbildung 7.2

Variante 2: Der Zeilenüberlauf entsteht durch ein Wort, das nicht vollständig in die laufende Zeile hineinpaßt, aber getrennt werden kann. Wenn die günstigste Trennstelle gefunden wurde, so wird ein Teil in die laufende und der andere in die folgende Zeile übernommen.

Das Ergebnis sind Wortzwischenräume, die kleiner oder größer als der normale Wortzwischenraum sein können, weil das Trenn-Divis zusätzlich in die Zeile eingebracht werden muß.

Abbildung 7.3

Das Aus kam in der letzten Runde, schon

Das Aus kam in der letzten Runde,

schon

Variante 3: Der Zeilenüberlauf entsteht durch ein Wort, das nicht getrennt werden kann. In diesem Fall wird das gesamte Wort in die folgende Zeile übernommen.

Das Ergebnis sind Wortzwischenräume, die größer als ein normaler Wortzwischenraum sein müssen.

Dabei passiert etwas, was einem Typographen nicht recht sein kann, aber trotzdem bei Verwendung von Blocksatz akzeptiert werden muß: Die Wortzwischenräume werden durch **Erweitern** erreicht.
Wie in diesem Beispiel zu sehen, bedeutet das immer Qualitätsverlust, dem man ohne Veränderung des Textes kaum entgegensteuern kann, denn der Verlauf des Textes ist rein zufällig.

Um Wortzwischenräume innerhalb einer Zeile optisch gleich zu halten, soll im idealen Fall beim **Verringern** folgende Reihenfolge eingehalten werden:

- Hinter Kommas, weil sie viel optisch freien Raum innerhalb einer Zeile erzeugen,
- vor Großbuchstaben, die vorne viel optisch freien Raum erzeugen, wie A, J, T, V, W und Y,
- vor Großbuchstaben, die vorne Rundungen aufweisen, wie C, G, O und Q,
- hinter dem Kleinbuchstaben r, weil er optisch hinten viel freien Raum aufweist,
- vor oder hinter Kleinbuchstaben mit Oberlängen,
- vor bzw. auch hinter Kleinbuchstaben mit Mittel- und Unterlängen, die optisch viel freien Raum aufweisen, wie v oder w,
- vor oder hinter Kleinbuchstaben mit Mittel- und Unterlängen ohne optisch freien Raum,
- hinter Doppelpunkt und Semikolon,
- hinter satzschließenden Interpunktionszeichen (Punkt, Ausrufezeichen, Fragezeichen).

2 6 7 5 3 4 1

Das Aus kam in der letzten Runde, wobei
Das Aus kam in der letzten Runde, wobei
Das Aus kam in der letzten Runde, wobei
Das Aus kam in der letzten Runde, wobei
Das Aus kam in der letzten Runde, wobei
Das Aus kam in der letzten Runde, wobei

Abbildung 7.4

Diese Thesen sollen am obigen Beispiel vertieft werden: Hinter dem Komma (1) kann aus zwei Gründen verringert werden: Erstens weil es der Regel entspricht und zweitens, weil das »w« Fleisch aufweist. Falls erforderlich, könnte man sogar ohne Wortzwischenraum auskommen, weil der Raum optisch noch groß genug ist.
Die Reihenfolge (5) und (6) kommt deshalb zustande, weil das »d« eine Rundung aufweist, die optisch größer wirkt, als die Senkrechte des »k«.
Bei (7) ist in diesem Falle der Wortzwischenraum unverändert geblieben, was dem Satzbild sehr gut tut, denn zwischen zwei Buchstaben ohne Ober- und Unterlänge wirkt der Raum optisch am kleinsten.

Das Gegenteil zum Verringern ist das **Erweitern**. Erweitern wird ausgelöst, wenn das letzte Wort – oder auch die letzte Silbe – nach einem Verringerungsversuch bis zum vorgegebenen minimalen Wortzwischenraum nicht in die Zeile hineinpaßt und folglich in die nächste Zeile übernommen werden muß.
Bei der Erweiterung von Wortzwischenräumen muß logischerweise die entgegengesetzte Reihenfolge gegenüber dem Verringern eingehalten werden.

Realistisch betrachtet kommen die Regeln des Verringerns und Erweiterns von Wortzwischenräumen im Textbereich in der Praxis kaum zur Anwendung, denn nur wenige Satzprogramme verfahren nach diesen Ausschließregeln.
Es wäre sicherlich nicht mit wirtschaftlichen Gesichtspunkten vereinbar, mehrere oder auch viele durch ein Satzprogramm ausgeschlossene Zeilen, manuell den Regeln entsprechend nachzubessern; der Aufwand wäre zu groß.
Ein Typograph sollte jedoch die Ausschließregeln dort anwenden, wo sie am meisten auffallen und ein manueller Eingriff ohne großen Zeitaufwand möglich ist, nämlich in Überschriften (siehe Kapitel 9).

Deshalb: Die genannten Ausschließregeln muß jeder Typograph beherrschen, um sie im Überschriftenbereich oder bei geringen Textmengen auch anzuwenden; sie sind ein wichtiger Beitrag zur Herstellung von Qualitätssatz.

Es ist mög-
lich, daß ein
Wort nicht in
die gleiche
Z e i l e •
h i n e i n p a ß t. •
Für diesen
Fall wird die
b e t r e f f e n d e •
Zeile automa-
tisch gesperrt.

Abbildung 7.5 Letterspacing, bedeutet automatisches Sperren von Zeichen

Gegen die Qualität ist nach europäischer Auffassung eine Form des Ausschließens gerichtet, die überwiegend im amerikanischen Raum Anwendung findet: **Letterspacing**.
Das Verfahren: Im schmalformatigen Blocksatz ist es immer möglich, daß aufgrund des Zeilenfalls ein langes Wort am Anfang einer Zeile plaziert wird und das nächste Wort bzw. die erste Silbe des nächsten Wortes nicht mehr in die betreffende Zeile hineinpaßt. In diesem Falle wird diese Zeile automatisch auf die eingestellte Spaltenbreite gesperrt. Wie die Abbildung 7.5 zeigt, ist es dabei durchaus möglich, daß sogar mit unterschiedlichen Werten gesperrt wird.
Kurzum: Aus typographischer Sicht ist diese Form des Ausschließens abzulehnen. Die Alternative dazu wäre Vermeidung des Schmalsatzes oder Flattersatz.

Wenn anfangs dieses Kapitels gesagt wurde, daß Zeilenaufbau und Ausschließen in engem Zusammenhang stehen, so muß man auch die verschiedenen Satzarten darin einbeziehen, wobei jede Satzart andere Anforderungen an den Ausschließvorgang stellt. Das wird im folgenden Abschnitt verdeutlicht.

Blocksatz mit und ohne Randausgleich

Als Blocksatz bezeichnet man solche Texte, die auf die gesamte eingestellte Zeilenbreite ausgeschlossen werden.
Damit ist auch das Stichwort gefallen, das im wesentlichen darüber entscheidet, ob Blocksatz oder Flattersatz verwendet werden soll: Die Zeilenbreite in Verbindung mit der Anzahl von Zeichen in der Zeile (vgl. Abbildungen 6.7 bis 6.12).
Für die Anwendung von Blocksatz gilt daran anknüpfend folgende Regel:

Die Zeile sollte zwischen 35 bis 55 Zeichen, höchstens jedoch 60 Zeichen enthalten.

Über den Nachteil von Blocksatz wurde bereits im Abschnitt »Wortzwischenraum« gesprochen: Die Wortzwischenräume sind nicht konstant. Das macht sich um so mehr bemerkbar, je weniger Wörter sich in der Zeile befinden.
Ungeachtet dieser Tatsache soll aber auch gleich der wesentliche Vorteil erwähnt werden: Blocksatz vermittelt trotz unterschiedlicher Wortzwischenräume durch das in sich geschlossen wirkende Satzbild Ruhe und Ausgeglichenheit beim Lesen, wirkt sich also beim Lesevorgang positiv aus.

Um diese Aussage zu bekräftigen, wird dieser Absatz vergleichsweise im linksbündigen Flattersatz-Modus gesetzt, und zwar mit Einschaltung der Silbentrennung. Wie deutlich nachzuvollziehen ist, strahlt Flattersatz auf diese Zeilenbreite trotz gleichmäßiger Wortzwischenräume eher Unruhe aus. Dieser Effekt macht sich um so mehr bemerkbar, je mehr Zeilen untereinander stehen. Dem Befürworter von Flattersatz »um jedem Preis« sei empfohlen, sich den Text einer Zeitung oder eines schöngeistigen Buches im Flattersatz vorzustellen; es würde den Lesevorgang erheblich erschweren.

Wie die beiden vorigen Absätze zeigen, besteht grundsätzlich bei Zeileninhalten ab 35 Zeichen aus besagten Gründen keine Veranlassung vom Blocksatz abzuweichen, vor allen Dingen nicht bei Mengentexten. Es sollte nur gewährleistet sein, daß der durchschnittliche Wortzwischenraum etwa der Breite eines »i« entspricht.
Blocksatz ist für die Anwendung unproblematisch, weil nur in wenigen Fällen, wenn die Wortzwischenräume augenscheinlich zu groß geraten sind, nachgebessert werden muß. Welche Probleme sich vergleichsweise im Flattersatz ergeben, wird im nächsten Abschnitt anhand von Beispielen erläutert.

Es gibt kaum Berufszweige, die von der rasanten Entwicklung der Computertechnik verschont geblieben sind. Das gilt auch für Schriftsetzer und Reprophotographen, zwei kreativen Berufen der Druckindustrie, die sich mit der Text- bzw. Bildgestaltung auseinanderzusetzen haben.
Mit der Entwicklung der »Personal Computer« (PC) wurden Werkzeuge geschaffen, die Text- und Bildbearbeitung auf kleinstem Raum ermöglichen, wobei der Kreativität (fast) keine Grenzen mehr gesetzt sind. Die Druckerei, Setzerei und Reproanstalt auf dem Schreibtisch wurde durch die Zauberformel »Desktop Publishing«, abgekürzt DTP, zur Realität.
Ihr Interesse für Typographie läßt den Rückschluß zu, daß Sie sich mit dem Thema Gestaltung, eventuell sogar im Zusammenhang mit DTP, auseinanderzusetzen haben. Es wird folglich unterstellt, daß Ihnen die Bedienung der Hard- und Software bereits nahegebracht worden sind, Sie also mit dem Werkzeug umgehen können. Dieses Lehrbuch enthält deshalb keinerlei Bedienungsanweisungen für irgendein Gestaltungssystems, sondern ausschließlich systemneutrale Gestaltungsregeln für Drucksachen jeder Art. Es werden fachliche Kenntnisse aus den Lehrberufen Schriftsetzer und Reprophotograph vermittelt, die bei allen gestalterischen Aufgaben beachtet werden sollten.

4

Es wird von Typographie und Satz, von Layout und Durchschuß, von Schriftart und Schriftschnitt, von Rasterpunkt und von Dichte die Rede sein. Von Begriffen also, die Sie vielleicht schon einmal gehört oder gelesen haben – vielleicht sogar in der Bedienungsanweisung Ihres DTP-Systems – aber nicht in das Thema einordnen konnten.
Apropos Typographie und Satz. Beide Begriffe werden gleich an dieser Stelle »unter die Lupe« genommen, denn sie werden uns als Leitworte durch das ganze Lehrbuch hindurch begleiten.
Beginnen wir mit der **Typographie**.
In einem Lexikon wird dieser Begriff so erläutert: »Typographie ist die Umwandlung eines geschriebenen Textes in einen gedruckten Text«. Dem ist im Prinzip nichts hinzuzufügen. Man kann es aber noch treffender sagen: »Typographie ist die Lehre des Gestaltens einer Drucksache, um eine optimale Lesbarkeit zu erzielen.«
Die Kunst dabei ist der Umgang mit den typographischen Gestaltungsmitteln Schrift, Linie, Fläche und Bild und ihre harmonische Anordnung auf einem ausgewählten Format.
Fachleute unterscheiden zwischen der **Mikrotypographie** und der **Makrotypographie**. Erstere beschreibt die Grundregeln für die Behandlung von schrift- bzw. textbezogenen Einheiten, wie den Buchstaben, das Wort, die Zeile oder den Absatz. Unter Makrotypographie ist demgegenüber der

5

Abbildung 7.6
Registerhaltiger Blocksatz
ohne Randausgleich

Blocksatz wirkt besonders formvollendet, wenn er mit Randausgleich gesetzt wird, weil er dann höchsten typographischen Ansprüchen gerecht wird. Wie sich Blocksatz ohne und mit Randausgleich auswirkt, wird in den Abbildungen 7.6 und 7.7 gegenübergestellt.
In Abbildung 7.6 ist zunächst normaler Blocksatz dargestellt. Betrachtet man ihn kritisch, so fällt auf, daß verschiedene Zeichen an der rechten Satzspiegelbegrenzung optische Lücken erzeugen. Zu diesen Zeichen gehören das Komma, der Punkt und das Divis.
Beim Blocksatz mit Randausgleich werden diese Lücken eliminiert, indem die lückenreißenden Zeichen aus dem Satzspiegel herausgestellt werden. Damit wird eine ausgewogene »optische Senkrechte« an der rechten Seite des Satzspiegels erreicht (Abbildung 7.7).
Wie deutlich zu erkennen ist, wirkt das Satzbild dadurch erheblich ruhiger und in sich geschlossener.

Es gibt kaum Berufszweige, die von der rasanten Entwicklung der Computertechnik verschont geblieben sind. Das gilt auch für Schriftsetzer und Reprophotographen, zwei kreativen Berufen der Druckindustrie, die sich mit der Text- bzw. Bildgestaltung auseinanderzusetzen haben.
Mit der Entwicklung der »Personal Computer« (PC) wurden Werkzeuge geschaffen, die Text- und Bildbearbeitung auf kleinstem Raum ermöglichen, wobei der Kreativität (fast) keine Grenzen mehr gesetzt sind. Die Druckerei, Setzerei und Reproanstalt auf dem Schreibtisch wurde durch die Zauberformel »Desktop Publishing«, abgekürzt DTP, zur Realität.
Ihr Interesse für Typographie läßt den Rückschluß zu, daß Sie sich mit dem Thema Gestaltung, eventuell sogar im Zusammenhang mit DTP, auseinanderzusetzen haben. Es wird folglich unterstellt, daß Ihnen die Bedienung der Hard- und Software bereits nahegebracht worden sind, Sie also mit dem Werkzeug umgehen können. Dieses Lehrbuch enthält deshalb keinerlei Bedienungsanweisungen für irgendein Gestaltungssystems, sondern ausschließlich systemneutrale Gestaltungsregeln für Drucksachen jeder Art. Es werden fachliche Kenntnisse aus den Lehrberufen Schriftsetzer und Reprophotograph vermittelt, die bei allen gestalterischen Aufgaben beachtet werden sollten.

4

Es wird von Typographie und Satz, von Layout und Durchschuß, von Schriftart und Schriftschnitt, von Rasterpunkt und von Dichte die Rede sein. Von Begriffen also, die Sie vielleicht schon einmal gehört oder gelesen haben – vielleicht sogar in der Bedienungsanweisung Ihres DTP-Systems – aber nicht in das Thema einordnen konnten.
Apropos Typographie und Satz. Beide Begriffe werden gleich an dieser Stelle »unter die Lupe« genommen, denn sie werden uns als Leitworte durch das ganze Lehrbuch hindurch begleiten.
Beginnen wir mit der **Typographie**.
In einem Lexikon wird dieser Begriff so erläutert: »Typographie ist die Umwandlung eines geschriebenen Textes in einen gedruckten Text«. Dem ist im Prinzip nichts hinzuzufügen. Man kann es aber noch treffender sagen: »Typographie ist die Lehre des Gestaltens einer Drucksache, um eine optimale Lesbarkeit zu erzielen.«
Die Kunst dabei ist der Umgang mit den typographischen Gestaltungsmitteln Schrift, Linie, Fläche und Bild und ihre harmonische Anordnung auf einem ausgewählten Format.
Fachleute unterscheiden zwischen der **Mikrotypographie** und der **Makrotypographie**. Erstere beschreibt die Grundregeln für die Behandlung von schrift- bzw. textbezogenen Einheiten, wie den Buchstaben, das Wort, die Zeile oder den Absatz. Unter Makrotypographie ist demgegenüber der

5

Abbildung 7.7
Registerhaltiger Blocksatz
mit Randausgleich

Dazu sei erwähnt: Leider war mit dem Satzprogramm, mit dem dieses Lehrbuch gesetzt wurde, automatischer Randausgleich nicht realisierbar. Damit sei angedeutet: Falls ein Satzprogramm Blocksatz mit Randausgleich nicht automatisch durchführt, so ergeben sich bei Mengentexten wiederum wirtschaftliche Zwänge, denn ein manuelles Eingreifen ist aus zwei Gründen nicht empfehlenswert: Erstens ist der Zeitaufwand zu groß und zweitens müßte im Korrekturfalle, wenn Texte gestrichen oder hinzugefügt werden, der Aufwand nochmals betrieben werden.

Auf jeden Fall sollte es Anliegen eines Typographen sein, in repräsentativen Drucksachen mit wenig Text oder auf repräsentativen Seiten, beispielsweise dem Vorwort zu einer Drucksache, Blocksatz mit Randausgleich zu simulieren.

Blocksatz mit Randausgleich hat übrigens bereits Gutenberg in seiner 42zeiligen Bibel (siehe Abbildung 7.8) angewandt.

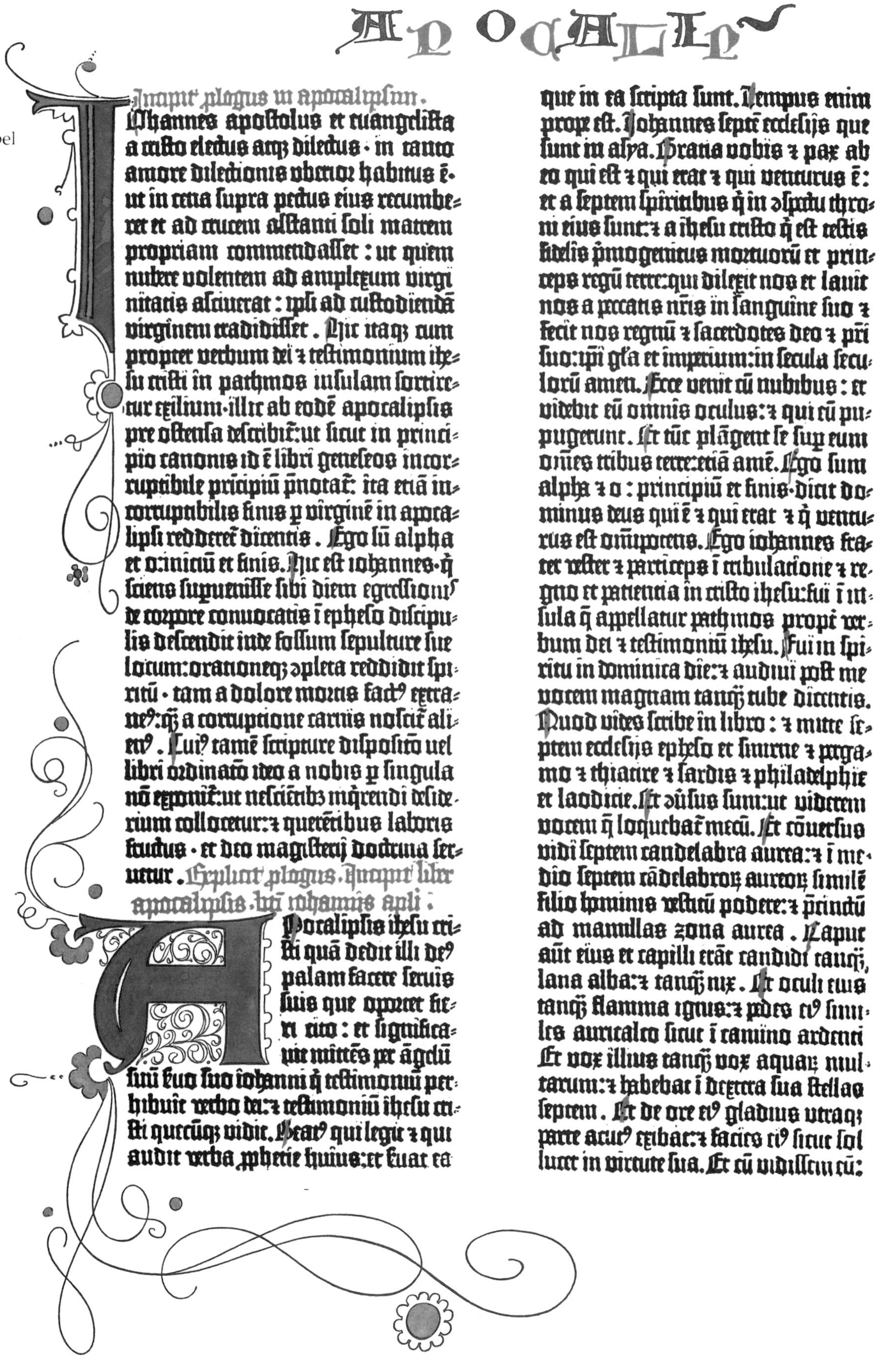

Abbildung 7.8
Seite
aus der 42zeiligen Bibel
Gutenbergs

Flattersatz und Rauhsatz

Stellt man Blocksatz und Flattersatz (Abbildung 7.9) gegenüber, so ist Blocksatz als ruhig und Flattersatz als eher dynamisch zu definieren. Vergleicht man das Graubild beider Satzarten, so ist kein wesentlicher Unterschied – auch aufgrund der unterschiedlichen Wortzwischenräume im Blocksatz – festzustellen. Es gibt also kein Argument, Flattersatz aus diesem Grunde bei Zeileninhalten zwischen 35 und 60 Zeichen zu bevorzugen.
Flattersatz ist insofern eine sensible Satzart, weil die Dynamik gewahrt werden muß.
Wenn mehrere Zeilen hintereinander einen **treppen**förmigen oder fast gleichen Verlauf nehmen, so ist das als langweilig und völlig »ohne Spannung« zu bezeichnen (siehe Kreise). Hier muß der Gestalter nachhelfen, um einen **dynamischen Zeilenfall** (siehe Quadrat) zu erreichen. Das bedeutet manuelle Nacharbeit. Dieser Aufwand kann meist nur bei geringen Textmengen, beispielsweise in **Bildtexten** oder in **Überschriften**, betrieben werden.

Abbildung 7.9
Registerhaltiger Flattersatz, wie er gegenüber dem Blocksatz vom Satzprogramm ausgeschlossen wird

Es wird von Typographie und Satz, von Layout und Durchschuß, von Schriftart und Schriftschnitt, von Rasterpunkt und von Dichte die Rede sein. Von Begriffen also, die Sie vielleicht schon einmal gehört oder gelesen haben – vielleicht sogar in der Bedienungsanweisung Ihres DTP-Systems – aber nicht in das Thema einordnen konnten.
Apropos Typographie und Satz. Beide Begriffe werden gleich an dieser Stelle »unter die Lupe« genommen, denn sie werden uns als Leitworte durch das ganze Lehrbuch hindurch begleiten.
Beginnen wir mit der **Typographie**.
In einem Lexikon wird dieser Begriff so erläutert: »Typographie ist die Umwandlung eines geschriebenen Textes in einen gedruckten Text«. Dem ist im Prinzip nichts hinzuzufügen. Man kann es aber noch treffender sagen: »Typographie ist die Lehre des Gestaltens einer Drucksache, um eine optimale Lesbarkeit zu erzielen.«
Die Kunst dabei ist der Umgang mit den typographischen Gestaltungsmitteln Schrift, Linie, Fläche und Bild und ihre harmonische Anordnung auf einem ausgewählten Format.
Fachleute unterscheiden zwischen der **Mikrotypographie** und der **Makrotypographie**. Erstere beschreibt die Grundregeln für die Behandlung von schrift- bzw. textbezogenen Einheiten, wie den Buchstaben, das Wort, die Zeile oder den Absatz. Unter Makrotypographie ist demgegenüber der

5

Es wird von Typographie und Satz, von Layout
und Durchschuß, von Schriftart und Schriftschnitt, von Rasterpunkt und von Dichte die Rede
sein. Von Begriffen also, die Sie vielleicht schon
einmal gehört oder gelesen haben – vielleicht sogar in der Bedienungsanweisung Ihres DTP-
Systems – aber nicht in das Thema einordnen
konnten.
Apropos Typographie und Satz. Beide Begriffe
werden gleich an dieser Stelle »unter die Lupe«
genommen, denn sie werden uns als Leitworte
durch das ganze Lehrbuch hindurch begleiten.
Beginnen wir mit der **Typographie**.
In einem Lexikon wird dieser Begriff so erläutert:
»Typographie ist die Umwandlung eines geschriebenen Textes in einen gedruckten Text«.
Dem ist im Prinzip nichts hinzuzufügen. Man
kann es aber noch treffender sagen: »Typographie
ist die Lehre des Gestaltens einer Drucksache, um
eine optimale Lesbarkeit zu erzielen.«
Die Kunst dabei ist der Umgang mit den typographischen Gestaltungsmitteln Schrift, Linie,
Fläche und Bild und ihre harmonische Anordnung
auf einem ausgewählten Format.
Fachleute unterscheiden zwischen der **Mikrotypographie** und der **Makrotypographie**. Erstere
beschreibt die Grundregeln für die Behandlung
von schrift- bzw. textbezogenen Einheiten, wie
den Buchstaben, das Wort, die Zeile oder den

5

Sollte man die Anwendung von Flattersatz definieren, so kann ein Gestalter nach folgender Regel verfahren:

Flattersatz soll verwendet werden bei Zeileninhalten unter 35 Zeichen sowie für kleinere Textmengen, Bildtexte und Überschriften – jeweils in Sinneinheiten pro Zeile (siehe dazu Absatz »Logischer Textverlauf in Überschriften«) – und in Aufzählungen.

Flattersatz sollte man in folgenden Fällen anwenden:

- bei Zeileninhalten unter 35 Zeichen,
- für kleinere Textmengen, in Bildtexten sowie in Überschriften – jeweils in Sinneinheiten pro Zeile,
- in Aufzählungen.

Kleinere Textmengen sind Texte in Prospekten oder Katalogen, in denen das Bild dominiert.

Flattersatz sollte man in folgenden Fällen anwenden:

- bei Zeileninhalten
unter 35 Zeichen,
- für kleinere Textmengen,
in Bildtexten
sowie in Überschriften –
jeweils in Sinneinheiten
pro Zeile,
- in Aufzählungen.

Kleinere Textmengen sind Texte in Prospekten oder Katalogen, in denen das Bild dominiert.

Abbildung 7.10
Gegenüberstellung Blocksatz und Flattersatz in Aufzählungen innerhalb von Blocksatz

Es gibt kaum Berufe, die von der rasanten Entwicklung der Computertechnik verschont wurden. Das gilt auch für Schriftsetzer und Reprophotographen, zwei kreativen Berufen der Druckindustrie für Text- bzw. Bildgestaltung. Mit der Entwicklung der »Personal Computer« (PC) wurden Werkzeuge geschaffen, die Text- und Bildbearbeitung auf kleinstem Raum ermöglichen,

Es gibt kaum Berufe, die
von der rasanten Ent-
wicklung der Computer-
technik verschont wur-
den. Das gilt auch für
Schriftsetzer und Repro-
photographen, zwei kre-
ativen Berufen der
Druckindustrie für Text-
bzw. Bildgestaltung. Mit
der Entwicklung der
»Personal Computer«
(PC) wurden Werkzeuge
geschaffen, die Text- und
Bildbearbeitung auf
kleinstem Raum er-

Abbildung 7.11
Gegenüberstellung von Blocksatz mit etwa 25 Zeichen und Flattersatz mit unveränderter Zeilenbreite

Abbildung 7.10 zeigt Aufzählungen im Blocksatz (oben) und Flattersatz (unten). Im Flattersatz werden durch Aufteilung des Textes in Sinneinheiten pro Zeile Trennungen und große Wortzwischenräume vermieden, die Lesbarkeit somit gesteigert.
In Abbildung 7.11 wird links Blocksatz mit etwa 25 Zeichen pro Zeile gezeigt. Zwei Nachteile sind deutlich erkennbar: Die Wortzwischenräume sind zu groß und die Anzahl von Trennungen überhäuft. Rechts ist der gleiche Text im Flattersatz mit unveränderter Zeilenbreite gesetzt worden. Der Zeilenfall weist wenig Dynamik auf; das bedeutet meist manuelle Nachbesserung.
Zur Erreichnung eines **dynamischen Zeilenfalls** wurde in Abbildung 7.12 die Zeilenbreite geringfügig vergrößert. Mit dieser Maßnahme wurde sowohl ein besserer Zeilenfall als auch eine Annäherung an den Zeileninhalt des Blocksatzes erreicht.

In diesem Zusammenhang sei daran erinnert, daß bereits bei der Einrichtung eines Satzspiegels für mehrspaltigen Flattersatz der Spaltenabstand berücksichtigt werden muß (siehe Abbildungen 3.21 und 3.22).
Wie in der Gegenüberstellung des Flattersatzes in den Abbildungen 7.11 und 7.12 zu erkennen ist, genügt oft die Herumnahme einer Silbe oder eines Wortes in die Vor- oder Folgezeile, um einen dynamischeren Zeilenfall zu erreichen.

Es gibt kaum Berufe, die
von der rasanten Entwick-
lung der Computertechnik
verschont wurden. Das
gilt auch für Schriftsetzer
und Reprophotographen,
zwei kreativen Berufen
der Druckindustrie für
Text- bzw. Bildgestaltung.
Mit der Entwicklung der
»Personal Computer« (PC)
wurden Werkzeuge ge-
schaffen, die Text- und
Bildbearbeitung auf kleinstem Raum ermöglichen,
wobei der Kreativität fast

Es gibt kaum Berufe, die
von der rasanten Entwick-
lung der Computertechnik
verschont wurden. Das
gilt auch für Schriftsetzer
und Reprophotographen,
zwei kreativen Berufen
der Druckindustrie für
Text- bzw. Bildgestaltung.
Mit der Entwicklung der
»Personal Computer« (PC)
wurden Werkzeuge ge-
schaffen, die Text- und
Bildbearbeitung auf kleinstem Raum ermöglichen,
wobei der Kreativität fast

Abbildung 7.12
Nachgebesserter Flattersatz, rechts mit Markierung einer Flatterzone

Zur Erreichung von Flattersatz mit hohem Qualitätsanspruch dürfen aber auch Veränderungen des Textes nicht ausgeschlossen werden.

Zur Erreichung eines **dynamischen Zeilenfalls** werden in den meisten Satzprogrammen folgende zwei unterstützenden Maßnahmen angeboten:
Bestimmen des **Zeilenrhythmus**: Durch Vorgabe eines Musters kurzer und langer Zeilen (z. B. lang-lang-kurz-lang-kurz) kann ein automatisches Ausschließen erreicht werden.
Einrichten einer **Flatterzone**: Am Ende der Zeile kann eine Zone eingerichtet werden, innerhalb der sich der Zeilenrhythmus abspielt (siehe Abbildung 7.12, rechts).
Prinzipiell sei dazu gesagt: Auch Programme dieser Art ersetzen nicht den Typographen. Beide Varianten haben nämlich eines gemeinsam: Durch die Eingrenzungen wird erreicht, daß die Anzahl der Silbentrennungen, vor allen Dingen von nicht zu

akzeptierenden zweibuchstabigen, überhäuft auftritt (z.B. Eisenstange oder Folgezei-le).
Betreffs der Beeinflussung der Silbentrennung sei ergänzt: In den meisten Satzprogrammen kann die Anzahl von Buchstaben in Silben der laufenden und folgenden Zeile bestimmt werden. Damit können unerwünschte zweibuchstabige Silben verhindert werden. Das kann sich bei Anwendung von Flattersatz über 35 Zeichen Zeileninhalt positiv auswirken.

Es gibt kaum Berufszweige, die von der rasanten Entwicklung der Computertechnik verschont geblieben sind. Das gilt auch für Schriftsetzer und Reprophotographen, zwei kreativen Berufen der Druckindustrie, die sich mit der Text- bzw. Bildgestaltung auseinanderzusetzen haben.
Mit der Entwicklung der »Personal Computer« (PC) wurden Werkzeuge geschaffen, die Text- und Bildbearbeitung auf kleinstem Raum ermöglichen, wobei der Kreativität (fast) keine Grenzen mehr gesetzt sind.
Die Druckerei, Setzerei und Reproanstalt auf dem Schreibtisch wurde durch die Zauberformel »Desktop Publishing«, abgekürzt DTP, zur Realität.
Ihr Interesse für Typographie läßt den Rückschluß zu, daß Sie sich mit dem Thema Gestaltung, eventuell sogar im Zusammenhang mit DTP, auseinanderzusetzen

Es gibt kaum Berufszweige, die von der rasanten Entwicklung der Computertechnik verschont geblieben sind. Das gilt auch für Schriftsetzer und Reprophotographen, zwei kreativen Berufen der Druckindustrie, die sich mit der Text- bzw. Bildgestaltung auseinanderzusetzen haben.
Mit der Entwicklung der »Personal Computer« (PC) wurden Werkzeuge geschaffen, die Text- und Bildbearbeitung auf kleinstem Raum ermöglichen, wobei der Kreativität (fast) keine Grenzen mehr gesetzt sind.
Die Druckerei, Setzerei und Reproanstalt auf dem Schreibtisch wurde durch die Zauberformel »Desktop Publishing«, abgekürzt DTP, zur Realität.
Ihr Interesse für Typographie läßt den Rückschluß zu, daß Sie sich mit dem Thema Gestaltung, eventuell sogar im Zusammenhang mit DTP, auseinanderzusetzen

Abbildung 7.13
Gegenüberstellung
Blocksatz (oben)
und Rauhsatz (unten)

Dem Flattersatz sehr ähnlich ist der **Rauhsatz**. Typisches Merkmal ist der identische Zeilenfall mit dem Blocksatz. Rauhsatz unterscheidet sich vom Blocksatz durch konstante Wortzwischenräume in den Zeilen, die wie beim Flattersatz hinten auslaufen.
Der wesentliche Unterschied zwischen Rauhsatz und linksbündigem Flattersatz besteht darin, daß die unregelmäßigen Ausläufe der Zeilen meist geringer sichtbar sind.
Rauhsatz war in jenen Zeiten wichtig, als man auf einem Gestaltungsbildschirm noch nicht den realen Zeilenverlauf in einer **Proportionalschrift**, sondern nur in einer nicht proportionalen Schrift (**Monospace-Schrift**) verfolgen konnte. Größere Lücken am Zeilenende, die logischerweise auch große Wortabstände im Blocksatz zur Folge haben, konnten erkannt und korrigiert werden, ohne daß Fehlergebnisse zuvor auf teurem Photopapier sichtbar gemacht werden mußten. Laserdrucker, mit denen auf normalem Papier ausgegeben werden konnte, gab es zu jener Zeit noch nicht.
Ein Beispiel für das Erkennen größerer Wortabstände ist in Abbildung 7.13 (siehe Kreis) dargestellt.

Bisher war ausschließlich vom linksbündigen Flattersatz die Rede. Der Vollständigkeit halber muß erwähnt werden, daß es auch die rechtsbündige Variante gibt.
Rechtsbündiger Flattersatz spielt im Mengentext-Bereich einer Drucksache überhaupt keine Rolle, dafür aber im Bildtext- und Überschriftenbereich. Deshalb wird sowohl links- als auch rechtsbündiger Flattersatz in den Kapiteln 9 und 12 nochmals aufgegriffen.

Mittelachsensatz

Mittelachsensatz ist eine Satzart mit vielen Anwendungsmöglichkeiten. Dabei werden alle Zeilen zur Mitte der eingestellten Zeilenbreite ausgeschlossen; sie werden zentriert und »flattern« an beiden Seiten.
Fälschlicherweise wird Mittelachsensatz deshalb auch oft als Flattersatz zur Mitte bezeichnet, obwohl zwei wichtige Eigenschaften die gleichen sind: Der Zeilenfall soll dynamisch sein, langweilige Treppen sind auf jeden Fall zu vermeiden.

Mittelachsensatz ist eine Satzart mit vielen Anwendungsmöglichkeiten. Dabei werden alle Zeilen zur Mitte der eingestellten Zeilenbreite ausgeschlossen; sie werden zentriert und
»flattern« an beiden Seiten. Fälschlicherweise wird Mittelachsensatz deshalb auch oft als Flattersatz zur Mitte bezeichnet,
obwohl zwei wichtige Eigenschaften die gleichen sind: Der
Zeilenfall soll dynamisch sein, langweilige Treppen sind auf
jeden Fall zu vermeiden.

Mittelachsensatz ist eine Satzart
mit vielen Anwendungsmöglichkeiten. Dabei werden alle Zeilen
zur Mitte der eingestellten Zeilenbreite ausgeschlossen;
sie werden zentriert und »flattern« an beiden Seiten.
Fälschlicherweise wird Mittelachsensatz deshalb auch oft
als Flattersatz zur Mitte bezeichnet,
obwohl zwei wichtige Eigenschaften die gleichen sind:
Der Zeilenfall soll dynamisch sein,
langweilige Treppen sind auf jeden Fall zu vermeiden.

Abbildung 7.14
Mittelachsensatz vom Satzprogramm ist meist ohne Dynamik (oben). Durch manuelle Nachbearbeitung wird ein dynamischer Zeilenverlauf erzielt (unten)

In der Abbildung 7.14 wird gegenübergestellt, was man durch manuelle Nachbesserungen des Zeilenverlaufs bei Mittelachsensatz gestalterisch »herausholen« kann.
Das obere Beispiel ist das Ergebnis der Satzrechnung ohne manuelle Nachbearbeitung; es ist äußerst langweilig und weist einen Zeilenfall auf, der überhaupt nichts Dynamisches an sich hat. Man weiß nicht so recht, ob es sich um Mittelachsensatz oder um fehlgestalteten Blocksatz handelt.
Im unteren Beispiel wurde durch Bestimmen des Zeileninhalts ein dynamischer Zeilenfall erreicht. Dabei sollte man beachten: Wenn irgend möglich, sollte jeder Zeile ein sinnvoller Inhalt gegeben werden. Das unterstützt die Lesefreundlichkeit.
Das sei bei dieser Gelegenheit ergänzt: Bei Mittelachsensatz spricht man auch von **axialer** Anordnung des Textes. Das Gegenteil dazu ist die **anaxiale**, nämlich die links- oder rechtsbündige Anordnung von Texten.

Mittelachsensatz sollte ausschließlich in solchen Drucksachen angewandt werden, die wenig Text aufweisen. Beispiele dafür sind Urkunden, Einladungen, Titelseiten von Broschüren und Büchern (siehe Abbildung 7.15), Familiendrucksachen und ähnliches.
Für textintensive Drucksachen über mehrere Seiten sollte diese Satzart auf jeden Fall vermieden werden; sie würde beim Lesen verwirrend wirken.

Abbildung 7.15
Axiale Gestaltung einer Titelseite. Im Vergleich dazu siehe Titelseite dieses Lehrbuchs in anaxialer Gestaltung

Manfred Siemoneit

Typographisches Gestalten

Regeln und Tips
für die richtige Gestaltung
von Drucksachen

Polygraph Verlag Frankfurt am Main

Aus gestalterischer Sicht muß bei der Anwendung von Mittelachsensatz beachtet werden, daß neben einem dynamischen Zeilenfall auch eine dynamische **Raumaufteilung** erfolgt. Darunter versteht man die Verteilung des freien Raumes in vertikaler Richtung zwischen den Zeilen und Textblöcken, die in einem gutem Verhältnis zu den freien Räumen an den Seiten, am Kopf und am Fuß stehen sollen.
Eine typische Anwendung ist die Gestaltung einer Titelseite. Dabei sollte bedacht werden:

Räume zwischen Zeilen und Textblöcken sollten niemals gleich sein. Der Schwerpunkt der Aussage, das ist meist die Titelzeile, eventuell in Verbindung mit Unterzeilen, muß immer oberhalb der Mitte des Formats plaziert sein.

Fehlgestaltung der Raumverteilung und des Zeilenfalls wird in den folgenden Beispielen guter Gestaltung gegenübergestellt.

Arbeitstelle für
betriebliche Berufsausbildung

Schriftsetzer
Berufsbild
Berufsbildungsplan
Prüfungsanforderungen

Verlag Wilhelm Brandes

Abbildung 7.16
Der obere und untere Textblock
sind zu dicht an den Rand plaziert.
Die Zeileninhalte
des ersten Textblocks sind unlogisch.
Der mittlere Textblock
ist zu tief angeordnet,
die Titelzeile im Verhältnis
zur Grundschrift zu klein

Arbeitstelle
für betriebliche Berufsausbildung

Schriftsetzer
Berufsbild
Berufsbildungsplan
Prüfungsanforderungen

Verlag Wilhelm Brandes

Abbildung 7.17
Korrigierte Raumaufteilung.
Die Textblöcke sind nun
optisch besser angeordnet,
die Zeileninhalte
des ersten Textblocks logisch.
Der Schriftgrad der Titelzeile
ist vergrößert worden

Arbeitstelle
für betriebliche Berufsausbildung

Schriftsetzer

Berufsbild
Berufsbildungsplan
Prüfungsanforderungen

Verlag Wilhelm Brandes

Abbildung 7.18
Nochmalige Korrektur
der Raumaufteilung.
Zwischen Titelzeile
und Unterzeilen ist der Raum
vergrößert worden.
Durch diese Maßnahme
ist die Titelzeile freigestellt
und somit besser wirksam

Arbeitstelle
für betriebliche Berufsausbildung

Schriftsetzer

Berufsbild
Berufsbildungsplan
Prüfungsanforderungen

Verlag Wilhelm Brandes

Abbildung 7.19
Korrektur der Titelzeile
aus einer anderen Schrift
zur Grundschrift passend.
Die Titelzeile
wirkt nun interessanter

Die Beispiele auf der vorigen Seite sind ein typisches Beispiel für das phasenweise Entstehen einer Drucksache. Denn: Keinem Typographen gelingt auf Anhieb die optimale Umsetzung seiner Vorstellungen, ganz besonders *dann* nicht, wenn die richtige Verteilung von Räumen zwischen den Textblöcken, das richtige Verhältnis von Überschriften zum Grundtext oder der richtige Zeilenfall zu finden sind.
Bezugnehmend auf die Beispiele gilt folgende Empfehlung:

Man sollte jede Gestaltungsphase ausdrucken und die Ergebnisse nebeneinanderlegen. Der Vergleich der Ausdrucke schult das Gefühl für die Form.

Varianten und Formen des Satzes

Eine aus gestalterischer Sicht interessante und auch belebende Variante ist der **Konturensatz**.
Beim Konturensatz werden im Satzspiegel oder auch satzspiegelangrenzend angeordnete Motive mit Text umgeben, wie in den Beispielen auf dieser Seite dargestellt. Durch diese Maßnahme wird erreicht, daß Text und Bild verstärkt in Beziehung gebracht werden.

Abbildung 7.20
Winkelhaken des Handsetzers

Konturensatz kann sehr belebend, aber auch genausogut »Unruhe stiftend« im Satzbild wirken, nämlich dann, wenn er zu häufig in einer Drucksache angewendet wird.
Falls Konturensatz mit dem benutzten Satzprogramm nicht automatisch realisiert werden kann, so muß er meist mit großem manuellen Aufwand hergestellt werden. Konturensatz kann somit auch eine Frage der Wirtschaftlichkeit werden, vor allen Dingen dann, wenn der fertig gestaltete Satz korrigiert werden muß und der Zeilenverlauf sich dadurch verändert.
Bezüglich des Zeilenverlaufs gibt es bei der Anwendung von Konturensatz keine festen Regeln. Der Text muß lesbar und somit auch der Lesefluß erhalten bleiben. Der Leser darf die Fortsetzung eines Textes nicht erraten müssen. Es ist folglich dem Gestaltungsgefühl des Typographen überlassen, mit welchen Abständen er seinen Text zur Figur »verlaufen läßt«. Als Faustregel gilt jedoch:

Abbildung 7.21
Setzschiff,
ein Handwerkszeug
des Handsetzers,
auf dem er
seine fertigen Zeilen abstellt
und zu Seiten sammelt

Der optische Abstand des Textes zu der Figur sollte etwa dem Spaltenzwischenraum bei mehrspaltigem Satz oder dem optischen Raum entsprechen, den die Ausgangszeile eines Absatzes erzeugt.

Falls Abbildungen im Text stehen und Bildtexte zugeordnet werden sollen, so sollten diese auch am Bild stehen, selbst dann, wenn sie Bestandteil der Kontur sind, wie in Abbildung 7.20 dargestellt.

Beim **Figuren-** und **Formensatz** werden die Konturen von vorgegebenen Figuren oder Formen in *der* Weise nachempfunden, indem sie entweder mit Text gefüllt oder auch mit Text umgeben werden. Der Text wird dabei *so* angeordnet, daß die Außenkanten der Zeilen bildhafte Formen ergeben. Auf diese Weise können beispielsweise Kreise, Gegenstände wie Vasen, Bäume, Länder- und Erdteilkonturen bildhaft dargestellt werden. Der Text wird somit zur Illustration.

Beim Figuren- und Formensatz werden
Konturen von vorgegebenen Figuren
oder Formen nachempfunden, indem
sie entweder mit Text gefüllt oder
auch mit Text umgeben werden.
Der Text wird dabei so angeordnet, daß die Außenkanten
der Zeilen bildhafte Formen
ergeben. Auf diese Weise können beispielsweise Kreise, Gegenstände wie Vasen, Bäume,
Länder- und Erdteilkonturen
bildhaft dargestellt werden. Der
Text wird somit zur Illustration. Beim
Figuren- und Formensatz werden die Konturen von vorgegebenen Figuren oder Formen
nachempfunden, indem sie entweder mit Text
gefüllt oder auch mit Text umgeben werden. Der Text
wird dabei in der Weise angeordnet, daß die
Außenkanten der Zeilen bildhafte Formen ergeben. Auf
diese Weise können beispielsweise Kreise, Gegenstände
wie Vasen, Bäume, Länder- und Erdteilkonturen bildhaft
dargestellt werden. Der Text wird somit zur Illustration.
Beim Figuren- und Formensatz werden die Konturen von
vorgegebenen Figuren oder Formen nachempfunden,
indem sie entweder mit Text gefüllt oder auch mit
Text umgeben werden. Der Text wird dabei in der
Weise angeordnet, daß die Außenkanten der
Zeilen bildhafte Formen ergeben. Auf diese
Weise können beispielsweise Kreise,
Gegenstände wie Vasen, Bäume,
Länder- und Erdteilkonturen
bildhaft dargestellt werden. Der
Text wird somit zu einer Illustration.

Abbildung 7.22
Beispiel Figurensatz.
Die Innenkonturen
einer Vase wurden mit Text
nachempfunden

Einkaufs-
Center

Leistungen
und
Service

Autobatteriedienst
Blumenbinderei
Elektro-Artikel
Fernsehreparaturen
Fahrradreparaturen
Fotoarbeiten
Fotoatelier
Frisuren und Hair-Shop
Gardinennähen
Gravuren aller Art
Kinderwagenreparaturen
Malerschnelldienst
Messerschleifen
Paßfotos
Reifenmontage
Reisebüro
Schlüsselanfertigung
Schnellgaststätte
Schuhreparaturen
Ski-Überholung
Sofortkopien
Sofortreinigung
Stempeldienst
SB-Tankstelle
Teppichbodenlager
Toto- und Lotto-Annahme
Versicherungsagentur
Wagenwaschanlage
Wagenpflege
Wohnberatung
Zimmervermietung

Abbildung 7.23
Beispiel Formensatz.
Treppenförmige Anordnung
des Textes

Typische Anwendung für den **Rund**- oder **Bogensatz** ist die Stempelherstellung, wie im links stehenden Beispiel gezeigt. Prinzipiell sollte diese Satzart sparsam angewandt werden, da durch die runde Führung die Schrift verzerrt und infolgedessen auch schwer lesbar wird. Man unterscheidet zwischen dem *nicht* perspektivischen und perspektivischen Rundsatz. Der erstere wird im Stempel gezeigt. Die Buchstaben sind hierbei lediglich kreisförmig angeordnet. Beim perspektivischen Rundsatz dagegen sind die Buchstaben oben breiter und laufen nach unten keilförmig aus, wie in Abbildung 7.24 dargestellt. Aus gestalterischer und sachlicher Sicht ist der zweiten Form der Vorzug zu geben.

Abbildung 7.24
Schema
des perspektivischen
Rundsatzes.
Die Buchstaben
sind oben breiter
als unten

Synoptischer Satz ist eine Satzart, die in einigen Bereichen des Werksatzes, aber auch in Akzidenzdrucksachen, wie Prospekten und in technischer Dokumentation Anwendung findet, wenn gleichzeitig Text in mehreren Sprachen dargestellt werden soll. Unter synoptischem Satz versteht der Fachmann die synchrone Anordnung von Texten mit gleichartiger Bedeutung aus zwei oder auch mehreren Sprachen in Spalten nebeneinander. »Syn« ist eine Vorsilbe in der griechischen Sprache und heißt soviel wie »mit, zusammen, gleichartig«. Diesem Sinn entspricht auch die Wortschöpfung »Synoptischer Satz«.

Synoptischer Satz muß absatzweise gesetzt werden, weil die Textmengen in den verschiedenen Sprachen meist unterschiedlich lang ausfallen. Gleichartige Texte beginnen dabei auf *einer* horizontalen Ebene.

Ein Beispiel synoptischen Satzes in deutscher, englischer und französischer Sprache ist in Abbildung 7.25 auf der kommenden Seite dargestellt.

Abbildung 7.25
Beispiel synoptischer Satz. Texte unterschiedlicher Sprachen werden absatzweise zueinander angeordnet

Schrift hat vornehmlich die Aufgabe, lesbar zu sein. Nur dadurch erfüllt sie ihren Zweck, das macht sie zur Mittlerin von Wissen und Information.

Die Schrift – und hier sei nur an jene gedacht, die wir landläufig die lateinische nennen – diese Schrift hat eine lange Geschichte.

Jede Epoche gab ihr ein anderes Gepräge. Den jeweiligen Bedürfnissen gerecht werdend, erhielt sie ihre spezifische Form.

Im frühen Mittelalter war sie Verschlüsselung des Göttlichen Wortes, den Karolingern war sie Hilfe der Staatsverwaltung, in der Gotik war sie der Frommen Lob.

Script imust above all be legible; it is in thisrespect only that it fulfills its purpose of becoming the mediator of knowledge and information.

Script – and here we will consider only that one generally known as the Roman alphabet, has a history that goes far back in time.

Each epoch gave script a different character. In their efforts to fulfill actual requirements of their age, designers gave their characters their specific form.

In the early Middle Ages script represented the coding of the Divine word; for the Carolingian era it was an aid for state administration, in the Gothic age it is the praise of religious people.

L'ecriture doit, avant toute chose, être lisible; c'est à cette seule condition qu'elle peut remplir sa fonction, qu'elle devient médiatrice de savoir et d'information.

L'écriture, – et nous n'évoquerons ici que celle que nous qualifions communément d'écriture latine, – cette écriture a une longue histoire.

Chaque époque lui a donné un caractère différent et c'est en se conformant toujours aux nécessités du moment qu'elle a acquis sa forme spécifique.

Dès le début du Moyen Age, elle servit à transscirre la Parole Divine; les Carolingines l'utelisèrent pour l'administration de leurs états; à l'epoque gothique classique, elle contribua à l'exaltation de la piété.

Auszeichnungen und andere Gestaltung im Grundtext

8

Auszeichnungen im Text werden überwiegend als optische Hervorhebung wichtiger Textpassagen verwendet, um dem Leser eine Lesehilfe zu geben.
Der Grund für Auszeichnungen kann aber ebenso im sprachlichen Bereich zu suchen sein. In diesem Lehrbuch beispielsweise sind *solche* Worte kursiv gesetzt, auf die im Laufe eines Satzes die Betonung zu legen ist. Sie dienen der Unterstützung sinngemäßen Lesens.
Schließlich spielt auch die Zweckmäßigkeit eine Rolle. So sind in diesem Lehrbuch alle im Stichwortverzeichnis zu findenden Begriffe im Text in halbfetter Schrift dargestellt, um ein leichteres Auffinden zu ermöglichen.

Sachlich wird aus typographischer Sicht zwischen **ästhetischer** und **optischer** Auszeichnung unterschieden.
Zu den ästhetischen Auszeichnungen gehören der kursive Schnitt einer Schrift, Kapitälchen und mit Einschränkung auch Großbuchstaben (siehe dazu Abbildungen 8.6 bis 8.8). Sie haben die Eigenschaft, daß sie sich dezent in das Schriftbild einfügen. Ästhetische Auszeichnungen werden aus diesem Grunde beispielsweise in anspruchsvoller Literatur im Bereich des Werksatzes verwendet.
Zu den optischen Auszeichnungen gehören halbfette und fette Schriften, Großbuchstaben, Sperrungen und Unterstreichungen. Sie fallen dadurch auf, daß sie sich deutlich aus dem Satzbild hervorheben.

Eine Regel besagt, daß man sich bei der Auswahl von Auszeichnungen möglichst für eine Art entscheiden soll. Diese Regel hat aber *dann* keine Gültigkeit mehr, wenn in einer Drucksache unterschiedliche Arten von Auszeichnungen erforderlich sind. Ein typisches Beispiel dafür ist lexikalischer Satz. Unter Umständen werden alle vorher genannten Auszeichnungen in einem Lexikon verwendet, wobei jede ihre eigene Bedeutung hat. Es kann sogar vorkommen, daß zwei unterschiedliche fette Schriften als Auszeichnung für zwei unterschiedliche Aussagearten verwendet werden (siehe Abbildung 8.1).
Das hat aber in erster Linie etwas mit Zweckmäßigkeit und nichts mit typographischen Grundsätzen zu tun. Aus typographischer und lesetechnischer Sicht ist zu beachten:

> **Ty|po|gra̲ph** *m.* **1** Gestalter des Schriftsatzes; **2** Schriftsetzer; **3** Zeilensetz- und Gießmaschine
>
> **ty|po|gra̲|phisch** die Typographie betreffend, auf ihr beruhend, zu ihr gehörend; typographisches Maßsystem: auf dem typographischen Punkt beruhendes Maßsystem

Abbildung 8.1
Beispiel lexikalischer Satz mit mehreren Arten der Auszeichnung

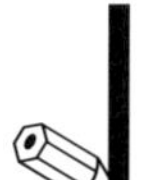

Zu viele Auszeichnungen hintereinander sind zu vermeiden. Nur der sparsame Umgang mit Auszeichnungen im Text erfüllt die gewollte Funktion.

Kursive Schrift als Auszeichnung ist überall dort zu empfehlen, wo die Qualität des Satzes eine besondere Rolle spielt, beispielsweise in einem anspruchsvollen Buch. Der Grund dafür ist einfach zu erläutern: Durch Verwendung des kursiven Schnittes einer Schrift wird das Graubild des Satzes und somit der Leserhythmus am wenigsten beeinflußt, weil der Schriftduktus des Kursivschnittes dem Schriftduktus des normalen Schnittes angepaßt ist.

Abbildung 8.2
Kursive Auszeichnung
im Grundtext
ist ästhetische Auszeichnung

> *Auszeichnungen im Text* werden überwiegend als optische Hervorhebung *wichtiger Textpassagen* verwendet, um dem Leser eine Lesehilfe zu geben. Der Grund für Auszeichnungen kann aber ebenso *im sprachlichen Bereich* zu suchen sein. In diesem Lehrbuch beispielsweise sind *solche* Worte kursiv gesetzt, auf denen im Laufe eines Satzes die Betonung zu legen ist. Sie dienen *der Unterstützung* sinngemäßen Lesens.

Eine andere Form ästhetischer Auszeichnungsmöglichkeit mit ähnlicher Grauwirkung wie die kursive Auszeichnung sind **Kapitälchen.** Der Begriff ist aus dem Wort Kapitale abgeleitet. Die Kapitalis Quadrata war eine Schrift der alten Römer, die nur aus Großbuchstaben bestand (vgl. Abbildung 5.2).
Kapitälchen lassen sich in einem Satz so erklären: Es sind Großbuchstaben in Höhe der Mittellängen von Kleinbuchstaben. Das ist in Abbildung 8.3 verdeutlicht.

Abbildung 8.3
Kapitälchen als Auszeichnung
im Grundtext
werden bevorzugt
für Namen verwendet

> AUSZEICHNUNGEN IM TEXT werden überwiegend als optische Hervorhebung WICHTIGER TEXTPASSAGEN verwendet, um dem Leser eine Lesehilfe zu geben. Der Grund für Auszeichnungen kann aber ebenso IM SPRACHLICHEN BEREICH zu suchen sein. In diesem Lehrbuch beispielsweise sind solche Worte kursiv gesetzt, auf denen im Laufe eines Satzes die Betonung zu legen ist. Sie dienen also DER UNTERSTÜTZUNG

In der Abbildung 8.3 ist etwas festzustellen, was aus Sicht eines Typographen abzulehnen ist: Der Duktus der Kapitälchen entspricht nicht dem Duktus der verwendeten Schrift.
Die Erklärung dafür ist einfach:
In diesem Falle wurden keine »echten« Kapitälchen, sondern lediglich verkleinerte Großbuchstaben verwendet, die, infolge der Verkleinerung, einen anderen, logischerweise dünneren Schriftduktus aufweisen.

Das bedeutet: *Wenn* Kapitälchen verwendet werden sollen, *dann* müssen aus qualitativer Sicht des Typographen auch die *echten* Kapitälchen verwendet werden, das sind solche, die dem Duktus der verwendeten Grundschrift entsprechen.
Das wiederum bedeutet aus technischer Sicht: Wenn man echte Kapitälchen verwenden will, so müssen diese in einem Schriftfond als Erweiterung des Schriftzeichenumfangs auch vorhanden sein.

> AUSZEICHNUNGEN IM TEXT werden überwiegend als optische Hervorhebung WICHTIGER TEXTPASSAGEN verwendet, um dem Leser eine Lesehilfe zu geben. Der Grund für Auszeichnungen kann aber ebenso IM SPRACHLICHEN BEREICH zu suchen sein. In diesem Lehrbuch beispielsweise sind solche Worte kursiv gesetzt, auf denen im Laufe eines Satzes die Betonung zu legen ist. Sie dienen also DER UNTERSTÜTZUNG

Abbildung 8.4
Auszeichnung des Grundtextes mit echten Kapitälchen, die dem Duktus der anderen Zeichen einer Schrift angepaßt sind

Eine wenig ansprechende, aber trotzdem häufig verwendete Variante der Auszeichnung im glatten Text sind Großbuchstaben oder Versalien.
Wie in der Abbildung 8.5 zu sehen ist, sprengen Versalien im wahrsten Sinne des Wortes das Satzbild. Der Grund: Durch Entfallen der Mittellängen kann auch der Durchschuß optisch nicht mehr gleichmäßig sein. Man kann deutlich feststellen: *Über* den Versalien berühren sich die Zeilen fast.

> AUSZEICHNUNGEN IM TEXT werden überwiegend als optische Hervorhebung WICHTIGER TEXTPASSAGEN verwendet, um dem Leser eine Lesehilfe zu geben. Der Grund für Auszeichnungen kann aber ebenso IM SPRACHLICHEN BEREICH zu suchen sein. In diesem Lehrbuch beispielsweise sind solche Worte kursiv gesetzt, auf denen im Laufe eines Satzes die Betonung zu legen ist. Sie dienen

Abbildung 8.5
Auszeichnung im Grundtext mit Versalien

Auch eine andere typographische Notwendigkeit, nämlich das Ausgleichen der Buchstabenabstände, ist aus wirtschaftlicher Sicht bei häufiger Anwendung im laufenden Text kaum vertretbar.
Deshalb klare Worte: Versalien als Auszeichnung im laufenden Text in der oben dargestellten Form sind abzulehnen.
Aber: Es gibt einen kleinen Trick, mit denen auch Versalien als Auszeichnungsart zu verwenden sind:

Abbildung 8.6
Versalien als Auszeichnung im Text, Schriftgrad der Grundschrift 12 Punkt, Schriftgrad der Versalien 12 Punkt

AUSZEICHNUNGEN IM TEXT werden überwiegend als optische Hervorhebung WICHTIGER TEXTPASSAGEN verwendet, um dem Leser eine Lesehilfe zu geben. Der Grund für Auszeichnungen kann aber ebenso IM SPRACHLICHEN BEREICH zu suchen sein. In diesem Lehrbuch beispielsweise sind solche Worte kursiv gesetzt, auf denen im Laufe eines Satzes die Betonung zu legen ist. Sie dienen DER

Abbildung 8.7
Versalien als Auszeichnung im Text, Schriftgrad der Grundschrift 12 Punkt, Schriftgrad der Versalien 11 Punkt

AUSZEICHNUNGEN IM TEXT werden überwiegend als optische Hervorhebung WICHTIGER TEXTPASSAGEN verwendet, um dem Leser eine Lesehilfe zu geben. Der Grund für Auszeichnungen kann aber ebenso IM SPRACHLICHEN BEREICH zu suchen sein. In diesem Lehrbuch beispielsweise sind solche Worte kursiv gesetzt, auf denen im Laufe eines Satzes die Betonung zu legen ist. Sie dienen DER UNTER-

Abbildung 8.8
Versalien als Auszeichnung im Text, Schriftgrad der Grundschrift 12 Punkt, Schriftgrad der Versalien 10,5 Punkt

AUSZEICHNUNGEN IM TEXT werden überwiegend als optische Hervorhebung WICHTIGER TEXTPASSAGEN verwendet, um dem Leser eine Lesehilfe zu geben. Der Grund für Auszeichnungen kann aber ebenso IM SPRACHLICHEN BEREICH zu suchen sein. In diesem Lehrbuch beispielsweise sind solche Worte kursiv gesetzt, auf denen im Laufe eines Satzes die Betonung zu legen ist. Sie dienen der UNTERSTÜTZUNG

Wenn trotz allen Vorbehalts Versalien als Auszeichnungsvariante genommen werden müssen, vielleicht weil es der Auftraggeber so bestimmt, dann sollte das Satzbild so erträglich wie möglich gestaltet werden, und zwar durch Verkleinern der Versalien.

Wie im Vergleich in den Abbildungen 8.6 bis 8.8 zu ersehen ist, wird das Satzbild durch Verkleinern der Versalien um ein oder zwei Schriftgrade erheblich verbessert. Hierbei könnte auch die Verkleinerung um Bruchteile eines Punktes (beispielsweise in Halbpunkt-Schritten) oder in Bruchteilen eines Millimeters (beispielsweise in Zehntelmillimeter-Schritten) nützlich sein und zur Verbesserung des Satzbildes beitragen. Man bedenke aber, daß auch Versalien im Text ausgeglichen werden müssen.

Das optische Verhältnis zum Duktus der anderen Buchstaben wird durch die geringe Verkleinerung nicht beeinträchtigt, da Versalien in aller Regel – meist vom Schriftkünstler gewollt – geringfügig stärker sind als gemeine Buchstaben.

Auszeichnungen im Text werden überwiegend als optische Hervorhebung **wichtiger Textpassagen** verwendet, um dem Leser eine Lesehilfe zu geben. Der Grund für Auszeichnungen kann aber ebenso **im sprachlichen Bereich** zu suchen sein. In diesem Lehrbuch beispielsweise sind solche Worte kursiv gesetzt, auf denen im Laufe eines Satzes die Betonung zu legen ist. Sie dienen **der Unterstützung** sinngemäßen

Abbildung 8.9
Fette Auszeichnungen im Text; sie sollten in schöngeistigen Büchern vermieden werden

Damit ist auch der Übergang von ästhetischer zu optischer Auszeichnung geschaffen. Neben Versalien ist die **fette** oder auch **halbfette** Variante die auffälligste optische Auszeichnung.
Sie wird neben der kursiven Auszeichnung am häufigsten verwendet, vor allen Dingen dort, wo ausgezeichnete Textstellen auf Anhieb auffallen sollen, nämlich in Drucksachen mit Werbecharakter oder in technischer Dokumentation.

Eine weitere Möglichkeit der Auszeichnung ist das **Sperren**, das auch als **Spationieren** bezeichnet wird.
Beim Sperren werden zwischen den einzelnen Buchstaben Leerräume eingefügt. Damit ist auch die Problematik angesprochen: Durch diese Zwischenräume wird die Schrift optisch verändert, den Buchstaben wird der Zusammenhang genommen.
Bei dieser Auszeichnungsart muß beachtet werden, daß auch Interpunktionszeichen sowie Wortzwischenräume vor, innerhalb und nach der Sperrung mitgesperrt werden müssen.

A u s z e i c h n u n g e n   i m   T e x t werden überwiegend als optische Hervorhebung w i c h t i g e r   T e x t p a s s a g e n verwendet, um dem Leser eine Lesehilfe zu geben. Der Grund für Auszeichnungen kann aber auch im s p r a c h l i c h e n Bereich zu suchen sein. In diesem Lehrbuch beispielsweise sind solche Worte kursiv gesetzt, auf denen im Laufe eines Satzes die Betonung zu legen ist. Sie dienen der U n t e r -

Abbildung 8.10
Auszuzeichnende Stellen im Text sind gesperrt; die Grauwirkung wird stark beeinträchtigt

Dazu eine klare Aussage: Sperren ist als Auszeichnungsart nicht empfehlenswert, sie sollte vermieden werden.

Abbildung 8.11
Unterstrichene Textstellen als Auszeichnung. Buchstaben mit Unterlängen müssen ausgespart werden

Auszeichnungen im Text werden überwiegend als optische Hervorhebung wichtiger Textpassagen verwendet, um dem Leser eine Lesehilfe zu geben. Der Grund für Auszeichnungen kann aber ebenso im sprachlichen Bereich zu suchen sein. In diesem Lehrbuch beispielsweise sind solche Worte kursiv gesetzt, auf denen im Laufe eines Satzes die Betonung zu legen ist. Sie dienen also der Unterstützung sinngemä-

Bei **Unterstreichungen** als Auszeichnung im Grundtext muß beachtet werden, daß das Linienbild dem Schriftduktus der zu unterstreichenden Schrift entspricht. Ferner muß darauf geachtet werden, daß keine Wortzwischenräume außerhalb der auszuzeichnenden Textstellen mitunterstrichen werden.
Das Durchstreichen von Unterlängen muß vermieden werden. Probleme bereiten dabei meistens die Buchstaben mit Unterlängen (g, p, q und y), weil die Unterstreichung satzprogrammtechnisch oft nur teilweise unterbrochen wird (siehe Kreis in Abbildung 8.11).
Grundsätzlich aber sollten Unterstreichungen im Text ganz vermieden werden, da sie den Abstand zwischen den Zeilen optisch einengen.

Eine weitere Möglichkeit der Auszeichnung von Textteilen kann darin bestehen, daß mit einem Einzug auf der linken Seite gearbeitet wird. Darüber hinaus kann in diesen Einzug auch noch eine Linie oder ein Linienmuster hineingestellt werden, so wie im nächsten Absatz geschehen.

▪ Eine weitere Möglichkeit der Auszeichnung von Textteilen kann darin bestehen, daß mit einem Einzug auf der linken Seite gearbeitet wird. Darüber hinaus kann in diesen Einzug auch noch eine Linie oder ein Linienmuster hineingestellt werden, so wie in diesem Absatz geschehen.

Auch das Unterlegen mit farbigen und gerasterten Flächen oder das Infarbestellen von Textteilen sind Möglichkeiten der Auszeichnung, ebenso wie die negative Darstellung. Zu diesen Themen wird im Kapitel 11 näher Stellung genommen.

Markieren von Absätzen

Absätze dienen der gedanklichen Gliederung von Texten und folglich der Erhöhung der Lesefreundlichkeit. Dieser Eindruck kann noch verstärkt werden, indem man Absätze zusätzlich markiert. Diese Markierung ist *dann* besonders notwendig, wenn die letzte Zeile des Vorabsatzes gefüllt ist.
Was aus typographischer und lesetechnischer Sicht abgelehnt werden muß und zu vermeiden ist, sei an den Anfang dieses Abschnitts gestellt:

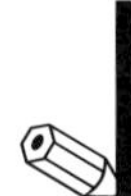

Es dürfen auf gar keinen Fall Leerzeilen als Absatzmarkierung verwendet werden. Leerzeilen beeinträchtigen das Graubild des Satzes ganz erheblich.

Darüber hinaus haben Leerzeilen eine ganz konkrete Funktion: Sie sollen *dann* verwendet werden, wenn ein absolut neuer Gedanke beginnt. Eine »verstärkende« Variante dazu wäre beispielsweise die Verwendung eines Sternchens zwischen den »Gedankensplittern«.
Leerzeilen können auch zum Freistellen von wichtigen Textstellen, wie die Merksätze dieses Lehrbuchs, verwendet werden, um somit besonders aufzufallen.

Eine oft verwendete Variante der Absatzmarkierung ist der **Einzug am Absatzanfang**. Dabei wird jede Anfangszeile eines Absatzes um einen bestimmten Wert eingezogen.

Das klassische Maß des Einzugs am Absatzanfang ist ein Geviert in der Größe des verwendeten Grundschriftgrades (eventuell plus Durchschuß).

Größere Einzüge sind je nach Geschmack des Gestalters durchaus möglich. Dabei ist aber zu beachten, daß die Ausgangszeile des Vorabsatzes nicht weniger Text enthalten sollte, als der verwendete Einzug groß ist. Dadurch wird optisch eine Leerzeile erzeugt. Dieses Ereignis tritt logischerweise um so eher ein, je größer der Einzug ist (siehe Abbildung 8.12).

Größere Einzüge sind je nach Geschmack des Gestalters durchaus möglich. Dabei ist aber zu beachten, daß die Ausgangszeile des Vorabsatzes nicht weniger Text enthalten sollte, als der verwendete Einzug groß ist.

Dadurch wird eine Leerzeile erzeugt. Dieses Ereignis tritt logischerweise um so eher ein, je größer der Einzug ist.

Größere Einzüge sind je nach Geschmack des Gestalters durchaus möglich. Dabei ist aber zu beachten, daß die Ausgangszeile des Vorabsatzes nicht weniger Text enthalten sollte, als der verwendete Einzug groß ist.

Dadurch wird eine Leerzeile erzeugt. Dieses Ereignis tritt logischerweise um so eher ein, je größer der Einzug ist.

Größere Einzüge sind je nach Geschmack des Gestalters durchaus möglich. Dabei ist aber zu beachten, daß die Ausgangszeile des Vorabsatzes nicht weniger Text enthalten sollte, als der verwendete Einzug groß ist.

Dadurch wird eine Leerzeile erzeugt. Dieses Ereignis tritt logischerweise um so eher ein, je größer der Einzug ist.

Abbildung 8.12
Optisch entsteht eine Leerzeile, wenn der Inhalt der Vorzeile kleiner ist als der Einzug der Folgezeile. Das wirkt sich um so mehr aus, je größer der Einzug ist

Einzüge am Absatzanfang können sich *dann* unangenehm auswirken, wenn in der Satzart Blocksatz viele kleine Absätze in Folge vorhanden sind. Das Satzbild an der linken Seite wirkt dadurch zerrissen. Wie der Vergleich in Abbildung 8.13 zeigt, sollte man in diesem Fall auf Einzüge ganz verzichten.
Diese Verzichtsempfehlung gilt für linksbündigen Flattersatz generell. Zusätzliche »Unruhe« durch Einzüge auf der linken Seite wären die logische Folge (Abbildung 8.14).

Abbildung 8.13
Gegenüberstellung von Blocksatz mit Einzug am Absatzanfang mit wenigen Absätzen (links) und vielen Absätzen (rechts)

Einzüge am Absatzanfang können sich *dann* unangenehm auswirken, wenn in der Satzart Blocksatz viele kleine Absätze in Folge vorhanden sind. Das Satzbild an der linken Seite wirkt dadurch zerrissen. Wie der Vergleich in dieser Abbildung zeigt, sollte man in diesem Fall auf Einzüge ganz verzichten.

Diese Verzichtsempfehlung gilt für linksbündigen Flattersatz generell. Zusätzliche »Unruhe« durch Einzüge auf der linken Seite wären die logische Folge.

Einzüge am Absatzanfang können sich *dann* unangenehm auswirken, wenn in der Satzart Blocksatz viele kleine Absätze in Folge vorhanden sind.

Das Satzbild an der linken Seite wirkt dadurch zerrissen.

Wie der Vergleich in dieser Abbildung zeigt, sollte man in diesem Fall auf Einzüge ganz verzichten.

Diese Verzichtsempfehlung gilt für linksbündigen Flattersatz generell.

Zusätzliche »Unruhe« durch Einzüge auf der linken Seite wären die logische Folge.

Abbildung 8.14
Gegenüberstellung von Flattersatz mit und ohne Einzug am Absatzanfang

Einzüge am Absatzanfang können sich *dann* sehr unangenehm auswirken, wenn in der Satzart Flattersatz viele kleine Absätze in Folge vorhanden sind.

Das Satzbild an der linken Seite wirkt dadurch zerrissen. Wie der Vergleich in dieser Abbildung zeigt, sollte man in diesem Fall auf Einzüge ganz verzichten.

Diese Verzichtsempfehlung gilt für linksbündigen Flattersatz generell. Zusätzliche »Unruhe« durch Einzüge auf der linken Seite wären die logische Folge.

Einzüge am Absatzanfang können sich *dann* sehr unangenehm auswirken, wenn in der Satzart Flattersatz viele kleine Absätze in Folge vorhanden sind.
Das Satzbild an der linken Seite wirkt dadurch zerrissen. Wie der Vergleich in dieser Abbildung zeigt, sollte man in diesem Fall auf Einzüge ganz verzichten.
Diese Verzichtsempfehlung gilt für linksbündigen Flattersatz generell. Zusätzliche »Unruhe« durch Einzüge auf der linken Seite wären die logische Folge.

An dieser Stelle sei eine typographische Regel erwähnt, welche die Ausgangszeile eines Absatzes betrifft:

Im Blocksatz muß das Ende der Ausgangszeile eines Absatzes eindeutig gekennzeichnet sein. Es soll deshalb mindestens ein freier Raum in der Größe eines Halbgevierts der verwendeten Grundschrift vorhanden sein. Anderenfalls muß die betreffende Zeile gefüllt werden.

Wenn diese Regel von einem Satzprogramm nicht automatisch berücksichtigt wird, bedeutet die Einhaltung manuelle Nachbesserung, indem der verbleibende Raum auf die Wortzwischenräume unter Einhaltung der Ausschließregeln des Erweiterns (vgl. Abbildung 7.4) verteilt wird.
Es ist auf jeden Fall beim Lesen hinderlich, wenn ein Absatzende nicht eindeutig durch freien Raum am Zeilenende gekennzeichnet ist.

Mit einem Einzug wird auch in einer anderen Gestaltungsform gearbeitet, allerdings in umgekehrter Richtung. Dabei ist die erste Zeile gefüllt, während alle Folgezeilen dieses Absatzes mit einem Einzug versehen sind. Man nennt diesen Einzug einen **hängenden Einzug**. Auch der Begriff »**Einzug verkehrt**« wird verwendet.
Diese Art des Einzugs (Abbildung 8.15) wird im Bereich des Anzeigensatzes, bevorzugt im Fließsatz, eingesetzt.

Mit einem Einzug wird auch in einer anderen Gestaltungsart gearbeitet, aber umgekehrt.
Dabei ist die erste Zeile gefüllt, während alle Folgezeilen dieses Absatzes mit einem Einzug versehen sind.
Man nennt diese Einzugsart einen **hängenden Einzug**

Abbildung 8.15
Anwendung
des hängenden Einzugs
in Fließsatzanzeigen

Aber auch in anderen Bereichen ist sein Einsatz möglich. Beispiel dafür ist der in Abbildung 8.16 dargestellte **Rubrikeneinzug** um den Wert eines Gedankenstrichs. Dabei ist zu beachten, daß der freie Raum hinter dem Gedankenstrich mit **Festausschluß**, bevorzugt mit einem Halbgeviert, zu markieren ist, damit der Wert des Einzugs eindeutig ist. Hinweis: Viele Satzprogramme lassen auch mehr als eine volle Zeile am Anfang des Absatzes zu.

– Aber auch in anderen Bereichen ist sein Einsatz möglich.
– Beispiel ist der in dieser Abbildung dargestellte **Rubrikeneinzug** um einen Gedankenstrich.
– Dabei ist darauf zu achten, daß der freie Raum hinter dem Gedankenstrich mit einem Halbgeviert zu markieren ist.

Abbildung 8.16
Anwendung
des hängenden Einzugs
als Rubrikeneinzug

Eine andere Art der Absatzkennzeichnung ist der zusätzliche Durchschuß am Absatzende. In den Abbildungen 4.6 und 4.7 wird vergleichsweise Satz mit und ohne **Absatzdurchschuß** dargestellt. Optisch sind die Absätze deutlich getrennt. Der Nachteil: Registerhaltiger Satz ist nicht möglich. Diese Form der Absatzkennzeichnung wird dann bevorzugt, wenn die Gliederung des Textes wichtiger ist als die Ästhetik, zum Beispiel in wissenschaftlichen Werken oder in Lernliteratur generell. Merke:

> Leerzeilen als Absatztrenner sind aus typographischer Sicht nicht zulässig; sie nehmen dem Text den Zusammenhang. Maximales Maß ist ein Drittel einer Leerzeile. Der optische Vergleich ist in den Abbildungen 8.17 und 8.18 dargestellt.

Abbildung 8.17
Blocksatz mit Absatzdurchschuß
ein Drittel einer Leerzeile.
Der Zusammenhang
des Textes bleibt optisch erhalten

Es gibt kaum Berufszweige, die von der rasanten Entwicklung der Computertechnik verschont geblieben sind. Das gilt auch für Schriftsetzer und Reprophotographen, zwei kreativen Berufen der Druckindustrie, die sich mit der Text- bzw. Bildgestaltung auseinanderzusetzen haben.

Mit der Entwicklung der »Personal Computer« (PC) wurden Werkzeuge geschaffen, die Text- und Bildbearbeitung auf kleinstem Raum ermöglichen, wobei der Kreativität (fast) keine Grenzen mehr gesetzt sind.

Die Druckerei, Setzerei und Reproanstalt auf dem Schreibtisch wurden durch »Desktop Publishing«, abgekürzt DTP, zur Realität.

Ihr Interesse für Typographie läßt den Rückschluß zu, daß Sie sich mit dem Thema Gestaltung, eventuell sogar im Zusammenhang mit DTP, auseinanderzusetzen haben.

Es wird folglich unterstellt, daß Ihnen die Bedienung der Hard- und Software bereits nahegebracht worden ist, Sie also mit dem Werkzeug umgehen können.

Dieses Lehrbuch enthält keine Bedienungsanweisungen für Gestaltungssysteme, sondern systemneutrale Gestaltungsregeln für Drucksachen.

Es werden fachliche Kenntnisse aus den Lehrberufen Schriftsetzer und Reprophotograph vermittelt, die bei gestalterischen Aufgaben beachtet werden sollten.

Abbildung 8.18
Blocksatz mit Absatzdurchschuß
von einer Leerzeile.
Der Zusammenhang
des Textes bleibt optisch nicht erhalten

Es gibt kaum Berufszweige, die von der rasanten Entwicklung der Computertechnik verschont geblieben sind. Das gilt auch für Schriftsetzer und Reprophotographen, zwei kreativen Berufen der Druckindustrie, die sich mit der Text- bzw. Bildgestaltung auseinanderzusetzen haben.

Mit der Entwicklung der »Personal Computer« (PC) wurden Werkzeuge geschaffen, die Text- und Bildbearbeitung auf kleinstem Raum ermöglichen, wobei der Kreativität (fast) keine Grenzen mehr gesetzt sind.

Die Druckerei, Setzerei und Reproanstalt auf dem Schreibtisch wurden durch »Desktop Publishing«, abgekürzt DTP, zur Realität.

Ihr Interesse für Typographie läßt den Rückschluß zu, daß Sie sich mit dem Thema Gestaltung, eventuell sogar im Zusammenhang mit DTP, auseinanderzusetzen haben.

Es wird folglich unterstellt, daß Ihnen die Bedienung der Hard- und Software bereits nahegebracht worden ist, Sie also mit dem Werkzeug umgehen können.

Dieses Lehrbuch enthält keine Bedienungsanweisungen für Gestaltungssysteme, sondern systemneutrale Gestaltungsregeln für Drucksachen.

Dem Gestalter sind darüber hinaus keine Grenzen gesetzt. Die in der Abbildung 8.19 dargestellte Form der Absatzmarkierung soll auch gleichzeitig Überleitung zu einer anderen Gestaltungsvariante am Absatzanfang sein, nämlich Initialen.

Es gibt kaum noch Berufszweige, die von der rasanten Entwicklung der Computertechnik in den letzten Jahrzehnten verschont geblieben sind. Das gilt auch für Berufe, die sich mit der Text-und Bildgestaltung auseinanderzusetzen haben. Akteure sind hierbei sowohl der Schriftsetzer als auch der Reproduktionsphotograph. Mit den Personal Computern wurden Werkzeuge geschaffen, die Text- und Bildbearbeitung auf kleinstem Raum ermöglichen, wobei der Kreativität (fast) keine Grenzen mehr gesetzt sind. Die

Abbildung 8.19
Die schwungvollen Buchstaben
zur Kennzeichnung des Absatzanfangs
sind eine interessante
gestalterische Variante

Die Anwendung von Initialen

Initialen sind Buchstaben größer als die Grundschrift, mit denen Absatzanfänge gekennzeichnet werden können. Ihre Anwendung sollte auf die Kennzeichnung von Eingangsabsätzen beschränkt bleiben, beispielsweise zu einem Abschnitt wie diesem, denn sie wirken nur bei sparsamer Anwendung.
Als Initialen können größere Buchstaben aus der gleichen Schriftfamilie der verwendeten Grundschrift, Buchstaben aus anderen Schriften oder auch Zierbuchstaben verwendet werden. Die Größe ist keiner Regel unterworfen, ebensowenig wie die Anzahl von Zeilen, über die sich ein Initial erstrecken kann; diesbezüglich hat der Gestalter viel »Spielraum«. Reglementiert ist aber der Stand von Initialen:

Ein Initial muß mit *der* Zeile optisch in Schriftlinie stehen, die als letzte Zeile um den Wert des Initials eingezogen ist.

Diese Regel wird in Abbildung 8.20 verdeutlicht. Darin erstreckt sich das Initial über drei Textzeilen und steht mit der dritten Textzeile in Schriftlinie.
In der Regel wurde ebenfalls gesagt, daß das Initial *optisch* mit der letzten Zeile in Schriftlinie stehen muß. Was damit gesagt sein soll, wird in Abbildung 8.21 verdeutlicht. Es wird ein Initial aus einer Schreibschrift gezeigt, dessen Unterkante nicht gerade, sondern rund verläuft. Die Rundung ist etwas tiefer als die Schriftlinie der Grundschrift zu positionieren, damit die optische Schriftlinie erreicht wird.

Initialen sind Buchstaben, mit denen Absatzanfänge gekennzeichnet werden können. Ihre Anwendung soll sich auf die Kennzeichnung von Eingangsabsätzen beschränken.

Abbildung 8.20
Initial
über drei Textzeilen.
Die 3., bezugnehmende (eingezogene) Textzeile muß mit dem Initial Schriftlinie halten

Schriftzeichen, die an der Unterkante Rundungen aufweisen, müssen als Initial so plaziert werden, daß der untere Teil mit der letzten bezugnehmenden Zeile optisch Schriftlinie hält.

Schriftzeichen, die an der Unterkante Rundungen aufweisen, müssen als Initial so plaziert werden, daß der untere Teil mit der letzten bezugnehmenden Zeile optisch Schriftlinie hält.

Schriftzeichen, die an der Unterkante Rundungen aufweisen, müssen als Initial so plaziert werden, daß der untere Teil mit der letzten bezugnehmenden Zeile optisch Schriftlinie hält.

Schriftzeichen, die an der Unterkante Rundungen aufweisen, müssen als Initial so plaziert werden, daß der untere Teil mit der letzten bezugnehmenden Zeile optisch Schriftlinie hält.

Abbildung 8.21
Ein Initial, das Rundungen am Fuß aufweist, muß optisch unter die Schriftgrundlinie gestellt werden. Würde das nicht geschehen, so hätte es den Anschein, daß das Initial höher stehen würde (links unten)

Eine wichtige Rolle spielt auch der optische Stand in Bezug zur linken Satzspiegelbegrenzung. Dazu gibt es folgende Regel:

Das Initial muß seitlich so angeordnet sein, daß der optische Schwerpunkt des Initials mit der linken Begrenzung des Satzspiegels im optischen Einklang steht.

Diese Regel wird in den folgenden Abbildungen verdeutlicht:

Abbildung 8.22
Optisch falscher bzw. richtiger Stand eines Initials mit gerader seitlicher, linker Kontur. Die Serifen sind außerhalb des Satzspiegels plaziert

Das Initial ist seitlich so anzuordnen, daß der optische Schwerpunkt des Initials mit der linken Begrenzung des Satzspiegels im optischen Einklang steht.	Das Initial ist seitlich so anzuordnen, daß der optische Schwerpunkt des Initials mit der linken Begrenzung des Satzspiegels im optischen Einklang steht.
Das Initial ist seitlich so anzuordnen, daß der optische Schwerpunkt des Initials mit der linken Begrenzung des Satzspiegels im optischen Einklang steht.	Das Initial ist seitlich so anzuordnen, daß der optische Schwerpunkt des Initials mit der linken Begrenzung des Satzspiegels im optischen Einklang steht.
Das Initial ist seitlich so anzuordnen, daß der optische Schwerpunkt des Initials mit der linken Begrenzung des Satzspiegels im optischen Einklang steht.	Das Initial ist seitlich so anzuordnen, daß der optische Schwerpunkt des Initials mit der linken Begrenzung des Satzspiegels im optischen Einklang steht.

Abbildung 8.23
Optisch falscher und richtiger Stand eines Initials mit unregelmäßig verlaufender linker, seitlicher Kontur

In Abbildung 8.22 wird ein Initial mit geradem seitlichen Verlauf, aber mit Serifenüberhängen, optisch falsch bzw. richtig in den Satzspiegel gestellt. In der Abbildung 8.23 geschieht das gleiche mit einem Initial, dessen linke Konturen nicht gerade verlaufen.

Abbildung 8.24
Anwendung eines Initials ohne optisch eingepaßten Text

Wenn von guter Optik bei einem Initial die Rede ist, so darf auch die Behandlung freien Raumes bei Buchstaben mit viel Fleisch, wie beispielsweise bei einem »W«, nicht unerwähnt bleiben.

Wenn von guter Optik bei einem Initial die Rede ist, dann darf auch die Behandlung freien Raumes bei Buchstaben mit sehr viel Fleisch nicht unerwähnt bleiben. In diesem Absatz wurde ein Initial-W über drei Zeilen in den Text gestellt. Wie in Abbildung 8.24 deutlich zu sehen ist, würde eine große Lücke zwischen Initial und den Textzeilen zwei und drei entstehen, wenn der Text nicht in das Initial hineingesetzt würde, wie oben geschehen.

Die Höhe eines Initials ist nicht limitiert; sie steht jedoch in Beziehung zu den neben dem Initial angeordneten Zeilen. Man sollte deshalb beachten:

Ein Initial darf niemals kleiner sein, als die Höhe der neben dem Initial angeordneten Zeilen. Minimal sollte das Initial so hoch sein, wie die Versalhöhe der ersten, neben dem Initial angeordneten Zeilen.

Mit dem linken Beispiel wird gezeigt, daß der Abstand zu gering, im mittleren optisch am besten und im rechten zu weit ist. Das mittlere Beispiel ist deshalb optisch am besten, weil der Abstand zwischen Initial und Text sowohl in horizontaler als auch vertikaler Richtung fast gleich ist.

Mit dem linken Beispiel wird gezeigt, daß der Abstand zu gering, im mittleren optisch am besten und im rechten zu weit ist. Das mittlere Beispiel ist deshalb optisch am besten, weil der Abstand zwischen Initial und Text sowohl in horizontaler als auch vertikaler Richtung fast gleich ist.

Mit dem linken Beispiel wird gezeigt, daß der Abstand zu gering, im mittleren optisch am besten und im rechten zu weit ist. Das mittlere Beispiel ist deshalb optisch am besten, weil der Abstand zwischen Initial und Text sowohl in horizontaler als auch vertikaler Richtung fast gleich ist.

Abbildung 8.25
Initial mit regelmäßig verlaufender Kontur falsch (rechts und links) und richtig angeordnet (Mitte)

Über den Abstand des Textes von einem Initial in vertikaler und horizontaler Richtung gibt die Abbildung 8.25 Aufschluß: In dieser Abbildung sind alternativ drei Abstände des Textes vom Initial dargestellt. Dazu ist folgendes zu sagen:
Im links plazierten Beispiel ist der Abstand zu gering, im mittleren optisch am besten und im rechten zu weit.
Im mittleren Beispiel ist festzustellen, daß der Abstand zwischen Initial und Text in horizontaler Richtung etwa dem optischen Abstand zwischen Initial und Text in vertikaler Richtung entspricht. Diese Tatsache vermittelt den Eindruck der Ausgewogenheit und Ruhe. Daraus ist folgende Regel abzuleiten:

Der seitliche Abstand zwischen Initial und Text sollte etwa dem optischen Abstand des Initials zum Text in vertikaler Richtung entsprechen.

Grundsätzlich gilt aber über diese Regel hinaus, daß das Initial und der Text eine optische Einheit bilden sollen, vor allen Dingen dann, wenn ein Initial mit optisch viel freiem Raum (siehe Abbildung 8.24, das »W«) mit Text umgeben wird.

Zu diesem Thema werden auf der folgenden Seite noch einige Beispiele gezeigt, die Anregungen geben sollen, was man mit Initialen gestalterisch alles machen kann.

Aus aktuellem Anlaß: Es gibt kaum Berufszweige, die von der rasanten Entwicklung der Computertechnik verschont geblieben sind. Das gilt auch für Schriftsetzer und Reprophotographen, zwei kreativen Berufen der Druckindustrie, die sich mit der Text- bzw. Bildgestaltung auseinanderzusetzen haben. Mit der Entwicklung der Personal Computer wurden Werkzeuge geschaffen, die Text- und Bildbearbeitung auf kleinstem Raum ermöglichen, wobei der Kreativität (fast) keine Grenzen mehr gesetzt sind.

Abbildung 8.26
Falls ein Initial größer ist als die anschließende Anzahl von Zeilen, braucht es oberhalb viel Platz; es muß optisch frei stehen

Ein Bericht von Annemarie Meier

Zu einem aktuellen Thema: Es gibt kaum Berufszweige, die von der rasanten Entwicklung der Computertechnik verschont geblieben sind. Das gilt auch für Schriftsetzer und Reprophotographen, zwei kreativen Berufen der Druckindustrie, die sich mit der Text- bzw. Bildgestaltung auseinanderzusetzen haben. Mit der Entwicklung der PCs wurden Werkzeuge geschaffen, die Text- und Bildbearbeitung auf kleinstem Raum ermöglichen, wobei der Kreativität (fast) keine Grenzen mehr gesetzt sind.

Abbildung 8.27
Ein Teil der Überschrift, die sogenannte Autorenzeile, sowie der Text sind gestalterisch in das Initial einbezogen

Abbildung 8.28
Ein Zitat kann durch Verwendung von An- und Abführungen als Initialen in Szene gesetzt werden

99 Es gibt kaum Berufszweige, die von der rasanten Entwicklung der Computertechnik verschont geblieben sind. Das gilt auch für Schriftsetzer und Reprophotographen, zwei kreativen Berufen der Druckindustrie, die sich mit der Text- bzw. Bildgestaltung auseinanderzusetzen haben. Mit der Entwicklung von »Personal Computer« wurden Werkzeuge geschaffen, mit denen Text- und Bildbearbeitung auf kleinstem Raum ermöglichen, wobei der Kreativität (fast) keine Grenzen mehr gesetzt sind. 66

Lesebeeinflussung durch Silbentrennung

Silbentrennungen sind sowohl im Blocksatz als auch im Flattersatz normalerweise unvermeidbar. Die Silbentrennung kann zwar in den meisten Satzprogrammen ausgeschaltet werden, doch das geht einerseits zu Lasten größerer Wortzwischenräume im Blocksatz und vermindert andererseits meist das Erreichen eines optimalen dynamischen Zeilenfalls im Flattersatz.
Aus lesetechnischer Sicht ist zu ergänzen, daß jede Silbentrennung den Lesefluß hemmt und jedes durch Silbentrennung verursachte schwer erkennbare Wort den Lesefluß sogar zum Stoppen bringt. Beispiele dafür sind in Abbildung 8.30 dargestellt.
Aus gestalterischer und lesetechnischer Sicht sollte *eine* Regel unbedingt eingehalten werden:

Im Textbereich sollten niemals mehr als drei Trennungen untereinander stehen.

Dieser Regel zu entsprechen, bedeutet immer *dann* manuellen Eingriff, wenn das benutzte Satzprogramm diesen Fall nicht berücksichtigt.
Oftmals genügt ein kleiner Eingriff, um der Regel zu entsprechen. Das wird in Abbildung 8.29 gezeigt. Im links plazierten Beispiel sind zunächst sieben Trennungen untereinander vorhanden. Durch Herübernahme einer Silbe aus der vierten in die fünfte Zeile im mittleren Beispiel wird zwar unvermeidbar der Wortzwischenraum vergrößert, doch die Anzahl zulässiger

In vielen Fällen ist sogar der Auftraggeber oder Verfasser des betreffenden
Textes hinzuzuziehen, um durch Text-
veränderungen die Anzahl untereinander stehender Trennungen zu reduzieren. Falls ein Satzprogramm vorsieht, daß ein Wort als untrennbar erklärt werden kann, so können hierdurch oft häufige Trennungen unter-

In vielen Fällen ist sogar der Auftraggeber oder Verfasser des betreffenden
Textes hinzuzuziehen, um durch Text-
veränderungen die Anzahl untereinander stehender Trennungen zu
reduzieren. Falls ein Satzprogramm
vorsieht, daß ein Wort als untrennbar
erklärt werden kann, so können hierdurch oft häufige Trennungen unter-

In vielen Fällen ist sogar der Auftraggeber oder Verfasser des betreffenden
Textes hinzuzuziehen, um durch Text-
änderungen die Anzahl untereinander
stehender Trennungen zu reduzieren.
Falls ein Satzprogramm vorsieht, daß
ein Wort als untrennbar erklärt werden
kann, so können hierdurch oft häufige
Trennungen untereinander vermieden

Abbildung 8.29
Beispiele für die Veränderung des Zeilenverlaufs zur Verhinderung von mehr als drei Trennungen hintereinander

Trennungen hintereinander erreicht. Dazu sei angemerkt, daß auch ein Satzprogramm in der gleichen Weise – zu Lasten der Wortzwischenräume – verfahren würde. Logischerweise wirkt sich diese Korrektur des Zeilenverlaufs um so mehr aus, je schmaler die Spaltenbreite ist.
Im rechten Beispiel ist durch Änderung des Wortes »Textveränderung« in »Textänderung« (vierte Zeile) gar erreicht worden, daß überhaupt keine Silbentrennung ab dieser Stelle auftritt.

Bei der Herübernahme von Silben oder Worten in die Folgezeile muß auf jeden Fall beachtet werden, daß in der Folge nicht ähnliche Fälle auftreten. Dazu ist **interaktive Arbeitsweise** am Bildschirm unbedingte Voraussetzung.

Neben zu häufigen Trennungen hintereinander sind sinnentstellende Trennungen ein weiteres Kriterium der Beeinträchtigung der Lesbarkeit eines Textes.

Abbildung 8.30
Gegenüberstellung unlogisch, schwer lesbarer und logisch, gut lesbarer getrennter Worte

Stiefel-tern	Stief-eltern
Spargel-der	Spar-gelder
Musikau-tomat	Musik-automat
Wirtschaftspo-litik	Wirtschafts-politik
Starre-porter	Star-reporter
Texter-fassung	Text-erfassung
Nonnenklo-ster	Nonnen-kloster
einen-gen	ein-engen
aber-kennen	ab-erkennen
runder-neuert	rund-erneuert

Die in der Abbildung 8.30 gezeigten Beispiele sind zwar grammatikalisch korrekt, doch sie vermindern den Lesefluß erheblich. Gutes Beispiel dafür ist das Wort »Stiefeltern«, bei dem vermutlich jeder zwei bis vier Sekunden benötigt, um den Sinn des Wortes zu erfassen.
Wie in den Beispielen zu sehen ist, kann durch Verlegen der Trennstelle von oft nur zwei bis drei Buchstaben nach vorn bzw. nach hinten ein sinngemäßes Lesen von Trennungen erreicht werden.

Umrandung von Texten

Umrandungen sind ein gutes Gestaltungsmittel, um eventueller Eintönigkeit im Textbereich entgegenzutreten. Die Methode besteht darin, daß Artikel oder Texte umrandet werden und in den übrigen Text hineingestellt werden. Dabei sind folgende Faustregeln zu beachten:

Die Linienstärke sollte dem Duktus der Grundschrift angepaßt sein.

Fette Linienumrandungen sind immer als negativ anzusehen, denn sie vermitteln in gewisser Weise Trauer. Wichtigeres Argument ist jedoch: Nicht die Linie, sondern der Text soll gelesen werden. Dazu sei eine Ausnahme erwähnt: Eine Berechtigung für die Verwendung stärkerer Linien besteht *dann*, wenn die Linienumrandung in einer zweiten Farbe gedruckt wird.
Bezüglich des Abstands des Textes innerhalb der Umrandung zur Linie gelten folgende Regeln:

Der seitliche Abstand des Textes zur Umrandung soll etwa der Breite des »m« entsprechen. Der obere Abstand ist optisch dem seitlichen gleichzusetzen, der untere etwas größer zu gestalten.

Zur optischen Abstimmung des oberen Randes sei bezüglich der dominierenden Wirkung der Mittellängen der Buchstaben nochmals auf die Abbildung 3.9 verwiesen.

Abbildung 8.31
Der geringfügig reduzierte Zeilenabstand des rechten Teils der Abbildung wirkt gegenüber dem Text angeglichener

Das Maß für den etwas größeren Abstand des Textes zur unteren Linie ist einviertel bis eindrittel des verwendeten Grundschriftgrads.
Auf *eine* optische Begebenheit soll in der nebenstehenden Abbildung aufmerksam gemacht werden:
Der Zeilenabstand von Texten im Rahmen soll geringfügig gegenüber dem Text außerhalb des Rahmens verringert werden, damit er optisch dem äußeren Text angepaßt ist. Das zeigt der Vergleich mit dem im Rahmen plazierten Text.

Das Maß für den größeren Abstand des Textes zur unteren Linie beträgt einviertel bis eindrittel des Grundschriftgrades. Eine optische Begebenheit soll in dieser Abbildung dargestellt werden: Der Zeilenabstand von Texten im Rahmen soll geringfügig gegenüber dem Text außerhalb des Rahmens verringert werden, damit er optisch dem äußeren Text angepaßt ist, das zeigt der

Das Maß für den größeren Abstand des Textes zur unteren Linie beträgt einviertel bis eindrittel des Grundschriftgrades. Eine optische Begebenheit soll in dieser Abbildung dargestellt werden: Der Zeilenabstand von Texten im Rahmen soll geringfügig gegenüber dem Text außerhalb des Rahmens verringert werden, damit er optisch dem äußeren Text angepaßt ist, das zeigt der Vergleich.

Sofern ein Linienrahmen innerhalb einer mehrspaltigen Seite in den Text hineingestellt werden soll, sollte man beachten:

Der Abstand des äußeren Textes zum Rahmen soll seitlich, oben und unten dem Spaltenabstand entsprechen.

Alle genannten Regeln sind in der folgenden Abbildung 8.32 zusammengefaßt:

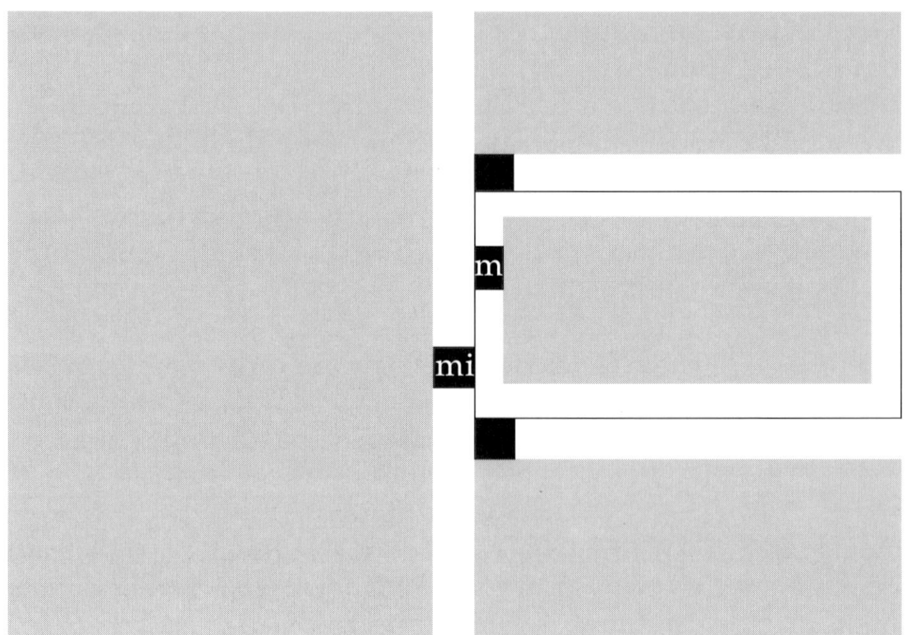

Abbildung 8.32
Optischer Einklang von umrandeten Texten mit Spaltenzwischenraum, Abstand äußerer Text zur Umrandung und Abstand des Textes im Rahmen

Gestalten von Überschriften

Überschriften haben eine ganz bestimmte Funktion: Sie sollen »auf den ersten Blick« etwas über den Inhalt des nachfolgenden Textes aussagen. Sie müssen dementsprechend zwei wichtige Voraussetzungen erfüllen:

Sie sollten erstens aus lesetechnischer Sicht eine auf den ersten Blick ausgerichtete, überschaubare Textmenge enthalten und zweitens aus gestalterischer Sicht diesen Anspruch verstärken.

Der gestalterische Gesichtspunkt bedeutet demzufolge, daß der Lesevorgang durch Verwendung gut geeigneter Schriften und Schriftgrade unterstützt werden muß. Davon wird gleich die Rede sein.
Zuvor sei jedoch erwähnt, daß Überschriften auch als **Schlagzeilen, Rubriken, Rubrikzeilen, Titelzeilen, Kopfzeilen** oder **Headlines** bezeichnet werden.
Darüber hinaus werden zur Rubrifizierung in den meisten Drucksachen verschiedene Kategorien von Überschriften benötigt. Auf die Bedeutung des betreffenden Textes hin ausgerichtet unterscheidet man zwischen Haupt-, Unter- (**Sublines**) und Zwischenüberschriften.

Bei den Grundüberlegungen für die Gestaltung von Überschriften muß zunächst die Frage nach der Art der Drucksache und dem Zweck gestellt werden. Dazu zwei extreme Beispiele:
Bei einem sehr anspruchsvollen schöngeistigen Buch sollten die Überschriften eher dezent, und zwar etwa zwei bis drei Schriftgrade größer als die Grundschrift gesetzt werden. Bei einem Plakat dagegen sollte die Titelzeile ziemlich auffallend, auf Fernwirkung abgestimmt, gestaltet sein. In jedem Fall jedoch gilt folgende Regel:

Überschriften innerhalb einer Drucksache sollen durchgehend das gleiche Erscheinungsbild, vom Schriftgrad her gesehen deutlich abgestuft nach Wichtigkeit, aufweisen.

Grundsätzlich können Überschriften bezüglich der Schriftauswahl in folgender Weise gestaltet sein:

- Größerer Schriftgrad der verwendeten Grundschrift,
- größerer Schriftgrad eines anderen Schnittes der verwendeten Grundschrift oder
- größerer Schriftgrad aus einer anderen Schrift.

Bezüglich der Schriftauswahl gilt, daß bei Verwendung eines größeren Schriftgrads oder eines anderen Schriftschnitts aus der gleichen Schrift nichts falsch gemacht werden kann. Soll dagegen eine Schrift aus einer anderen als der Grundschrift genommen werden, so bedeutet das immer Schriftmischen (vgl. Abbildungen 5.65 bis 5.69).
Folgende Beispiele geben Aufschluß darüber, welche optischen Gesichtspunkte Schriftmischungen zugrunde liegen können:

Überschrift

Zu einer klassizistischen Antiqua als Überschrift – hier die Bodoni – würde eine feine serifenlose Antiqua, wie die Futura, gut passen, auch deshalb, weil das Erscheinungsbild der beiden Schriften und auch die geringe Mittellänge sehr gut miteinander harmonieren.

Überschrift

Zu einer dynamischen Schrift, wie die American-Typewriter als Überschrift, paßt eine dynamische Barock-Antiqua sehr gut. In diesem Falle wurde die Times als Grundschrift verwendet. Es würde ebenso eine andere Schrift des Schriftstils Barock-Antiqua dazu passen.

Überschrift

Zu einer gebrochenen Schrift als Überschrift paßt praktisch jede Renaissance-Antiqua, so wie in diesem Beispiel die Trump-Mediäval, nicht zuletzt deshalb, weil beide Schriftstile aus sehr früher Zeit der Entwicklung von Druckschriften stammen.

Überschrift

Zu einer plakativen Schrift, wie die Revue als Überschrift, paßt immer eine serifenlose Antiqua im normalen Schnitt, wie in diesem Falle die Frutiger. Die Regel, Schriften gleichen Schriftstils nicht miteinander zu mischen, gilt hier nicht.

Überschrift

Zu einer vom Charakter her als serifenbetonten Antiqua mit ausgerundeten Serifen einzustufenden Überschrift, in diesem Falle die Clarendon, paßt eine serifenlose Antiqua, wie hier die Helvetica, ebensogut wie andere Schriften dieses Schriftstils.

Überschrift

Eine außergewöhnliche serifenlose Antiqua, wie die Avant Garde als Überschrift, kann theoretisch mit jeder vom Erscheinungsbild her außergewöhnlichen Antiqua-Variante, mit Ausnahme von anderen serifenlosen Antiqua-Schriften und serifenbetonten Antiqua-Schriften gemischt werden, hier beispielsweise mit der University.

Abbildung 9.1
Sechsfacher Versuch zum Thema Mischen von Schriften mit Kommentar dazu im Text

Dazu sei angemerkt: Hier ist versucht worden, Schriften unterschiedlichen Charakters nach persönlichem Empfinden zusammenzustellen. Mit Schriftmischungen dieser Art fordert ein Gestalter oft Kritik heraus.
Falls der Mut zur Kritik fehlt und Überschriften zu einer Grundschrift gefunden werden müssen, so sollte man in der gleichen Schriftfamilie bleiben. Das Restrisiko wäre in diesem Falle die richtige Auswahl der Schriftgröße(n).

Bei Gestaltung von Überschriften in der gleichen Schriftfamilie muß – für den Zweck abgestimmt – der Schriftschnitt festgelegt werden. Die große Palette der Möglichkeiten ist in Abbildung 9.2 angedeutet.
Dazu wird aus praktischer Sicht empfohlen, die alternative Entscheidung für einen normalen, kursiven, halbfetten oder fetten Schnitt vom jeweiligen Thema abhängig zu machen, wie in Abbildung 9.2 dargestellt.

Überschrift in klassischer Literatur
Überschrift zum Thema Schmuck
Überschrift zum Thema Kunst
Überschrift zum Thema Baustoffe

Abbildung 9.2
Beispiele
Schriftauswahl
für ein Thema

Falls für die Gestaltung von Überschriften der kursive Schnitt einer Schrift ausgewählt wird, soll auf eine optische Begebenheit hingewiesen werden.
Jeder Kursivschnitt erzeugt am Zeilenanfang aufgrund der Neigung einen optischen Einzug an der linken Satzspiegelbegrenzung (Abbildung 9.3, links). Dieser Eindruck ist um so stärker, je fetter der Schnitt ist.
Dem kann entgegengewirkt werden, indem die Zeile optisch so weit aus dem Satzspiegel herausgestellt wird, bis der Eindruck des ungewollten Linkseinzugs nicht mehr vorhanden ist (Abbildung 9.3, rechts).
Dabei muß beachtet werden, daß die Form des Buchstabens berücksichtigt werden muß, verdeutlicht am H mit geraden Konturen, am O mit Rundung und am T mit viel Freiraum.

Falls für die Gestaltung von Überschriften der kursive Schnitt einer Schrift ausgewählt wird, soll auf

H am Anfang

eine optische Begebenheit hingewiesen werden. Der Kursivschnitt erzeugt am Zeilenanfang wegen

O am Anfang

seiner Neigung einen optischen Einzug an der linken Satzspiegelbegrenzung. Der Eindruck ist um

T am Anfang

stärker, je fetter der Schnitt ist. Dem kann entgegengewirkt werden, wenn die Zeile optisch so weit

Falls für die Gestaltung von Überschriften der kursive Schnitt einer Schrift ausgewählt wird, soll auf

H am Anfang

eine optische Begebenheit hingewiesen werden. Der Kursivschnitt erzeugt am Zeilenanfang wegen

O am Anfang

seiner Neigung einen optischen Einzug an der linken Satzspiegelbegrenzung. Der Eindruck ist um

T am Anfang

stärker, je fetter der Schnitt ist. Dem kann entgegengewirkt werden, wenn die Zeile optisch so weit

Abbildung 9.3
Optischer Einzug (links), erzeugt durch den Kursivschnitt, hier einer serifenlosen Antiqua und die Korrektur (rechts)

Nach Festlegung der Schrift ist grundsätzlich festzulegen, ob eine Überschrift **anaxial** (zur Seite stehend) oder **axial** (zur Mitte stehend) angeordnet werden sollen.
Im Blocksatz können beide Varianten angewandt werden. Mitbestimmend sollten dabei die zwei Empfindungsrichtungen Sachlichkeit und Stimmung sein. Bei einem sachlichen Thema (z. B. Technik) sollte die anaxiale, bei einem stimmungsvollen (z. B. Blumen) die axiale Anordnung bevorzugt werden.

Abbildung 9.4
Anaxiale Anordnung (links) für sachliche Themen und axiale Anordnung (rechts) für stimmungsvolle Themen in Überschriften

Überschrift **Überschrift**

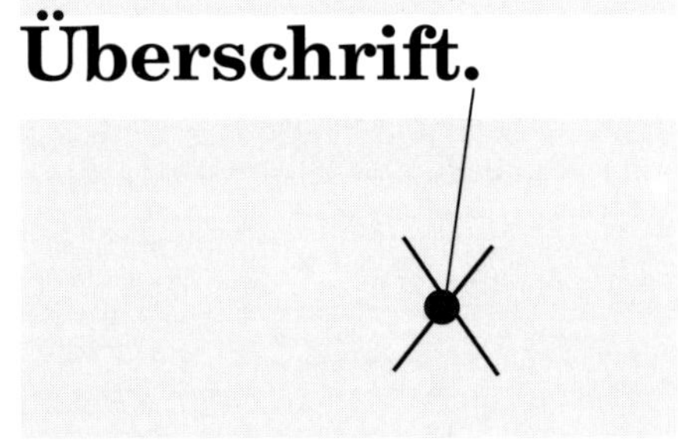

Abbildung 9.5
Der Abschluß einer Überschrift mit einem Punkt ist überflüssig

Bei Anwendung von Flattersatz sollte immer zugunsten der anaxialen Form der Anordnung entschieden werden, weil es paradox wäre bei links- bzw. rechtsbündigem Satz die Überschriften zur Mitte anzuordnen.

Ob axiale oder anaxiale Anordnung von Überschriften, auf eine in Abbildung 9.5 dargestellte Form der Fehlgestaltung soll an dieser Stelle besonders hingewiesen werden:

Der Abschluß einer Überschrift mit dem satzschließenden Interpunktionszeichen »Punkt« ist überflüssig.

Ein wichtiges Thema bei der Gestaltung von Überschriften ist der Zeilenabstand. In diesem Zusammenhang soll nochmals das Thema »**negativer Zeilenabstand**« aufgegriffen werden.
Überschriften, das wurde bereits gesagt, sollten von der textlichen Aussage her kurz und bündig abgefaßt sein. Trotzdem ist es in vielen Fällen unvermeidbar, daß eine Überschrift aus mehr als einer Zeile besteht.
Bei mehrzeiligen Überschriften entsteht oft der Eindruck, als wenn der Abstand zwischen den Zeilen zu groß ist. Das kommt zustande, weil in größeren Schriftgraden die freien Räume der Vorzeilen-Unterlänge und der Folgezeilen-Oberlänge optisch additiv wirken, und zwar um so stärker, je kleiner die Mittellängen der für die Überschrift benutzten Schrift sind (siehe Abbildung 9.6).

Wie darüber hinaus in der Abbildung 9.6 zu erkennen ist, bewirkt der optische Abstand sogar den optischen Eindruck, als wenn der Abstand zwischen den Überschriftzeilen größer ist als der Abstand zwischen Überschrift und Text.

Überschrift
in zwei Zeilen
In mehrzeiligen Überschriften entsteht oftmals der Eindruck, daß der Abstand zu groß ist. Das kommt deshalb zustande, weil in größeren

Überschrift
in zwei Zeilen
In mehrzeiligen Überschriften entsteht oftmals der Eindruck, daß der Abstand zu groß ist. Das kommt deshalb zustande, weil in größeren

Abbildung 9.6
Der Abstand
zwischen zwei Überschriftzeilen
ist optisch oft zu groß

Entscheidend für den optischen Abstand ist also das Schriftbild der Überschrift. Wie in der folgenden Abbildung 9.7 zu erkennen ist, kann durch Reduzierung des Zeilenabstands der optische Eindruck verbessert werden; die Überschrift wirkt in sich geschlossener, wie der Vergleich zeigt. Dabei ist zu beachten:

Der optische Abstand ist so einzurichten, daß sich Ober- und Unterlängen nicht berühren.

Hauptüberschrift
eines Zweispalters

Abbildung 9.7

Überschrift
aus einer 30-Punkt-Schrift
auf 30-Punkt-Kegel,
also ohne Durchschuß

Hauptüberschrift
eines Zweispalters

Überschrift
aus einer 30-Punkt-Schrift
auf 29-Punkt-Kegel,
also mit 1 Punkt
negativem Durchschuß

Hauptüberschrift
eines Zweispalters

Überschrift
aus einer 30-Punkt-Schrift
auf 28-Punkt-Kegel,
also mit 2 Punkt
negativem Durchschuß

Sprache wird durch Schrift erst schön	Sprache wird durch Schrift erst schön

Abbildung 9.8
Darstellung,
daß aus optischen Gründen
der Zeilenabstand
zwischen zwei Zeilen
voneinander abweichen kann

Bezüglich der Zeilenabstände in Überschriften sei an dieser Stelle auf eine weitere optische Variante hingewiesen.
Im linken Beispiel der Abbildung 9.8 ist eine 30-Punkt-Schrift ohne Durchschuß dargestellt. Durch zufälliges Zusammentreffen von Ober- und Unterlängen in der oberen Zeile (p und i) entsteht im Verhältnis zur nächsten Zeile der optische Eindruck, daß zwischen den Zeilen zwei und drei ein größerer Zeilenabstand besteht, bedingt dadurch, daß diese Zeilen mit Buchstaben aus Mittellängen beginnen.
In solch einem Fall soll der Zeilenabstand, auch innerhalb einer Überschrift, unterschiedlich eingerichtet sein. So geschehen im rechten Teil der Abbildung, in der der Zeilenabstand um zwei Punkt reduziert wurde. Der Zeilenabstand wirkt nun optisch ausgeglichen.

Unproblematisch ist demgegenüber die Verwendung von Versalien in Überschriften, wie in Abbildung 9.9 dargestellt.

SPRACHE
WIRD DURCH SCHRIFT
ERST SCHÖN

Abbildung 9.9
Bei Versalzeilen ist der Zeilenabstand
durch die gleichmäßige Höhe
der Buchstaben unproblematisch

Für Überschriften in Versalien gilt folgende Regel:

Der optische Zeilenabstand sollte etwa so groß sein wie der Wortzwischenraum. Der Wortzwischenraum soll etwa dem Innenraum des »U« entsprechen.

Das bedeutet, daß der Abstand zwischen Zeilen in fetten Schriften geringer sein muß als in Zeilen mit mageren Schriften.

SPRACHE
WIRD DURCH SCHRIFT
ERST SCHÖN

SPRACHE
WIRD DURCH SCHRIFT
ERST SCHÖN

SPRACHE
WIRD DURCH SCHRIFT
ERST SCHÖN

Abbildung 9.10
Vergleich des Verhältnisses Wortzwischenraum und Zeilenabstand zwischen mageren und fetten Versalzeilen

Das wird in Abbildung 9.10 verdeutlicht. Im oberen Beispiel wurde eine 28-Punkt-Schrift mit fünf Punkt Durchschuß verwendet.
In dem mittleren Beispiel wurde der Schriftgrad und der Durchschuß übernommen, aber der Wortzwischenraum reduziert; der Zeilenabstand ist zu groß.
Im unteren Beispiel schließlich wurde der Durchschuß um zwei Punkt reduziert und dem Wortzwischenraum angepaßt.

Ein weiteres Thema soll im Zusammenhang mit Überschriften nicht unerwähnt bleiben: Das Auseinanderziehen von Buchstabenabständen oder das **Austreiben** von Überschriften oder Schlagzeilen.
Dazu sei ganz klar gesagt: Das Austreiben von Überschriften ist ein völlig unnatürlicher Eingriff in das Schriftbild. Das gilt vor allen Dingen bei der Verwendung von Groß- und Kleinbuchstaben-Schreibweise.

Wie in der Abbildung 9.11 vergleichsweise deutlich zu sehen ist, wird durch das Sperren einer Überschrift in Groß-Klein-Schreibweise das Schriftbild total zerrissen. Deshalb ist diese Form der Mißgestaltung aus typographischer Sicht grundsätzlich abzulehnen.
In Versalzeilen dagegen ist eine Sperrung eher akzeptabel, weil Großbuchstaben ohnehin ausgeglichen werden müssen (siehe Abschnitt »Ausgleichen von Großbuchstaben«).

Abbildung 9.11
Gegenüberstellung einer normal verlaufenden und einer gesperrten Überschrift in Groß-Klein-Schreibweise und in Versalien. In beiden gesperrten Varianten wurde der Zeilenabstand – der Sperrung angepaßt – vergrößert

Sprache
wird durch Schrift
erst schön

S p r a c h e
w i r d d u r c h S c h r i f t
e r s t s c h ö n

SPRACHE
WIRD DURCH SCHRIFT
ERST SCHÖN

Beim Sperren von Versalzeilen muß beachtet werden, daß auch die Wortzwischenräume mitgesperrt werden. Demzufolge ist auch der Durchschuß zu erhöhen.

Wenn von Überschriften die Rede ist, dann darf auch die Farbe als Gestaltungsmittel nicht unerwähnt bleiben.
Wenn der Leser diese Seiten aufgeschlagen hat, so wird ihm mit Sicherheit zu allererst die farbige Überschrift auf der nächsten Seite aufgefallen sein. Das bedeutet: Farbe zieht den Blick stärker an als alles in schwarzweiß Gestaltete. Sie spielt deshalb auch eine ganz wichtige Rolle in der gesamten Werbetypographie, beispielsweise bei der Gestaltung von Prospekten.

Wenn der Leser diese Seiten aufgeschlagen hat, so wird ihm mit Sicherheit zu allererst diese farbige Überschrift aufgefallen sein. Das bedeutet: Farbe zieht den Blick stärker an als alles in schwarzweiß Gestaltete. Sie spielt deshalb auch eine wichtige Rolle in der gesamten Werbetypographie, beispielsweise bei der Gestaltung von Prospekten.

Sprache wird durch Schrift erst schön

Abbildung 9.12
Die farbige Überschrift

Randausgleich in Überschriften ist *dann* ein Thema, wenn lükkenreißende Zeichen bei anaxialer Anordung der Zeilen die Harmonie an der Satzspiegelbegrenzung stören. Das ist in Abbildung 9.13 der Fall.
Die Harmonie wird vor allen Dingen durch die Anführung gestört. Sie vermittelt den Eindruck eines Einzugs. Deshalb ist im mittleren Beispiel der Abbildung das Anführungszeichen aus dem Satzspiegel herausgestellt worden. Die optische Achse ist wesentlich verbessert worden.
Aber auch das »w« ist ein Zeichen, das sich aufgrund seiner Form nicht harmonisch in das Satzbild einfügt. Es ist deshalb im unteren Beispiel optisch ebenfalls aus dem Satzspiegel herausgestellt worden.
Wie zu sehen, wird durch diese beiden Maßnahmen ein harmonisches Satzbild erzielt.

„Sprache
wird
durch Schrift
erst schön“

„Sprache
wird
durch Schrift
erst schön“

„Sprache
wird
durch Schrift
erst schön“

Abbildung 9.13
Linksbündige Überschrift
mit Randausgleich

Die Einhaltung der Ausschließregeln (siehe Abbildung 7.4) ist in Überschriften unbedingte Voraussetzung, wenn das Ergebnis Qualitätssatz sein soll. Auch hier sind es die lückenreißenden Zeichen, wie »r«, »A« oder »T«, die die Harmonie innerhalb einer Zeile durch Erzeugung unterschiedlich großer Wortzwischenräume stören. Die optische Korrektur wird in den Beispielen in Abbildung 9.14 gezeigt.

Abbildung 9.14
Idealer Wortzwischenraum in Überschriften (oben) und korrigierte Wortzwischenräume im Vergleich

Blocksatz mit Randausgleich

Ausgleichen von Versalien
Ausgleichen von Versalien

Mehrspaltiger Satzspiegel
Mehrspaltiger Satzspiegel

Der optimale Wortzwischenraum
Der optimale Wortzwischenraum

Größe und Plazierung von Überschriften

Zu diesem Thema ist grundsätzlich zu sagen, daß es im Prinzip keine festen Regeln gibt. Die Größe von Überschriften ist sowohl vom Zweck als auch vom Format abhängig und folglich diesen Faktoren angemessen zu gestalten.
Vom Zweck her gesehen spielt das Objekt die entscheidende Rolle. Ist ein schöngeistiges Buch zu gestalten, so sind zwei bis drei Schriftgrade größer als die Grundschrift als angemessen anzusehen.
In Zeitungen und Zeitschriften sind die Schriftgrade eher etwas größer, letztlich auch deshalb, weil meistens in diesen Objekten eine der Wichtigkeit entsprechende Staffelung in verschiedenen Größen notwendig ist. Das gleiche gilt auch für den Bereich technische Dokumentation.
Im Akzidenzbereich gibt es praktisch keine Einschränkungen. Erlaubt ist, was dem Zweck dienlich ist, ohne daß der gestalterische Anspruch ins Negative umgekehrt wird. Wobei anzumerken ist, daß Farbe in diesem Bereich eine wichtige Rolle spielt.

Geht man einmal davon aus, daß in einer Drucksache drei Kategorien von Überschriften zur Gliederung des textlichen Inhalts vorhanden sein müssen, so hat sich in der Praxis folgendes Verhältnis bewährt:

Größe 1 : Größe 2 : Größe 3 : Text = 20 : 12 : 9 : 8

Hauptüberschrift
Unterüberschrift
Zwischenüberschrift
Textbereich

Abbildung 9.15
Beispiel der Gliederung von Überschriften im Verhältnis zum Text, hier 26:18:14:11

Mit diesem Verhältnis soll angedeutet werden, daß sich die Schriftgrade klar unterscheiden müssen. Man muß bereits beim ersten Betrachten aufgrund des Erscheinungsbildes die Kategorien ihrer Bedeutung nach einordnen können. Sofern das gegeben ist, kann in vielen Fällen auf die in einer Überschrift störenden Ordnungsziffern (z. B. 1, 1.1, 1.1.1) verzichtet werden.
Auch das sei festgestellt: Dieses Verhältnis ist ein Vorschlag, um ein Gefühl für die Untergliederung zu bekommen. Abgewandelte Verhältnisse sind dem Empfinden des Gestalters überlassen. Wie sich ein *leicht* abgewandeltes Verhältnis auswirkt, wird in Abbildung 9.15 dargestellt.
Auf jeden Fall gilt für die Festlegung der Größe von Überschrift(en) folgende Regel:

Ausgangsgröße und somit maßgebend für die Festlegung der Größe einer Überschrift ist immer die Größe der Grundschrift.

Im Zusammenspiel mit der Schriftgröße ist *der* Raum, in dem eine Überschrift plaziert wird sowie der Abstand von Überschriften zum Text, ein wichtiger Gestaltungsfaktor. Eine Überschrift kann vom Inhalt her noch so aussagekräftig sein, wenn sie aus gestalterischer Sicht »am Text klebt« und folglich nicht zur Wirkung kommt, ist ihre Funktion nicht erfüllt. Das zeigt die Gegenüberstellung einer nicht zu akzeptierenden und einer gut plazierten Haupt- bzw. Zwischenüberschrift in Abbildung 9.16:

Abbildung 9.16 Gegenüberstellung von mißlungener (links) und guter (rechts) Raumverteilung zwischen Text und Überschriften

<table>
<tr>
<td>

Überschrift

Es gibt kaum Berufszweige, die von der Entwicklung der Computertechnik verschont geblieben sind. Das gilt auch für Schriftsetzer und Reprophotographen, zwei kreativen Berufen der Druckindustrie, die sich mit der Text- bzw. Bildgestaltung auseinanderzusetzen haben.

Zwischenüberschrift

Mit der Entwicklung der »Personal Computer« (PC) wurden Werkzeuge geschaffen, die Text- und Bildbearbeitung auf kleinstem Raum ermöglichen, wobei der Kreativität (fast) keine Grenzen mehr gesetzt sind. Die Druckerei, Setzerei und Reproanstalt auf dem Schreibtisch wurde durch die Zauberformel »Desktop Publishing«, abgekürzt DTP, zur Realität. Ihr

</td>
<td>

Überschrift

Es gibt kaum Berufszweige, die von der Entwicklung der Computertechnik verschont geblieben sind. Das gilt auch für Schriftsetzer und Reprophotographen, zwei kreativen Berufen der Druckindustrie, die sich mit der Text- bzw. Bildgestaltung auseinanderzusetzen haben.

Zwischenüberschrift

Mit der Entwicklung der »Personal Computer« (PC) wurden Werkzeuge geschaffen, die Text- und Bildbearbeitung auf kleinstem Raum ermöglichen, wobei der Kreativität (fast) keine Grenzen mehr gesetzt sind. Die Druckerei, Setzerei und Reproanstalt auf dem Schreibtisch wurde durch

</td>
</tr>
</table>

Direkte Regeln für das Verhältnis von freiem Raum zur Überschrift gibt es nicht, da das in unmittelbarem Zusammenhang mit der Gesamtgestaltung zu sehen ist. Es hat sich aber bewährt, daß der freie Raum zwischen Überschriften und Text großzügig bemessen wird (siehe Überschriften dieses Lehrbuchs), damit sie ihrer Funktion gerecht werden und als Blickfang wirken.
Bei Überschriften im Text sollte beachtet werden, daß der freie Raum über der Überschrift logischerweise größer sein muß als zwischen Überschrift und Text, denn die Überschrift ist immer Bestandteil des Folgetextes.

Als Faustregel gilt, daß *eine* Leerzeile der Grundschrift über und eine halbe unter der im Text stehenden Überschrift vorhanden sein sollte.

Falls Registerhaltigkeit gefordert ist, können Überschriften in folgender Weise behandelt werden:

Überschriften und Registerhaltigkeit

Aus typographischer Sicht ist Registerhaltigkeit ein Maßstab für die hohe Qualität einer Drucksache (vgl. Abbildungen 4.5 und 4.6). Hinderungsgrund für das Erreichen von Registerhaltigkeit können Überschriften über und im Text sein, und zwar dann, wenn Schriftgrade verwendet werden, die von der Grundschrift abweichen.
Wie trotzdem Registerhaltigkeit erreicht werden kann zeigt folgendes Schema:

Überschrift am Anfang

Es gibt kaum Berufszweige, die von der rasanten Entwicklung der Computertechnik verschont geblieben sind. Das gilt auch für Schriftsetzer und Reprophotographen, zwei kreativen Berufen der Druckindustrie, die sich mit der Text- bzw. Bildgestaltung auseinanderzusetzen haben.
Mit der Entwicklung der »Personal Computer« wurden Werkzeuge geschaffen, die Text- und Bildbearbeitung auf kleinstem Raum ermöglichen, wobei der Kreativität keine Grenzen mehr gesetzt sind.

2

Überschrift im Text

1

Die Druckerei, Setzerei und Reproanstalt auf dem Schreibtisch wurde durch die Zauberformel »Desktop Publishing«, abgekürzt DTP, zur Realität.
Ihr Interesse für Typographie läßt den Rückschluß zu, daß Sie sich mit dem Thema Gestaltung, eventuell sogar im Zusammenhang mit DTP, auseinanderzusetzen haben. Es wird folglich unterstellt, daß Ihnen die Bedienung der Hard- und Software bereits nahegebracht worden sind, Sie also mit dem Werkzeug umgehen können.

Überschrift im Text zweizeilig

Dieses Lehrbuch enthält deshalb keine Bedienungsanweisungen für irgendein Gestaltungssystems, sondern nur neutrale Gestaltungsregeln für Drucksachen jeder Art. Es werden fachliche Kenntnisse aus den Berufen Schriftsetzer und Reprophotograph vermittelt, die bei gestalterischen Aufgaben beachtet werden sollten. Es wird von Typographie und Satz, von Layout und Satzspiegel, von Schrift und von Schriftart von Rasterpunkt und von Dichte die Rede sein.

Überschrift am Anfang zweizeilig

Apropos Typographie und Satz. Beide Begriffe werden gleich an dieser Stelle »unter die Lupe« genommen, denn sie werden uns als Leitworte durch das
3 ganze Lehrbuch hindurch begleiten.
Beginnen wir mit der **Typographie**. In einem Lexikon wird dieser Begriff so erläutert: »Typographie ist die Umwandlung eines geschriebenen Textes in einen gedruckten Text«. Dem ist im Prinzip nichts hinzuzufügen. Man kann es aber noch treffender sagen: »Typographie ist die Lehre des Gestaltens einer Drucksache, um eine optimale Lesbarkeit zu erzielen.«
Die Kunst dabei ist der Umgang mit Bild, Schrift, Linie und Fläche als typographischen Gestaltungsmittel und ihre harmonische Anordnung auf einem ausgewählten Format.

Abbildung 9.17
Prinzip des Erhalts
der Registerhaltigkeit

Bei einer einzeiligen Überschrift, die größer als die Grundschrift ist, wird die Distanz, die sich aus der Differenz des Schriftgrades der Überschrift im Verhältnis zu zwei **Leerzeilen** (1) ergibt, unter die Überschrift als Leerraum plaziert. Der Abstand zum Vortext wird durch eine Leerzeile (2) geregelt. Steht die einzeilige Überschrift am Anfang einer Seite, so entfällt die Leerzeile.
Bei einer mehrzeiligen Überschrift im Text bleibt der freie Raum zwischen Überschrift und Text, wie bei der einzeiligen Version, erhalten. Der Grund dafür: Die Überschrift gehört immer zum Folgetext, folglich muß der freie Raum darunter immer gleich bleiben. Dagegen kann der Freiraum darüber zur Erhaltung der Registerhaltigkeit variiert werden (3).
Bei mehr als einer Überschriftszeile am Seitenanfang bleibt die Differenz (3) frei. Die Überschrift ist nach diesem Prinzip zwar nicht am Seitenanfang plaziert, das optische Bild wird dadurch aber nicht negativ beeinträchtigt. Das wird auf der folgenden Seite verdeutlicht.

Überschrift am Anfang

Es gibt kaum Berufszweige, die von der rasanten Entwicklung der Computertechnik verschont geblieben sind. Das gilt auch für Schriftsetzer und Reprophotographen, zwei kreativen Berufen der Druckindustrie, die sich mit der Text- bzw. Bildgestaltung auseinanderzusetzen haben.
Mit der Entwicklung der »Personal Computer« wurden Werkzeuge geschaffen, die Text- und Bildbearbeitung auf kleinstem Raum ermöglichen, wobei der Kreativität keine Grenzen mehr gesetzt sind.

Überschrift im Text

Die Druckerei, Setzerei und Reproanstalt auf dem Schreibtisch wurde durch die Zauberformel »Desktop Publishing«, abgekürzt DTP, zur Realität.
Ihr Interesse für Typographie läßt den Rückschluß zu, daß Sie sich mit dem Thema Gestaltung, eventuell sogar im Zusammenhang mit DTP, auseinanderzusetzen haben. Es wird folglich unterstellt, daß Ihnen die Bedienung der Hard- und Software bereits nahegebracht worden sind, Sie also mit dem Werkzeug umgehen können.

Überschrift im Text zweizeilig

Dieses Lehrbuch enthält deshalb keine Bedienungsanweisungen für irgendein Gestaltungssystems, sondern nur neutrale Gestaltungsregeln für Drucksachen jeder Art. Es werden fachliche Kenntnisse aus den Berufen Schriftsetzer und Reprophotograph vermittelt, die bei gestalterischen Aufgaben beachtet werden sollten. Es wird von Typographie und Satz, von Layout und Satzspiegel, von Schrift und von Schriftart von Rasterpunkt und von Dichte die Rede sein.

Überschrift am Anfang zweizeilig

Apropos Typographie und Satz. Beide Begriffe werden gleich an dieser Stelle »unter die Lupe« genommen, denn sie werden uns als Leitworte durch das ganze Lehrbuch hindurch begleiten.
Beginnen wir mit der **Typographie**. In einem Lexikon wird dieser Begriff so erläutert: »Typographie ist die Umwandlung eines geschriebenen Textes in einen gedruckten Text«. Dem ist im Prinzip nichts hinzuzufügen. Man kann es aber noch treffender sagen: »Typographie ist die Lehre des Gestaltens einer Drucksache, um eine optimale Lesbarkeit zu erzielen.«
Die Kunst dabei ist der Umgang mit Bild, Schrift, Linie und Fläche als typographischen Gestaltungsmittel und ihre harmonische Anordnung auf einem ausgewählten Format.

Abbildung 9.18
Optische Auswirkung des Prinzips zum Erhalt der Registerhaltigkeit.

An dieser Stelle sei zum Thema ergänzt: Am bequemsten ist der Erhalt von Registerhaltigkeit durch Verwendung von Überschriften im gleichen Schriftgrad der Grundschrift im halbfetten oder fetten Schnitt. Der Vorteil liegt auf der Hand: Eine Überschrift kann aus einer Zeile oder mehreren Zeilen bestehen, ohne daß die Registerhaltigkeit durchbrochen wird.
Der Nachteil ist schwerwiegender, weil diese Gestaltungsform als ideenlos und langweilig zu bezeichnen ist.

Überschriften in Rahmen und Flächen

Zwei Varianten in der Gestaltung von Überschriften bestehen in der Möglichkeit der Umrandung und im Unterlegen des Textes mit einer Fläche.

Bei Verwendung einer Umrandung müssen die freien Räume über und unter dem Text innerhalb ausgewogen sein. Auch der Freiraum zwischen Überschrift und Text darf nicht zu eng sein. Eine Leerzeile der Grundschrift ist eine angemessene Distanz.

Überschrift

Abbildung 9.19
Optimale Gestaltung
einer umrandeten Überschrift

Abbildung 9.20
Fehlgestaltung
einer umrandeten Überschrift

Überschrift

In Abbildung 9.19 wird eine ausgewogene Raumverteilung gezeigt. Die Linienstärke ist im angemessenen Verhältnis zur Schrift gewählt worden.
In Abbildung 9.20 wird dagegen gezeigt, wie es nicht sein soll. Die Räume sind viel zu eng, die Schrift wird »erdrückt«, die Linienstärke ist zu fett. Linien sollten bei einer Umrandung der Überschrift niemals dominieren, denn nicht die Linie, sondern der Text ist das Wichtigere.

Bei der Unterlegung von Überschriften mit Flächen muß darauf geachtet werden, daß die Fläche nicht zu dunkel gewählt wird, da die Schrift dann unleserlich wird. Das gilt sowohl für eine **Tonwertfläche** als auch für eine farbige **Vollfläche** (siehe dazu Kapitel 11).
Eine Variante der Fläche besteht darin, daß die Schrift negativ erscheint. Auch hierzu ist im Kapitel 11 das aus gestalterischer Sicht zu Beachtende nachzulesen.

Überschrift

Überschrift

Abbildung 9.21
Überschrift
in einer Fläche (links)
und als Negativ (rechts)

Bezüglich des Stands von umrandeten Überschriften in vertikaler Richtung sei auf folgende optische Gesetzmäßigkeit hingewiesen: Während die horizontale Ausrichtung von Text durch die Spaltenbreite bestimmt wird, sollte die vertikale Anordnung von Texten jeder Art nach einem Prinzip geschehen, das man als Plazieren auf **optische Mitte** bezeichnet.

Dieses Prinzip der optischen Mitte wird in Abbildung 9.22 dem Prinzip der rechnerischen Mitte gegenübergestellt.

Abbildung 9.22 Gegenüberstellung der Plazierung einer Zeile auf rechnerische (links) und optische Mitte (rechts) und deren Auswirkung (unten)

Typographie

Typographie

Typographie

Typographie

Wie zu sehen ist, fällt die auf vertikale, rechnerische Mitte ausgerichtete Zeile nach unten durch, das heißt, sie steht optisch zu tief (Abbildung 9.22, links unten). Die nach dem Prinzip der optischen Mitte angeordnete Zeile dagegen (rechts unten) »steht ganz einfach besser im Raum«.

Für das Maß der Abweichung der rechnerischen und optischen Mitte gibt es keine Regeln. Hier ist das Formengefühl des Typographen gefordert. Als Richtlinie kann man jedoch nach dem Prinzip verfahren, das in Abbildung 9.22 oben dargestellt ist:

Man plaziere die Zeile auf rechnerische Mitte und stelle die Position der Unterkante der Mittellängen fest. Auf diese Position sollten die Unterlängen plaziert werden.

Bildhafte Gestaltung von Überschriften

Eine besondere Form der Gestaltung von Überschriften besteht darin, daß ihre Aussage entweder durch Verwendung einer dem Thema entsprechenden Schrift (vgl. Abbildung 5.54), durch Modifikation im Sinne zulässiger Typographie oder durch Manipulation einzelner Buchstaben bildhaft unterstützt wird. Diese interessante Gestaltungsform wird häufig in Zeitschriften angewandt. Sie verleiht dem betreffenden Artikel bei gelungener Originalität oft das Merkmal »besonders lesenswert«.

Licht und Schatten
Licht und Schatten
Licht und **Schatten**

Abbildung 9.23
In der unteren Zeile wird die Aussage Licht und Schatten symbolisch durch modifizierte Schrift unterstützt

Eine durch zulässige Schriftmodifikation gestaltete Überschrift wird in Abbildung 9.23 dargestellt. Die Begriffe Licht und Schatten werden durch Verwendung von Konturen- oder Schattenformen verstärkt.
Eine Aussage durch Manipulation einzelner Buchstaben erfordert nicht nur typographische Fähigkeiten, sondern auch ein großes Maß an Phantasie und Einfallsreichtum. Beispiele dafür sind die in Abbildung 9.24 gezeigten Schlagworte.

DIEBST HL

FALL BST
O

REGIER**EN**

STEUERREFORM

Abbildung 9.24
Bildhaftes Gestalten von Überschriften durch Manipulation einzelner Buchstaben

Eine interessante Variante der bildhaften Darstellung von Überschriften besteht darin, daß man die durch Manipulation von einzelnen Buchstaben gestaltete Schlagzeile mit Text zu einer Einheit kombiniert (Abbildung 9.25).
Vorsicht ist dagegen bei Gestaltungsformen geboten, in der Buchstaben verformt werden, wie in Abbildung 9.26 dargestellt. Buchstabenverformungen jeder Art sind aus typographischer Sicht grundsätzlich abzulehnen (vgl. Abbildung 5.20).

Abbildung 9.25
Kombination
einer bildhaft
gestalteten Schlagzeile
mit Text

Abbildung 9.26
Buchstabenverformungen
in einer bildhaft
gestalteten Schlagzeile

Abschließend sei zu diesem Thema gesagt, daß eine bildhaft gestaltete Überschrift die einzige Gestaltungsform ist, bei der die textliche Aussage nicht unbedingt auf Anhieb erkannt werden muß, denn sie sollte sich in erster Linie durch Originalität auszeichnen. Ideale Anwendung von bildhaften Überschriften ist die Identifikation von Serien in Zeitungen und Zeitschriften.

Logischer Textverlauf in Überschriften

Wie schon an anderer Stelle gesagt, ist die Erzielung optimaler Lesefreundlichkeit einer Drucksache eines der Hauptanliegen der Typographie. Hindernisse können trotz aller gutgemeinten typographischen Finessen schlecht zu lesende, langweilige Texte, aber beispielsweise auch vom Lesefluß her unlogisch aufgebaute Überschriften und Schlagzeilen sein.
Während man langweilige Texte normalerweise erst beim zweiten Hinschauen erkennt, fallen Schlagzeilen sofort auf. Selbst wenn neuesten Erkenntnissen der Werbegestaltung zufolge mit bewußt unlogisch aufgebauten Schlagzeilen in Anzeigen oder Prospekten die Aufmerksamkeit angeregt werden soll, so hat das mit Typographie nichts zu tun.
Ein Beispiel für unlogischen Zeilenaufbau ist in Abbildung 9.27 (oben) dem logischen Aufbau (unten) gegenübergestellt. Es ist festzustellen:
Mit nur wenigen Eingriffen kann nicht nur die Logik richtiggestellt, sondern oftmals auch der Zeilenfall verbessert werden.

**Unser Haus bietet Ihnen digitale
Text-Bild-Integration: Ihre
Chance, systemunabhängig zu
produzieren**

**Unser Haus bietet Ihnen
digitale Text-Bild-Integration:
Ihre Chance,
systemunabhängig zu produzieren**

Abbildung 9.27
Gegenüberstellung
eines unlogischen
und logischen Zeilenverlaufs

Bei Nachbesserung des Textverlaufs in Schlagzeilen und Überschriften sollte gleichzeitig auch die mehrfach angesprochene individuelle Korrektur von Wortzwischenräumen berücksichtigt werden.
Im dargestellten Fall in Abbildung 9.27 wurden bei der Nachbesserung der Logik des Zeilenfalls gleichzeitig die Räume zwischen »r und H« in der ersten Zeile, zwischen »e und T« in der zweiten Zeile sowie zwischen »e und C« in der dritten Zeile reduziert, um sie dem optischen Raum zwischen »g und z« und »u und p« in der unteren Zeile anzupassen.

Logischer Textverlauf in Schlagzeilen und Überschriften sollte auch *dann* oberstes Gebot sein, wenn es, wie so oft im Leben eines Typographen, »nicht in die Gestaltung paßt«.
Ein praxisnahes Beispiel ist in Abbildung 9.28 dargestellt. Nach Gestaltungsvorstellungen des Typographen sollte ein Text in einer bestimmten Schriftgröße und Schriftart vier Zeilen ausmachen. Daß dieses Vorhaben mißlungen und leseunfreundlich ist, zeigt der Textverlauf.

Abbildung 9.28
Gegenüberstellung verschiedener Zeilenverläufe mit dem gleichen Text

Der erste Tag in der Schule: Ein Schweben im Gefühl des Glücks	Der erste Tag in der Schule: Ein Schweben im Gefühl des Glücks

Der erste Tag in der Schule:
Ein Schweben im Gefühl des Glücks

Die Empfehlung kann daher nur lauten, vorgeschriebene Texte von vornherein gedanklich in die Gestaltung einzubeziehen. Gestaltung heißt also nicht nur, daß man sich Gedanken über Satzspiegel und andere Gestaltungskriterien macht, sondern sich auch mit dem Text befaßt und gestalterisch darauf eingeht. Im vorliegenden Fall hätten gestalterisch entweder fünf Zeilen oder auch nur zwei Zeilen, wie in Abbildung 9.28 dargestellt, einen besseren Zeilenverlauf ergeben.

Grundsätzlich sei zu diesem Thema ergänzt, daß auch kurze Texte, die im Flattersatz-Modus ausgeschlossen sind, neben einem guten Zeilenrhythmus auch vom Inhalt der Zeile im Sinne dieses Abschnitts behandelt sein sollten.
Ein gutes Beispiel dafür sind die Bildtexte dieses Lehrbuchs. Es wurde versucht, beide Kriterien in die Gestaltung einzubeziehen, wobei ein nicht immer vorhandener Vorteil bestand, nämlich die Textveränderung in Eigenregie.

Die Linie als Gestaltungsmittel

10

Linien innerhalb einer Drucksache haben entweder trennenden, verbindenden oder als Gestaltungsmittel angewandt, schmükkenden Charakter.
Trennenden Charakter haben beispielsweise Spaltenlinien (siehe Abbildungen 3.17 bis 3.20). Verbindenden Charakter dagegen haben Linien unter einem lebenden Kolumnentitel (siehe Abbildungen 3.24 bis 3.28). Der schmückende Charakter von Linien wird in einigen Beispielen dieses Kapitels verdeutlicht.
Bevor auf schmückende Gestaltungsformen mit Linien näher eingegangen wird, sollen zunächst die verschiedenen Linienarten dargestellt werden.

Als erstes sei die Gruppe *der* Linien erwähnt, die nach ihrem Schriftbild benannt wird. Ab einem typographischen Punkt aufwärts kann mit allen Systemen jede Linienstärke, ausgedrückt in »x Punkt **fette Linie**«, erzeugt werden. *Unter* einem Punkt sind die **feine Linie** mit einer Stärke von etwa einem Viertelpunkt sowie die **stumpffeine Linie** mit etwa einem halben Punkt Stärke zu nennen.

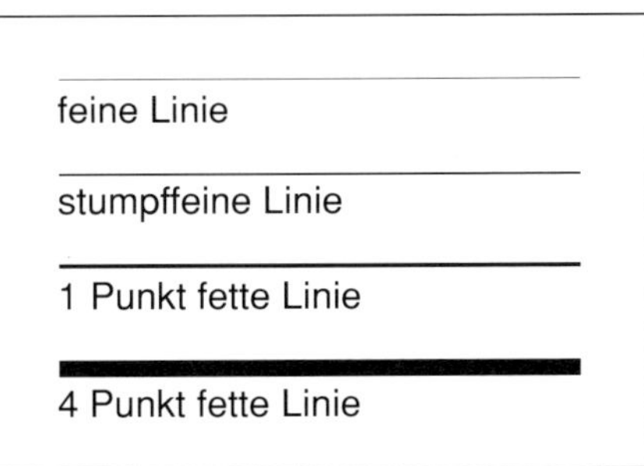

Abbildung 10.1
Erscheinungsbild unterschiedlicher Linienarten

doppel-stumpffeine Linie
fett-feine Linie
Azureelinie

Abbildung 10.2
Kombination unterschiedlicher Linienarten

Aus den in Abbildung 10.1 gezeigten Linienarten lassen sich andere kombinieren, die in Abbildung 10.2 gezeigt werden.
Neben fett-feinen Linienkombinationen seien auch **Azureelinien** erwähnt. Sie bestehen aus mehreren feinen oder stumpffeinen Linien und werden zur Fälschungssicherung bei Einträgen, beispielsweise von Geldbeträgen in Scheckformularen, verwendet. Die gleiche Funktion haben auch **Moirélinien**, die wellenförmigen Charakter haben.

Senkrecht schraffierte Linie

Schräg schraffierte Linie

Gerasterte Linie

Abbildung 10.3
Linienvarianten

Auch Linien mit senkrechten und schrägen Schraffierungen oder **Rasterpunkten**, Zierlinien und **Reihenornamente** gehören zu den Linienarten. Dazu seien **Vignetten** erwähnt, das sind Schmuckelemente mit figürlichen Darstellungen; sie können ebenso in Linienumrandungen integriert werden, wie gerundete und verzierte Eckstücke (Abbildung 10.5).

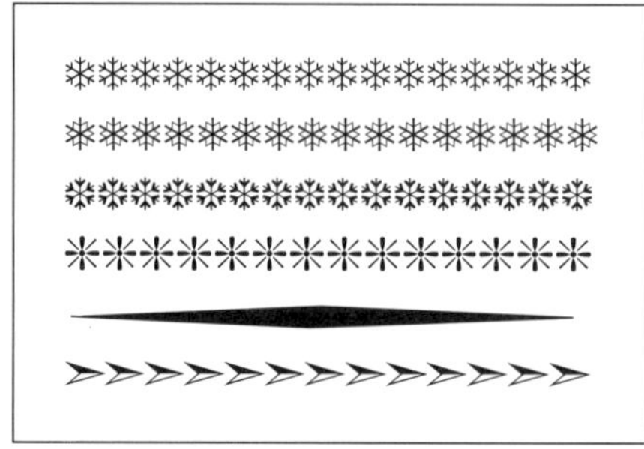

Abbildungen 10.4
Reihenornamente
und englische Linie

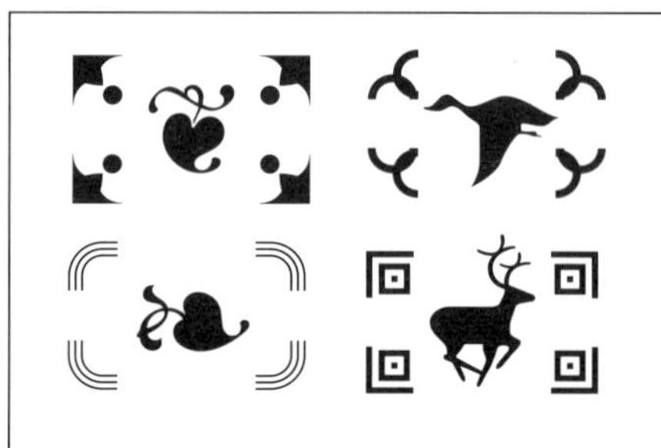

Abbildung 10.5
Vignetten und Eckstücke

Zur großen Familie der Linien gehören auch die sogenannten **englischen Linien**. Ihr Schwerpunkt ist in der Mitte, ihre Enden verjüngen sich nach beiden Seiten (Abbildung 10.4).

Akkoladen sind geschweifte oder verbindende Klammern, mit denen textbezogene Erläuterungen markiert werden können (Abbildung 10.6). Diese Erläuterungen können links, rechts, oben und unten zum bezugnehmenden Text angeordnet sein. Folglich gibt es auch vier Varianten, deren »Nasen«, wie man die Spitze bezeichnet, in alle genannten Richtungen zeigen können. Für kleinere zusammenzuziehende Texte sind Akkoladen »in einem Stück« vorhanden, für größere Textmengen bestehen sie aus mehreren Stücken. Würde man die Akkoladen aus einem Stück für größere Textmengen verwenden, würden sie aufgrund der notwendigen Vergrößerungen das Satzbild sprengen. Auch hier gilt: Die Stärke einer Akkolade sollte dem Schriftbild der Grundschrift angepaßt sein.

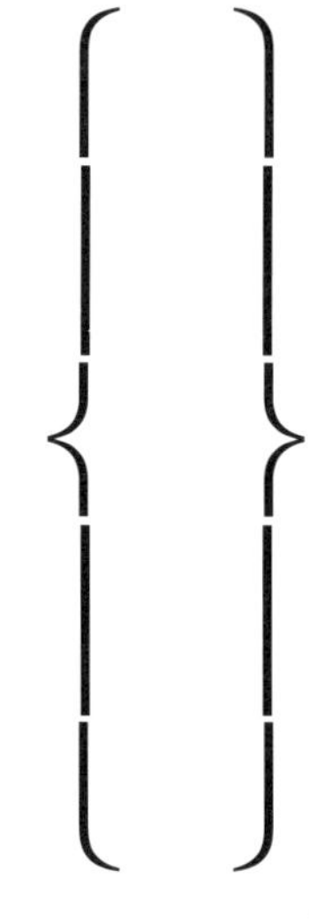

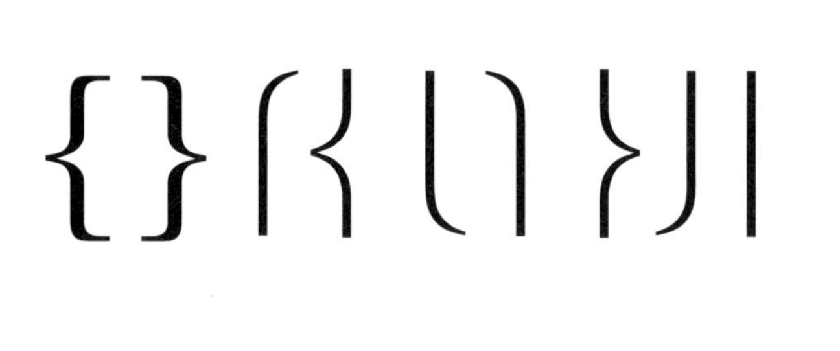

Abbildung 10.6
Geschweifte Klammern
oder Akkoladen

Bei der Anwendung von Linien als Gestaltungsmittel sei zunächst auf optische Begebenheiten hingewiesen, die ein Gestalter wissen sollte. Es ist wissenschaftlich erwiesen, daß beim ersten Betrachten einer Drucksache eine senkrechte Linie immer eher wahrgenommen wird als eine waagerechte. Es ist ebenso erwiesen, daß eine schräge Linie vor einer senkrechten wahrgenommen wird. Diesen Erkenntnissen entsprechend können die genannten Linienarten in die Gestaltung einbezogen werden.
Man sollte jedoch beachten: Linien sollten sparsam verwendet werden, um nicht *das* zu erreichen, was aus typographischer Sicht auf gar keinen Fall beabsichtigt werden sollte, nämlich daß sie stark dominieren und infolgedessen die Text- oder Bildaussage in den Hintergrund stellen.
Linien können als Gestaltungsmittel in fast allen Drucksachen oder gestaltenden Bestandteilen angewandt werden, vor allen Dingen dann, wenn dem Gestalter ein oder auch mehrere Farben zur Verfügung stehen.

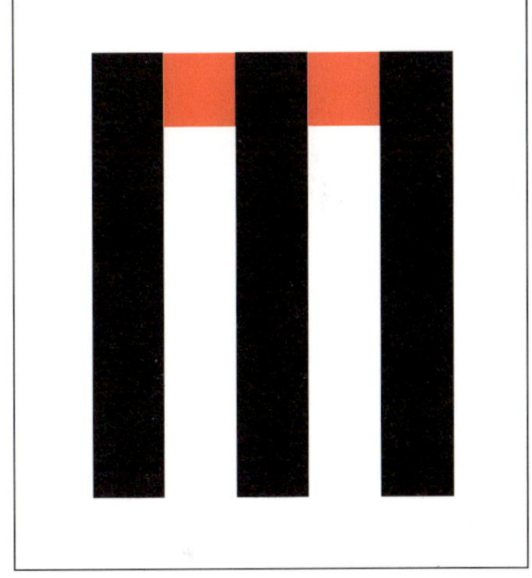

Abbildung 10.7
Beispiel
eines mit Linien
gestalteten Signets

Als Gestaltungsbeispiel ist in Abbildung 10.7 ein mit Linien gestaltetes **Signet** dargestellt. Die Firma Müller wirbt mit diesem Firmenzeichen für ihre Dienstleistungen. Die drei senkrechten Linien symbolisieren Röhren und stilisieren gleichzeitig das »M«. Die zwischen den Linien stehenden Quadrate verbinden die Linien und repräsentieren mit dem Leerraum zwischen den Linien das »ü«. Das Signet stellt also die beiden Buchstaben »Mü« dar, symbolisiert aber auch das Röhrenangebot.

Ein anderes Beispiel in Abbildung 10.8 stellt ein in Werbedrucksachen stets wiederkehrendes Muster einer Firma dar, die als Dienstleistung das Verlegen von Parkettfußböden anbietet. Es ist zwar kein Signet im eigentlichem Sinne, hat aber im Prinzip die gleiche Wirkung.
Diese Art der Typographie bezeichnet man als **ornamentales Gestalten** mit Linien, die Gestaltungskunst mit Phantasie verbindet.

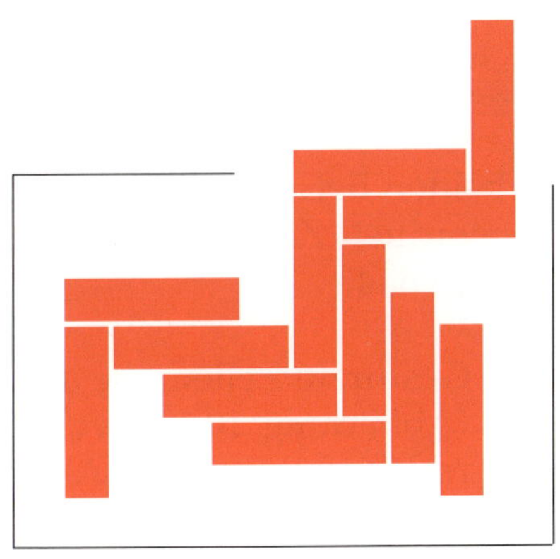

Abbildung 10.8
Ornamentales Gestalten
mit Linien

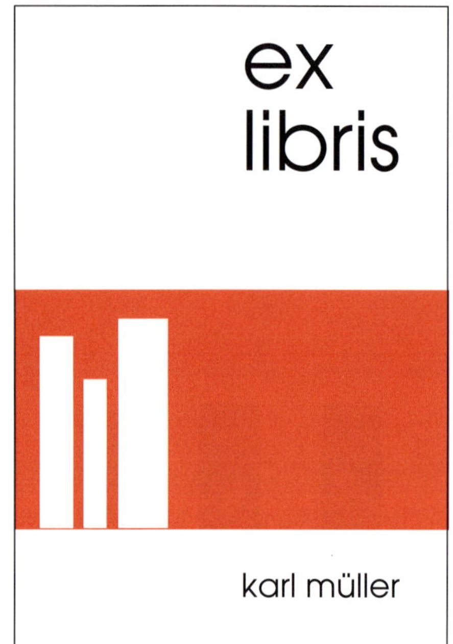

Abbildung 10.9

Bildliche Darstellung mit Linien wird auch in einem Exlibris in Abbildung 10.9 in Originalgröße gezeigt. Ein **Exlibris**, lateinisch »aus den Büchern«, ist ein kleines Papierblatt, das auf der vorderen Innenseite des Umschlags eines Buches eingeklebt wird, um somit den Eigentümer dieses Buches auszuweisen.
In Abbildung 10.9 werden Bücher im Regal durch Linien symbolisch dargestellt.
In zwei anderen Beispielen der gleichen Kategorie von Drucksachen wird die gestaltende und verbindende Wirkung von Linien gezeigt.
In der Abbildung 10.10 dominieren die Kombinationen von Linien zu Rechtecken, die Bücher darstellen sollen; der Text tritt in den Hintergrund.
In Abbildung 10.11 dagegen ist der Text dominierend. Die Linien verbinden die einzelnen Buchstaben des Wortes »exlibris« und vermitteln den Eindruck von Büchern, die in einem Regal eingeordnet sind.

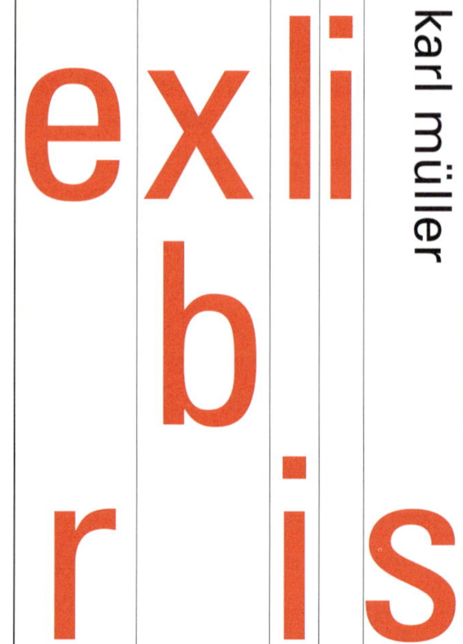

Abbildungen 10.10 und 10.11

In beiden Beispielen sind **gestürzte Zeilen,** das sind senkrecht angeordnete Zeilen, dargestellt, zu deren Anwendung folgendes zu sagen ist:

Gestürzte Zeilen, die auf der linken Seite angeordnet sind (Abbildung 10.10), verlaufen von unten nach oben und rechts angeordnete (Abbildung 10.11) umgekehrt von oben nach unten.

Linien können auch in die Gestaltung von Privatdrucksachen einbezogen werden. In Abbildung 10.12 ist der Kopf eines Privatbriefbogens dargestellt, in dem die Anschrift durch eine Linie vom Namen auf der linken Seite abgegrenzt wird. Die Linie gibt dem Briefbogen eine interessante Note; er hebt sich ein wenig von anderen Briefbögen ab. Es hätte auch eine englische Linie verwendet werden können, allerdings logischerweise in senkrechter Anordnung, vielleicht sogar in einer zweiten Farbe.

Margret Schmalbruch

3300 Braunschweig
Karl-Schmidt-Straße 6
Telefon (05 31) 22 67 98

Abbildung 10.12

In einem weiteren Beispiel in Abbildung 10.13 dienen Linien als gestaltende Elemente zur Unterstützung der Gliederung einer sechsseitigen, zweimal gefalzten Einladungskarte.
Die Seiten zwei bis vier enthalten das Programm, das in drei Teile aufgegliedert ist. In diesem Falle dürfen die Linien ruhig etwas fetter sein, weil sie erstens viel freien Raum um sich herum haben und zweitens als Blickfang der Programmunterteilung gedacht sind und drittens in Farbe gedruckt sind.

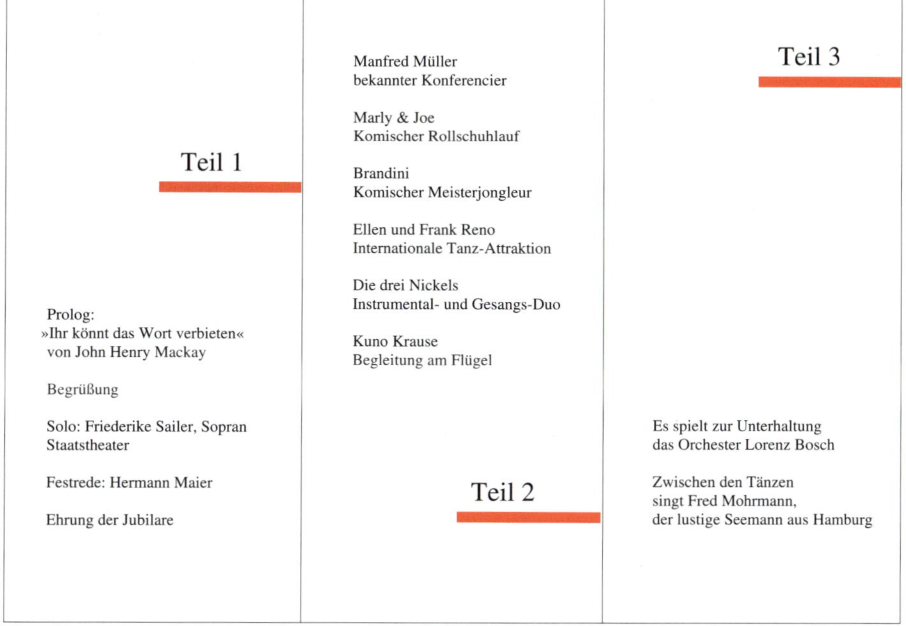

Teil 1

Prolog:
»Ihr könnt das Wort verbieten«
von John Henry Mackay

Begrüßung

Solo: Friederike Sailer, Sopran
Staatstheater

Festrede: Hermann Maier

Ehrung der Jubilare

Manfred Müller
bekannter Konferencier

Marly & Joe
Komischer Rollschuhlauf

Brandini
Komischer Meisterjongleur

Ellen und Frank Reno
Internationale Tanz-Attraktion

Die drei Nickels
Instrumental- und Gesangs-Duo

Kuno Krause
Begleitung am Flügel

Teil 2

Teil 3

Es spielt zur Unterhaltung
das Orchester Lorenz Bosch

Zwischen den Tänzen
singt Fred Mohrmann,
der lustige Seemann aus Hamburg

Abbildung 10.13
Die inneren senkrechten Linien dieses Programmes symbolisieren zwei Falze

Und noch ein Beispiel für Linienkombinationen. Es ist ein Prospekt einer Firma zu gestalten, die ihr Warenangebot zweimal jährlich präsentiert.
Die Grundgestaltung beruht auf einer Linienkombination, in die Text hineingestellt wird (graue Flächen). Dieser Prospekt erscheint alle Jahre in der gleichen Form, so daß der interessierte Verbraucher den Absender sofort am Erscheinungsbild wiedererkennt.

Abbildung 10.14
Beispiel
einer Linienkombination

Die Tonfläche als Gestaltungsmittel

11

Bei der Anwendung von Tonflächen als Gestaltungsmittel muß grundsätzlich zwischen Volltonflächen und Tonwertflächen unterschieden werden.
Bei **Volltonflächen** gibt es nur die beiden Möglichkeiten flächig weiß oder flächig schwarz, alternativ zu schwarz auch farbig. Man spricht im ersten Falle von einer Tonfläche mit null Prozent Deckung (**Transparenz**) und im zweiten Fall von einer Tonfläche mit einhundert Prozent Deckung (**Opazität**).

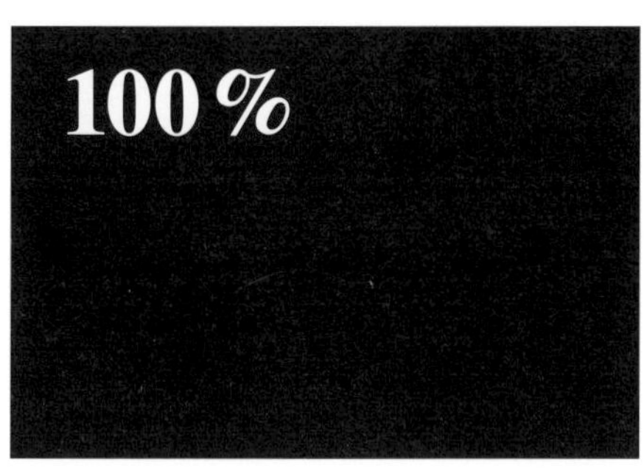

Abbildung 11.1
Weiße Volltonfläche (links) mit positiver Schrift und schwarze Vollfläche (rechts) mit negativer Schrift

Mit einer **Tonwertfläche** dagegen können alle Werte zwischen null und einhundert Prozent Deckung erreicht werden. Die Realisierung erfolgt mit einem Verfahren, das bereits erwähnt wurde, und zwar mit Tonwert-Rastern.
Ein **Raster** entsteht durch ein Netz von senkrechten und waagerechten Linien, das über eine Fläche gelegt wird, wie in Abbildung 11.2 gezeigt. Stellt man nun in die daraus resultierenden Quadrate Punkte hinein und denkt sich die Linien weg, so ist man dem Aufbau und auch der Wirkungsweise einer Tonwertfläche sehr nahe.

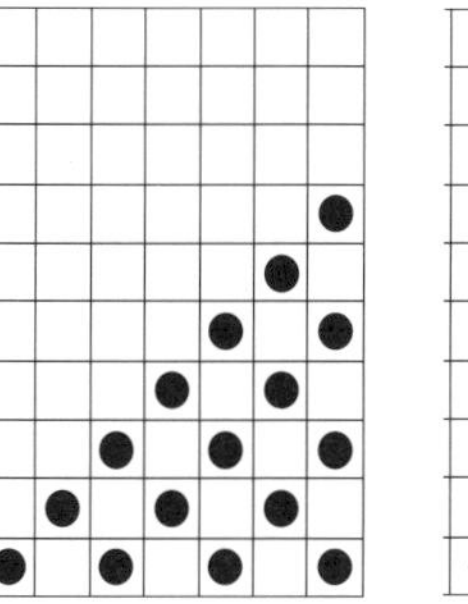

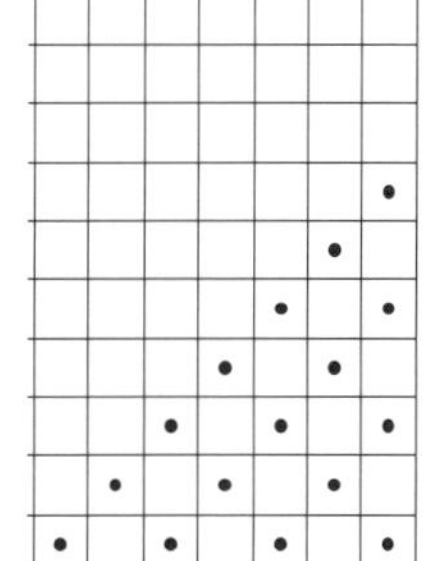

Abbildung 11.2
Ein Raster ergibt sich aus einem Netz sich waagerecht und senkrecht kreuzender Linien

Der Tonwert ergibt sich aus der Größe des Punktes und somit aus der Aussage, um wieviel Prozent er die fiktive Fläche eines Quadrates ausfüllt. Würde die Fläche hundertprozentig ausgefüllt werden, so wäre das Ergebnis wiederum eine Volltonfläche.
In der Abbildung ist deutlich zu sehen: Je größer die Punkte , um so dunkler wirkt die Fläche. Dazu ist ferner anzumerken: Je nach Verfahren kann der Punkt quadratische, elliptische oder runde Form haben.

Eine Tonwertfläche besteht demzufolge aus Einzelpunkten, die man auch als **Rasterpunkte** bezeichnet. Dazu merke man sich:

Entsprechend der Größe der Rasterpunkte ist die Deckung der Fläche. Man bezeichnet die Deckung auch als **Dichte**.

In Abbildung 11.3 sind Rasterpunkte in den Dichten von 10, 20, 30, 40, 60 und 80 Prozent verwendet worden.

Abbildung 11.3
Darstellung unterschiedlicher Dichten in Tonwertflächen

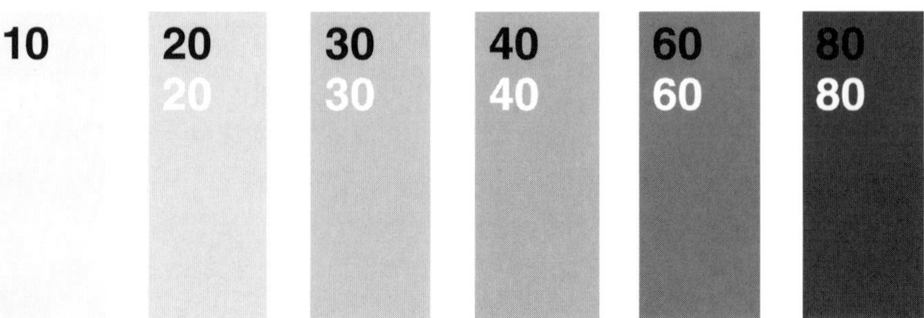

In unmittelbarem Zusammenhang mit der Abbildung 11.3 sei auf eine weitere Variante der Gestaltung und Anwendung von Tonwertflächen aufmerksam gemacht:
Würden die in Abbildung 11.3 dargestellten Flächen nahtlos ineinander übergehen, so würde man von einer **verlaufenden Tonwertfläche** sprechen. Eine verlaufende Fläche kann demzufolge alle Tonwerte von null bis einhundert Prozent Deckung enthalten.

Abbildung 11.4
Darstellung einer verlaufenden Tonwertfläche

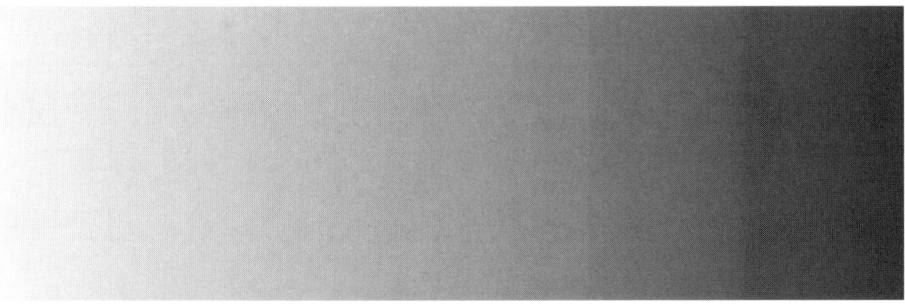

In Abbildung 11.4 ist beispielsweise eine verlaufende Fläche mit den Werten von zehn bis achtzig Prozent Dichte dargestellt.

Ein weiterer wichtiger Gestaltungsaspekt bei der Anwendung einer Tonwertfläche ist die Anzahl der Punkte, die in horizontaler Richtung auf der Distanz eines Zentimeters nebeneinanderstehen können. Man spricht dabei von einer **Auflösungsfeinheit** oder von **Rasterweite** (siehe dazu auch Kapitel 12).

Mit Auswahl einer Rasterweite steht dem Gestalter ein weiteres Hilfsmittel zur Darstellung farblich unterschiedlicher Tonwerte zur Verfügung. Denn: Je näher die Punkte aneinanderstehen, um so dunkler ist die Fläche.
Das wird in Abbildung 11.5 verdeutlicht. Darin sind Tonwertflächen mit 30 Prozent Dichte in den Rasterweiten von 20, 25, 30, 35, 40, und 45 Punkten pro Zentimeter dargestellt. Man spricht dabei auch von Linien pro Zentimeter.

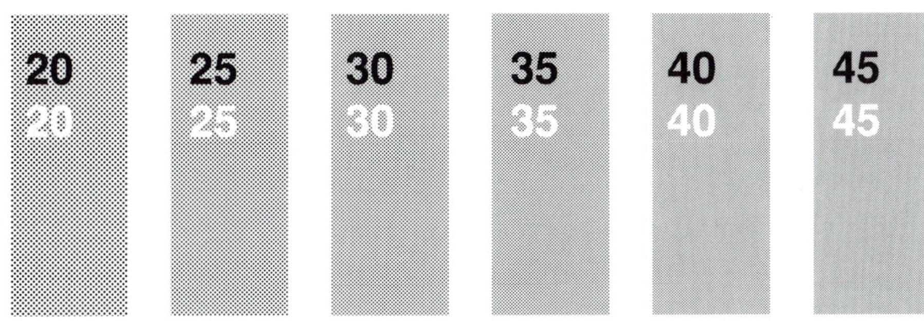

Abbildung 11.5
Darstellung
des Unterschiedes
der Rasterweite

Eine besondere Bedeutung bei der Anwendung von Vollton- und Tonwertflächen hat die Farbe. Vor allen Dingen Volltonflächen jeder Art sind in schwarzem Druck meist nicht zu akzeptieren, weil sie zu dominant sind.
Mit Tonwertflächen kann man aus gestalterischer Sicht darüber hinaus bei Verwendung *einer* Buntfarbe und gleichzeitiger Nutzung verschiedener Dichten und Rasterweiten erreichen, daß optisch unterschiedliche Farbtöne erzielt werden können. Das wird in Abbildung 11.6 gezeigt, in der im oberen Teil wiederum die Dichten von 10 bis 80 Prozent und im unteren Teil die Dichte von 30 Prozent in den in Abbildung 11.5 dargestellten Rasterweiten verwendet worden sind.

Abbildung 11.6
Darstellung
unterschiedlicher Farbwerte
bei verschiedenen Dichten
und Rasterweiten

Wenn man Schrift negativ in eine Volltonfläche hineinstellt, so muß man beachten, daß diese optisch immer enger wirkt als Schrift, die normal positiv gedruckt wird. Das soll in der Abbildung 11.7 verdeutlicht werden. Folglich muß negative Schrift in einer Volltonfläche ein wenig gesperrt werden, um optisch die gleiche Laufweite zu ergeben.
Das Maß der Sperrung hängt dabei sowohl von der Schriftart als auch vom Schriftgrad ab.

Abbildung 11.7
Dem Schriftgrad angepaßte leicht unterschnittene positive Schrift

Sprache
wird
durch Schrift
erst schön

Sprache
wird
durch Schrift
erst schön

Die gleiche Schriftart und der gleiche Schriftgrad mit den gleichen Unterschneidungswerten wirken als Negativ gegenüber dem Positiv enger

Sprache
wird
durch Schrift
erst schön

Die gleiche Schriftart und der gleiche Schriftgrad ohne Unterschneidung. Der Buchstabenabstand wirkt gegenüber dem Positiv angepaßt

Wenn in einer *einfarbigen* Drucksache für den Hintergrund eine Tonwertfläche verwendet werden soll, so muß die Lesbarkeit der Schrift, die da hineingestellt werden soll, garantiert sein. Wenn man sich dazu noch einmal den Inhalt der Abbildung 11.3 vor Augen führt, so könnte man zu folgendem Schema kommen:

Je größer die Dichte der Rasterpunkte in einer Tonwertfläche, um so eher muß die Schrift negativ gewählt werden. Je geringer die Dichte der Rasterpunkte, um so eher darf die Schrift positiv gestaltet werden.

Dabei ist unbedingt auch die Schriftart und Schriftgröße zu berücksichtigen. Wenn positive Schrift in großen Schriftgraden in eine Tonwertfläche mit zu akzeptierender Dichte hineingestellt werden soll, so können sowohl serifenlose Schriften als auch Schriften mit Serifen bedenkenlos verwendet werden.
In kleineren Brotschriftgraden dagegen ist die Verwendung von Schriften mit Serifen, und hier besonders aus klassizistischen Antiqua-Schriften mit feinen Serifen, bedenklich.
Die Unterschiede zwischen beiden Schriftstilen in großen und kleinen Schriftgraden in Tonwertflächen mit 10 bzw. 30 Prozent Dichte werden in Abbildung 11.8 gegenübergestellt.
Auch das wird deutlich: Sofern Tonwertflächen andersfarbig gedruckt werden, können sowohl große als auch kleine Schriftgrade unbedenklich verwendet werden. In allen Fällen sollten kleinere Schriftgrade leicht gesperrt werden.

Auch das sei erwähnt:

Tonwertflächen sollten nicht zusätzlich umrandet werden, da sie sich ihren eigenen Rahmen geben.

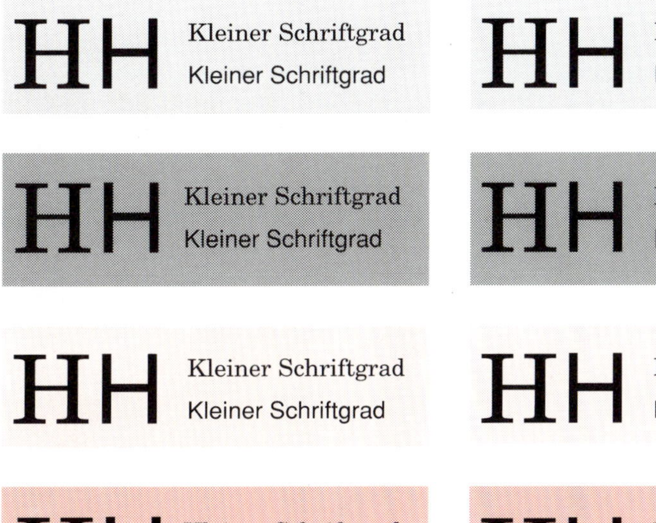

Abbildung 11.8
Schrift in Tonwertflächen, im jeweils rechten Beispiel sind die kleinen Schriftgrade leicht gesperrt

Exlibris Karl Müller

Abbildung 11.9
Diese Fläche wirkt erdrückend

Bei der Anwendung von Tonflächen als Gestaltungsmittel unterscheidet man grundsätzlich zwischen solchen, die das gesamte Papierformat oder aber solchen, die nur einen Teil des Papierformats einnehmen.

Bei Tonflächen, die das gesamte Papierformat einnehmen, sollte man bedenken, daß sie auch erdrückend wirken können, selbst dann, wenn sie farbig gedruckt sind, wie in Abbildung 11.9 dargestellt. Aus diesem Grunde sollten Tonflächen – Vollton oder Tonwert – gestalterisch aufgelockert werden.
Eine Form der Auflockerung wird in Abbildung 11.10 gezeigt. Durch Einblendung von kleinen negativen Flächen und auch negativer, in besonderer Form aufgelockerter Schrift, wird der gesamten Fläche das Erdrückende genommen.
Eine Variante ist in Abbildung 11.11 dargestellt. In eine Tonwertfläche von vierzig Prozent Dichte über das ganze Format ist das Wort »exlibris« – mit Ausnahme des zweiten »i« – als Negativ hineingestellt worden. Das schwarz dargestellte »i« schafft Verbindung zum Namen. Obwohl die gestürzte Namenszeile auf der rechten Seite plaziert ist, ist sie entgegen der Regel von unten nach oben gesetzt worden. Von oben nach unten plaziert hätte sie eher einen negativen Eindruck im wahrsten Sinne des Stürzens vermittelt.

Abbildung 11.10
Auflockerung der Fläche
durch extravagant
gestaltete Schrift

Abbildung 11.11
Auflockerung der Fläche
durch Rasterfläche
und negativer Schrift

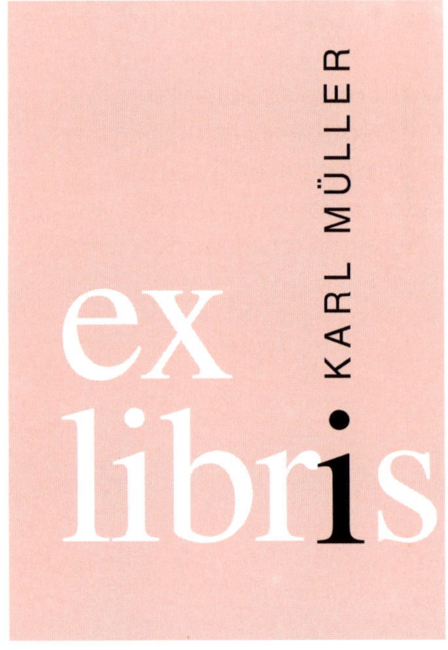

In der Abbildung 11.12 wird eine weitere Möglichkeit dargestellt, wie eine Tonfläche aufgelockert werden kann. Die Schrift dominiert, sie wird zur Fläche.

Abbildung 11.12
Schrift
wird zur Tonfläche

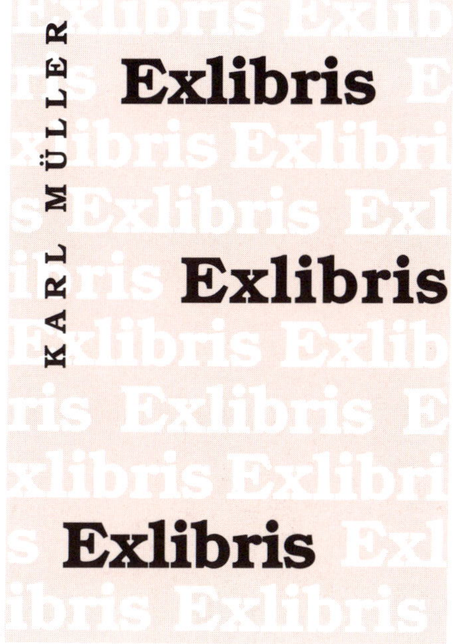

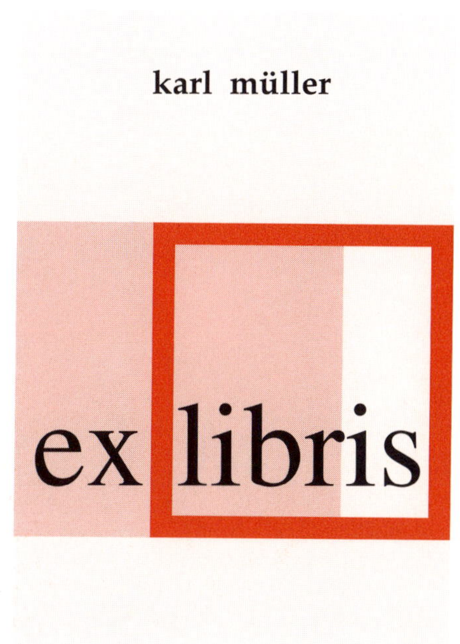

Abbildung 11.13
Das Format
wird durch Flächen
in Flächen unterteilt

In der Abbildung 11.13 wird die erwähnte zweite Variante der Anwendung von Tonflächen gezeigt, wenn das Format durch unterschiedlich große Flächen unterteilt wird.
Bei dieser interessanten Gestaltungsform sollte man unbedingt beachten, daß das Verhältnis der **Teilflächen** zueinander niemals 1:1 sein sollte. Das ist langweilig und ohne jede Dynamik (siehe Abbildung 11.14). Die Betonung sollte also nicht auf Teilung, sondern auf *Aufteilung* liegen.
Das Verhältnis der Flächen zueinander ist letztlich auch eine Frage des Empfindens. Anregungen über die Aufteilung werden ebenfalls in Abbildung 11.14 gegeben. Die Aufteilung kann sowohl in zwei als auch in drei Flächen erfolgen. Eine dreiflächige Variante wird auch in Abbildung 11.13 gezeigt.
Die praktische Anwendung kann beispielsweise auf Titelseiten zu Büchern, Broschüren und ähnlichen Drucksachen erfolgen. Das wird auf der folgenden Seite anhand einer verkleinerten Titelseite gezeigt, deren Originalformat DIN A4 beträgt.

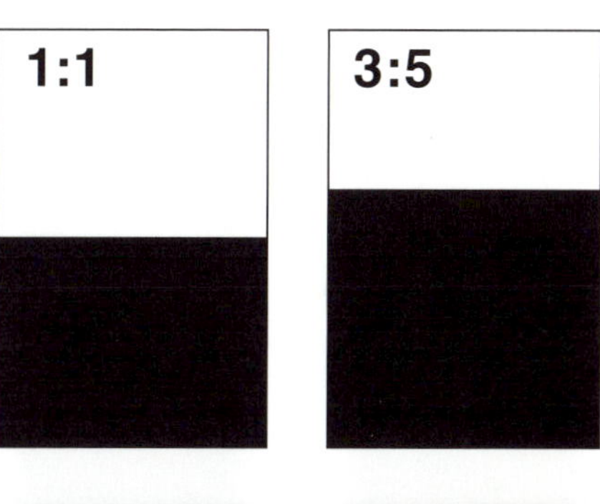

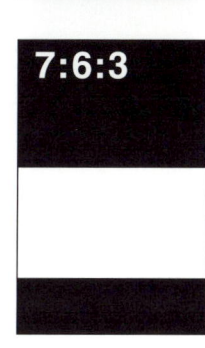

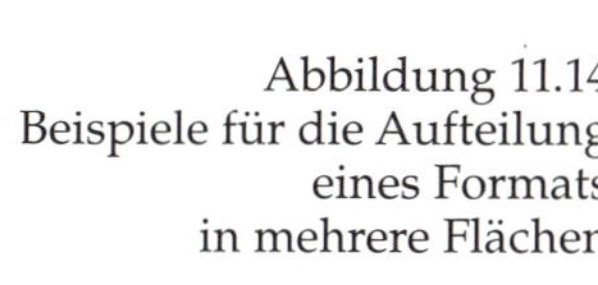
Abbildung 11.14
Beispiele für die Aufteilung
eines Formats
in mehrere Flächen

Abbildung 11.16
Dreiflächiges Format
mit rechtsbündiger Anordnung
des Textes

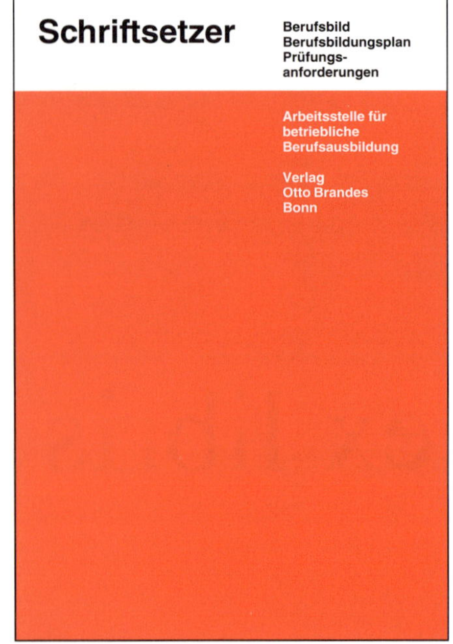

Abbildung 11.15
Zweiflächiges Format.
Die negative Schrift
in der Tonfläche
verbindet die beiden Flächen

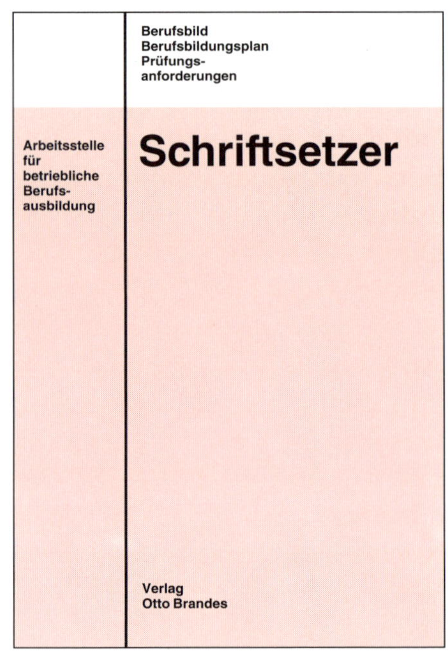

Abbildung 11.17
Zweiflächiges Format.
Durch die senkrechte Linie
wird das Format
auch in horizontaler Richtung
in zwei Flächen aufgeteilt

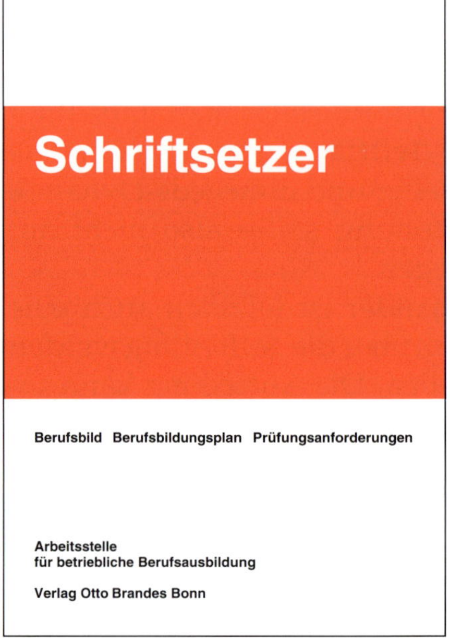

Abbildung 11.18
Dreiflächiges Format
mit linksbündiger
Anordnung des Textes
und Beispiel, daß Flächen
nicht unbedingt Schrift
enthalten müssen

Abschließend sei zum Thema Tonfläche gesagt, daß auch runde und andere als quadratische oder rechteckige Formen aus gestalterischer Sicht in Erwägung gezogen werden sollten. Aus Sicht der Wahrnehmung – das ist wissenschaftlich erwiesen – sind nämlich runde oder andere Flächen immer auffälliger als rechteckige oder quadratische.
Selbstverständlich ist in diesem Zusammenhang eine farbige Tonfläche immer auffälliger als eine schwarze.

Das Bild als Gestaltungsmittel

12

Als von Satz und Schrift die Rede war, wurde der Beruf Schriftsetzer genannt. In engem Zusammenhang mit Bildern steht der Beruf Reproduktions-Photograph oder kurz **Reprophotograph**. Der Reprophotograph ist nämlich für die Umwandlung von Bildvorlagen in drucktechnisch zu reproduzierende Bilder verantwortlich.
Die gesamte Technik der Bildumwandlung bezeichnet man demzufolge als Reproduktionstechnik oder kurz **Reprotechnik**.

Aus der Vergangenheit der Reprotechnik sei erwähnt: Es gab zunächst manuelle Verfahren der Bildherstellung. Das waren im wesentlichen der Holzschnitt und Holzstich, der Kupferstich und die Radierung. Das Produkt waren **Druckstöcke** aus Holz oder Metall, von denen dann direkt gedruckt werden konnte. Nach der Erfindung der Photographie wurden die manuellen Verfahren durch ätztechnische Verfahren abgelöst. Basis dieser Technik war das Metall Zink. Druckstöcke, die in diesem Verfahren hergestellt wurden, nannte man **Klischees**.

Die heutige Bildherstellung geschieht überwiegend durch **optische Abtastung** mit **Scannern**. Die Verfahrenstechnik mit einem Scanner sei nachfolgend kurz erläutert:
Eine Bildvorlage wird in eine Vorrichtung zur optischen Abtastung eingelegt. Diese Vorrichtung kann entweder plan oder rund sein. Demzufolge spricht man im ersten Fall von einem Flachbett-, im zweiten Fall von einem Rundbettscanner. Die Bildvorlage kann sowohl als **Durchsichtsvorlage** (Film) oder **Aufsichtsvorlage** (Photopapier) vorliegen. Nach erfolgter optischer Abtastung ist das Bild elektronisch speicherbar. Nach der Speicherung kann es auf den Bildschirm geholt und bearbeitet werden.
Diese Bearbeitung betrifft im wesentlichen die Nachbesserung von Konturen oder unerwünschten, aus Vorlagen übernommenen Unregelmäßigkeiten. Man bezeichnet diese Nachbesserungsarbeiten auch als **Retusche**.

Mehr muß ein Gestalter von diesem Vorgang gar nicht wissen, denn seine Aufgabe besteht *nicht* darin, Bildvorlagen für den Druck umzuwandeln, sondern fertige Bilder durch optimale Plazierung »richtig in Szene zu setzen«.
Technologisch muß ein Typograph allerdings zusätzlich wissen, daß es zwei Arten von Bildern gibt, die ihm für die Gestaltung eines Druckobjekts zur Verfügung stehen, und zwar das Halbtonbild und das Strichbild.

Aus gestalterischer Sicht sollte man bereits beim Bedenken des Konzepts oder beim Entwurf einer Drucksache folgende Fakten beachten:

- Ein Halbtonbild (Photo) wird eher beachtet als ein Strichbild (Zeichnung),
- ein Halbtonbild *mit* einer Person findet eher Beachtung als eines ohne,
- ein Halbtonbild, das ein Porträt darstellt, wird eher wahrgenommen als die Ganzdarstellung einer Person und
- Farbe wird vor Schwarzweiß wahrgenommen.

Die Berücksichtigung dieser Gestaltungsfakten spielen vor allen Dingen in Werbedrucksachen eine wichtige Rolle, denn bereits bei kurzer Wahrnehmung einer Drucksache wird über Interesse oder Nichtinteresse entschieden.
In Anbetracht dieser Fakten sollte ein Gestalter immer an die alte chinesische Weisheit denken:

Ein Bild sagt mehr als tausend Worte.

Das Halbton- und Strichbild

Das Halbtonbild und die Photographie stehen in enger Beziehung zueinander. Die Erzeugung eines Halbtonbildes im Sinne der Reprophotographie ist notwendig, um eine Photographie drucktechnisch vervielfältigen zu können.
Dabei spielt das Raster eine entscheidende Rolle. Gegenüber einer Tonwertfläche, die *alternativ* Dichten von null bis einhundert Prozent aufweisen kann, können in einem Halbtonbild *alle* Dichtewerte enthalten sein.

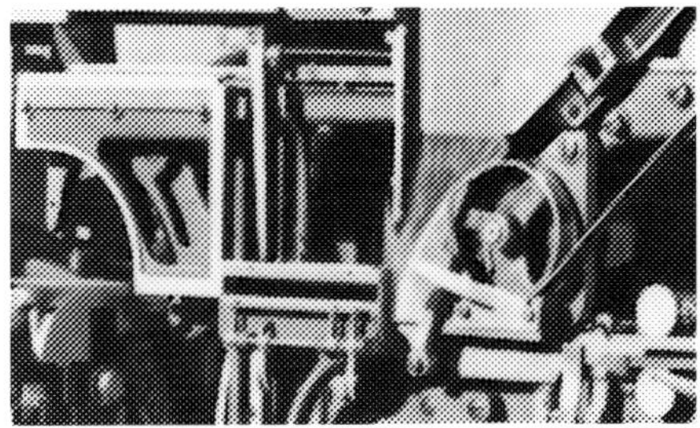

Abbildung 12.2
Ausschnitt
aus einem Halbtonbild

Abbildung 12.1
Ein Halbtonbild
kann alle Dichtewerte
von 0 bis 100 enthalten

Das wird in Abbildung 12.1 verdeutlicht; sie enthält ein Halbtonbild in voller Größe. In Abbildung 12.2 ist ein Ausschnitt aus diesem Bild vergrößert dargestellt. Man erkennt die unterschiedlich großen Rasterpunkte für die lichten, mittleren und dunklen Bildanteile. Ein Halbtonbild kann aufgrund dieser Erkenntnisse in folgender Weise beschrieben werden:

Halbtöne sind ineinander verlaufende Tonwertabstufungen in allen Grautönen von Schwarz bis Weiß. Hellere Bildanteile werden dabei durch kleinere, dunklere Bildanteile durch größere Rasterpunkte dargestellt.

Dazu sei ergänzt, daß man ein gerastertes Halbtonbild auch als **Autotypie** oder **Litho** bezeichnet.
Diese grundsätzlichen Kenntnisse sind für einen Gestalter wichtig, weil er *vor* der Herstellung von Halbtonbildern einige Fakten zu beachten hat, die Einfluß auf die Qualität des Endprodukts

haben. Dazu gehören das Druckverfahren, in dem das betreffende Druckobjekt gedruckt wird und der Bedruckstoff, z.B. Papier. Auf beide Fakten ist die Auswahl der Rasterweite und die Art des Rasters abzustimmen. Die Empfehlung kann aufgrund der Komplexität dieser Themen nur lauten: Absprache mit dem Druckfachmann.
Was ein Gestalter wissen sollte, ist in bezug auf die genannten Fakten die Bedeutung des Begriffs **Rasterweite**.

Abbildung 12.3
Darstellung unterschiedlicher Rasterweiten

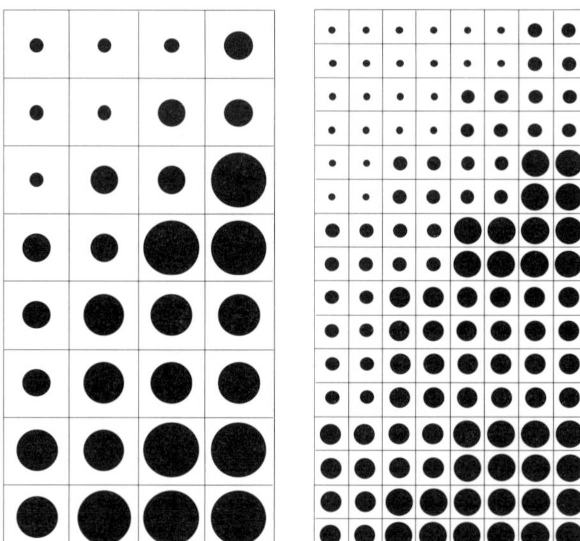

Im linken Teil der Abbildung 12.3 befinden sich gegenüber dem rechten halb soviele senkrechte und waagerechte Linien. Durch diese vertikale und horizontale Teilung sind folglich im rechten Teil viermal soviele Punkte wie im rechten vorhanden, wobei sich zwar die Größe des einzelnen Punktes, aber nicht die Deckung (Dichte) bezogen auf das einzelne Feld geändert hat. Ganz im Gegenteil: Vergleicht man jeweils den rechten unteren Teil, so wirken vier kleinere Punkte optisch dichter als ein großer Punkt. Diese Erscheinung hat etwas mit Rasterweite zu tun.

Unter dem Begriff **Rasterweite** ist die Auflösungsfeinheit eines Halbtonbildes – oder einer Tonwertfläche – zu verstehen, gemessen in Linien pro Zentimeter.

Die Rasterweite eines Bildes muß nach den beiden Kriterien Druckverfahren und verwendetem Druckstoff – das ist meistens Papier – unterschiedlich ausgewählt werden. Der Unterschied: Je feiner die Auflösung, desto feiner sind die Darstellungsmöglichkeiten von Details.

Abbildung 12.4

Abbildung 12.5

Abbildung 12.6

Gegenüberstellung verschiedener Rasterweiten. Bei Papieren mit geringerem Wert, wie Zeitungsdruck-Papiere, wird ein sehr grobes 28er-Raster, bei hochwertigen Kunstdruckpapieren ein feines Raster, etwa ab 56 Linien pro Zentimeter ausgewählt. Der Grund dafür ist in der Oberflächenbeschaffenheit der Papiere zu suchen

Diese These wird deutlich, wenn man die Abbildungen 12.4 bis 12.6 miteinander vergleicht. In Abbildung 12.4 ist ein Halbtonbild mit einer Auflösung von 28 Linien pro Zentimeter zu sehen. Demgegenüber stehen in den Abbildungen 12.5 und 12.6 Rasterweiten von 36 bzw. 48 Linien pro Zentimeter.
Dazu noch eine Erläuterung: Man spricht bei der Darstellung einer Rasterweite, beispielsweise der Auflösung von 48 Linien, von einem 48er-Raster.

Abbildung 12.7

Abbildung 12.8

Abbildung 12.9

Gegenüberstellung verschiedener Gradationen bei einer Rasterweite von 28 Linien pro Zentimeter. Abbildung 12.7 dunkel, Abbildung 12.8 normal, Abbildung 12.9 hell

Auch die Auswirkungen einer anderen reprotechnischen Begebenheit sollten einem Gestalter bekannt sein: **Gradation**. Darunter versteht man den Kontrastumfang zwischen Hell und Dunkel. Im Kontrast unterschiedliche Vorlagen können dabei durch Einstellung unterschiedlicher Gradationen weich (wenig kontrastreich) oder hart (kontrastreich) umgewandelt werden. Bei extrem hohem Kontrast wird erreicht, daß aus dem Halbtonbild ein Strichbild wird (siehe Abbildungen 12.11 bis 12.13).

Während ein Halbtonbild alle Dichtewerte von null bis einhundert Prozent enthalten kann, besteht ein Strichbild nur aus den beiden Endstufen der sogenannten **Grauskala** – auch **Graukeil** genannt –, nämlich aus den Dichtewerten Schwarz und Weiß. Ein Graukeil ist in Abbildung 12.10 dargestellt.

Abbildung 12.10
Graukeil mit den Dichten
0, 20, 40, 60, 80 und 100 Prozent

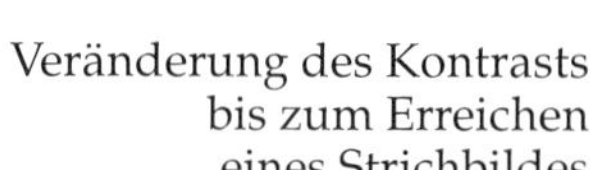

Veränderung des Kontrasts bis zum Erreichen eines Strichbildes

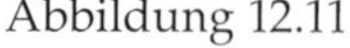

Abbildung 12.11

Abbildung 12.12

Abbildung 12.13

In den Abbildungen 12.11 bis 12.13 sind von links nach rechts dargestellt: Ein Halbtonbild im 28er-Raster mit normaler Gradation, ein Halbtonbild im 28er-Raster mit großem Kontrast und ein »ehemaliges« Halbtonbild, das durch extreme Kontrastauswahl zum Strichbild geworden ist.
Diese Möglichkeit der Umwandlung eines Halbtonbildes in ein Strichbild eröffnet dem Typographen oftmals eindrucksvolle Formen zur Gestaltung einer Drucksache.

Überhaupt: Mit einem Strichbild kann eine Drucksache aus gestalterischer Sicht sehr aufgelockert werden. Es gibt eigens für diesen Zweck Motiv-Ordner, aus denen für viele Zwecke – nach Sachgebieten geordnet – Strichzeichnungen entnommen werden können.

Maßstab und Bildausschnitt

Die Größen von Bildvorlagen entsprechen in den meisten Fällen nicht den Vorstellungen eines Gestalters. Man muß sie deshalb entweder im Maßstab verändern, das heißt, vergrößern oder verkleinern, oder aber, falls nur Teile der Vorlage im Druck wiedergegeben werden sollen, den Ausschnitt festlegen. Es ist zu empfehlen, zumindest den Maßstab *vor* der Herstellung der Reproduktion festzulegen. Der Grund dafür ist darin zu sehen, daß zwar meistens auch nach dem Scanvorgang die Möglichkeit der Veränderung des Maßstabs am Bildschirm besteht, jedoch sollte man bedenken, daß alle nachträglichen Vergrößerungen und natürlich auch Verkleinerungen von Halbtonbildern immer Qualitätsverlust bringen, weil nicht nur das Bild, sondern auch die Rasterweite verändert wird. Bei einer Vergrößerung kann die Bildschärfe beeinträchtigt werden, bei einer Verkleinerung besteht die Möglichkeit des »Zuschmierens«, weil im ersten Fall die Rasterweite vergrößert und im zweiten Fall verkleinert wird (Abbildung 12.14).

Abbildung 12.14
Qualitätsverlust
eines Halbtonbildes
bei nachträglicher Veränderung
des Maßstabs

Die nachträgliche Auswahl eines Ausschnitts ist unproblematisch, wenn nicht gleichzeitig auch der Maßstab verändert wird. Denn bei einem Ausschnitt wird ja nicht die Rasterweite beeinträchtigt.

Bei Strichbildern wirken sich Veränderungen des Maßstabs nicht wesentlich aus. Es verändert sich zwar die Strichstärke der Bildbestandteile, der Gesamteindruck wird aber meist nicht beeinträchtigt. Originalgröße (rechts) und Verkleinerung (links) eines Strichbildes sind in der nebenstehenden Abbildung 12.15 gegenübergestellt.

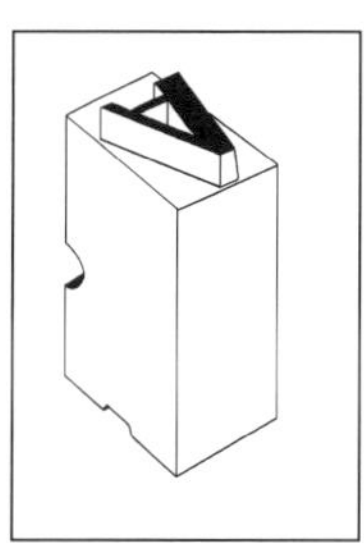

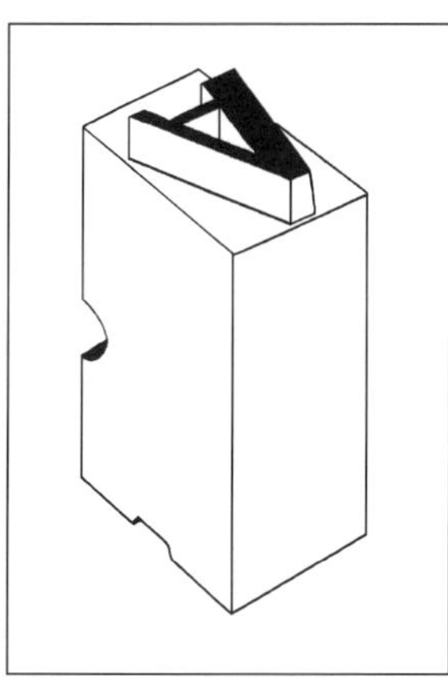

Abbildung 12.15
Gegenüberstellung Original
und Verkleinerung eines Strichbildes

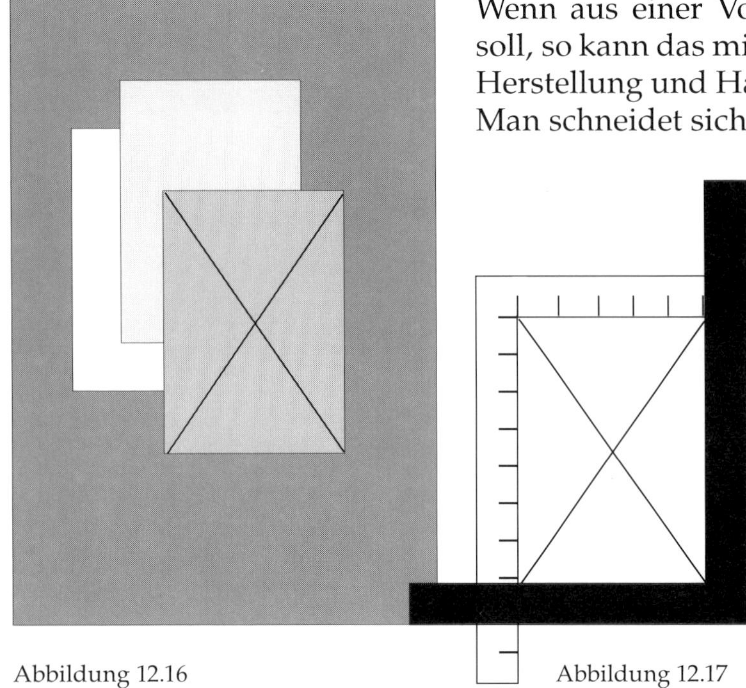

Abbildung 12.16
Bestimmen
eines Bildausschnitts

Abbildung 12.17

Wenn aus einer Vorlage ein Bildausschnitt bestimmt werden soll, so kann das mit Hilfe eines **Passepartouts** geschehen. Über Herstellung und Handhabung gibt Abbildung 12.17 Aufschluß. Man schneidet sich aus Pappe zwei rechte Winkel aus und versieht einen mit einer Zentimetereinteilung (weiß).
Den weiß gekennzeichneten Teil des Passepartouts legt man nun auf *die* Stelle des Bildes, von der man der Meinung ist, daß diese der Ausgangspunkt des Ausschnitts ist. Den schwarz gekennzeichneten Teil des Passepartouts legt man in der dargestellten Weise dagegen und verschiebt ihn so lange, bis die gewünschte Größe des Bildes, ablesbar an der Zentimetereinteilung, erreicht ist. Mit dieser eingestellten Größe wiederum kann man den gesamten Ausschnitt durch Verschieben korrigieren, wie in Abbildung 12.16 angedeutet.
Man sollte unbedingt beachten: Der gewünschte Auszug sollte nie auf der Vorlage gekennzeichnet werden, denn sie könnte wertvoll, da unwiederbringlich, sein. Statt dessen legt man auf die Vorlage ein **transparentes Deckblatt** (transparenter **Decker**) und markiert darauf den Auszug.
Eine **Ausschnittsberechnung** erfolgt nach folgender Formel:

Es verhält sich Platzhöhe zu Platzbreite wie Vorlagenhöhe zu Vorlagenbreite oder mathematisch
Platzhöhe : Platzbreite = Vorlagenhöhe : Vorlagenbreite.

Man legt dabei in der Vorlage eine Distanz fest (z. B. die Breite) und stellt die zweite dazu in ein Verhältnis. Beispiel: Der Platz im Layout beträgt 6 cm x 8 cm, die Vorlagengröße 21 cm x 28 cm. Falls nun der ausgewählte Ausschnitt in horizontaler Richtung mit 9 cm festgelegt wird, so ergibt sich nach obiger Formel folgende Gleichung: 6 : 8 = 9 : x. Der Wert x, also die Höhe der Vorlage, ist unbekannt. Man rechnet nun: 8 mal 9 geteilt durch 6 gleich 12. Die Höhe der Vorlage ist 12 cm hoch.
Danach könnte man nun wiederum die Richtigkeit des Bildausschnitts mit Hilfe des Passepartouts überprüfen.
Wäre die *Breite* unbekannt gewesen (Formel 6 : 8 = x : 12), so hätte die Rechnung 6 mal 12 geteilt durch 8 gleich 9 gelautet.

Plazierung von Abbildungen im Text

Man unterscheidet zwischen folgenden Plazierungsformen von Abbildungen in Drucksachen:

- Über mehrere Spalten in mehrspaltigen Drucksachen,
- über Spaltenbreite (Abbildung 12.18, links) und
- über einen Teil der Spalte (Abbildung 12.18, rechts).

Im letzten Fall ist zur Vermeidung großer Wortzwischenräume zu beachten, daß die Textspalte nicht zu schmal wird. Bei registerhaltigem Satz muß nach Plazierung der Bilder die Registerhaltigkeit erhalten bleiben. Wichtig für die Wirksamkeit ist der harmonische Abstand zum Text. Es gilt folgende Faustregel:

Der Abstand vom Text zum Bild sollte oben und unten bei einspaltigem Text etwa einer Leerzeile der Grundschrift, bei mehrspaltigem Satz dem Spaltenzwischenraum entsprechen.

Abbildung 12.18
Abbildungen wirken nur bei Einhaltung richtiger Abstände zum Text

Es gibt kaum Berufszweige, die von der rasanten Entwicklung der Computertechnik verschont geblieben sind. Das gilt auch für Schriftsetzer und Reprophotographen, zwei kreativen Berufen der Druckindustrie, die sich mit der Text- bzw. Bildgestaltung auseinanderzusetzen haben.
Mit der Entwicklung der »Personal Computer« (PC) wurden Werkzeuge geschaffen, die Text- und Bildbearbeitung auf kleinstem Raum ermöglichen, wobei der Kreativität (fast) keine Grenzen mehr gesetzt sind. Die Druckerei, Setzerei und Reproanstalt auf dem Schreibtisch wurden durch die Zauberformel »Desktop Publishing«, abgekürzt DTP, zur Realität.
Ihr Interesse für Typographie läßt den Rückschluß zu, daß Sie sich mit dem Thema Gestaltung, even-

tuell sogar im Zusammenhang mit DTP, auseinanderzusetzen haben. Es wird folglich unterstellt, daß Ihnen die Bedienung der Hard- und Software bereits nahegebracht worden ist, Sie also

4

mit dem Werkzeug umgehen können. Dieses Lehrbuch enthält deshalb auch keine Bedienungsanweisungen für Gestaltungssysteme, sondern ausschließlich systemneutrale Gestaltungsregeln für Drucksachen jeder Art. Es werden fachliche Kenntnisse aus den Lehrberufen Schriftsetzer und Reprophotograph vermittelt, die bei gestalterischen Aufgaben beachtet werden sollten.

Es wird von Typographie und Satz, von Layout und Durchschuß, von Schriftart und Schriftschnitt, von Rasterpunkt und von Dichte die Rede sein. Von Begriffen also, die Sie vielleicht schon einmal gehört oder gelesen haben – vielleicht sogar in der Bedienungsanweisung Ihres DTP-Systems – aber nicht in das Thema einordnen konnten.
Apropos Typographie und Satz. Beide Begriffe werden gleich an dieser Stelle unter die Lupe genommen, denn sie werden uns als Leitworte durch das ganze Lehrbuch hindurch begleiten.
Beginnen wir mit der **Typographie**.
In einem Lexikon wird dieser Begriff so erläutert: »Typographie ist die Umwandlung eines geschriebenen Textes in einen gedruckten Text.«

5

Diese Faustregel gilt auch für eine Gestaltungsform, die häufig in Zeitschriften und Büchern angewandt wird, nämlich **angeschnittene Bilder**. Dabei werden Bilder über den Satzspiegel und über das Papierformat hinaus plaziert (Abbildung 12.19). Daraus ist abzuleiten: Von angeschnittenen Bildern ist immer dann die Rede, wenn diese nach erfolgtem Druck und nach dem Beschnitt auf das Endformat direkt am Rand des Papiers plaziert sind.

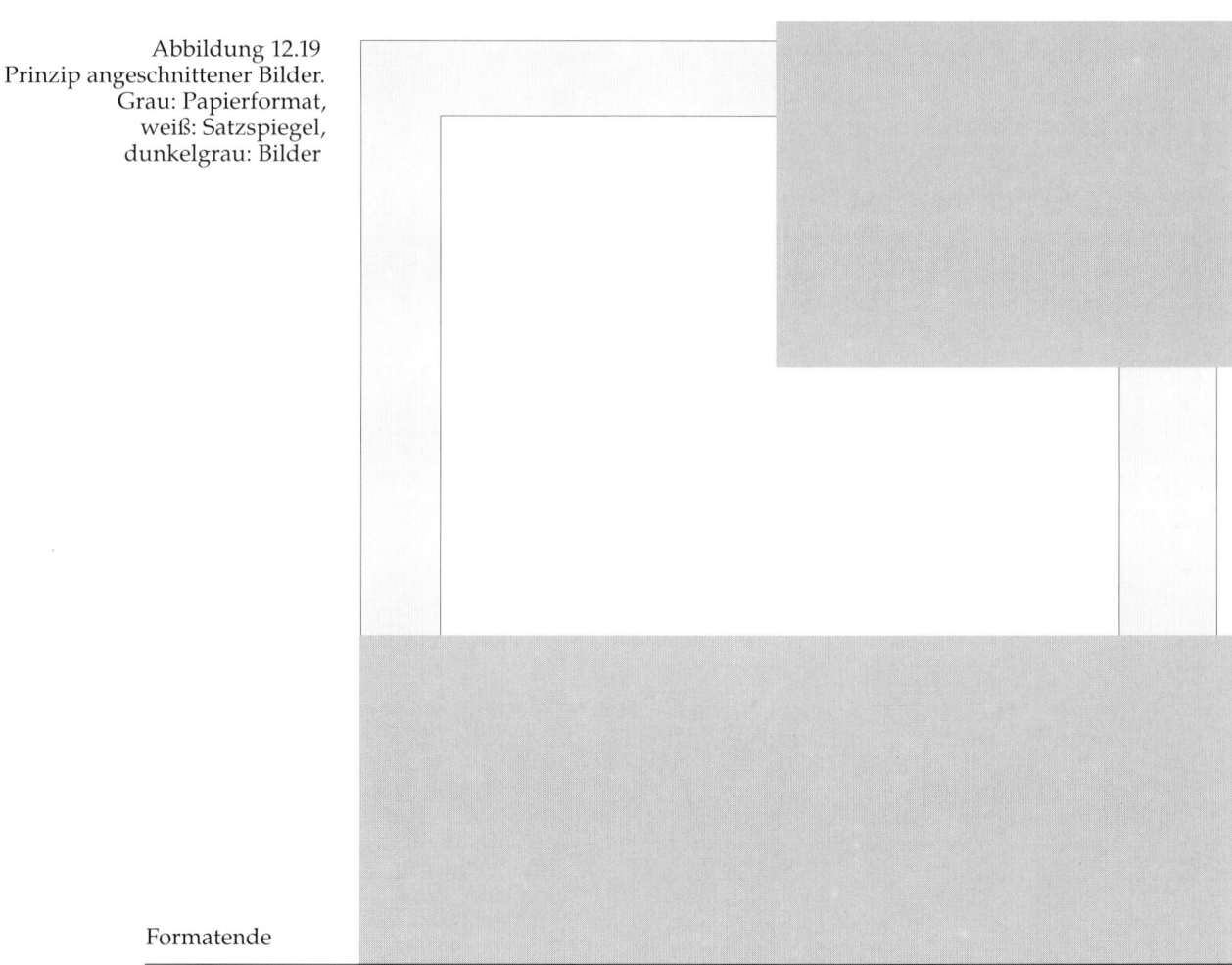

Abbildung 12.19
Prinzip angeschnittener Bilder.
Grau: Papierformat,
weiß: Satzspiegel,
dunkelgrau: Bilder

Dabei sollte beachtet werden, daß der Überhang etwa drei Millimeter betragen sollte, damit nach dem Beschnitt kein weißer Rand zu sehen ist. Es darf nicht »blitzen«, wie man sagt. Darum sollte bei Anwendung von angeschnittenen Bildern auf jeden Fall Kontakt zum Drucker bestehen, damit der Druck nicht auf dem Endformat, sondern auf einem sogenannten **Rohbogen** (unbeschnittener Druckbogen) geschieht, aus dem dann das Endformat herausgeschnitten wird.

Bildtexte und Text im Bild

Erläuterungen zu Bildern können sowohl neben dem Bild als auch unter dem Bild stehen. Für beide Varianten trifft die Bezeichnung Bildtexte zu. Wenn sie unter dem Bild plaziert sind, so bezeichnet man sie auch als **Bildunterschriften**. Eher neutral ist der ebenfalls gebräuchliche Ausdruck **Bildlegende**.
Aus sprachlicher Sicht soll in Bildtexten stichwortartig, folglich kurz, Beziehung zum Grundtext hergestellt werden. Das heißt, die wichtigere und ausführlichere Aussage steht im Grundtext. Für die Größe von Bildtexten gilt deshalb zur optischen Abgrenzung der Aussagekraft folgende Regel:

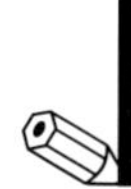

Bildtexte müssen ein bis zwei Schriftgrade kleiner als die Grundschrift gestaltet sein, alternativ aus dem kursiven Schnitt.

Dabei muß beachtet werden, daß der Durchschuß im Verhältnis zur Grundschrift etwas geringer sein muß. In diesem Lehrbuch beträgt die Grundschriftgröße z. B. zwölf Punkt mit einem Durchschuß von zwei Punkten, während die Bildtexte im Verhältnis dazu im Neun-Punkt-Schriftgrad mit einem Punkt Zeilenabstand gesetzt sind.

Abbildung 12.20

Dem Durchschuß dieses Lehrbuchs in 9-Punkt-Schriftgröße mit 1 Punkt Durchschuß ist eine Variante mit 2 Punkt Durchschuß gegenübergestellt

Dem Durchschuß dieses Lehrbuchs in 9-Punkt-Schriftgröße mit 1 Punkt Durchschuß ist eine Variante mit 2 Punkt Durchschuß gegenübergestellt

In der Abbildung 12.20 wird gezeigt, wie durch Vergabe eines zu großen Durchschusses gegenüber der Grundschrift der Bildtext auseinanderfallen kann (unten) und somit nicht mehr dem Grauwert der Grundschrift entspricht.
Bei der Entscheidung für eine Kursiv-Variante genügt *ein* Schriftgrad kleiner als die Grundschrift, weil das Schriftbild in den meisten Schriften optisch geringfügig kleiner wirkt als das der Grundschrift.

Abbildung 12.21
Vergleich eines Bildtextes aus dem kursiven Schnitt der Grundschrift in 9- und 10-Punkt-Schriftgröße

Der Bildtext zu diesem Bild ist aus dem 9-Punkt-Schriftgrad der Grundschrift dieses Lehrbuchs mit 1 Punkt Durchschuß im Flattersatz-Modus gesetzt

Der Bildtext zu diesem Bild ist aus dem 10-Punkt-Schriftgrad der Grundschrift dieses Lehrbuchs mit 1,5 Punkt Durchschuß im Flattersatz-Modus gesetzt

Das wird in Abbildung 12.21 deutlich. Der Neun-Punkt-Schriftgrad des Kursiv-Schnittes wirkt optisch kleiner als der Normalschnitt. Folglich ist der Zehn-Punkt-Schriftgrad vorzuziehen.

Blocksatz sollte für Bildtexte nur dann verwendet werden, wenn der Text unter dem Bild plaziert ist. Dabei ist zu akzeptieren, daß keine logischen Zeileninhalte zustande kommen können. Auch zu große Wortabstände können sich bei einer geringen Anzahl von Zeilen – das sollte bei Bildtexten normal sein – unangenehm bemerkbar machen. In Abbildung 12.22 wird Blocksatz dem Flattersatz gegenübergestellt.

Abbildung 12.22
Gegenüberstellung Blocksatz und Flattersatz als Bildtext

Blocksatz sollte für Bildtexte nur dann verwendet werden, wenn er unter dem Bild plaziert ist. Dabei ist zu akzeptieren, daß keine logischen Zeileninhalte zustande kommen können

Blocksatz sollte für Bildtexte nur dann verwendet werden, wenn er unter dem Bild plaziert ist. Dabei ist zu akzeptieren, daß keine logischen Zeileninhalte zustande kommen können

Es ist unter Umständen ein Vorteil, daß Blocksatz weniger Platz in Anspruch nimmt als Flattersatz, wie die Abbildung 12.22 ebenfalls zeigt.

Bei seitlicher Anwendung von Flattersatz für Bildtexte ist grundsätzlich zu beachten:

Die Bündigkeit des Flattersatzes (rechts oder links) muß immer der Abbildung zugewandt sein.

Bei Anordnung unter oder über dem Bild kann die Bündigkeit je nach Bildposition rechts- und linksbündig sein.

Falsche Anordnung eines linksbündigen Flattersatzes als Bildtext mit abgewandter Bündigkeit

Richtige Anordnung eines linksbündigen Flattersatzes als Bildtext mit der Bündigkeit zum Bild

Abbildung 12.23
Bei falscher Anordnung des Flattersatzes zum Bild besteht keine Beziehung zwischen Bild und Bildtext

Dazu ist aus lesetechnischer Sicht zu ergänzen, daß die eindeutige Zuordnung von Bildtext und Bild wichtiges Anliegen eines Gestalters sein muß. Eine häufig praktizierte, aber nicht zu empfehlende Methode besteht darin, daß auf Seiten, die überwiegend aus Bildern bestehen, Bildtexte in einem Block mit Hinweis darauf, wo das Bild plaziert ist, gesammelt werden. Dabei obliegt es dem Leser die Zuordnung herauszufinden, was dem Lesefluß nicht dienlich ist.

Auch der richtige Abstand des Bildtextes zum Bild ist aus gestalterischer Sicht zu beachten. Man kann dabei in folgender Weise verfahren:
Falls in einer Drucksache mit einem vertikalen Zeilenraster gearbeitet wird, so ist der Abstand zum Bild praktisch vorgegeben, und zwar horizontal durch die Spaltenbegrenzung und vertikal durch das Zeilenraster (vergleiche dazu Abbildung 4.8). Nach diesem Verfahren geschah auch die Plazierung der Bildtexte in diesem Lehrbuch.
Bei Plazierung von Bildtexten unter dem Bild *ohne* Zeilenraster hat sich bewährt, daß zwischen Bild und Bildtext eine halbe Leerzeile und zwischen Bildtext und Folgetext eine ganze Leerzeile ein optisch gutes Bild ergeben.
In beiden Fällen gilt jedoch, daß die festgelegten Abstände regelmäßig einzuhalten sind. Denn Abweichungen, vielleicht sogar in unmittelbarer Nähe, ergeben immer ein unharmonisches Bild.

Eine Variante der Text-Bild-Beziehung besteht darin, Schrift in das Bild hineinzustellen. Die Problematik, die sich aus gestalterischer Sicht daraus ergeben kann, wurde bereits im Kapitel 11 angesprochen, als von Schrift in Tonwertflächen die Rede war (vgl. Abbildung 11.3).
Ein typisches Beispiel für die Anwendung ist die Gestaltung des Schutzumschlags für ein Buch. Oft ist eine Abbildung zu sehen, in die der Titel des Buches hineingestellt worden ist.

Abbildung 12.24
Gegenüberstellung von einkopierter serifenloser, klassizistischer und Renaissance-Antiqua in ein Bild

Dazu sei ein Fachausdruck erwähnt: Wenn bei der Herstellung des Bildes Schrift in das Bild hineingestellt werden muß, so bezeichnet man diesen Vorgang mit **Einkopieren**.
Auf jeden Fall sollte sich ein Typograph bei der Anwendung dieser gestalterischen Variante auf größere Schriftgrade beschränken. Kleinere Schriftgrade (siehe Abbildung 12.24) sind schwer lesbar.
Bei der Schriftauswahl sollten möglichst Schriften ohne Serifen oder solche mit ausgeprägten Serifen benutzt werden. Besonders kritisch sind die feinen Serifen der klassizistischen Antiqua (Abbildung 12.24, Mitte).

Formen und Probleme der Seitengestaltung

13

Umbruch ist ein Begriff aus der traditionellen Satztechnik und bedeutete, daß die vorgesehenen Seitenbestandteile (Texte, Linien, Tonflächen, Bilder) zu einer Seite zusammengestellt wurden. Der ausführende Schriftsetzer war der **Metteur**. Deswegen wurde der Umbruch auch als **Mettage** bezeichnet. Der Setzer sprach auch davon, daß er »eine Seite umbreche«.
Nach der satztechnischen Umstellung vom Bleisatz auf Fotosatz spricht man nicht mehr von Umbruch, sondern von **Montage**. Der Ausführende ist der Montierer, sein Werkzeug das Skalpell, mit dem die Seitenbestandteile – dem Layout entsprechend – auf Spaltenbreite geschnitten werden, um dann zu einer Seite zusammengeklebt zu werden. Man spricht deshalb auch von **Klebemontage** oder auch von **Klebeumbruch**.
Bei dieser Gelegenheit sei erwähnt, daß man Texte, die für den Klebeumbruch auf Fotomaterial belichtet werden, als **Fahne** bezeichnet. Deswegen ist auch von Fahnenbelichtung die Rede, im Gegensatz zur Seitenbelichtung nach dem Umbruch.
Neuester Stand der Technik ist der Umbruch am Bildschirm, den man auch als **Bildschirmmontage** bezeichnet. Voraussetzung dafür ist die Speicherung aller Seitenbestandteile, die dann zur Plazierung auf der Seite auf den Bildschirm abgerufen werden können.

Mit der Seitengestaltung endet normalerweise die Arbeit des Typographen.
Die fertigen Seiten werden nun auf Film belichtet, die Filme sind Grundlage für die **Bogenmontage**, die Bogenmontage wiederum Voraussetzung für die **Druckformherstellung**.
Die technische Ausführung der Druckformherstellung ist abhängig vom Druckverfahren, von denen die drei wichtigsten der Hoch- oder Buchdruck, der Flach- oder Offsetdruck und der Tiefdruck sind.
Bei der Bogenmontage werden – abhängig vom Format der Druckmaschine – die Seiten zu einem Druckbogen (vgl. Abbildung 2.1) in bestimmter Reihenfolge zusammengestellt. Diese Arbeit zur Bestimmung der richtigen Seitenreihenfolge bezeichnet man als **Ausschießen**. Richtig Ausschießen heißt, daß sich die Seiten nach dem Druck und nach der buchbinderischen Verarbeitung in der richtigen Lesereihenfolge befinden müssen.
Zu den letzten Absätzen sei ergänzt, daß Bogenmontage, Ausschießen, Druckformherstellung und Druckverfahren eigene Themen sind, über die es entprechende Fachliteratur gibt.
In der Abbildung 13.1 werden die Aussagen zu diesem Thema noch einmal schematisch dargestellt.

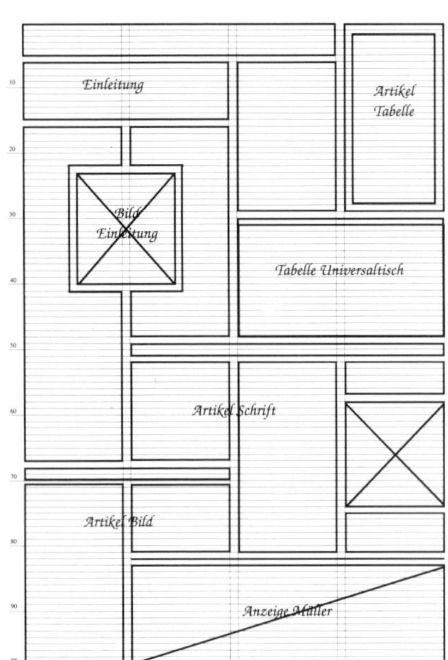

Idee,
Entwurf,
Layout

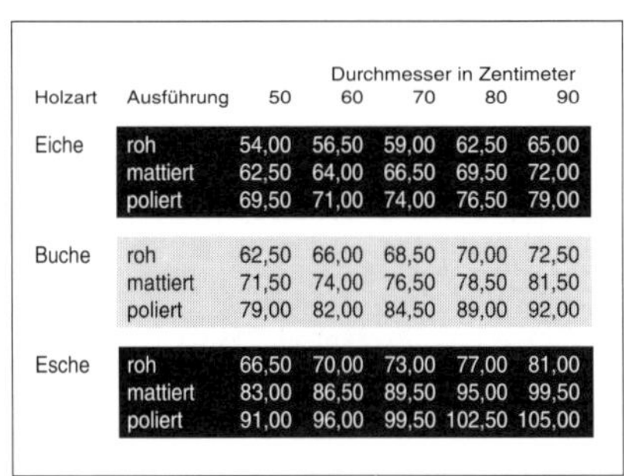

Holzart	Ausführung	50	60	70	80	90
		Durchmesser in Zentimeter				
Eiche	roh	54,00	56,50	59,00	62,50	65,00
	mattiert	62,50	64,00	66,50	69,50	72,00
	poliert	69,50	71,00	74,00	76,50	79,00
Buche	roh	62,50	66,00	68,50	70,00	72,50
	mattiert	71,50	74,00	76,50	78,50	81,50
	poliert	79,00	82,00	84,50	89,00	92,00
Esche	roh	66,50	70,00	73,00	77,00	81,00
	mattiert	83,00	86,50	89,50	95,00	99,50
	poliert	91,00	96,00	99,50	102,50	105,00

Detailgestaltung,
Detailmontage

Typographisches Gestalten

Eine Einführung für den gestalterisch Interessierten

Die Gestaltung einer Tabelle

Wichtig für die Gestaltung: Die Schrift

Das Bild als Gestaltungsmittel

Partner nach Maß

Wir sind ein Unternehmen, das sich auf den Stahlrohrbau spezialisiert hat. Für die Akquisition suchen wir einen Mitarbeiter für eine abwechselungsreiche Tätigkeit mit ausgezeichneten Verdienst- und Aufstiegsmöglichkeiten. Mit einer sorgfältigen Ausbildung in unserem Hause und bei unseren Lieferanten bereiten wir Sie auf Ihre Aufgabe vor.

Sie erhalten einen Angestelltenvertrag oder auf Wunsch auch intensive Unterstützung auf dem Weg in die berufliche Selbständigkeit. Ihr Erfolg ist sicher, wenn Sie kontaktfreudig sind, zielsicher verhandeln und gewohnt sind, korrekt zu arbeiten. Schicken Sie uns Ihre Bewerbung mit kurzem Lebenslauf.

Herbert Müller Stahlrohrbau
3300 Braunschweig, Robert-Koch-Straße 6, Telefon (0531)326798

Seitengestaltung,
Seitenmontage

Bogenmontage

Abbildung 13.1
Arbeitsablauf
von der Idee
bis zur Seitenmontage

Umbruch von Zeitungen und Zeitschriften

Umbruchtechnisch wird zwischen dem Umbruch von Zeitungen und Zeitschriften sowie dem Buchumbruch unterschieden. Teils ist die Problematik unterschiedlich, teils gleich. Ideale Voraussetzung ist in beiden Fällen das Layout, vor allen Dingen dann, wenn das Ergebnis mehrspaltig sein soll (siehe dazu Abbildung 13.1).
Am Anfang der umbruchtechnischen Erläuterungen soll eine Grundregel stehen, wie man Umbruch *nicht* machen sollte:

Es ist zu vermeiden, daß eine mehr als zweispaltige Seite *so* umbrochen wird, daß die Spalten auseinanderfallen.

Diese zu vermeidende Form des Umbruchs wird in der Abbildung 13.2 gezeigt. Durch die Anordnung von zweispaltigen Artikeln und Bildern rechts und links der Mitte bricht die Seite optisch auseinander. Die Seitenteile sollen verschachtelt plaziert werden, so wie im Layout der Abbildung 13.1 dargestellt.

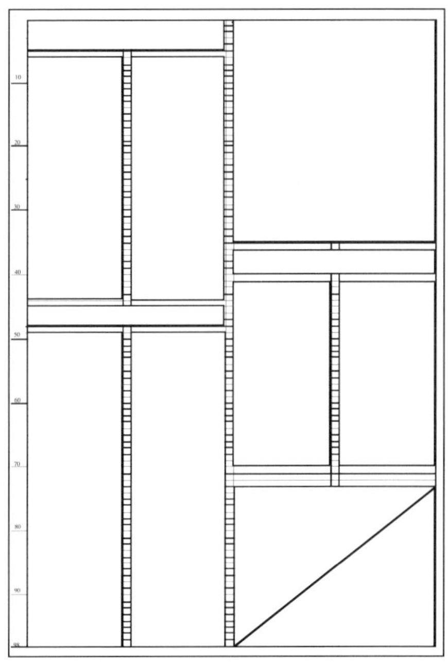

Abbildung 13.2
Zu vermeidende Form des Seitenumbruchs

Normalerweise wird an den (Seiten)anfang einer Zeitschrift oder Zeitung der wichtigste Artikel plaziert. Dieser wird als **Aufmacher** bezeichnet. Das wird deshalb ausdrücklich erwähnt, weil die Überschrift des Aufmachers meist aus einer Schriftgröße gesetzt wird, die sich von anderen Überschriften abhebt.
Das verdeutlicht, daß auf *einer* Seite Überschriften mit unterschiedlich wichtiger Bedeutung plaziert sein können, die auch durch unterschiedliche Schriftgrößen gekennzeichnet sein sollen. Die Wichtigkeit eines Artikels wird zudem nach dem Motto »je wichtiger, desto mehrspaltiger« präsentiert.
Es sollte auf gar keinen Fall zugelassen werden, daß einmal festgelegte Schriftgrade der Überschriften durch andere beliebig ausgetauscht werden können. Das Ergebnis wäre ein ungewolltes Schriftmusterbuch.
Abgesehen davon wäre es auch leserunfreundlich, denn es ist erwiesen, daß Leser sich an ein Schriftbild gewöhnen; sie empfinden Änderungen meist als lästig.

Was die Schriftart anbelangt, so sollte die Grundschrift eines Objekts auf jeden Fall durchgängig gleich sein. Es ist aber durchaus vertretbar, daß verschiedene Ressorts, beispielweise einer Tageszeitung, durch unterschiedliche Schriftarten in Überschriften gekennzeichnet sind.
Bei der Gestaltung von anspruchsvollen Zeitschriften sind unterschiedliche Überschriften fast obligatorisch; sie haben, angelehnt an den Inhalt, dann fast illustrativen Charakter.

Nach den Überschriften werden Einführungstexte eines Artikels in vielen Fällen teilweise in halbfetter Schrift hervorgehoben. Man bezeichnet diese Form des Hervorhebens als **Vorspann** (siehe Abbildung 13.3).
Ein Vorspann kann auf Artikelbreite oder auf eine Spaltenanzahl begrenzt sein. Auf keinen Fall sollte ein Vorspann breiter als zwei Spalten sein, weil er dann erschwert lesbar wäre.
Der Schriftgrad des Vorspanns sollte dem der Grundschrift entsprechen oder geringfügig größer sein.

Die Größe des Spaltenabstands wurde bereits abgehandelt (siehe Abbildungen 3.10 bis 3.23). An dieser Stelle soll der Abstand der Artikel, Bilder und Anzeigen zueinander in vertikaler Richtung besprochen werden. Grundsätzlich gilt:

Optisch müssen der Abstand der Textteile innerhalb eines Artikels, der Spaltenzwischenraum und die Abstände von Seitenteilen in vertikaler Richtung aufeinander abgestimmt sein.

Diese Abstimmung ist nicht nur ein mathematisches, sondern auch ein mit typographischem Feingefühl zu lösendes Problem. Für den Abstand in vertikaler Richtung gilt die Faustregel:

Der trennende Zwischenraum zwischen Seitenteilen (Text, Bilder und Anzeigen) in vertikaler Richtung sollte minimal dem Spaltenzwischenraum entsprechen.

Es sollte tunlichst vermieden werden, Seitenteile in vertikaler Richtung durch Linien voneinander abzugrenzen, denn bei gekonntem Umbruch grenzen sie sich optisch selber gegeneinander ab (siehe Abbildung 13.3). Meist sind Linien zwischen Seitenteilen mehr Verlegenheit als gestalterische Absicht.
Ausnahmen bestätigen aber auch hier die Regel: Praxisüblich werden Anzeigen *ohne* Umrandung vom redaktionellen Teil durch Linien getrennt, wie in der Musterseite in Abbildung 13.4 geschehen.
Für die Plazierung von Artikeln und Bildern auf einer Seite ist grundsätzlich zu sagen:

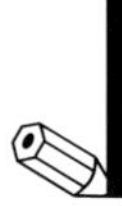

Beide sollen so angeordnet sein, daß weder Überschriften noch Bilder nebeneinanderstehen. Bei in der Mitte gefalzten Druckprodukten ist darauf zu achten, daß Überschriften und Bilder möglichst nicht im Falz stehen.

Typographisches Gestalten

Eine Einführung für den gestalterisch Interessierten

Es gibt kaum Berufszweige, die von der rasanten Entwicklung der Computertechnik – hier seien besonders die PCs erwähnt – verschont geblieben sind. Das gilt auch für die kreativen Berufszugehörigen, die sich mit der Text- und Bildgestaltung auseinanderzusetzen haben. Akteure sind hierbei der Schriftsetzer und der Reprophotograph.

Mit der Entwicklung der sogenannten »Personal-Computer« (PC) wurden Werkzeuge geschaffen, die Text- und Bildbearbeitung auf kleinstem Raum ermöglichen, wobei der Kreativität fast keine Grenzen mehr gesetzt sind. Die Druckerei, Setzerei und Reproanstalt auf dem Schreibtisch wurde durch die Zauberformel »Desktop Publishing«, abgekürzt DTP, zur Realität.

Ihr Interesse an diesen Lehrgang läßt den Rückschluß zu, daß auch Sie sich mit dem Thema DTP auseinanderzusetzen haben. Es wird folglich ganz einfach unterstellt, daß Ihnen die Bedienung der Hard- und Software bereits nahegebracht worden ist, Sie also mit dem Werkzeug umgehen können.

Was Ihnen bisher vermutlich niemand gesagt hat ist, wie man eine Drucksache zu gestalten hat. Damit sind wir auch bereits beim Thema. Es sollen Ihnen grundsätzliche Dinge aus den Berufen Schriftsetzer und Reprophotograph nahegebracht werden, die man bei gestalterischen Aufgaben wissen bzw. berücksichtigen muß.

Es wird von Typographie und Satz, von Layout und Durchschuß, von Schriftart und Schriftgröße, von Rasterpunkt und von Dichte die Rede sein. Von Begriffen also, die Sie vielleicht schon einmal gehört oder gelesen haben – vielleicht sogar in der Bedienungsanweisung Ihres DTP-Systems – aber nicht in das Thema einreihen können.

Apropos Typographie und Satz. Beide Begriffe sollen gleich an dieser Stelle unter die Lupe genommen werden, denn sie werden uns als Leitworte durch das ganze Lehrbuch begleiten. Im Duden wird dieser Begriff so erläutert: »Typographie ist die Umwandlung eines geschriebenen Textes in einen gedruckten Text«. Dem ist nichts hinzuzufügen. Man kann es aber auch treffender sagen: »Typographie ist die Lehre des Gestaltens einer Drucksache, um optimale Lesbarkeit zu erzielen.«

Die Kunst dabei ist der Umgang mit der Schrift, mit der Linie, mit der Fläche und dem Bild, und die Anordnung dieser Elemente auf einem ausgewählten Format.

Fachleute unterscheiden zwischen der **Mikrotypographie** und der **Makrotypographie.** Erstere betrifft das Detail, beispielsweise den Umgang mit dem Buchstaben, Makrotypographie betrifft die gesamte Gestaltung.

Bliebe noch zu erwähnen, daß Typograph nicht nur ein Markenzeichen für Gestalter, sondern auch eine andere Bezeichnung des Schriftsetzer ist.

Schriftsetzer und *Satz* stehen in engem Zusammenhang. Satz in diesem Sinne hat nämlich nichts mit dem grammatikalischen Ausdruck zu tun, sondern beschreibt das Produkt der Arbeit eines Schriftsetzers, nämlich die Anordnung von Text, Linie, Fläche und Bild auf dem ausgewählten Format. Sogesehen ist das Gesamtbild jeder Seite dieses Lehrbuchs als Satz zu bezeichnen.

Übrigens: Auf besonders wichtige Passagen wird in diesem Lehrbuch mit einem fetten Strich hingweisen. Es sind meistens grundsätzliche Dinge der Typographie, die man beherrschen sollte.

Die Schrift als Gestaltungsmittel

»Sprache und Schrift sind die Grundpfeilermenschlicher Geistes entwicklung«. So lautet der Eingangssatz zum Kapitel Schrift in einem bekannten Lehrbuch für Schriftsetzer.

Dem ist nur noch hinzuzufügen, daß wir es der Schrift verdanken, wenn wir heute überhaupt etwas von unseren Vorfahren wissen. Bereits in grauer Vorzeit wurde der Wunsch geboren, den gesprochenen Laut in irgendeiner Form zu fixieren. Waren es zuerst Bilderschriften, so folgten bald Wortbildschriften.

Die Keilschriften der Sumerer und die Hieroglyphen der Ägypter sind beredtes Zeugnis davon. Aber erst die Phonetisierung der Schrift durch die Griechen und Römer waren die ersten Vorstufen zu *der* Schrift, wie wir sie heute kennen.

Ein Meilenstein in der Schriftentwicklung war die »Erfindung« der Klein- und Großbuchstabenschrift in der Zeit Karls des Großen, die nach ihm als *Karolingische Minuskel* benannt wurde.

Diese Schrift wird deshalb beim Namen genannt, weil sie als Grundpfeiler der gesamten abendländischen Schriftentwicklung angesehen werden muß. Soviel zur Geschichte der Schrift.

Aus der Sicht eines Typographen muß man einige Dinge über Stilrichtungen und Kategorien von Schriften wissen. Grundsätzlich muß zwischen sogenannten gebrochenen und runden Schriften unterschieden werden.Beide gebrochenen Schriften bezeichnet man allgemein als Frakturschriften und die runden als Antiquaschriften, wobei der Sammelbegriff Frakturschriften nicht ganz korrekt ist, weil es wiederum nur eine von mehreren Stilrichtungen charakterisiert.

Typographisches Gestalten

Eine Einführung für den gestalterisch Interessierten

Es gibt kaum Berufszweige, die von der rasanten Entwicklung der Computertechnik – hier seien besonders die PCs erwähnt – verschont geblieben sind. Das gilt auch für die kreativen Berufszugehörigen, die sich mit der Text- und Bildgestaltung auseinanderzusetzen haben. Akteure sind hierbei der Schriftsetzer und der Reprophotograph.

Mit der Entwicklung der sogenannten »Personal-Computer« (PC) wurden Werkzeuge geschaffen, die Text- und Bildbearbeitung auf kleinstem Raum ermöglichen, wobei der Kreativität fast keine Grenzen mehr gesetzt sind. Die Druckerei, Setzerei und Reproanstalt auf dem Schreibtisch wurde durch die Zauberformel »Desktop Publishing«, abgekürzt DTP, zur Realität.

Ihr Interesse an diesen Lehrgang läßt den Rückschluß zu, daß auch Sie sich mit dem Thema DTP auseinanderzusetzen haben. Es wird folglich ganz einfach unterstellt, daß Ihnen die Bedienung der Hard- und Software bereits nahegebracht worden ist, Sie also mit dem Werkzeug umgehen können.

Was Ihnen bisher vermutlich niemand gesagt hat ist, wie man eine Drucksache zu gestalten hat. Damit sind wir auch bereits beim Thema. Es sollen Ihnen grundsätzliche Dinge aus den Berufen Schriftsetzer und Reprophotograph nahegebracht werden, die man bei gestalterischen Aufgaben wissen bzw. berücksichtigen muß.

Es wird von Typographie und Satz, von Layout und Durchschuß, von Schriftart und Schriftgröße, von Rasterpunkt und von Dichte die Rede sein. Von Begriffen also, die Sie vielleicht schon einmal gehört oder gelesen haben – vielleicht sogar in der Bedienungsanweisung Ihres DTP-Systems – aber nicht in das Thema einreihen können.

Apropos Typographie und Satz. Beide Begriffe sollen gleich an dieser Stelle unter die Lupe genommen werden, denn sie werden uns als Leitworte durch das ganze Lehrbuch begleiten. Im Duden wird dieser Begriff so erläutert: »Typographie ist die Umwandlung eines geschriebenen Textes in einen gedruckten Text«. Dem ist nichts hinzuzufügen. Man kann es aber auch treffender sagen: »Typographie ist die Lehre des Gestaltens einer Drucksache, um optimale Lesbarkeit zu erzielen.«

Die Kunst dabei ist der Umgang mit der Schrift, mit der Linie, mit der Fläche und dem Bild, und die Anordnung dieser Elemente auf einem ausgewählten Format.

Fachleute unterscheiden zwischen der **Mikrotypographie** und der **Makrotypographie.** Erstere betrifft das Detail, beispielsweise den Umgang mit dem Buchstaben, Makrotypographie betrifft die gesamte Gestaltung.

Bliebe noch zu erwähnen, daß Typograph nicht nur ein Markenzeichen für Gestalter, sondern auch eine andere Bezeichnung des Schriftsetzer ist.

Schriftsetzer und *Satz* stehen in engem Zusammenhang. Satz in diesem Sinne hat nämlich nichts mit dem grammatikalischen Ausdruck zu tun, sondern beschreibt das Produkt der Arbeit eines Schriftsetzers, nämlich die Anordnung von Text, Linie, Fläche und Bild auf dem ausgewählten Format. Sogesehen ist das Gesamtbild jeder Seite dieses Lehrbuchs als Satz zu bezeichnen.

Übrigens: Auf besonders wichtige Passagen wird in diesem Lehrbuch mit einem fetten Strich hingweisen. Es sind meistens grundsätzliche Dinge der Typographie, die man beherrschen sollte.

Die Schrift als Gestaltungsmittel

»Sprache und Schrift sind die Grundpfeilermenschlicher Geistes entwicklung«. So lautet der Eingangssatz zum Kapitel Schrift in einem bekannten Lehrbuch für Schriftsetzer.

Dem ist nur noch hinzuzufügen, daß wir es der Schrift verdanken, wenn wir heute überhaupt etwas von unseren Vorfahren wissen. Bereits in grauer Vorzeit wurde der Wunsch geboren, den gesprochenen Laut in irgendeiner Form zu fixieren. Waren es zuerst Bilderschriften, so folgten bald Wortbildschriften.

Die Keilschriften der Sumerer und die Hieroglyphen der Ägypter sind beredtes Zeugnis davon. Aber erst die Phonetisierung der Schrift durch die Griechen und Römer waren die ersten Vorstufen zu *der* Schrift, wie wir sie heute kennen.

Ein Meilenstein in der Schriftentwicklung war die »Erfindung« der Klein- und Großbuchstabenschrift in der Zeit Karls des Großen, die nach ihm als *Karolingische Minuskel* benannt wurde.

Diese Schrift wird deshalb beim Namen genannt, weil sie als Grundpfeiler der gesamten abendländischen Schriftentwicklung angesehen werden muß. Soviel zur Geschichte der Schrift.

Aus der Sicht eines Typographen muß man einige Dinge über Stilrichtungen und Kategorien von Schriften wissen. Grundsätzlich muß zwischen sogenannten gebrochenen und runden Schriften unterschieden werden.Beide gebrochenen Schriften bezeichnet man allgemein als Frakturschriften und die runden als Antiquaschriften, wobei der Sammelbegriff Frakturschriften nicht ganz korrekt ist, weil es wiederum nur eine von mehreren Stilrichtungen charakterisiert.

Abbildung 13.3
Registerhaltiger Umbruch einer Zeitschriftenseite.
Rechts: Linien als Trenner zwischen Artikeln ist Fehlgestaltung

Einzüge am Absatzanfang sind in Zeitungen und Zeitschriften eine wertvolle Lesehilfe. Das zeigen die Musterseiten in Abbildung 13.3.
Registerhaltiger Satz wird in Zeitungen im allgemeinen nicht angewendet. Hindernis sind hier die verschiedenen Formen und Größen von Überschriften, Bildern und Anzeigen. In hochwertigen Zeitschriften dagegen ist registerhaltiger Satz unbedingte Forderung.

Aus umbruchtechnischer Sicht sollte mit der Plazierung *solcher* Seitenteile begonnen werden, deren Positionen von vornherein feststehen. Das sind beispielsweise Anzeigen, deren Veröffentlichung vom Auftraggeber *davon* abhängig gemacht wird, daß sie auf einer bestimmten Seite eine bestimmte Position erhalten. Man spricht hierbei auch von **Platzhaltern**.
Aber auch Bilder, vorgefertigte Tabellen oder ähnliches sind dazu zu zählen. Man schafft sich damit wertvolle Hilfe bei der Plazierung anderer Seitenteile.

Wäre beim Umbruch der Musterseite in Abbildung 13.4 der oben rechts stehende eingerahmte Text, die Tabelle darunter und die Anzeige in der Größe vorgefertigt gewesen, so wären diese Seitenteile als erste plaziert worden.
Danach wäre die Plazierung des Artikels »Das Bild als Gestaltungsmittel« sinnvoll. Man hätte danach genauen Aufschluß darüber, wieviel Platz für die Plazierung der restlichen Artikel zur Verfügung stehen würde.

Abbildung 13.4
Musterseite
mit allen möglichen
Seitenteilen

Typographisches Gestalten

Eine Einführung für den gestalterisch Interessierten

Es gibt kaum Berufszweige, die von der rasanten Entwicklung der Computertechnik verschont geblieben sind. Das gilt auch für die kreativen Berufszugehörigen, die sich mit der Text- und Bildgestaltung auseinanderzusetzen haben. Akteure sind hierbei der Schriftsetzer und der Reprophotograph.

Mit der Entwicklung der sogenannten »Personal-Computer« (PC) wurden Werkzeuge geschaffen, die Text- und Bildbearbeitung auf kleinstem Raum ermöglichen, wobei der Kreativität fast keine Grenzen mehr gesetzt sind. Die Druckerei, Setzerei und Reproanstalt auf dem Schreibtisch wurde durch dieZauberformel »Desktop Publishing«, abgekürzt DTP, zur Realität.

Ihr Interesse an diesen Lehrgang läßt den Rückschluß zu, daß auch Sie sich mit dem Thema DTP auseinanderzusetzen haben. Es wird folglich ganz einfach unterstellt, daß Ihnen die Bedienung der Hard- und Software bereits nahegebracht worden ist, Sie also mit dem Werkzeug umgehen können.

Was Ihnen bisher vermutlich niemand gesagt hat ist, wie man eine Drucksache zu gestalten hat. Damit sind wir auch bereits beim Thema. Es sollen Ihnen grundsätzliche Dinge aus den Berufen Schriftsetzer und Reprophotograph nahegebracht werden, die man bei gestalterischen Aufgaben wissen bzw. berücksichtigen muß.

Es wird von Typographie und Satz, von Layout und Durchschuß, von Schriftart und Schriftgröße, von Rasterpunkt und von Dichte die Rede sein. Von Begriffen also, die Sie vielleicht schon einmal gehört oder gelesen haben – vielleicht sogar in der Bedienungsanweisung Ihres DTP-Systems – aber nicht in das Thema einreihen können.

Apropos Typographie und Satz. Beide Begriffe sollen gleich an dieser Stelle unter die Lupe genommen werden, denn sie werden uns als Leitworte durch das ganze Lehrbuch begleiten.

Beginnen wir mit *Typographie*.

Im Duden wird dieser Begriff so erläutert: »Typographie ist die Umwandlung eines geschriebenen Textes in einen gedruckten Text«. Dem ist im Prinzip nichts hinzuzufügen. Man kann es aber auch treffender sagen: »Typographie ist die Lehre des Gestaltens einer Drucksache, um optimale Lesbarkeit zu erzielen.«

Die Kunst dabei ist der Umgang mit der Schrift, mit der Linie, mit der Fläche und dem Bild, und die Anordnung dieser Elemente auf einem ausgewählten Format.

Fachleute unterscheiden zwischen der **Mikrotypographie** und der **Makrotypographie.** Erstere betrifft das Detail, beispielsweise den Umgang mit dem Buchstaben, Makrotypographie betrifft die gesamte Gestaltung einer Drucksache.

Bliebe noch zu erwähnen, daß Typograph nicht nur ein Markenzeichen für Gestalter, sondern auch eine andere Bezeichnung des Schriftsetzer ist.

Schriftsetzer und *Satz* stehen in engem Zusammenhang. Satz in diesem Sinne hat nämlich nichts mit dem grammatikalischen Ausdruck zu tun, sondern beschreibt das Produkt der Arbeit eines Schriftsetzers, nämlich die Anordnung von Text, Linie, Fläche und Bild auf dem ausgewählten Format. Sogesehen ist das Gesamtbild jeder Seite dieses Lehrbuchs als Satz zu bezeichnen.

Übrigens: Besonders wichtige Passagen sind mit einem Kreuz versehen. Es sind meistens grundsätzliche Dinge der Typographie, die man unbedingt beherrschen sollte.

Soviel der Vorrede. Sie werden also im Laufe dieses Lehrgangs erfahren, wie man mit typographischen Mitteln gestaltet und welche Regeln bei der Gestaltung eingehalten werden sollen.

Die Gestaltung einer Tabelle

Eine Tabelle enthält in aller Regel geordnete Kolonnen, beispielsweise Zahlenkolonnen, die in vertikaler und horizontaler Richtung Bezug zu Begriffsangaben nehmen. Diese Begriffe können entweder Texte, Zahlen oder andere Werte darstellen.

Bei der Gestaltung einer Tabelle kommt es darauf an, diesen Bezug von Begriffen und Zahlenkolonnen mit größtmöglicher Übersicht darzustellen, so daß der Inhalt einer Tabelle leicht und schnell verständlich wird.

Besondere Bedeutung in Tabellen haben Linien. Sie unterstützen die Gliederung der Aussagen, helfen bei der optischen Trennung von Zahlenkolonnen, dienen aber auch der Gestaltung.

		Durchmesser in Zentimeter				
Holzart	Ausführung	50	60	70	80	90
Eiche	roh	54,00	56,50	59,00	62,50	65,00
	mattiert	62,50	64,00	66,50	69,50	72,00
	poliert	69,50	71,00	74,00	76,50	79,00
Buche	roh	62,50	66,00	68,50	70,00	72,50
	mattiert	71,50	74,00	76,50	78,50	81,50
	poliert	79,00	82,00	84,50	89,00	92,00
Esche	roh	66,50	70,00	73,00	77,00	81,00
	mattiert	83,00	86,50	89,50	95,00	99,50
	poliert	91,00	96,00	99,50	102,50	105,00

Wichtig für die Gestaltung: Die Schrift

»Sprache und Schrift sind die Grundpfeilermenschlicher Geistesentwicklung«. So lautet der Eingangssatz zum Kapitel Schrift in einem bekannten Lehrbuch für Schriftsetzer.

Dem ist nur noch hinzuzufügen, daß wir es der Schrift verdanken, wenn wir heute überhaupt etwas von unseren Vorfahren wissen. Bereits in grauer Vorzeit wurde der Wunsch geboren, den gesprochenen Laut in irgendeiner Form zu fixieren. Waren es zuerst Bilderschriften, so folgten bald Wortbildschriften.

Die Keilschriften der Sumerer und die Hieroglyphen der Ägypter sind beredtes Zeugnis davon. Aber erst die Phonetisierung der Schrift durch die Griechen und Römer waren die ersten Vorstufen zu *der* Schrift, wie wir sie heute kennen.

Ein Meilenstein in der Schriftentwicklung war die »Erfindung« der Klein- und Großbuchstabenschrift in der Zeit Karls des Großen, die nach ihm als *Karolingische Minuskel* benannt wurde.

Diese Schrift wird deshalb beim Namen genannt, weil sie als Grundpfeiler der gesamten abendländischen Schriftentwicklung angesehen werden muß. Soviel zur Geschichte der Schrift.

Aus der Sicht eines Typographen muß man einige Dinge über Stilrichtungen und Kategorien von Schriften wissen. Grundsätzlich muß zwischen sogenannten gebrochenen und runden Schriften unterschieden werden.Beide Stilrichtungen wurden im europäischen Raum etwa ab dem 10. Jahrhundert parallel entwickelt, die gebrochenen Schriften mehr im nördlichen und die runden mehr im südlichen Raum. Die

gebrochenen Schriften bezeichnet man allgemein als Frakturschriften und die runden als Antiquaschriften, wobei der Sammelbegriff Frakturschriften nicht ganz korrekt ist, weil es wiederum nur eine von mehreren Stilrichtungen charakterisiert.

Das Bild als Gestaltungsmittel

Als von Satz und Schrift die Rede war, wurde der Beruf Schriftsetzer im gleichen Atemzug genannt. Im Zusammenhang mit Bildern muß gleichermaßen der Beruf Reproduktions-Photograph oder kurz **Reprophotograph** genannt werden. Der Reprophotograph ist nämlich für die Herstellung drucktechnisch zu reproduzierender Bilder verantwortlich.

Die gesamte Technik der Bildherstellung bezeichnet man demzufolge als Reproduktionstechnik oder kurz Reprotechnik. Nach der Erfindung der Photographie wurden die manuellen Verfahren durch ätztechnische Verfahren abglöst. Basis dieser Technik war das Metall Zink. Bilder, die in diesem Verfahren hergestellt wurden, nannte man Klischees.

Die heutige Bildherstellung geschieht überwiegend durch optische Abtastung, meist mittels Laserstrahl, an einem Scanner. Ohne in die Tiefe zu gehen, sei die Verfahrenstechnik eines Scanners kurz erläutert:

Eine Bildvorlage wird in eine dafür vorgesehene Vorrichtung am Scanner eingelegt. Diese Vorrichtung kann entweder plan oder rund sein. Demzufolge spricht man im ersten Fall auch von einem Flachbettscanner.

Die Bildvorlage kann sowohl als Durchsichtsvorlage (Film) oder Aufsichtsvorlage (Photopapier) vorliegen.

Nach erfolgter optischer Abtastung mit einem Scanner ist das Bild »elektronisch speicherbar«; es kann nun gespeichert werden.

Nach der Speicherung kann das Bild dann auf den Bildschirm geholt und bearbeitet werden.

Partner nach Maß

Wir sind ein Unternehmen, das sich auf den Stahlrohrbau spezialisiert hat. Für die Akquisition suchen wir einen Mitarbeiter für eine abwechselungsreiche Tätigkeit mit ausgezeichneten Verdienst- und Aufstiegsmöglichkeiten. Mit einer sorgfältigen Ausbildung in unserem Hause und bei unseren Lieferanten bereiten wir Sie auf Ihre Aufgabe vor.

Sie erhalten einen Angestelltenvertrag oder auf Wunsch auch intensive Unterstützung auf dem Weg in die berufliche Selbständigkeit. Ihr Erfolg ist sicher, wenn Sie kontaktfreudig sind, zielsicher verhandeln und gewohnt sind, korrekt zu arbeiten. Schicken Sie uns Ihre Bewerbung mit kurzem Lebenslauf.

Herbert Müller Stahlrohrbau
3300 Braunschweig, Robert-Koch-Straße 6, Telefon (0531)326798

Werksatzumbruch

Unter dem Begriff Werksatz versteht man den Satz und Umbruch von Büchern; er ist abzuleiten aus dem Wort »Werk« im Sinne des Werkes eines Autoren. Unter die Kategorie Werksatz fallen sowohl kleinformatige Taschenbücher als auch großformatige Kunstbücher.
Grundsätzlich wird zwischen schöngeistiger und Fachliteratur unterschieden. Unter dem Begriff **schöngeistige Literatur**, die man auch als **Belletristik** bezeichnet, sind alle Werke mit dichterischem oder unterhaltendem Wert zu verstehen. Charakteristisches Merkmal solcher meist qualitativ hochwertiger Bücher ist aus umbruchtechnischer Sicht die Registerhaltigkeit als Ausdruck besonderer Qualität.
Zur Fachliteratur gehören zum Beispiel Lehrbücher jeder Art. In diesen Werken steht die Zweckmäßigkeit im Vordergrund. Aus diesem Grunde ist das Qualitätsmerkmal Registerhaltigkeit oft von zweitrangiger Bedeutung.

Ein Begriff muß in Verbindung mit dem Werksatz noch einmal genannt werden, und zwar der **Druckbogen**. Werksatz wird druckbogenweise bearbeitet und gedruckt. Die Anzahl der Seiten pro Druckbogen ist dabei vom Seitenformat in Einklang mit dem Format *der* Druckmaschine abhängig, mit der dieses Werk gedruckt werden soll.

Im ersten Druckbogen eines Werkes ist immer die sogenannte **Titelei** enthalten. Man bezeichnet diesen Bogen deshalb auch als **Titelbogen**. In der Titelei wird das betreffende Werk identifiziert. Zur Identifikation gehören beispielsweise der Name des Verfassers, der Titel des Werkes oder das Inhaltsverzeichnis.

Die erste Seite der Titelei ist der **Schmutztitel**. Er besteht in aller
Regel aus zwei Angaben: Dem Namen des Verfassers und dem 1
Titel des Werkes. Der Schmutztitel ist ein Vorblatt, der den
Haupttitel – er folgt auf Seite drei – vor Beschmutzung schützen
soll. Der Schriftgrad des Schmutztitels soll gegenüber dem
Haupttitel »zurücktreten«, folglich also kleiner sein.

Die Rückseite des Schmutztitels, also die Seite 2, ist normalerweise eine leere Seite, die man auch als **Vakatseite** bezeichnet. 2
Diese Seite wird aber auch zur Unterbringung eines **Widmungs-**
oder **Dedikationstitels** benutzt. In einem Widmungstitel wird
zum Ausdruck gebracht, daß das betreffende Werk einer ganz
bestimmten, meist verehrten Person, gewidmet ist. Auch ein
Frontispiz, das ist ein Bild, kann auf Seite 2 untergebracht sein.

3 Auf Seite drei steht immer der **Haupttitel**. Er sollte gut durchgestaltet sein und folgende Angaben beinhalten:
- Name des Verfassers
- Titel des Werkes
- Name des Verlags und des Verlagsorts
- Erscheinungsjahr.

4 Auf Seite vier folgt normalerweise das **Impressum**. Im Impressum, das meist ein bis zwei Schriftgrade kleiner als die Grundschrift gesetzt wird, sind folgende Angaben enthalten:
Angaben über Urheberrechte, Copyright-Vermerk, ISBN-Nummer (internationale Standard-Buchnummer), Druckjahr, Auflage, Druckfirma sowie eventuelle technische Angaben, wie beispielsweise über die verwendete Schriftart, über das Papier und ähnliches.

5 Ab Seite fünf des Titelbogens wird normalerweise das Inhaltsverzeichnis aufgeführt, während ein eventuelles Sach- und/oder Stichwortregister am Ende des Werkes plaziert wird.

Das Wissen um die Titelei ist deshalb wichtig, weil die Gestaltung in den Aufgabenbereich eines Typographen fällt.
Das gleiche gilt auch für die Vorbereitung des technischen Umbruchs, nämlich die Erstellung des Layouts. Dabei sind alle Dinge zu berücksichtigen, die im Laufe dieses Lehrbuchs angesprochen worden sind, wie beispielsweise Satzspiegelmachen, Gestalten des Kolumnentitels oder Festlegen des Spaltenzwischenraums bei mehrspaltigem Umbruch.
Apropos Seitennumerierung. In Werken, die bogenweise gedruckt und buchbinderisch verarbeitet werden, müssen die Seiten der Titelei in die Seitenreihenfolge einbezogen werden, so daß die erste Seite mit *der* Seitennummer beginnt, die sich aufgrund der Seitenanzahl der Titelei ergibt. Hiermit wird dem Drucker das Ausschießen erleichtert. Bei seitenweiser Abheftung dagegen kann die Seitennumerierung mit »1« beginnen.

Auf drei mit dem Werksatz verbundene Fakten soll an dieser Stelle noch hingewiesen werden, weil ein Typograph sie kennen sollte. Es geht darum, wie verschiedene Druckbögen, *auch* verschiedener Werke, auseinandergehalten werden können.
Zur Unterscheidung der Druckbögen *eines* Werkes untereinander wird jeder Druckbogen durch Anbringung einer Bogensignatur und einer Bogennorm gekennzeichnet, die meistens aus dem Sechs-Punkt-Schriftgrad gesetzt werden.

Die **Bogensignatur** ist eine fortlaufende Numerierung der einzelnen Druckbögen. Dabei wird auf der ersten Seite eines Bogens die betreffende Nummer und auf der dritten Seite die gleiche Nummer, mit einem kleinen Sternchen versehen, plaziert. Man bezeichnet die Numerierung auf der ersten Seite als **Prime** und die Numerierung auf der dritten Seite als **Sekunde**.
Dazu zwei Beispiele: Wenn ein Druckbogen aus 16 Seiten besteht, so würde der zweite Bogen mit der Seitennumerierung »17« beginnen und mit »32« enden. Die Prime dieses Bogens, nämlich die »2«, würde auf der Seite 17, die Sekunde (2*) auf der Seite 19 plaziert werden.
Sollte der 4. Bogen eines Werkes in der gleichen Weise gekennzeichnet werden, so würde auf der Seite 49 die Prime, nämlich 4, und auf der Seite 51 die Sekunde (4*) angebracht werden.

Die **Bogennorm** ist eine Erweiterung der Bogensignatur. Hinter der Nummer der ersten Seite eines Bogens ist die Kurzform des Buchtitels – meist durch ein Geviert getrennt – »angehängt« (Abbildung 13.5). Damit können gleichzeitig gedruckte und in der Buchbinderei weiter zu verarbeitende Bücher eindeutig voneinander unterschieden werden.
Bogensignatur und Bogennorm sind in einem fertigen Buch nicht mehr zu sehen, weil sie in den Beschnitt, also an den äußersten Rand des Rohbogens gestellt werden (vgl. dazu auch Abbildung 12.19).

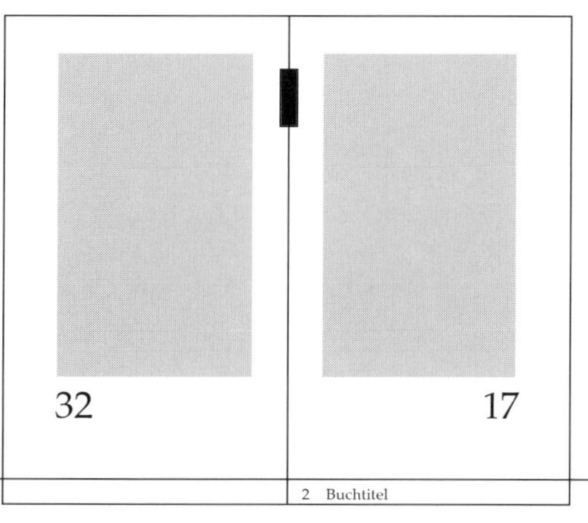

Abbildung 13.5
Flattermarken
werden mit einer fetten Linie
markiert

Nachdem die einzelnen Druckbogen eines Werkes gedruckt und anschließend gefalzt sind, werden sie zusammengetragen. Das heißt, daß alle Bogen eines Werkes in die richtige Reihenfolge gebracht und danach gebunden werden.
Um die buchbinderische Arbeit zu unterstützen, können im Bund zwischen der ersten und der letzten Seite eines jeden Druckbogens senkrechte Markierungen, sogenannte **Flattermarken**, angebracht werden.

Sollte wiederum der zweite Bogen markiert werden und hätte dieser 16 Seiten, so würden nach dem Falzen die Seiten 17 und 32 nebeneinander stehen (Abbildung 13.5).
Nach dem Falzen des Druckbogens bleiben die Flattermarken sichtbar. Wenn alle zu einem Werk gehörenden Bogen zusammengetragen sind, müssen die Flattermarken visuell sichtbar eine aufsteigende Reihenfolge ergeben (Abbildung 13.6).

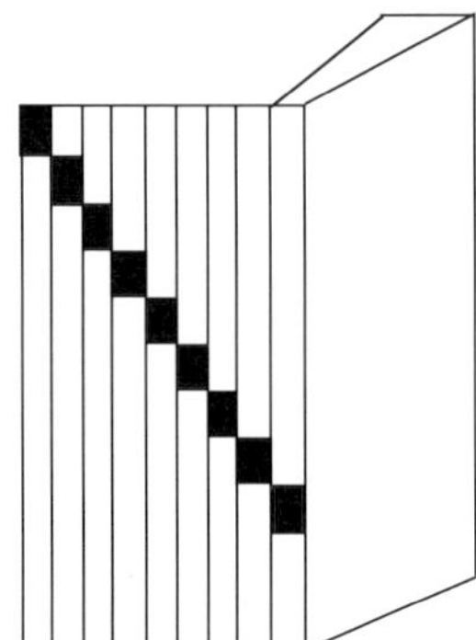

Abbildung 13.6
Prinzip
der Flattermarken

Damit soll ein Verwechseln der Druckbogen untereinander verhindert werden.

Zum Thema Flattermarken sei abschließend ergänzt, daß diese beim gebundenen Buch nicht mehr zu sehen sind, da sie durch den Bucheinband verdeckt werden.

Hurenkind und Schusterjunge

Hurenkind und Schusterjunge sind zwei Fachausdrücke aus der traditionellen Satztechnik. Beide stehen in engem Zusammenhang mit der Seitengestaltung. Beide sind zu beachten, wenn das Prädikat Qualitätssatz in Anspruch genommen werden soll.

Ein Hurenkind liegt dann vor, wenn die letzte Zeile eines Absatzes am Anfang einer neuen Seite oder bei mehrspaltigem Satz am Anfang einer neuen Spalte plaziert ist.

Es gibt kaum Berufszweige, die von der rasanten Entwicklung der Computertechnik verschont geblieben sind. Das gilt auch für Schriftsetzer und Reprophotographen, zwei kreativen Berufen der Druckindustrie, die sich mit der Text- bzw. Bildgestaltung auseinanderzusetzen haben.
Mit der Entwicklung der »Personal Computer« (PC) wurden Werkzeuge geschaffen, die Text- und Bildbearbeitung auf kleinstem Raum ermöglichen, wobei der Kreativität (fast) keine Grenzen mehr gesetzt sind. Die Druckerei, Setzerei und Reproanstalt auf dem Schreibtisch wurde durch die Zauberformel »Desktop Publishing«, abgekürzt DTP, zur Realität.
Ihr Interesse für Typographie läßt den Rückschluß zu, daß Sie sich mit dem Thema Gestaltung, eventuell sogar im Zusammenhang mit DTP, auseinanderzusetzen haben. Es wird folglich unterstellt, daß Sie die Bedienung beherrschen.
Die Hard- und Software des Systems ist Ihnen bereits nahegebracht worden, Sie können also damit umgehen .
Dieses Lehrbuch enthält deshalb keinerlei Bedienungsanweisungen für irgendein Gestaltungssystems, sondern ausschließlich systemneutrale Gestaltungsregeln für das Erstellen von Drucksachen jeder Art.
Es werden fachliche Kenntnisse aus den Lehrberufen Schriftsetzer und Reprophotograph vermittelt, die bei gestalterischen Aufgaben beachtet werden sollten.
Es wird von Typographie und Satz, von Layout und Durchschuß, von Schriftart und Schriftschnitt und von Dichte die Rede sein. Von Begriffen also, die Sie vielleicht schon einmal gehört oder gelesen haben – vielleicht sogar in der Bedienungsanweisung Ihres DTP-Systems – aber nicht in das Thema einordnen konnten.
Apropos Typographie und Satz. Beide Begriffe werden gleich an dieser Stelle »unter die Lupe« genommen, denn sie werden uns als Leitworte durch das ganze Lehrbuch hindurch begleiten.
Beginnen wir mit der **Typographie**.
In einem Lexikon wird dieser Begriff so erläutert: »Typographie ist die Umwandlung eines geschriebenen Textes in einen gedruckten Text«. Dem ist im Prinzip nichts hinzuzufügen. Man kann es aber noch treffender sagen: »Typographie ist die Lehre des Gestaltens einer Drucksache, um eine optimale Lesbarkeit zu erzielen.«
Die Kunst dabei ist der Umgang mit den typographischen Gestaltungsmitteln Schrift, Linie, Fläche und Bild und ihre harmonische Anordnung auf einem ausgewählten Format.
Fachleute unterscheiden zwischen der **Mikrotypographie** und der **Makrotypographie**. Erstere beschreibt die Grundregeln für die Behandlung von

Abbildung 13.7
Ein Hurenkind
in der mittleren Spalte
beeinträchtigt
das optische Erscheinungsbild
der Spalten zueinander

Es gibt kaum Berufszweige, die von der rasanten Entwicklung der Computertechnik verschont geblieben sind. Das gilt auch für Schriftsetzer und Reprophotographen, zwei kreativen Berufen der Druckindustrie, die sich mit der Text- bzw. Bildgestaltung auseinanderzusetzen haben.
Mit der Entwicklung der »Personal Computer« (PC) wurden Werkzeuge geschaffen, die Text- und Bildbearbeitung auf kleinstem Raum ermöglichen, wobei der Kreativität (fast) keine Grenzen mehr gesetzt sind. Die Druckerei, Setzerei und Reproanstalt auf dem Schreibtisch wurde durch die Zauberformel »Desktop Publishing«, abgekürzt DTP, zur Realität.
Ihr Interesse für Typographie läßt den Rückschluß zu, daß Sie sich mit dem Thema Gestaltung, eventuell sogar im Zusammenhang mit DTP, auseinanderzusetzen haben. Es wird folglich unterstellt, daß Sie die Bedienung beherrschen. Die Hard- und Software des Systems ist Ihnen bereits nahegebracht worden, Sie können also damit umgehen.
Dieses Lehrbuch enthält deshalb keine Bedienungsanweisungen für irgendein Gestaltungssystems, sondern ausschließlich systemneutrale Gestaltungsregeln für das Erstellen von Drucksachen jeder Art.
Es werden fachliche Kenntnisse aus den Lehrberufen Schriftsetzer und Reprophotograph vermittelt, die bei gestalterischen Aufgaben beachtet werden sollten.
Es wird von Typographie und Satz, von Layout und Durchschuß, von Schriftart und Schriftschnitt und von Dichte die Rede sein. Von Begriffen also, die Sie vielleicht schon einmal gehört oder gelesen haben – vielleicht sogar in der Bedienungsanweisung Ihres DTP-Systems – aber nicht in das Thema einordnen konnten.
Apropos Typographie und Satz. Beide Begriffe werden gleich an dieser Stelle »unter die Lupe« genommen, denn sie werden uns als Leitworte durch das ganze Lehrbuch hindurch begleiten.
Beginnen wir mit der **Typographie**.
In einem Lexikon wird dieser Begriff so erläutert: »Typographie ist die Umwandlung eines geschriebenen Textes in einen gedruckten Text«. Dem ist im Prinzip nichts hinzuzufügen. Man kann es aber noch treffender sagen: »Typographie ist die Lehre des Gestaltens einer Drucksache, um eine optimale Lesbarkeit zu erzielen.«
Die Kunst dabei ist der Umgang mit den typographischen Gestaltungsmitteln Schrift, Linie, Fläche und Bild und ihre harmonische Anordnung auf einem ausgewählten Format.
Fachleute unterscheiden zwischen der **Mikrotypographie** und der **Makrotypographie**. Erstere beschreibt die Grundregeln für die Behandlung von

Abbildung 13.8
Nach Beseitigung
des Hurenkinds
sind die Spalten zueinander
optisch harmonisch

Die Auswirkungen werden in Abbildung 13.7 dargestellt. In der mittleren Spalte ist ein Hurenkind aufgetreten. Die Spalte wirkt gegenüber den anderen Spalten optisch kleiner, das Gesamtbild wird optisch negativ beeinträchtigt, wie der Vergleich mit Abbildung 13.8 zeigt, in der das Hurenkind beseitigt ist.
Aus diesem Grunde sind Hurenkinder auf jeden Fall zu vermeiden, sei es durch Veränderung des Textes, sei es durch Erzeugen neuer Absätze im Text davor.

Etwas toleranter wird ein Schusterjunge gehandhabt, der in folgender Form beschrieben werden kann:

Ein Schusterjunge liegt dann vor, wenn die erste Zeile eines Absatzes am Ende einer Seite oder bei mehrspaltigem Satz am Ende einer Spalte plaziert ist.

Die Auswirkungen werden in Abbildung 13.9 gezeigt:

Abbildung 13.9
Ein Schusterjunge in der mittleren Spalte beeinträchtigt das optische Erscheinungsbild bei stumpfem Absatzbeginn kaum

Es gibt kaum Berufszweige, die von der rasanten Entwicklung der Computertechnik verschont geblieben sind. Das gilt auch für Schriftsetzer und Reprophotographen, zwei kreativen Berufen der Druckindustrie, die sich mit der Text- bzw. Bildgestaltung auseinanderzusetzen haben.
Mit der Entwicklung der »Personal Computer« (PC) wurden Werkzeuge geschaffen, die Text- und Bildbearbeitung auf kleinstem Raum ermöglichen, wobei der Kreativität (fast) keine Grenzen mehr gesetzt sind. Die Druckerei, Setzerei und Reproanstalt auf dem Schreibtisch wurde durch die Zauberformel »Desktop Publishing«, abgekürzt DTP, zur Realität.
Ihr Interesse für Typographie läßt den Rückschluß zu, daß Sie sich mit dem Thema Gestaltung, eventuell sogar im Zusammenhang mit DTP, auseinanderzusetzen haben. Es wird folglich unterstellt, daß Sie die Bedienung beherrschen. Die Hard- und Software des Systems ist Ihnen bereits nahegebracht worden, Sie können also damit umgehen. Dieses Lehrbuch enthält deshalb keine Bedienungsanweisungen für irgendein Gestaltungssystems, sondern ausschließlich systemneutrale Gestaltungsregeln für das Erstellen von Drucksachen jeder Art.
Es werden fachliche Kenntnisse aus den Lehrberufen Schriftsetzer und Reprophotograph vermittelt, die bei gestalterischen Aufgaben beachtet werden sollten.
Es wird von Typographie und Satz, von Layout und Durchschuß, von Schriftart und Schriftschnitt und von Dichte die Rede sein. Von Begriffen also, die Sie vielleicht schon einmal gehört oder gelesen haben – vielleicht sogar in der Bedienungsanweisung Ihres DTP-Systems – aber nicht in das Thema einordnen konnten.
Apropos Typographie und Satz. Sie werden gleich an dieser Stelle »unter die Lupe« genommen, denn sie werden uns als Leitworte durch das ganze Lehrbuch hindurch begleiten.
Beginnen wir mit der **Typographie**.
In einem Lexikon wird dieser Begriff so erläutert: »Typographie ist die Umwandlung eines geschriebenen Textes in einen gedruckten Text«. Dem ist im Prinzip nichts hinzuzufügen. Man kann es aber noch treffender sagen: »Typographie ist die Lehre des Gestaltens einer Drucksache, um eine optimale Lesbarkeit zu erzielen.«
Die Kunst dabei ist der Umgang mit den typographischen Gestaltungsmitteln Schrift, Linie, Fläche und Bild und ihre harmonische Anordnung auf einem ausgewählten Format.
Fachleute unterscheiden zwischen der **Mikrotypographie** und der **Makrotypographie**. Erstere beschreibt die Grundregeln für die Behandlung von Buchstaben, Worten, Zeilen, Absätzen

Abbildung 13.10
Ein Schusterjunge beeinträchtigt das optische Erscheinungsbild bei einem Einzug am Absatzanfang erheblich

Es gibt kaum Berufszweige, die von der rasanten Entwicklung der Computertechnik verschont geblieben sind. Das gilt auch für Schriftsetzer und Reprophotographen, zwei kreativen Berufen der Druckindustrie, die sich mit der Text- bzw. Bildgestaltung auseinanderzusetzen haben.

Mit der Entwicklung der »Personal Computer« (PC) wurden Werkzeuge geschaffen, die Text- und Bildbearbeitung auf kleinstem Raum ermöglichen, wobei der Kreativität (fast) keine Grenzen mehr gesetzt sind. Die Druckerei, Setzerei und Reproanstalt auf dem Schreibtisch wurde durch die Zauberformel »Desktop Publishing«, abgekürzt DTP, zur Realität.

Ihr Interesse für Typographie läßt den Rückschluß zu, daß Sie sich mit dem Thema Gestaltung, eventuell sogar im Zusammenhang mit DTP, auseinanderzusetzen haben. Es wird folglich unterstellt, daß Sie die Bedienung beherrschen. Die Hard- und Software des Systems ist Ihnen bereits nahegebracht worden, Sie können also damit umgehen. Dieses Lehrbuch enthält keine Bedienungsanweisungen für irgendein Gestaltungssystems, sondern ausschließlich systemneutrale Gestaltungsregeln für das Erstellen von Drucksachen jeder Art.

Es werden fachliche Kenntnisse aus den Lehrberufen Schriftsetzer und Reprophotograph vermittelt, die bei gestalterischen Aufgaben beachtet werden sollten.

Es wird von Typographie und Satz, von Layout und Durchschuß, von Schriftart und Schriftschnitt und von Dichte die Rede sein. Von Begriffen also, die Sie vielleicht schon einmal gehört oder gelesen haben – vielleicht sogar in der Bedienungsanweisung Ihres DTP-Systems – aber nicht in das Thema einordnen konnten.

Apropos Typographie und Satz. Sie werden gleich an dieser Stelle »unter die Lupe« genommen, denn sie werden uns als Leitworte durch das ganze Lehrbuch hindurch begleiten.

Beginnen wir mit der **Typographie**. In einem Lexikon wird dieser Begriff so erläutert: »Typographie ist die Umwandlung eines geschriebenen Textes in einen gedruckten Text«. Dem ist im Prinzip nichts hinzuzufügen. Man kann es aber noch treffender sagen: »Typographie ist die Lehre des Gestaltens einer Drucksache, um eine optimale Lesbarkeit zu erzielen.«

Die Kunst dabei ist der Umgang mit den typographischen Gestaltungsmitteln Schrift, Linie, Fläche und Bild und ihre harmonische Anordnung auf einem ausgewählten Format.

Fachleute unterscheiden zwischen der **Mikrotypographie** und der **Makrotypographie**. Erstere beschreibt die Grundregeln für die Behandlung von Buchstaben, Worten, Zeilen, Ab-

Bei stumpfem Absatzbeginn beeinträchtigen Schusterjungen die Optik einer Seite oder Spalte kaum. Das zeigt auch die Abbildung 13.9. In diesem Falle sind Schusterjungen tolerierbar, aber wenn möglich, trotzdem zu vermeiden.
Bei Satz mit Einzügen am Absatzanfang wirkt ein Schusterjunge jedoch störend (Abbildung 13.10).

Fußnoten und Marginalien

Fußnoten sind Anmerkungen, die auf bestimmte Textstellen Bezug nehmen. Beispiel für die Anwendung von Fußnoten sind Literaturhinweise, mit denen der Leser erläuterte Vorgänge im Text durch das Studium anderer Literatur vertiefen kann.
Fußnoten bestehen im Prinzip aus zwei Teilen: Kennzeichnung im Text und dem Fußnotentext.
Die Kennzeichnung im Text geschieht durch hochstehende, fortlaufende Zahlen, wenn mehrere Fußnoten auf einer Seite zu erwarten sind. Die verwendeten Ziffern müssen dem Duktus der Grundschrift entsprechen. Auch Sternchen können bei wenigen Fußnoten im ganzen Werk benutzt werden. Beide Varianten sind unmittelbar an das letzte Wort anzuschließen.
Der Text der Fußnote wird in der gleichen Weise wie im Text gekennzeichnet. Falls eine Durchnumerierung erfolgt, so wird die Fußnotenzahl aus Normalziffern zusammengesetzt, die mit einem Punkt abgeschlosssen werden. Um gegliederte Ordnung in den Fußnotentext hineinzubringen, sollte der Abstand zwischen Punkt und Text durch Festausschluß – konkret durch ein Halbgeviert – nicht aber durch einen variablen Wortzwischenraum, markiert werden.
Der Fußnotentext wird in aller Regel zwei Schriftgrade kleiner als die Grundschrift gesetzt und innerhalb des Satzspiegels plaziert. Die letzte Zeile der Fußnote sollte so positioniert werden, daß sie mit der letzten Textzeile der gegenüber plazierten Seite oder Spalte in Schriftlinie steht[1]. 
Der Abstand zwischen Text und Fußnote beträgt ein bis zwei Leerzeilen der Grundschrift. Bei zwei Leerzeilen kann in den freien Raum zwischen Text und Fußnote eine Linie hineingestellt werden, die etwa ein bis eineinhalb Zentimeter lang[2] und im  Linienbild dem Duktus der Grundschrift angepaßt sein soll.
Bei Grundtext mit einem Einzug am Absatzanfang wird der *gleiche* Einzug auch für Fußnotentexte verwendet.
Der Durchschuß einer Fußnote muß geringer sein als der der Grundschrift, um im Graubild angepaßt zu wirken.
Fußnotentexte müssen auf *der* Seite stehen, auf der sie im Text erwähnt sind. Sollte aufgrund vieler Fußnoten das nicht durchgehend möglich sein, so bleibt als Alternative, die Fußnoten am Schluß eines Werkes zusammenzufassen.

---

1. Fußnotenzeichen im Text werden ohne »Klammer zu« gesetzt. Denn: Wo eine »Klammer zu« auftaucht, erwartet man vorher auch eine »Klammer auf«.
2. Die Linie über den Fußnoten ist etwa ein bis eineinhalb Zentimeter lang. Der Abstand zwischen Linie und Fußnote muß durchgehend gleich sein, der Raum über der Linie kann je nach Verlauf des Textes variabel sein und zum Ausgleichen der Seitenhöhe benutzt werden.

Marginalien haben eine ähnliche Funktion wie Fußnoten. Der äußere Unterschied besteht darin, daß sie nicht am Fuße einer Seite, sondern am Außenrand plaziert werden. Deshalb bezeichnet man sie auch als **Randbemerkungen**.
Wenn Marginalien vorgesehen sind, so müssen sie bereits beim Einrichten des Satzspiegels berücksichtigt werden, denn das liegt in der Natur der Sache: Der Außenrand muß größer dimensioniert sein.

Abbildung 13.11
Die erste Zeile einer Marginalie muß mit *der* Textzeile Schriftlinie halten, auf die sie Bezug nimmt

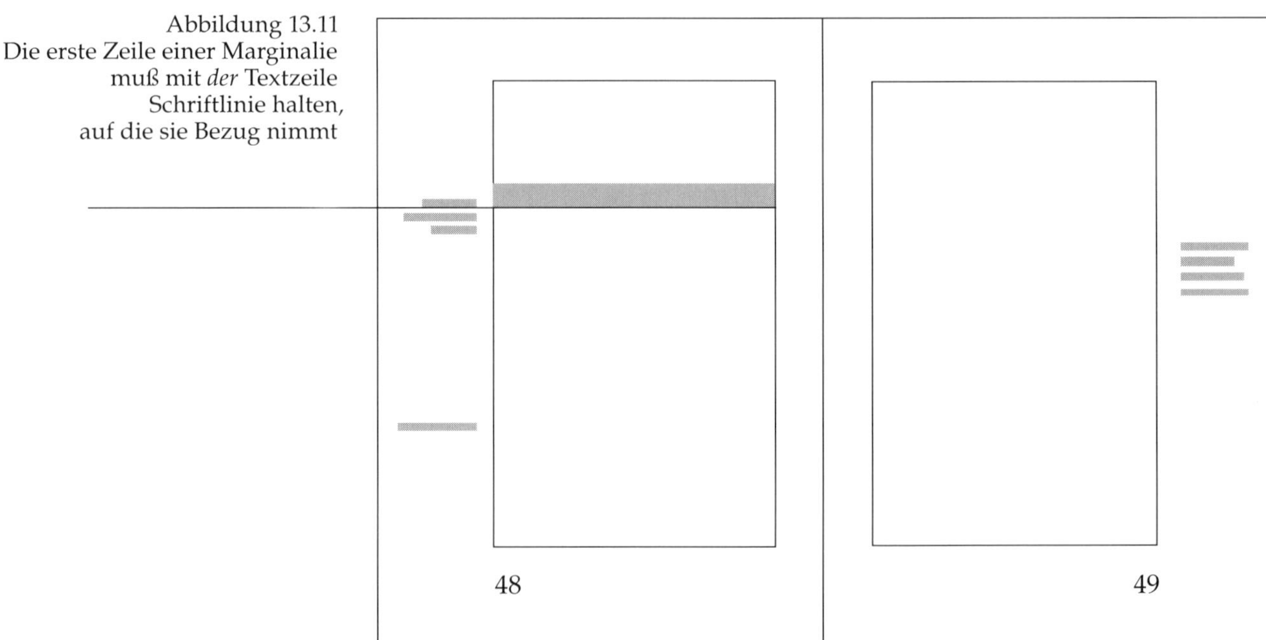

Marginalien werden etwa zwei Schriftgrade kleiner als die Grundschrift gesetzt. Sie können entweder als Flattersatz oder als Mittelachsensatz in den dafür vorgesehenen Platz hinein ausgeschlossen werden. Bei der Anwendung von Flattersatz (Abbildung 13.11) stehen sie je nach rechter oder linker Seite mit dem jeweiligen Bund zum Text.
Wenn der Umbruch nicht rechnergesteuert automatisch erfolgt, können Marginalien im Flattersatz-Modus meist erst nach dem Umbruch des Textes entsprechend dem Seitenverlauf ausgeschlossen werden, weil nicht von vornherein feststeht, ob sie auf einer linken oder rechten Seite plaziert werden müssen. Beim Mittelachsensatz stellt sich dieses Problem nicht.
Für die Anwendung beider Satzarten gilt gemeinsam folgende Regel, die unbedingt eingehalten werden muß:

Die erste Zeile einer jeden Marginalie muß mit *der* Textzeile Schriftlinie halten, auf die sie Bezug nimmt.

Infarbestellen von Seitenteilen

Farbe ist ein Gestaltungsmittel, das in jedem Druckobjekt am meisten auffällt. Aus technischer Sicht sollte jedoch bedacht werden, daß jede verwendete Farbe einen separaten Druckgang erfordert, infolgedessen das Druckobjekt verteuert. Aus satztechnischer Sicht sollte ein Gestalter wissen, daß vor dem Druckvorgang das **Infarbestellen** des betreffenden Satzes steht. Das bedeutet, daß die verschiedenen Farben voneinander getrennt werden müssen, es müssen **Farbauszüge** hergestellt werden.

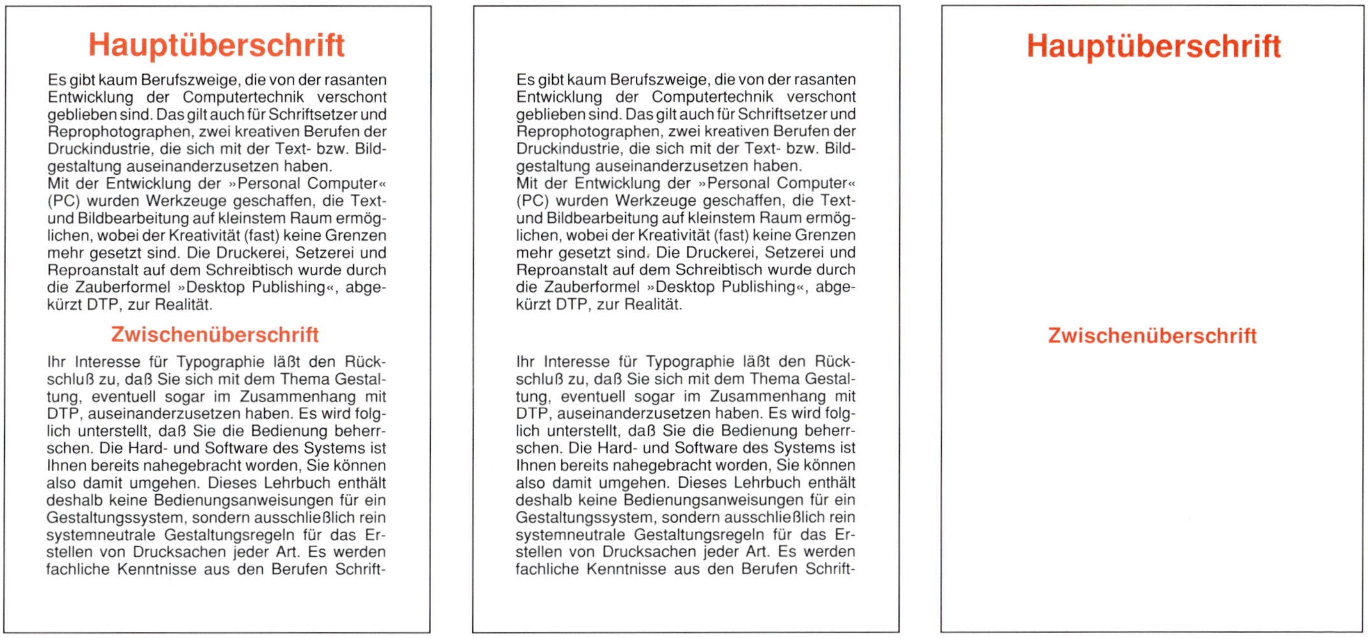

Hauptüberschrift

Es gibt kaum Berufszweige, die von der rasanten Entwicklung der Computertechnik verschont geblieben sind. Das gilt auch für Schriftsetzer und Reprophotographen, zwei kreativen Berufen der Druckindustrie, die sich mit der Text- bzw. Bildgestaltung auseinanderzusetzen haben.
Mit der Entwicklung der »Personal Computer« (PC) wurden Werkzeuge geschaffen, die Text- und Bildbearbeitung auf kleinstem Raum ermöglichen, wobei der Kreativität (fast) keine Grenzen mehr gesetzt sind. Die Druckerei, Setzerei und Reproanstalt auf dem Schreibtisch wurde durch die Zauberformel »Desktop Publishing«, abgekürzt DTP, zur Realität.

Zwischenüberschrift

Ihr Interesse für Typographie läßt den Rückschluß zu, daß Sie sich mit dem Thema Gestaltung, eventuell sogar im Zusammenhang mit DTP, auseinanderzusetzen haben. Es wird folglich unterstellt, daß Sie die Bedienung beherrschen. Die Hard- und Software des Systems ist Ihnen bereits nahegebracht worden, Sie können also damit umgehen. Dieses Lehrbuch enthält deshalb keine Bedienungsanweisungen für ein Gestaltungssystem, sondern ausschließlich rein systemneutrale Gestaltungsregeln für das Erstellen von Drucksachen jeder Art. Es werden fachliche Kenntnisse aus den Berufen Schrift-

Es gibt kaum Berufszweige, die von der rasanten Entwicklung der Computertechnik verschont geblieben sind. Das gilt auch für Schriftsetzer und Reprophotographen, zwei kreativen Berufen der Druckindustrie, die sich mit der Text- bzw. Bildgestaltung auseinanderzusetzen haben.
Mit der Entwicklung der »Personal Computer« (PC) wurden Werkzeuge geschaffen, die Text- und Bildbearbeitung auf kleinstem Raum ermöglichen, wobei der Kreativität (fast) keine Grenzen mehr gesetzt sind. Die Druckerei, Setzerei und Reproanstalt auf dem Schreibtisch wurde durch die Zauberformel »Desktop Publishing«, abgekürzt DTP, zur Realität.

Ihr Interesse für Typographie läßt den Rückschluß zu, daß Sie sich mit dem Thema Gestaltung, eventuell sogar im Zusammenhang mit DTP, auseinanderzusetzen haben. Es wird folglich unterstellt, daß Sie die Bedienung beherrschen. Die Hard- und Software des Systems ist Ihnen bereits nahegebracht worden, Sie können also damit umgehen. Dieses Lehrbuch enthält deshalb keine Bedienungsanweisungen für ein Gestaltungssystem, sondern ausschließlich rein systemneutrale Gestaltungsregeln für das Erstellen von Drucksachen jeder Art. Es werden fachliche Kenntnisse aus den Berufen Schrift-

Hauptüberschrift

Zwischenüberschrift

Abbildung 13.12
Prinzip
des Infarbestellens

Satztechnisch wird zunächst die komplette Seite gestaltet (linker Teil der Abbildung 13.12). Dann werden die beiden Überschriften, bzw. alles, was noch in der gleichen Farbe gedruckt werden soll, aus der Grundform herausgezogen (rechts).
Dazu ist anzumerken, daß das Ganze **passergenau** zu erfolgen hat. Das wiederum bedeutet: Der Stand der herausgezogenen Seitenteile muß unverändert bleiben. Denn beim anschließenden Druckvorgang werden beide Teile nacheinander übereinander gedruckt, so daß danach Überschriften und Text genau wieder in der gleichen Position plaziert sind.
Die erstellten Farbauszüge werden nacheinander bei der Bogenmontage verarbeitet (vgl. Abbildung 13.1, unten). Dabei wird zunächst *die* Form, in der die meisten Seitenteile enthalten sind, montiert. Dazu sei ergänzt, daß die Montage auf durchsichtiger Folie im späteren Druckformat erfolgt. Nach erfolgter Montage *einer* Farbe, wird auf die Folie eine weitere gelegt, auf die dann die zweite Farbe montiert wird.

Dieser Vorgang wurde deshalb so ausführlich geschildert, weil noch auf ein Hilfsmittel für die Montage aufmerksam gemacht werden soll.
Als Hilfe zur Erreichung der **Passergenauigkeit** können **Passermarken** oder **Passerkreuze** über und unter einer Seite mitbelichtet werden. Wenn diese Marken bei der Montage der Farben genau übereinanderstehend gebracht werden, so ist die Passergenauigkeit garantiert.

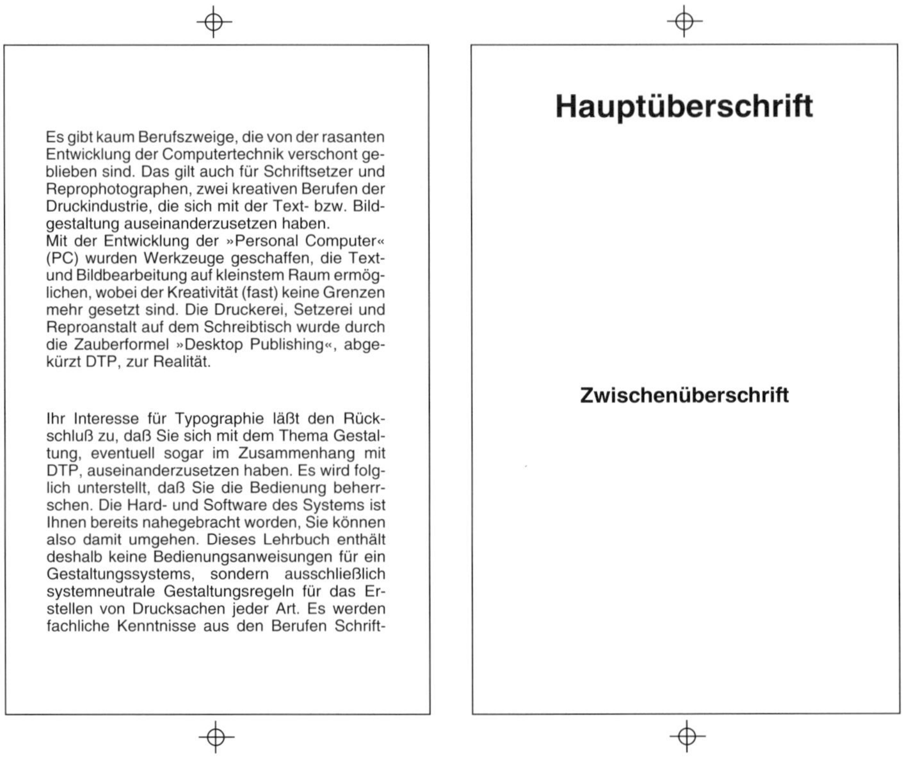

Abbildung 13.13
Prinzip
der Passerkreuze

Es gibt kaum Berufszweige, die von der rasanten Entwicklung der Computertechnik verschont geblieben sind. Das gilt auch für Schriftsetzer und Reprophotographen, zwei kreativen Berufen der Druckindustrie, die sich mit der Text- bzw. Bildgestaltung auseinanderzusetzen haben.
Mit der Entwicklung der »Personal Computer« (PC) wurden Werkzeuge geschaffen, die Text- und Bildbearbeitung auf kleinstem Raum ermöglichen, wobei der Kreativität (fast) keine Grenzen mehr gesetzt sind. Die Druckerei, Setzerei und Reproanstalt auf dem Schreibtisch wurde durch die Zauberformel »Desktop Publishing«, abgekürzt DTP, zur Realität.

Ihr Interesse für Typographie läßt den Rückschluß zu, daß Sie sich mit dem Thema Gestaltung, eventuell sogar im Zusammenhang mit DTP, auseinanderzusetzen haben. Es wird folglich unterstellt, daß Sie die Bedienung beherrschen. Die Hard- und Software des Systems ist Ihnen bereits nahegebracht worden, Sie können also damit umgehen. Dieses Lehrbuch enthält deshalb keine Bedienungsanweisungen für ein Gestaltungssystems, sondern ausschließlich systemneutrale Gestaltungsregeln für das Erstellen von Drucksachen jeder Art. Es werden fachliche Kenntnisse aus den Berufen Schrift-

Hauptüberschrift

Zwischenüberschrift

Übrigens: Die Passerkreuze werden nach der Montage, genauer gesagt bei der Druckformherstellung, mit einer Spezialfarbe abgedeckt, damit sie später beim Drucken nicht mehr erscheinen.

Beispiele angewandter Typographie

14

In diesem Kapitel sollen Gestaltungsbeispiele gezeigt werden, in denen die genannten Regeln angewandt werden, die aber auch zeigen, daß Drucksachen jeder Art nicht langweilig sein müssen. Sie sind überwiegend aus dem Bereich der Akzidenzen.
Akzidenz ist ein Begriff aus der lateinischen Sprache und bedeutet »Zufallendes« oder »Zufälliges«. Daraus abgewandelt versteht man in der Druckindustrie unter Akzidenzdrucksachen Gelegenheitsdrucksachen.

Akzidenzdrucksachen kann man in zwei Bereiche einteilen, nämlich Geschäfts- bzw. Behördendrucksachen sowie Privatdrucksachen.
Typische Geschäftsdrucksachen sind die Besuchs- oder Visitenkarte, der Briefbogen, die Rechnung, Einladungen, Prospekte, Broschüren, Kataloge, Handzettel und Plakate. Typisch für eine Behörde sind Formulare jeder Art.
In den privaten Bereich gehören neben der Visitenkarte und dem Briefbogen *jene* Drucksachen, die besondere Ereignisse ankündigen oder auch geschehene Ereignisse anzeigen: Geburtsanzeigen, Verlobungs- und Vermählungskarten, Trauerbriefe.
Während bei der Gestaltung von Familiendrucksachen die Individualität, das Persönlichkeitsbezogene, dominiert, sollte man bei der Gestaltung von Geschäftsdrucksachen auf ein stets wiederzuerkennendes und wiederkehrendes Bild, auf Identität, Wert legen.

Man bezeichnet das Erscheinungsbild einer Firma als **Corporate Identity**, die Detailgestaltung als **Corporate Design**.

Zur Identität gehören die Gestaltung des Satzspiegels und des vertikalen Zeilenrasters, die Schrift, das Papier und auch die Druckfarbe.
Einen besonderen Stellenwert nimmt im Corporate Identity das **Firmenzeichen** oder **Signet** ein, das auch als **Logo** bezeichnet wird.
Der Begriff Signet stammt aus dem Lateinischen und entstand aus »signum«, gleich Zeichen.
Die Bezeichnung »logo« stammt aus der griechischen Sprache und bedeutet Wort. Logotypen waren ursprünglich in der traditionellen Satztechnik häufig wiederkehrende Worte in Form von zusammengegossenen Bleitypen. Typisch war beispielsweise das Wort Nota (Rechnung). Der Begriff Logo trifft folglich nur auf *solche* Firmenzeichen zu, die aus mehreren Buchstaben bestehen.

Das Signet

Abbildung 14.1

Die Firma Müller hat sich auf den Vertrieb von Stahlröhren spezialisiert. Das symbolisieren die drei nebeneinander stehenden senkrechten Linien. Sie stehen gleichzeitig für den Buchstaben »M« in der Zeichenfolge Mü. Die beiden weißen Flächen zwischen den Linien symbolisieren kombiniert mit den farbigen Quadraten das »ü«

Abbildung 14.2

Die Firma Gebrüder Trampert (T) verlegt Parkettböden. Parkett wird durch die Flächen symbolisiert, die das T umgeben. Eine Steigerung der Wirkung könnte durch zweifarbige Wiedergabe erzielt werden, und zwar durch eine farbliche Trennung des »T« und seinen umgebenden Flächen

Abbildung 14.3

Die Firma Überhagen ist ein Gärtnereibetrieb mit angeschlossenem kleinen Laden. Die blütenartigen Vignetten über dem U schaffen Verbindung zum Gewerbe mit Blumen, gleichzeitig aber auch zum Namen des Betriebsinhabers

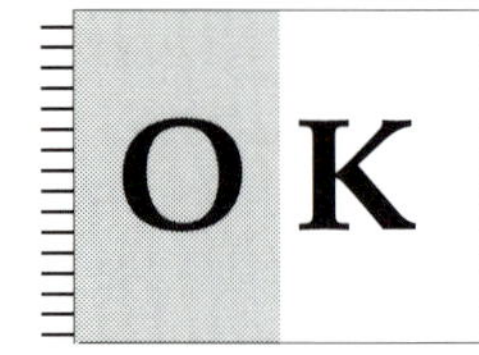

Abbildung 14.4

Die Firma Otto Krause macht etwas völlig anderes: Sie reinigt Teppiche. Das Signet zeigt symbolisch einen Teppich, und zwar die ungereinigte Fläche – mit einem Raster unterlegt – und die gesäuberte Fläche rechts daneben. Der Gestalter hat darüber hinaus den Wert der beiden Anfangsbuchstaben erkannt: OK signalisiert »in Ordnung«. Teppich OK mit Teppichreinigung Otto Krause heißt darum auch der abgeleitete Werbeslogan der Firma

Abbildung 14.5

Die Firma Germeroth ist ein großes ortsansässiges Unternehmen, das einen schwunghaften Handel mit Lampen und angrenzenden Artikeln betreibt. Das G ist Teil des Firmensignets, die Vignette im G soll eine brennende Glühlampe symbolisch darstellen. Daß die Firma Germeroth auch noch in Gifhorn ansässig ist, schafft eine weitere Verbindung zum Großbuchstaben G

Es ist erwiesen, daß besonders ein Signet das Erinnerungsvermögen an ein Produkt oder an eine Firma weckt. Aus diesem Grunde sollte das Signet bei der Gestaltung von Geschäftsdrucksachen auch eine besondere Rolle einnehmen. Es soll deshalb zuerst in diesem Kapitel behandelt werden.
Wie mannigfaltig die Gestaltungsmöglichkeiten eines Signets sein können, zeigen die Beispiele auf diesen Seiten, die mit Buchstaben, Linien und Flächen gestaltet wurden.

Abbildung 14.6

Dieses Signet eines größeren Firmenverbunds »Vereinigte Walzwerke« in einer Großstadt vereint die beiden Buchstaben V und W in sich. Die Fläche stellt das Endprodukt der Vereinigten Walzwerke, nämlich gewalzte Bleche, dar

Abbildung 14.7

Mit diesem Signet wirbt die Firma Trautwein, die sich auf den Verkauf von Campingartikeln spezialisiert hat. In dem Signet ist in den beiden grauen und dem roten Dreieck ein »T« zu erkennen. Das rote Dreieck soll darüber hinaus auch den Verkaufsartikel Zelt symbolisieren

Abbildung 14.8

Die Firma Langemann in Lüdenscheid hat sich dieses Signet einfallen lassen. Es handelt sich bei dieser Firma um eine Druckerei. Die beiden L (rot und dagegengesetzt in hellrot) sollen Langemann Lüdenscheid repräsentieren, die Fläche insgesamt gesehen das bedruckte Papier

Abbildung 14.9

Das Dach über dem E deutet bereits darauf hin, daß die Firmengruppe Engelhardt etwas mit der Dachdeckerei zu tun hat. Dieses Signet hat eine der Eigenschaften, die ein Signet haben sollte: Es vermittelt sofort auch bildhaft das Anliegen und das Angebot von Engelhardt

Diese Beispiele zeigen: Bei der Gestaltung von Signets sollte auf den Verwendungszweck eingegangen werden. Das heißt, das Signet sollte eine Aussage zur Firma, zur Ware oder auch zu einer Person enthalten. Ganz besonders sollte beachtet werden: Die Gesetzmäßigkeiten der Formgebung sind die gleichen wie bei der Auswahl von Schriften (vgl. Abbildung 5.54). Es wäre falsch, das Signet eines Modehauses schwer und massiv und das Signet einer Maschinenfabrik leicht und beschwingt zu gestalten.

Ein Signet muß außerdem so gestaltet sein, daß es auch in kleiner Wiedergabe noch erkennbar ist, denn es wird auf der Besuchskarte oder in einer kleinen Anzeige kleiner ausfallen als auf dem Briefbogen, einer Rechnung oder einem Prospekt.
Eine Anzeige und ein Briefbogen sind die geeigneten Objekte zur Darstellung einer weiteren Forderung bei der Gestaltung eines Signets:

Ein Signet muß sowohl aus kostensparenden Gründen für einfarbige Wiedergabe in einer Anzeige als auch in mehrfarbiger Wiedergabe – beispielsweise auf einem repräsentativen Briefbogen – geeignet sein.

Briefbogen und Rechnung

Der Briefbogen ist das »Gesicht« einer Firma. Dieser einfache Satz macht die Wichtigkeit eines Briefbogens deutlich. Auf seine gute Gestaltung und Aufmachung sollte man allergrößten Wert legen, denn mit ihm wird in aller Regel der erste Kontakt zu Geschäftspartnern hergestellt.

Eine wichtige Entscheidung muß *vor* der Gestaltung eines Briefbogens getroffen werden, nämlich die Frage, ob der Versand dieses Briefbogens in Umschlägen mit oder ohne Fenster erfolgen soll. Die Versandart mit dem Fenster hat den Vorteil, daß eine Anschrift nur einmal, nämlich auf dem Briefbogen selber, geschrieben werden muß. Zweimal gefalzt, erscheint sein Anschriftenfeld bei richtiger Gestaltung im Fenster des Umschlags. Die richtige Einteilung eines Briefbogens zum Versand in Umschlägen mit Fenstern ist in einer DIN-Norm mit folgenden Maßen festgelegt:

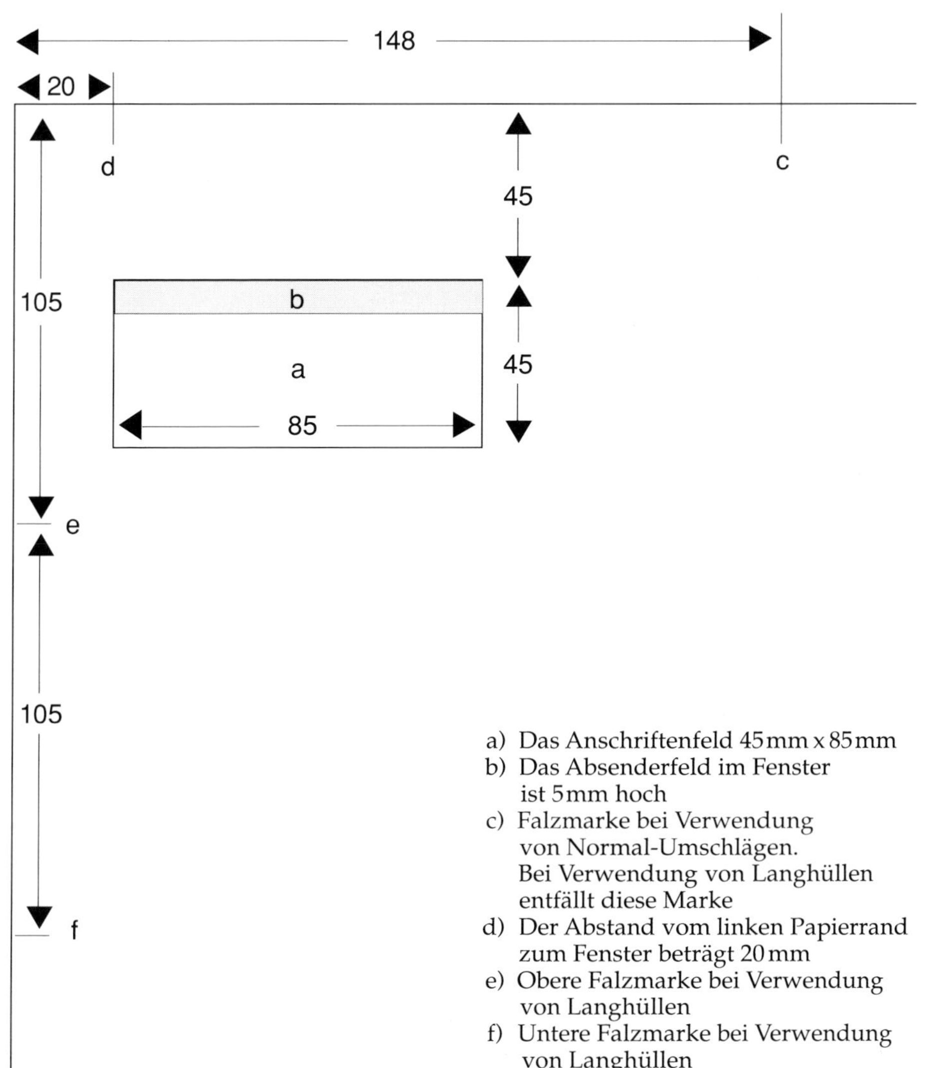
148
20
d
c
45
105
b
a
45
85
e
105
f
a) Das Anschriftenfeld 45mm x 85mm
b) Das Absenderfeld im Fenster ist 5mm hoch
c) Falzmarke bei Verwendung von Normal-Umschlägen. Bei Verwendung von Langhüllen entfällt diese Marke
d) Der Abstand vom linken Papierrand zum Fenster beträgt 20mm
e) Obere Falzmarke bei Verwendung von Langhüllen
f) Untere Falzmarke bei Verwendung von Langhüllen

Abbildung 14.10
Maße des genormten Briefbogens des Formats DIN A4

Abbildung 14.11
Beispiel eines Briefbogens im Format DIN A4,
mit Anschriftenfeld
im verkleinerten Maßstab

Die Anschrift muß nicht zusätzlich im rechten Teil des Briefbogens vorhanden sein, wenn sie im Anschriftenfeld gut lesbar ist

Abschluß des Anschriftenfeldes sollte eine Markierung sein, damit nicht über das Fenster hinaus geschrieben wird

Die Bezugszeichenzeile kann horizontal oder auch vertikal im rechten Teil des Briefbogens angeordnet sein. Bei vertikaler Anordnung muß der Zeilenabstand dem Zeilenvorschub einer Schreibmaschine angepaßt sein, damit unterschiedliches Schalten vermieden wird.

Empfehlenswert ist eine Markierung an der linken unteren Seite, damit der zum Schreiben verfügbare Platz nicht überschrieben wird

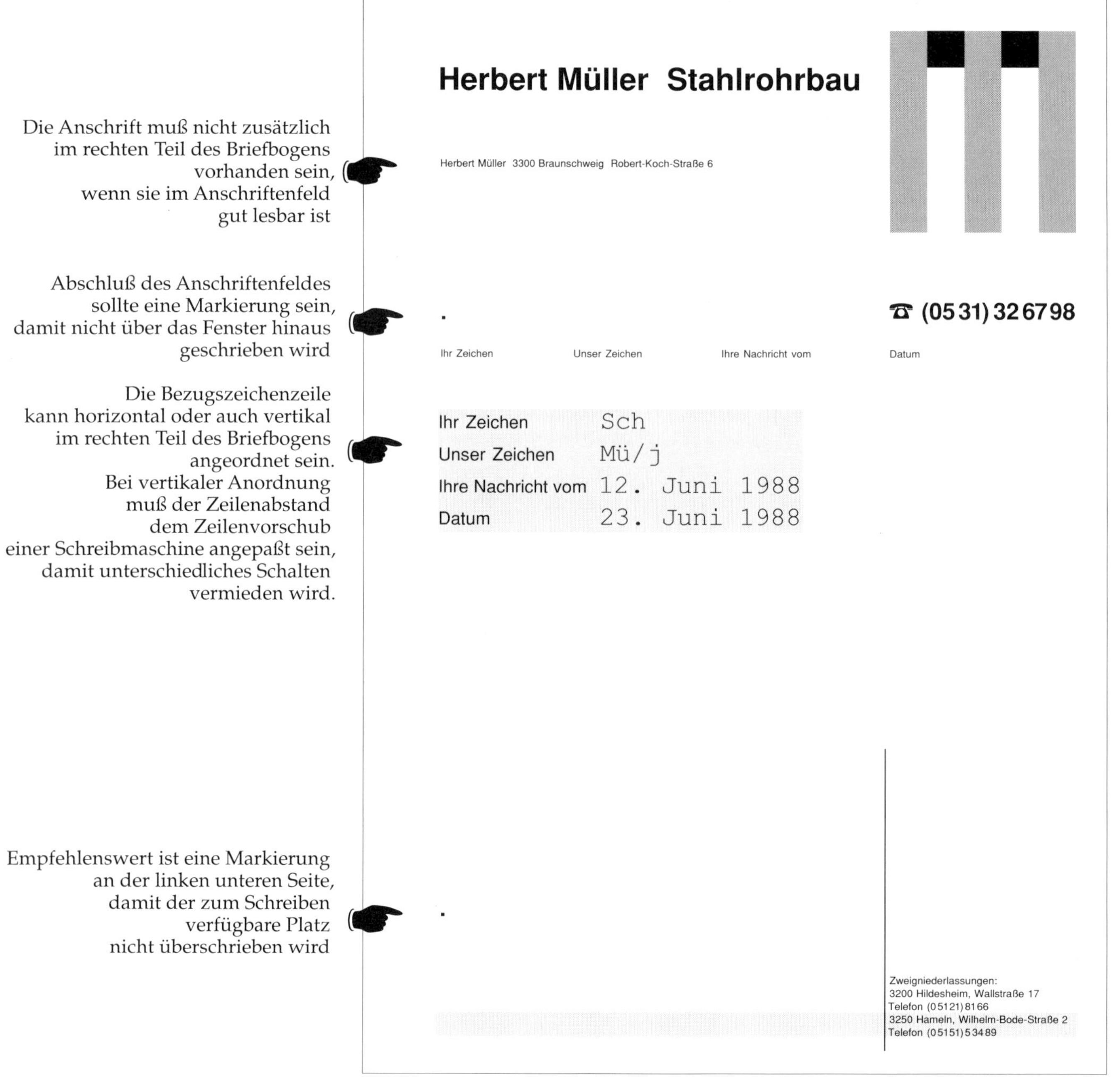

Herbert Müller Stahlrohrbau

Herbert Müller 3300 Braunschweig Robert-Koch-Straße 6

☎ (05 31) 32 67 98

Ihr Zeichen Unser Zeichen Ihre Nachricht vom Datum

Ihr Zeichen	Sch
Unser Zeichen	Mü/j
Ihre Nachricht vom	12. Juni 1988
Datum	23. Juni 1988

Zweigniederlassungen:
3200 Hildesheim, Wallstraße 17
Telefon (05121) 8166
3250 Hameln, Wilhelm-Bode-Straße 2
Telefon (05151) 53489

Im unteren Teil werden in aller Regel Angaben über die Zusammensetzung der Geschäftsleitung oder Angaben über Filialen plaziert. Sie können entweder bündig zum oberen Teil des Briefbogens (siehe senkrechte Linie) oder über die gesamte Breite des Satzspiegels angeordnet werden (graue Fläche).
Angaben über Bank- und Postscheckkonten sollten zweckdienlicherweise nicht Bestandteil eines Briefbogens, sondern besser Bestandteil der Rechnung sein.

Die Gestaltungsmöglichkeiten eines Briefbogens für geschäftliche Zwecke sind vielfältig. Wie schon bei der Gestaltung von Signets gesagt, sollte eines unbedingt beachtet werden:

Die Gesetzmäßigkeiten der Formgebung müssen beachtet werden. Der Briefbogen eines Modehauses beispielsweise sollte eher beschwingt, der Briefbogens einer mit dem Bau beschäftigten Firma eher schwer und massiv sein.

Abgesehen von dieser grundsätzlichen Entscheidung, die mit Schriftauswahl oder entsprechender Gestaltung eines Signets im Zusammenhang steht, sollte innerhalb eines Briefbogens folgende Regel beachtet werden:

Nach Festlegung für eine Schriftart sollte mit Schriftschnitten und Schriftgraden sparsam umgegangen werden.

Maximal zwei Schriftschnitte in höchstens drei Schriftgraden (siehe Abbildung 14.11) sind eine Empfehlung, mit der Ruhe und Ordnung in einen Briefbogen hineingebracht werden kann.
Auf ein wichtiges Gestaltungskriterium soll noch aufmerksam gemacht werden:

Die Plazierung markanter Teile des Briefbogens (Firmenname oder Signet) sollte möglichst außen rechts geschehen.

Die Begründung dafür ist einfach: Nachdem ein Briefbogen gelesen und bearbeitet worden ist, wird er in aller Regel abgelegt. Wenn nun der gleiche Briefbogen wieder gebraucht wird, so ist die rechte Plazierung, beispielsweise eines Signets, insofern eine wertvolle Suchhilfe, da der Suchende den Ordner nicht in voller Größe umzuschlagen braucht, sondern lediglich den rechten oberen Teil der abgehefteten Briefbögen umblättern muß.
In diesem Zusammenhang sei erwähnt: Farbige Papiere für die Gestaltung eines Briefbogens erfüllen einen ähnlichen Zweck und sind zusätzlich Gedächtnishilfe an eine Firma.

Briefbogen und Rechnung einer Firma stehen in ganz engem Zusammenhang, denn der »Kopf« sollte unbedingt identisch sein. Was sich ändert ist die Form des Rechnungsteils. Bestandteil *müssen* Angaben über Konten sein.
Auf der folgenden Seite werden einige Gestaltungsvarianten abgebildet, die zeigen sollen, daß selbst die Gestaltung einer Rechnung nicht langweilig sein muß.

Abbildung 14.12
Einzelpreis und Gesamtpreis sind durch eine stumpffeine Linie vom Text getrennt. Zwei fette Linien bilden den Abschluß der Rechnung zum Eintrag des Gesamtpreises. Die Kontenangaben sind auf Höhe der abschließenden Linien angeordnet

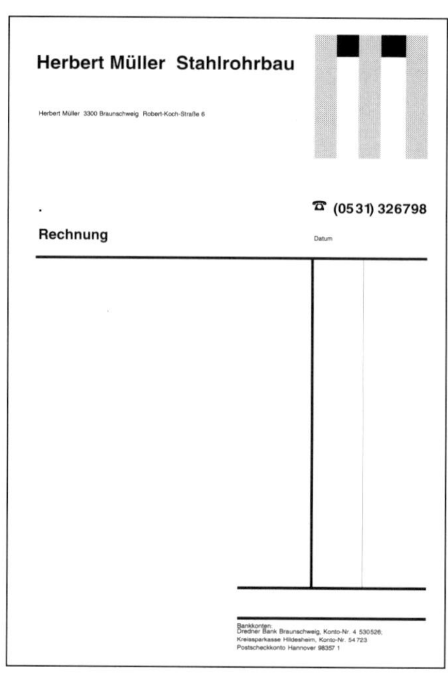

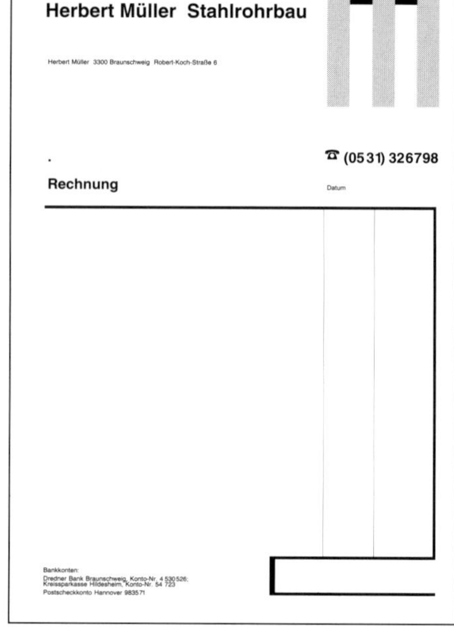

Abbildung 14.13
Die fetten Linien verbinden den Gesamtinhalt der Rechnung mit dem Endbetrag. Die Konten sind auf Höhe der letzten Linie linksbündig angeordnet

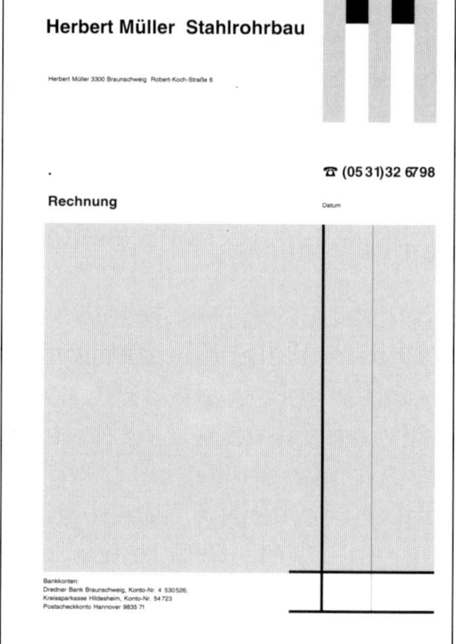

Abbildung 14.14
Für Rechnungsinhalt und Preislegung ist eine gerasterte Fläche vorgesehen

Abbildung 14.15
Eher konventionelle Gestaltung einer Rechnung mit Textanordnung der Konten über Satzspiegelbreite

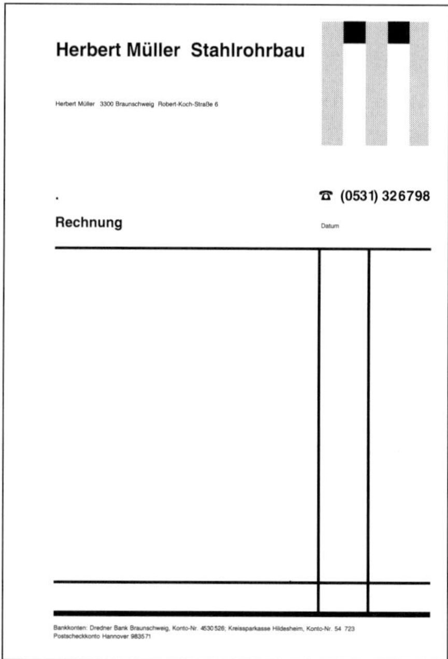

Die Besuchs- oder Visitenkarte

Besuchskarten spielen im Geschäftsleben eine wichtige Rolle; sie sind dort absolute Notwendigkeit, im privaten Bereich dagegen eher ein Privileg. Auch aus gestalterischer Sicht gibt es einen wesentlichen Unterschied: Im geschäftlichen Bereich sollten Besuchskarten eher auffallen, im privaten dagegen dezent gestaltet sein.
Die erste grundsätzliche Überlegung bei der Gestaltung einer Besuchskarte muß dem Format gewidmet werden, das auf jeden Fall handlich sein sollte. Als klassisches Format für den geschäftlichen Bereich gilt das Maß 6 cm x 11 cm. Zu akzeptieren sind darüber hinaus alle Maße von minimal 5 cm Höhe und maximal 12 cm Breite, im Hoch- und Querformat.
Aus gestalterischer Sicht gilt die Formel, daß das Format eher länglich als der quadratischen Form angenähert sein sollte. Ein längliches Format wirkt immer »eleganter«, ein Format mit Tendenz zur quadratischen Form immer »steifer«.

Neben der Festlegung des Formats sollte eine dem Thema entsprechende Schriftart ausgesucht werden. Gedanken über die Schriftart erübrigen sich, wenn diese schon aus Gründen des »Corporate Identity« vorbestimmt sind. Eine Aussage über Schriftgrade zu treffen hieße, dem Gestalter Fesseln anzulegen. Sie sollten Teil des gestalterischen Konzepts sein, wie die Beispiele auf der folgenden Seite zeigen.
Eines gilt jedoch bezüglich der Schriftgrade auch für Besuchskarten: Man sollte sparsam damit umgehen.

Eine oft praktizierte Form der Besuchskarte ist die Klappkarte, eine aus gestalterischer Sicht reizvolle Alternative zur einfachen Karte. Dabei wird zwischen der ganz- und teilformatigen Überlappung beider Seiten unterschieden (siehe Abbildung 14.16). Wichtig zu beachten:

Der jeweils sichtbare Text muß, wie nebenstehend gezeigt, für sich einen Sinn ergeben. Das ist ein gutes Beispiel dafür, daß Sprache und Typographie gut aufeinander abgestimmt sein müssen.

Abbildung 14.16
Beispiel
einer Klappkarte

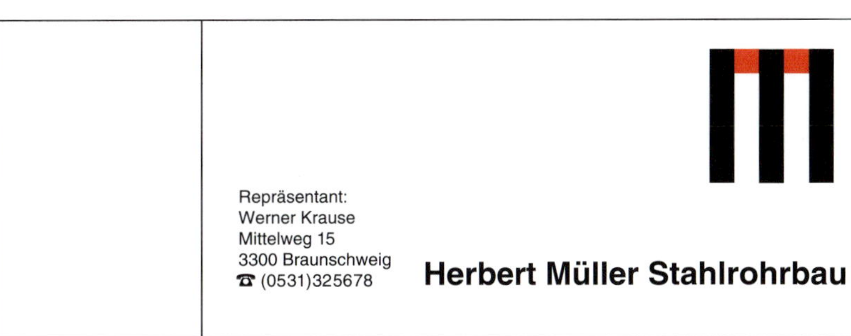

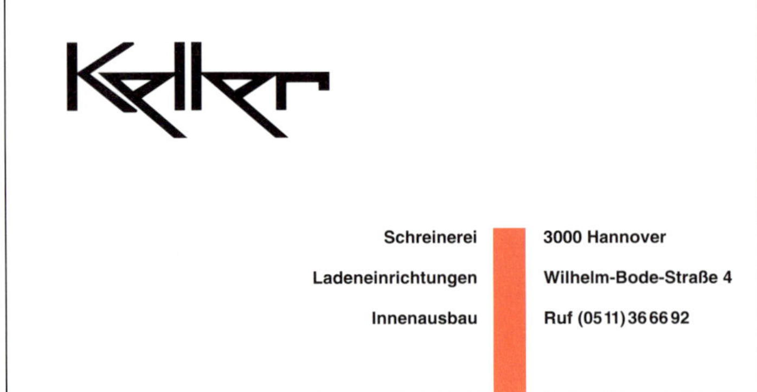

Keller
Schreinerei
Ladeneinrichtungen
Innenausbau
3000 Hannover
Wilhelm-Bode-Straße 4
Ruf (05 11) 36 66 92

Abbildung 14.17
Ein eigensinnig gestaltetes Signet dominiert als Blickfang.
Eine farbig gedruckte Linie verbindet die beiden Textblöcke

Möbelgroßhandel
Ladeneinrichtungen
Innenausbau

2000 Hamburg
An der Innen-Alster 5
(040) 575 49 29

Mehlhorn+Co

Abbildung 14.18
Eine Besuchskarte, bei der der freie Raum besonders wirkt.
Das Pluszeichen aus 1-Punkt-Linien ergibt einen interessanten Kontrast zur fetten Schrift

Geschäftsdrucksachen
Behördendrucksachen
Dokumentationen
Werbedrucksachen

Harry Behrens
8000 München, Ohmstraße 5, Ruf (089) 6 54 39 87

Zeitgemäße Gestaltung, Entwürfe

Übernahme
von Datenträgern
aller Art

Abbildung 14.19
Mit nur zwei Schriftgraden ist das Anliegen der Firma, zum Ausdruck gebracht worden

heidelberger kunstkabinett
am markt 23
bilder plastiken graphik

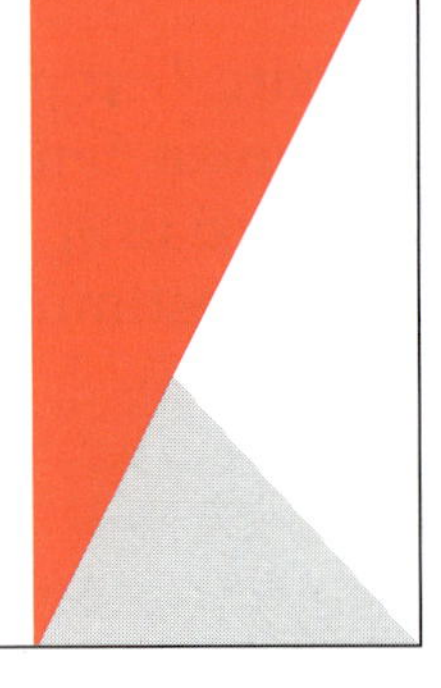

Abbildung 14.20
Das Signet ist Blickfang.
Die Schrift in Kleinbuchstaben betont das Außergewöhnliche

Prospekt und Preisliste

Zu den wichtigsten Werbedrucksachen einer Firma gehören ihre Prospekte. Sie geben Auskunft über die Produkte dieses Unternehmens sowie über ihren produktiven Einsatz und Wert für die Praxis. Bei der Prospektgestaltung gibt es ein oberstes Gebot: Sie sollten *so* interessant gestaltet sein, daß sie bereits bei erster oberflächlicher Betrachtung zum Lesen anregen.
Ein oft festzustellender Fehler besteht darin, daß Prospekte mit Text überladen sind. Daraus ist folgende Regel abzuleiten:

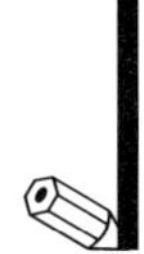

Prospekte sollten so gestaltet sein, daß auf den ersten Blick, also bereits auf der ersten Seite, das Anliegen einer Firma in Text und Bild erkennbar ist; das setzt knappe Textdarstellung voraus.

Ein weiterer häufiger Fehler besteht darin, daß Texte zu technisch beschrieben sind. Man muß dabei berücksichtigen, daß Entscheidungen über Investitionen nicht nur vom Techniker, sondern meistens vom technischen Laien in gehobener Position getroffen werden. Deshalb gilt:

Die Gestaltung kann noch so gut sein, wenn die Texte zu schwierig geschrieben sind, so bleibt deren wirtschaftliche Aussage den Investitions-Entscheidern meist verborgen.

Bei der Gestaltung von Prospekten und ähnlichen Werbedrucksachen sei nochmals an eine alte chinesische Weisheit erinnert, daß ein Bild oft mehr sagt als tausend Worte.

Nachfolgend soll nun stellvertretend für alle Werbedrucksachen anhand der ersten Seite einer Preisliste die Vielfalt der Gestaltungsmöglichkeiten gezeigt werden. Beispiel ist wiederum die Firma »Herbert Müller Stahlrohrbau«.
Dazu muß ein Gestalter zunächst überlegen, was denn eigentlich auf die Titelseite einer Preisliste im Format DIN A4 gehört.
Zwei Dinge sind im Falle der Firma Müller vorgeschriebener Bestandteil im Rahmen des »Corporate Identity«: Die Firmenschrift ist die serifenlose Antiqua Helvetica und das Firmensignet. Als Text kommt neben dem Namen der Firma, so will es der Auftraggeber, als Titel »Preisliste 1989« hinzu.
Es obliegt nun dem Gestalter, die Titelseite durch typische Illustration einer Firma für Stahlrohrbau interessant zu machen. Dabei bieten sich Kreis und Linie in vielen Varianten als Symbol für Röhren an. Aus diesen Überlegungen heraus entstanden die Entwürfe auf den folgenden Seiten im verkleinerten Maßstab.

Abbildung 14.21
Ein Entwurf,
bei dem sämtliche Bestandteile
durch viel freien Raum
besonders wirken

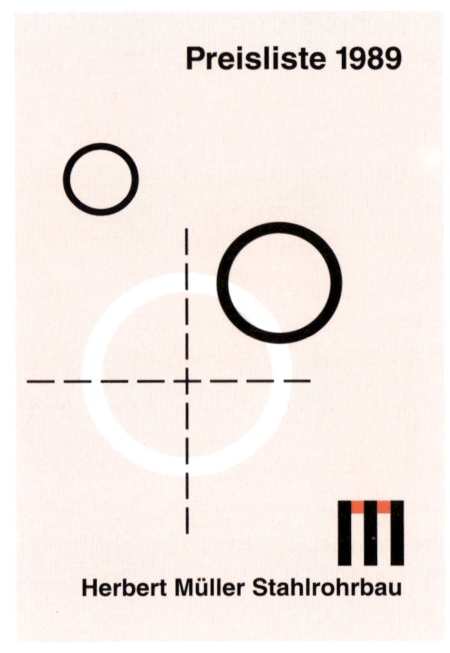

Abbildung 14.22
Die drei Kreise symbolisieren
unterschiedlich große Röhren.
Mit dem Linienkreuz
wird angedeutet,
daß sich die Firma Müller
auch mit Vermessungstechnik
im Rahmen ihrer Aufträge
beschäftigt

Abbildung 14.23
Ein Kreis als Röhrensymbol
mit hintergründiger Bedeutung:
Weitblick zeigen,
durchs Fernrohr gucken,
bei Müller in Auftrag geben

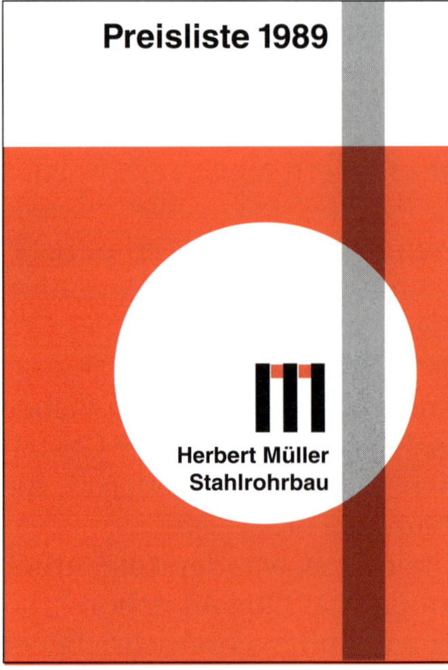

Abbildung 14.24
Die senkrechten Linien
als Röhrensymbole
verbinden den unteren
mit dem oberen Teil
in harmonischer Weise

Variationsmöglichkeiten von Tabellen

Eine Tabelle enthält geordnete Kolonnen, überwiegend Zahlenkolonnen, die in vertikaler und horizontaler Richtung Bezug zu Begriffsangaben nehmen, die entweder im Kopf der Tabelle oder seitlich angeordnet sind. Bei der Gestaltung einer Tabelle kommt es darauf an, den Bezug von Begriffsangaben und Zahlenkolonnen mit größtmöglicher Übersicht darzustellen, so daß der Inhalt einer Tabelle leicht und schnell verständlich wird.
Besondere Bedeutung in Tabellen haben **Linien**. Sie unterstützen die Gliederung der Aussagen und helfen bei der optischen Trennung von Zahlenkolonnen, dienen teilsweise aber auch als Gestaltungsmittel.

Bei Tabellen unterscheidet man grundsätzlich zwischen **tabellarischem Satz**, der auch als Reihensatz bezeichnet wird, und dem eigentlichen **Tabellensatz**. **Reihensatz** liegt *dann* vor, wenn Aufzählungen gegliedert in Zeilen geordnet sind, wie in Abbildung 14.25 dargestellt.

Abbildung 14.25 Gegenüberstellung hintereinander gestellten Textes (rechts) und Reihensatz (links)

Donnerstag	4. August	Die Meistersinger
Mittwoch	10. August	Rigoletto
Freitag	19. August	Die Frau ohne Schatten
Sonntag	4. September	Hamlet
Donnerstag	22. September	Die Meistersinger
Sonnabend	1. Oktober	Der Freischütz
Mittwoch	12. Oktober	Rigoletto

Donnerstag, 4. August, Die Meistersinger; Mittwoch, 10. August, Rigoletto; Freitag, 19. August, Die Frau ohne Schatten; Sonntag, 4. September, Hamlet; Donnerstag, 22. September, Die Meistersinger; Sonnabend, 1. Oktober, Der Freischütz; Mittwoch, 12. Oktober, Rigoletto.

Der wesentliche Unterschied zwischen dem Reihensatz und Tabellensatz wird in Abbildung 14.26 verdeutlicht, in der Zahlenkolonnen dargestellt sind:

Ø 50 cm	54,00	62,50	69,00	62,50	71,00	79,00	66,50	83,00	91,00
Ø 60 cm	56,50	64,00	71,00	66,00	74,00	82,00	70,00	86,50	96,00
Ø 70 cm	59,00	66,50	74,00	68,50	76,50	84,50	73,00	89,50	99,50
Ø 80 cm	62,50	69,00	76,50	70,00	78,50	89,00	77,00	95,00	102,00
Ø 90 cm	65,00	72,00	79,00	72,50	81,00	92,00	81,00	99,50	105,00

Abbildung 14.26

Es handelt sich zwar auch in diesem Fall um eine Form von Reihensatz, jedoch mit folgendem Unterschied: Wenn sich der Inhalt des Reihensatzes nicht selbst erklärt und demzufolge für die nähere Erläuterung der Zahlenkolonnen weiterer Text notwendig ist, dann spricht man von Tabellensatz.
Dieser angesprochene weitere Text ist auch gleichzeitig Inhalt eines wichtigen Bestandteils einer Tabelle, nämlich des Tabellenkopfes.

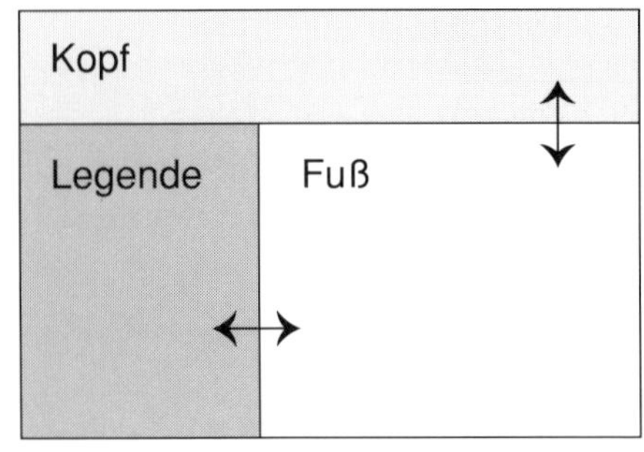

Abbildung 14.27
Grundsätzlicher Aufbau
einer Tabelle

Durch den **Tabellenkopf** wird im Normalfall die vertikal ausgerichtete Aussage einer Tabelle bestimmt. In ihm stehen kurze Angaben, auf die in den Zahlenkolonnen – meistens im Vergleich miteinander – Bezug genommen wird.
Der **Tabellenfuß** besteht aus einer Legende und den eigentlichen Kolonnen, in denen die Werte aufgeführt sind.
Die **Legende** enthält in den meisten Fällen gegenüber den Angaben im Tabellenkopf etwas umfangreicheren, erläuternden Text zu den im Fuß stehenden Werten. Durch die Legende wird die horizontal ausgerichtete Aussage einer Tabelle bestimmt.
Der Inhalt des Tabellenfußes ist *der* Teil einer Tabelle, dessentwegen sie angelegt worden ist. Deshalb gilt folgende Regel:

Die Schrift und Schriftgröße im Tabellenfuß – einschließlich der Legende – sollen den Werten der Grundschrift entsprechen, der Text des Tabellenkopfes dagegen ein bis zwei Schriftgrade kleiner gesetzt werden.

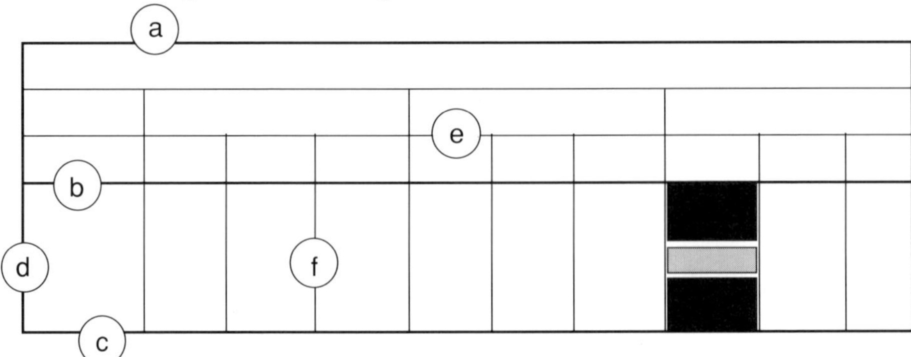

Abbildung 14.28
Detaillierter Aufbau
einer Tabelle

Beim Aufbau einer Tabelle spielen Linien eine wichtige Rolle. Man unterscheidet zwischen verschiedenen Linienfunktionen, die in Abbildung 14.28 zusammengefaßt sind.
Die Tabelle beginnt mit einer **Kopflinie** (a). Im Kopf können sich **Unterteilungslinien** (e) befinden, wenn der Aufbau der Tabelle es erforderlich macht. Abschluß des Tabellenkopfes bildet die **Kopfabschluß**- oder **Halslinie** (b).
Innerhalb einer Tabelle, also kopf- und fußübergreifend, können als Trenner zwischen den Kolonnen **Unterteilungslinien** (f) plaziert werden.
Abschluß einer Tabelle bildet die **Fußlinie** (c). **Randlinien** (d) schließen die Tabelle seitlich. Bei Tabellen ohne Randlinien spricht man von einer **offenen Tabelle**, bei Verwendung von Randlinien von einer **geschlossenen Tabelle**.
Im Fuß einer Tabelle befinden sich **Tabellenkolonnen** (schwarze Darstellung), innerhalb einer Tabellenkolonne wiederum **Tabellenfelder** (graue Darstellung).

Holzart	Eiche			Buche			Esche		
Ausführung	roh	matt	poliert	roh	matt	poliert	roh	matt	poliert
Ø 50 cm	54,00	62,50	69,50	62,50	71,50	79,00	66,50	83,00	91,00
Ø 60 cm	56,50	64,00	71,00	66,00	74,00	82,00	70,00	86,50	96,00
Ø 70 cm	59,00	66,50	74,00	68,50	76,50	84,50	73,00	89,50	99,50
Ø 80 cm	62,50	69,50	76,50	70,00	78,50	89,00	77,00	95,00	102,50
Ø 90 cm	65,00	72,00	79,00	72,50	81,50	92,00	81,00	99,50	105,00

Abbildung 14.29
Die Linien
in dieser Tabelle
sind zu fett

Holzart	Eiche			Buche			Esche		
Ausführung	roh	matt	poliert	roh	matt	poliert	roh	matt	poliert
Ø 50 cm	54,00	62,50	69,50	62,50	71,50	79,00	66,50	83,00	91,00
Ø 60 cm	56,50	64,00	71,00	66,00	74,00	82,00	70,00	86,50	96,00
Ø 70 cm	59,00	66,50	74,00	68,50	76,50	84,50	73,00	89,50	99,50
Ø 80 cm	62,50	69,50	76,50	70,00	78,50	89,00	77,00	95,00	102,50
Ø 90 cm	65,00	72,00	79,00	72,50	81,50	92,00	81,00	99,50	105,00

Abbildung 14.30
Die Linien
in dieser Tabelle
sind dem Schriftbild
angepaßt

In den Abbildungen auf dieser Seite sind die genannten Linienfunktionen in drei verschiedenen Tabellen angewandt worden. Dazu ist anzumerken:
In Abbildung 14.29 wird eine Tabelle gezeigt, die einen oft praktizierten Fehler enthält: Die Linien sind zu fett. Auch bei einer Tabelle gilt, daß nicht die Linien, sondern die Schriftaussage der wichtigste Teil einer Tabelle ist. Das Schriftbild der Linien sollte deshalb auch innerhalb einer Tabelle *dem* der im Tabellenfuß verwendeten Grundschrift angepaßt sein.
Diese Anpassung von Schrift und Linie wird in Abbildung 14.30 gezeigt und der Dominanz der Linien in Abbildung 14.29 gegenübergestellt.
In der Abbildung 14.31 wird auf Randlinien ganz verzichtet, die Tabelle also offen gestaltet. Das wirkt sich insofern positiv aus, indem der Tabelle etwas »Zusammendrückendes« genommen wird, wie der Vergleich mit den beiden Tabellen oben auf dieser Seite zeigt.

Holzart	Eiche			Buche			Esche		
Ausführung	roh	matt	poliert	roh	matt	poliert	roh	matt	poliert
Ø 50 cm	54,00	62,50	69,50	62,50	71,50	79,00	66,50	83,00	91,00
Ø 60 cm	56,50	64,00	71,00	66,00	74,00	82,00	70,00	86,50	96,00
Ø 70 cm	59,00	66,50	74,00	68,50	76,50	84,50	73,00	89,50	99,50
Ø 80 cm	62,50	69,50	76,50	70,00	78,50	89,00	77,00	95,00	102,50
Ø 90 cm	65,00	72,00	79,00	72,50	81,50	92,00	81,00	99,50	105,00

Abbildung 14.31
Offene Tabelle
ohne Randlinien

Abbildung 14.32
Tabelle ohne Linien.
Die Ordnung und Übersicht wird durch Unterlegen der Schrift mit Tonflächen erreicht

Holzart	Eiche			Buche			Esche		
Ausführung	roh	matt	poliert	roh	matt	poliert	roh	matt	poliert
Ø 50 cm	54,00	62,50	69,50	62,50	71,50	79,00	66,50	83,00	91,00
Ø 60 cm	56,50	64,00	71,00	66,00	74,00	82,00	70,00	86,50	96,00
Ø 70 cm	59,00	66,50	74,00	68,50	76,50	84,50	73,00	89,50	99,50
Ø 80 cm	62,50	69,50	76,50	70,00	78,50	89,00	77,00	95,00	102,50
Ø 90 cm	65,00	72,00	79,00	72,50	81,50	92,00	81,00	99,50	105,00

Man kann ganz auf Linien verzichten, wenn **Tonwertflächen** oder farbige **Tonflächen**, wie in Abbildung 14.32 dargestellt, für die Gestaltung von Tabellen hinzugezogen werden.

In allen bisherigen Beispielen fällt auf, daß der Text in den Kolonnen horizontal zur Mitte (axial) ausgeschlossen wurde. Es ist genau so möglich, daß der Text pro Kolonne anaxial plaziert wird, wie die beiden folgenden Abbildungen zeigen:

Abbildung 14.33
Tabelle ohne Linien.
Anordnung des Textes linksbündig anaxial

Holzart	Eiche			Buche			Esche		
Ausführung	roh	matt	poliert	roh	matt	poliert	roh	matt	poliert
Ø 50 cm	54,00	62,50	69,50	62,50	71,50	79,00	66,50	83,00	91,00
Ø 60 cm	56,50	64,00	71,00	66,00	74,00	82,00	70,00	86,50	96,00
Ø 70 cm	59,00	66,50	74,00	68,50	76,50	84,50	73,00	89,50	99,50
Ø 80 cm	62,50	69,50	76,50	70,00	78,50	89,00	77,00	95,00	102,50
Ø 90 cm	65,00	72,00	79,00	72,50	81,50	92,00	81,00	99,50	105,00

Holzart			Eiche			Buche			Esche
Ausführung	roh	matt	poliert	roh	matt	poliert	roh	matt	poliert
Ø 50 cm	54,00	62,50	69,50	62,50	71,50	79,00	66,50	83,00	91,00
Ø 60 cm	56,50	64,00	71,00	66,00	74,00	82,00	70,00	86,50	96,00
Ø 70 cm	59,00	66,50	74,00	68,50	76,50	84,50	73,00	89,50	99,50
Ø 80 cm	62,50	69,50	76,50	70,00	78,50	89,00	77,00	95,00	102,50
Ø 90 cm	65,00	72,00	79,00	72,50	81,50	92,00	81,00	99,50	105,00

Abbildung 14.34
Trennung der Rubriken jeweils durch eine farbige Linie.
Anordnung des Textes rechtsbündig anaxial

Der Vergleich der Tabellen in den Abbildungen 14.32 und 14.33 zeigt die unterschiedliche Auswirkung von axialer und anaxialer Anordnung.
Während in Abbildung 14.33 die linksbündige Variante der anaxialen Anordnung gezeigt wird, ist in Abbildung 14.34 die rechtsbündige Form dargestellt. Bei Preiskolonnen, die immer rechtsbündig orientiert sind, ist die rechtsbündige Anordnung harmonischer (siehe letzte Spalte).

Abbildung 14.35
Eine Tabelle, die durch ihre Gliederung Linien überflüssig macht

Holzart	Ausführung	Durchmesser in Zentimeter 50	60	70	80	90
Eiche	roh	54,00	56,50	59,00	62,50	65,00
	mattiert	62,50	64,00	66,50	69,50	72,00
	poliert	69,50	71,00	74,00	76,50	79,00
Buche	roh	62,50	66,00	68,50	70,00	72,50
	mattiert	71,50	74,00	76,50	78,50	81,50
	poliert	79,00	82,00	84,50	89,00	92,00
Esche	roh	66,50	70,00	73,00	77,00	81,00
	mattiert	83,00	86,50	89,50	95,00	99,50
	poliert	91,00	96,00	99,50	102,50	105,00

Bisher wurden Tabellen besprochen, deren Inhalte waagerecht ausgerichtet sind, d. h., daß ihr Verlauf eher breiter als hoch ist.
Bei schmalem Satz ist es oft günstiger, die Inhalte von Kopf und Legende zu vertauschen, um eine senkrechte Ausrichtung der Tabelle zu erreichen. Das bedeutet, daß mehr Informationen untereinanderstehen. Das bedeutet aber auch Aufwand, um die Aussagen im Tabellenfuß umzuordnen.
Ein Nebeneffekt dieses Aufwands besteht unter Umständen auch in der Erreichung einer besseren Übersicht, wie die Abbildungen auf dieser Seite im Vergleich zur Vorseite zeigen.
Durch die gliedernde anaxiale Anordnung kann auf eine Unterteilung durch Linien ganz verzichtet werden, wie die Abbildung 14.35 zeigt. Eine Tonfläche hält die Tabelle gegenüber anderen Seitenteilen zusammen, die Tabellenbestandteile selber sind durch Leerzeilen optisch voneinander getrennt.
Die Übersicht kann noch gesteigert werden, wenn die einzelnen Teile der Tabelle in sich durch Tonflächen zusätzlich gegliedert werden (Abbildung 14.36).
Diese Trennung hätte ebenso durch waagerechte Linien geschehen können, die man in dieser Funktion als **Querlinien** bezeichnet (Abbildung 14.37).

Holzart	Ausführung	Durchmesser in Zentimeter 50	60	70	80	90
Eiche	roh	54,00	56,50	59,00	62,50	65,00
	mattiert	62,50	64,00	66,50	69,50	72,00
	poliert	69,50	71,00	74,00	76,50	79,00
Buche	roh	62,50	66,00	68,50	70,00	72,50
	mattiert	71,50	74,00	76,50	78,50	81,50
	poliert	79,00	82,00	84,50	89,00	92,00
Esche	roh	66,50	70,00	73,00	77,00	81,00
	mattiert	83,00	86,50	89,50	95,00	99,50
	poliert	91,00	96,00	99,50	102,50	105,00

Abbildung 14.36
Durch einzelne Tonflächen gegliederte Tabelle

Holzart	Ausführung	Durchmesser in Zentimeter 50	60	70	80	90
Eiche	roh	54,00	56,50	59,00	62,50	65,00
	mattiert	62,50	64,00	66,50	69,50	72,00
	poliert	69,50	71,00	74,00	76,50	79,00
Buche	roh	62,50	66,00	68,50	70,00	72,50
	mattiert	71,50	74,00	76,50	78,50	81,50
	poliert	79,00	82,00	84,50	89,00	92,00
Esche	roh	66,50	70,00	73,00	77,00	81,00
	mattiert	83,00	86,50	89,50	95,00	99,50
	poliert	91,00	96,00	99,50	102,50	105,00

Abbildung 14.37
Durch Querlinien gegliederte Tabelle

Abbildung 14.38
Gestürzte Zeilen im Kopf einer Tabelle, eine gestalterische Variante, aber auch Mittel zum Zweck, wenn im Kopf viel Text unterzubringen ist

Durchmesser	roh	mattiert	poliert
Eiche			
50	54,00	62,50	69,50
60	56,50	64,00	71,00
70	59,00	66,50	74,00
80	62,50	69,50	76,50
90	65,00	72,00	79,00
Buche			
50	62,50	71,50	79,50
60	66,00	74,00	82,00
70	68,50	76,50	84,50
80	70,00	78,50	89,00
90	72,50	81,50	92,00
Esche			
50	66,50	83,00	91,00
60	70,00	86,50	96,00
70	73,00	89,50	99,50
80	77,00	95,00	102,50
90	81,50	99,50	105,00

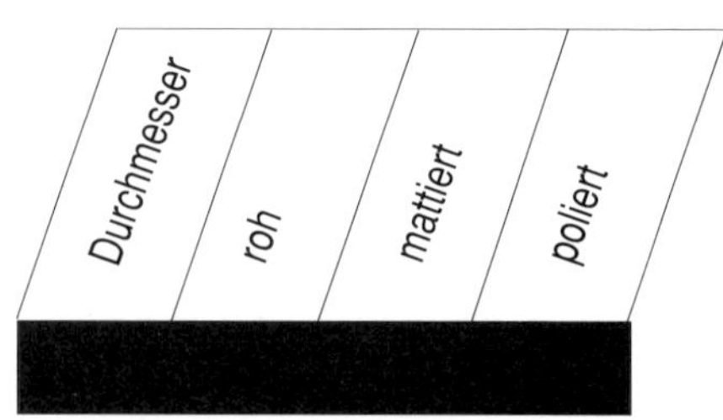

Abbildung 14.39
Gestalterische Variante: Schräg gestellter Tabellenkopf

Abschließend sei zum Thema Tabellen noch die Möglichkeit des gestürzten Satzes in Tabellenköpfen angesprochen, wie in Abbildung 14.38 gezeigt.
Gestürzte Zeilen können *dann* angewandt werden, wenn Text im Tabellenkopf umfangreich ist, aber viele Kolonnen in horizontaler Richtung das Einrichten einer angemessenen Breite des einzelnen Tabellenfeldes verhindern. Dazu merke man sich:

Gestürzte Zeilen in Tabellenköpfen verlaufen grundsätzlich von unten nach oben.

Eine Variante sind schräg gestellte Zeilen in schräg gestellten Linien, wie in Abbildung 14.39 dargestellt.

Gestalten von Formularen

Formulare jeder Art begleiten uns praktisch durch das ganze Leben. Um so erstaunlicher ist es, daß der Gestaltung von Formularen sehr wenig Aufmerksamkeit gewidmet wird. Es ist erwiesen, daß ein gut gestaltetes, vielleicht sogar farbig gedrucktes Formular, eher Beziehung zum Ausfüllenden schafft als ein lieblos gestaltetes.
Außerdem rechtfertigt ein benutzerfreundliches, eventuell mit Kosten-Mehraufwand hergestelltes Formular, bereits deshalb

Antrag auf Ausstellung einer Wohnberechtigung

Bitte vollständig ausfüllen Zutreffendes bitte ankreuzen [X]

- [ ] zum Bezug / zur Nutzung einer Wohnung
- [ ] zur Inanspruchnahme von Härteausgleich
- [ ] zur Gewährung / Weitergewährung von Zinsvergünstigungen
- [ ] zur Gewährung / Weitergewährung von Aufwendungsbeihilfen, -zuschüssen, -darlehen der Stadt / des Landes

Listen-Nr.

Eingangsvermerk

Ausweis für Schwerbehinderte – falls vorhanden, bitte vorlegen

[ ] vorhanden [ ] nicht vorhanden [ ] beantragt am:

Antragsteller Name, Vorname | Telefonisch zu erreichen

Postleitzahl, Wohnort, Straße, Hausnummer

Familienstand | seit | **Arbeitgeber**, Arbeitsstätte (Ort)

Weitere Angaben

Abbildung 14.40
Normal
gestaltetes Formular

die Höherkosten, weil die Fehlerquote beim Ausfüllen meist erheblich geringer ist, ebenso wie der Zeitaufwand seitens des Sachbearbeiters.
Untersuchungen haben ergeben, daß eine als angenehm empfundene übersichtliche Gestaltung eines Formulars eher zum Auseinandersetzen mit dem Thema veranlaßt, als gegenteilige Ausführungen. Gerade bei der Formulargestaltung sollten die typographischen Grundregeln – Übersicht und optimale Lesbarkeit – Gültigkeit haben.

In Abbildung 14.40 wird ein Formular gezeigt, das von der Übersicht her bereits zu den besseren zu zählen ist. Anhand dieses Formulars soll an vier Beispielen die Vielfalt der Gestaltungsmöglichkeiten angedeutet werden.
Wie die Abbildungen auf der nächsten Seite zeigen, kann bereits eine andere Form der Linienumrandung eine viel gefälligere Form bringen.

Abbildung 14.41
Formular
mit optisch angenehmer Umrandung
und Führung des Ausfüllenden
in Form von Pfeilen

Antrag auf Ausstellung einer Wohnberechtigung

Bitte vollständig ausfüllen Zutreffendes bitte ankreuzen [X]

☐ zum Bezug / zur Nutzung einer Wohnung
☐ zur Inanspruchnahme von Härteausgleich
☐ zur Gewährung / Weitergewährung von Zinsvergünstigungen
☐ zur Gewährung / Weitergewährung von Aufwendungsbeihilfen, -zuschüssen, -darlehen der Stadt / des Landes

Listen-Nr.

Eingangsvermerk

Ausweis für Schwerbehinderte – falls vorhanden, bitte vorlegen
☐ vorhanden ☐ nicht vorhanden ☐ beantragt am:

▼ **Antragsteller** Name, Vorname
▼ Telefon
▼ Straße, Hausnummer
▼ Postleitzahl Wohnort
▼ Familienstand
▼ **Arbeitgeber**, Arbeitsstätte (Ort)
▼ seit

Wie die Abbildung 14.41 zeigt, kann neben dem gefälligeren Linienrahmen mit einfachen Gestaltungselementen eine bessere Führung des Ausfüllenden erreicht werden. Durch die Pfeile wird die Reihenfolge der auszufüllenden Felder übersichtlich markiert. Diese »Führung« durch das Formular kann darüber hinaus durch Unterlegen der Schrift mit einer Tonfläche sowie dem Freistellen der auszufüllenden Felder noch verstärkt werden (Abbildung 14.42).

Abbildung 14.42
Formular
mit optisch ausgesparten
Eintragsfeldern

Antrag auf Ausstellung einer Wohnberechtigung

Bitte vollständig ausfüllen Zutreffendes bitte ankreuzen [X]

☐ zum Bezug / zur Nutzung einer Wohnung
☐ zur Inanspruchnahme von Härteausgleich
☐ zur Gewährung / Weitergewährung von Zinsvergünstigungen
☐ zur Gewährung / Weitergewährung von Aufwendungsbeihilfen, -zuschüssen, -darlehen der Stadt / des Landes

Listen-Nr.

Eingangsvermerk

Ausweis für Schwerbehinderte – falls vorhanden, bitte vorlegen
☐ vorhanden ☐ nicht vorhanden ☐ beantragt am:

▼ **Antragsteller** Name, Vorname
▼ Telefon
▼ Straße, Hausnummer
▼ Postleitzahl Wohnort
▼ Familienstand
▼ **Arbeitgeber**, Arbeitsstätte (Ort)
▼ seit

Antrag auf Ausstellung einer Wohnberechtigung

Bitte vollständig ausfüllen Zutreffendes bitte ankreuzen [X]

Listen-Nr.

Eingangsvermerk

- [ ] zum Bezug / zur Nutzung einer Wohnung
- [ ] zur Inanspruchnahme von Härteausgleich
- [ ] zur Gewährung / Weitergewährung von Zinsvergünstigungen
- [ ] zur Gewährung / Weitergewährung von Aufwendungsbeihilfen, -zuschüssen, -darlehen der Stadt / des Landes

Ausweis für Schwerbehinderte – falls vorhanden, bitte vorlegen

[ ] vorhanden [ ] nicht vorhanden [ ] beantragt am:

▼ **Antragsteller** Name, Vorname ▼ Telefon

▼ Straße, Hausnummer

▼ Postleitzahl Wohnort ▼ Familienstand

▼ **Arbeitgeber**, Arbeitsstätte (Ort) ▼ seit

Abbildung 14.43
Formular
mit optisch unterlegten
Eintragsfeldern

Antrag auf Ausstellung einer Wohnberechtigung

Bitte vollständig ausfüllen Zutreffendes bitte ankreuzen [X]

Listen-Nr.

Eingangsvermerk

- [ ] zum Bezug / zur Nutzung einer Wohnung
- [ ] zur Inanspruchnahme von Härteausgleich
- [ ] zur Gewährung / Weitergewährung von Zinsvergünstigungen
- [ ] zur Gewährung / Weitergewährung von Aufwendungsbeihilfen, -zuschüssen, -darlehen der Stadt / des Landes

Ausweis für Schwerbehinderte – falls vorhanden, bitte vorlegen

[ ] vorhanden [ ] nicht vorhanden [ ] beantragt am:

▼ **Antragsteller** Name, Vorname ▼ Telefon

▼ Straße, Hausnummer

▼ Postleitzahl Wohnort ▼ Familienstand

▼ **Arbeitgeber**, Arbeitsstätte (Ort) ▼ seit

Abbildung 14.44
Formular
mit optisch unterschiedlich
unterlegten Eintragsfeldern

Dem Variantenreichtum sind dabei kaum Grenzen gesetzt. In Abbildung 14.43 sind umgekehrt die auszufüllenden Felder mit einer Tonfläche unterlegt. Diese Variante ist allerdings mit Einschränkung zu sehen: Nur wenn die Tonflächen farbig gedruckt sind, ist ein einwandfreies Lesen der Einträge garantiert. Das gilt auch für die in Abbildung 14.44 gezeigte Variante, in der durch abwechselnd unterschiedliche Tonflächen der optische Eindruck noch verstärkt wird.

Formulare, das zeigen diese Beispiele, können bewirken, daß Voreingenommenheit gegenüber Bürokratie mit typographischen Mitteln durchaus in Akzeptanz umgewandelt werden kann.

Die Gestaltung von Anzeigen

Anzeigen sind für die meisten Firmen ein unverzichtbares Werbemittel; sie sind aber auch für den privaten Bereich eine gute Möglichkeit, um Anliegen der Öffentlichkeit mitzuteilen.
Die Größe von Anzeigen wird im allgemeinen horizontal in »Anzahl Spalten« und vertikal in »Millimeter-Höhe« festgelegt.
Als Gestaltungskriterien sind zu entscheiden: Grundschriftart und Grundschriftgröße, Größe der Schlagzeilen, Art der Linienumrandung, axiale oder anaxiale Anordnung des Textes.
Diese Überlegungen sollten für alle Folgeanzeigen Gültigkeit haben, denn für ein Unternehmen ist das gleichmäßige Erscheinungsbild einer Anzeige im Rahmen des »**Corporate Identity**« sehr wichtig. Für die Gestaltung gilt der Grundsatz:

Viel Text auf ganz engem Raum wird weniger gelesen als gezielt knapper Text im freien Raum. Großzügiger freier Raum vermittelt auch den Eindruck von Größe.

Dabei sollten in Schlagzeilen zwei Fakten besonders hervorgehoben werden: *Das,* was angeboten wird und *derjenige,* der anbietet. Gestalterisch gut in Szene gesetzte und textlich gut abgefaßte Schlagzeilen sind ein besserer Blickfang als fette Umrandungen. Diese Thesen werden in einer soliden, auf Mittelachse ausgerichtet gestalteten Anzeige in Abbildung 14.45 gezeigt. An dieser Anzeige ist zu beanstanden, daß die Textmenge auf den ersten Blick unüberschaubar ist, auch weil Mittelachsensatz mit seinen unruhigen Zeilenenden dazu beiträgt.

Partner nach Maß

Wir sind ein Unternehmen, das sich auf Stahlrohrbau spezialisiert hat.
Für die Akquisition suchen wir einen Mitarbeiter
für eine abwechselungsreiche Tätigkeit mit ausgezeichneten
Verdienst- und Aufstiegsmöglichkeiten.
Mit einer sorgfältigen Ausbildung in unserem Hause und bei unseren
Lieferanten bereiten wir Sie auf Ihre Aufgabe vor.

Sie erhalten einen Angestelltenvertrag oder auf Wunsch auch
intensive Unterstützung auf dem Weg in die berufliche Selbständigkeit.
Ihr Erfolg ist sicher, wenn Sie kontaktfreudig sind,
zielsicher verhandeln und gewohnt sind, korrekt zu arbeiten.
Schicken Sie uns bitte Ihre Bewerbung mit kurzem Lebenslauf.

Herbert Müller Stahlrohrbau

3300 Braunschweig, Robert-Koch-Straße 6, Telefon (05 31) 32 67 98

Abbildung 14.45
Beispiel
einer »soliden« Anzeige,
die auf Mittelachse
ausgerichtet ist

Geringfügige Abhilfe, um diese Textmenge besser auf einen Blick übersehen zu können, schafft die anaxiale Anordnung von Schlagzeilen und Text. Durch die Ruhe des Blocksatzes wird dieses Anliegen unterstützt (Abbildung 14.46).
Das Problem aber wurde nicht gelöst: Die Textmenge ist zu groß und demzufolge auch zu unübersichtlich. Die Alternativen sind entweder Kürzung des Textes oder bei gleichbleibender Textmenge mehrspaltige Gestaltung.

Abbildung 14.46
Anaxiale Anordnung von Schlagzeilen und Text

Partner nach Maß

Wir sind ein Unternehmen, das sich auf den Stahlrohrbau spezialisiert hat. Für die Akquisition suchen wir einen Mitarbeiter für eine abwechselungsreiche Tätigkeit mit ausgezeichneten Verdienst- und Aufstiegsmöglichkeiten. Mit einer sorgfältigen Ausbildung in unserem Hause und bei unseren Lieferanten bereiten wir Sie auf Ihre Aufgabe vor.

Sie erhalten einen Angestelltenvertrag oder auf Wunsch auch intensive Unterstützung auf dem Weg in die berufliche Selbständigkeit. Ihr Erfolg ist sicher, wenn Sie kontaktfreudig sind, zielsicher verhandeln und gewohnt sind, korrekt zu arbeiten. Schicken Sie uns Ihre Bewerbung mit kurzem Lebenslauf.

Herbert Müller Stahlrohrbau

3300 Braunschweig, Robert-Koch-Straße 6, Telefon (05 31) 32 67 98

Zweispaltigkeit wurde bei gleicher Textmenge in der Anzeige in Abbildung 14.47 durchgeführt. Es ist deutlich festzustellen, daß bei mehrspaltiger Gestaltung die Übersicht gesteigert wird. Der Betrachter nimmt nach und nach alle Textblöcke zur Kenntnis. Damit besteht viel eher die Wahrscheinlichkeit, daß das Interesse geweckt wird. Auch die doppelfeine Umrandung trägt sicher dazu bei, daß diese Anzeige aus der großen Masse hervorgehoben wird.
Eine Variante der Mehrspaltigkeit wird in Abbildung 14.48 gezeigt. Abgesehen von der Variierung der Umrandung mit einem Rahmen mit »**runden Ecken**« – so widersprüchlich bezeichnet man diese Rahmenform tatsächlich – ist der Text im Flattersatz gesetzt, wobei beide Varianten in zwei gegenüber angeordneten Textblöcken angewandt wurden.
Der rechtsbündige Flattersatz ist dabei mit Randausgleich gesetzt worden. Anderenfalls – das zeigt der Vergleich daneben – würde das Satzbild ausgefranst wirken.

Partner nach Maß

Wir sind ein Unternehmen, das sich auf den Stahlrohrbau spezialisiert hat. Für die Akquisition suchen wir einen Mitarbeiter für eine abwechselungsreiche Tätigkeit mit sehr guten Verdienst- und Aufstiegsmöglichkeiten.
Mit einer sorgfältigen Ausbildung in unserem Hause sowie bei unseren Lieferanten bereiten wir Sie auf Ihre Aufgabe vor.

Sie erhalten einen Angestelltenvertrag oder auf Wunsch auch intensive Unterstützung auf dem Weg in die berufliche Selbständigkeit. Ihr Erfolg ist sicher, wenn Sie kontaktfreudig sind, zielsicher verhandeln und gewohnt sind, korrekt zu arbeiten.
Schicken Sie uns bitte Ihre Bewerbung mit kurzem tabellarischem Lebenslauf.

Herbert Müller Stahlrohrbau

3300 Braunschweig, Robert-Koch-Straße 6, Telefon (0531) 326798

Abbildung 14.47
Zweispaltige anaxiale Gestaltung, Blocksatz mit Randausgleich

Abbildung 14.48
Zweispaltige axiale Gestaltung mit Gegenüberstellung von Satz mit und ohne Randausgleich

Wir sind ein Unternehmen, das sich auf den Stahlrohrbau spezialisiert hat. Für die Akquisition suchen wir einen Mitarbeiter für eine abwechselungsreiche Tätigkeit mit sehr guten Verdienst- und Aufstiegsmöglichkeiten. Mit einer sorgfältigen Ausbildung in unserem Hause und bei unseren Lieferanten bereiten wir Sie auf Ihre Aufgabe vor.

↔

Partner nach Maß

Wir sind ein Unternehmen, das sich auf den Stahlrohrbau spezialisiert hat. Für die Akquisition suchen wir einen Mitarbeiter für eine abwechselungsreiche Tätigkeit mit sehr guten Verdienst- und Aufstiegsmöglichkeiten. Mit einer sorgfältigen Ausbildung in unserem Hause und bei unseren Lieferanten bereiten wir Sie auf Ihre Aufgabe vor.

Sie erhalten einen Angestelltenvertrag oder auf Wunsch auch intensive Unterstützung auf dem Weg in die berufliche Selbständigkeit. Ihr Erfolg ist sicher, wenn Sie kontaktfreudig sind, zielsicher verhandeln und gewohnt sind, korrekt zu arbeiten. Schicken Sie uns bitte Ihre Bewerbung mit tabellarischem Lebenslauf.

Herbert Müller Stahlrohrbau

3300 Braunschweig, Robert-Koch-Straße 6, Telefon (0531) 326798

Die bisher gezeigten Anzeigenbeispiele sind im Prinzip sehr solide gestaltet. Es sollte im wesentlichen gezeigt werden, wie man die textlichen Aussagen auf verschiedene Weise in Szene setzen kann. Darüber hinaus sollte aber auch einmal eine etwas ausgefallene Gestaltung in Erwägung gezogen werden, wie in den Beispielen auf der nächsten Seite angedeutet. Damit wird auf jeden Fall erreicht, daß sich diese Anzeige aus der Menge der anderen hervorhebt.

Abbildung 14.49
Anaxiale Gestaltung einer Anzeige mit Einbeziehung des Firmensignets

Wir sind ein Unternehmen, das sich auf den Stahlrohrbau spezialisiert hat.

Für die Akquisition suchen wir einen

Sie erhalten einen Angestelltenvertrag oder auch intensive Unterstützung auf dem Weg in die berufliche Selbständigkeit.

Partner nach Maß

für eine abwechselungsreiche Tätigkeit mit sehr guten Verdienst- und Aufstiegsmöglichkeiten.
Mit einer sorgfältigen Ausbildung bei uns im Haus und bei unseren Lieferanten bereiten wir Sie auf Ihre Aufgabe vor.

Ihr Erfolg ist sicher, wenn Sie kontaktfreudig sind, zielsicher verhandeln und gewohnt sind, korrekt zu arbeiten.

Schicken Sie uns bitte Ihre Bewerbung mit kurzem tabellarischem Lebenslauf.

Herbert Müller Stahlrohrbau
3300 Braunschweig, Robert-Koch-Straße 6
Telefon (0531) 326798

Abbildung 14.50
Anaxiale Gestaltung einer Anzeige, wobei das Firmensignet in die Gestaltung der Umrandung einbezogen wurde

Partner nach Maß

Wir sind ein Unternehmen, das sich auf Stahlrohrbau spezialisiert hat. Für die Akquisition suchen wir einen Mitarbeiter für eine abwechselungsreicheTätigkeit mit sehr guten Verdienst- und Aufstiegsmöglichkeiten.
Mit einer sorgfältigen Ausbildung in unserem Hause sowie bei unseren Lieferanten bereiten wir Sie auf Ihre Aufgabe vor.

Sie erhalten einen Angestelltenvertrag oder auf Wunsch auch intensive Unterstützung auf dem Weg in die berufliche Selbständigkeit. Ihr Erfolg ist sicher, wenn Sie kontaktfreudig sind, zielsicher verhandeln und gewohnt sind, korrekt zu arbeiten.
Schicken Sie uns bitte Ihre Bewerbung mit tabellarischem Lebenslauf.

Herbert Müller Stahlrohrbau
3300 Braunschweig, Robert-Koch-Straße 6, Telefon (0531) 326798

Die wichtigsten Schreibregeln

15

Schreibregeln im Sinne dieser Überschrift betreffen nicht grammatikalische Regeln, sondern die richtige Schreibweise von Begriffen, mit denen wir täglich im Leben konfrontiert werden, wie beispielsweise Telefonnummern.
Ein Typograph sollte unbedingt auf die Einhaltung achten, denn die Nichteinhaltung der nachfolgend aufgeführten Schreibweisen beeinflussen die Lesbarkeit teilweise erheblich.
Deshalb sei die Empfehlung ausgesprochen, daß die richtigen Schreibweisen auch in einem **Corporate Identity** – für alle Beteiligten verbindlich – vorgeschrieben sein sollten. Dabei gilt die Regel:

Sofern Zifferngruppen zu trennen sind, so gilt als Maß für den Zwischenraum immer das Achtelgeviert.

200 2000 20 000

Die grundsätzliche Regel lautet, daß in **Zahlen**, die aus mehr als vier Ziffern bestehen, die jeweils drei letzten Stellen abgetrennt werden müssen. Diese Stellenabtrennung ist eine wichtige Lesehilfe, denn mehr als vier Ziffern sind kaum auf den ersten Blick zu übersehen.
Der Zwischenraum sollte aber nicht größer sein als ein Achtelgeviert, weil sonst die Gefahr besteht, daß er als Wortzwischenraum gelesen wird (richtig **20 000**, falsch **20 000**). Im zweiten Falle wird fälschlicherweise oftmals als Abtrenngröße ein Viertelgeviert verwendet.
Die gleiche Regelung gilt übrigens auch bei Stellen nach einem Komma: **0,37 654**.

336 33 66 3 36 69

Bei **Telefonnummern** gilt die Regelung, daß bei mehr als drei Ziffern, die jeweils letzten zwei abgetrennt werden. Für Vorwahlnummern gelten die gleichen Regeln.
Vorwahlnummern sind darüber hinaus abgrenzend zur Hauptnummer in Klammern zu schreiben: **(0 65 34) 3 36 69**.
Vorwahl- und Hauptnummer sind ebenfalls durch ein Achtelgeviert zu trennen.
Nebenstellen werden durch ein Divis ohne Zwischenraum von der Hauptnummer getrennt: **(0 65 34) 3 36 69-23 56**.

123456 abc d

Eine **Telexnummer** (Tx) besteht aus einer sechsstelligen Rufnummer, einem dreistelligen Buchstabenteil und einem einstelligen Netzkennzeichen (z. B. »d« für Deutschland).
Es gilt die Regel, daß zwischen diesen Teilen ein Zwischenraum zu setzen ist. Die Nummer selber dagegen wird ohne Zwischenräume geschrieben.

123456=AbCdEfG

Ein **Teletexkennzeichen** (Ttx) besteht aus einer sechsstelligen Rufnummer, einem Gleichheitszeichen und einem siebenstelligen Buchstabenteil. Es gilt die Regel, daß zwischen diesen Teilen keine Zwischenräume zu setzen sind. Auch die Nummer wird ohne Zwischenräume geschrieben.

Für **Telefaxnummern** (Tfx) gelten die gleichen Regeln wie für Telefonnummern.

012 1234-1

Eine **Bildschirmtextnummer** (Btx) besteht aus einer Rufnummer und einer Durchwahl- oder Mitbenutzernummer. Beide werden voneinander durch ein Divis getrennt. Die Rufnummer selber wird vier Stellen von rechts abgetrennt.

Datexnummern werden ohne jeden Zwischenraum geschrieben, da diese zu Fehlverbindungen führen können.

3015:ABC456

Die nationale Kennung für **Telebox** (Mailbox) besteht aus drei Großbuchstaben und drei Ziffern, die ohne Zwischenraum gesetzt werden. Bei der internationalen Kennung werden drei bis fünf Ziffern vorangestellt, die durch einen Doppelpunkt von der nationalen Kennung abgegrenzt werden.

2 53 3 45 67

Postfachnummern können ab drei Stellen aufweisen. Es werden jeweils zwei Stellen von rechts nach links durch einen Zwischenraum abgetrennt, auch dann, wenn die Postfachnummer nur aus drei Stellen besteht.

1234 56-854

Postgirokonten bestehen aus ein, zwei, drei oder vier Ziffern plus zwei Stellen als Postleitzahl des Postgiroamts und drei Stellen als Prüfziffern. Die beiden vorderen Ziffernteile werden vom Prüfteil durch ein Divis getrennt. Der vordere Ziffernteil (ein-, zwei-, drei- oder vierstellig) wird von der zweistelligen Postleitzahl durch einen Zwischenraum getrennt.

(BLZ 180 270 40)

Bankkonten sind von rechts dreistellig abzutrennen. Angaben über Bankkonten sind immer mit der Bankleitzahl zu verwenden. Für Bankleitzahlen gilt, daß diese zusammen mit den Buchstaben BLZ in Klammern vor der Angabe des Bankkontos stehen; sie besteht aus acht Stellen, wobei eine Unterteilung von links nach rechts in zwei Dreiergruppen und einer Zweiergruppe erfolgt: **(BLZ 180 270 40) 55 673 890**.
Zwischen BLZ und Bankleitzahl ist ein Viertelgeviert, zwischen Bankleitzahl und Kontonummer ein Achtelgeviert einzufügen.

DIN-Nummern werden wie normale Zahlen behandelt. Bei mehr als vier Stellen werden jeweils drei Stellen von hinten abgetrennt. Zwischen DIN-Kennung und Zahl ist ein Viertelgeviert zu plazieren, da beide nicht voneinander getrennt werden dürfen. Das würde bei Verwendung eines normalen Wortzwischenraums geschehen, wenn sich die DIN-Nummer im Trennbereich beim Ausschluß einer Zeile befinden würde.

DIN 65358

Man kann also durch Verwendung von Festausschluß erreichen, daß zusammengehörende Begriffe nicht getrennt werden. Diese Reaktion fast jedes Satzprogrammes muß auch bei folgenden zusammengehörenden Begriffen angewandt werden:

Alle Zahlenangaben, die in Verbindung mit Längen-, Gewichts- oder anderen Angaben stehen, dürfen nicht voneinander getrennt werden.
Im allgemeinen wird als Trenner zwischen beiden zusammengehörenden Begriffen ein Viertelgeviert verwendet.

3 m 5 t 6% § 2

Das gleiche gilt auch für Abkürzungen, die in Verbindung mit einem Namen genannt werden, wie beispielsweise ein Doktortitel.
Das gilt aber auch für zusammengehörende Begriffe wie »z. B.«, »23 Uhr« oder ähnliche.

Dr. Kraus z. B.

In Verbindung mit Flächenangaben muß zusätzlich beachtet werden, daß jede Zahl mit dem jeweiligen Längenmaß angegeben werden muß. Zwischen den Angaben muß ebenfalls Festausschluß verwendet werden, da auch Flächenangaben nicht getrennt werden dürfen.

8 cm x 12 cm

Auf *eine* Schreibregel soll besonders aufmerksam gemacht werden, weil sie immer wieder falsch angewandt wird. Bei Angaben in Grad steht das Gradzeichen unmittelbar hinter der Zahl. Bei Gradangaben in Celsius muß hinter der Zahl Festausschluß angegeben werden. Grad und Celsius sind ein Begriff.

24° 24 °C

Bei Anwendung von Datumsangaben ohne Monatsnamen wird diese Schreibweise empfohlen. Als Trenner zwischen Tages-, Monats- und Jahresangaben wird ein Divis verwendet. Nicht zu empfehlen sind Schreibweisen wie 22.7.1988 oder 02.07.88.
Aus typographischer Sicht ist die Divis-Schreibweise zu begrüßen, denn durch Verwendung eines Divis als Trenner entstehen optisch weniger Lücken im Satzbild als mit Punkten.

22-7-1988

5–9 1988–1993

Bei von-bis-Angaben kann ersatzweise das »bis« durch einen Gedankenstrich auf Halbgeviertbreite verwendet werden. In dieser Eigenschaft wird er als **Streckenstrich** bezeichnet. Die Regel lautet, daß der Streckenstrich ohne Zwischenraum eingesetzt werden muß: Braunschweig–Kiel.

1. 2. a) b)

Bei gegliederten Texten, deren Absatzanfänge entweder durch Ziffern oder Buchstaben gekennzeichnet sind, muß hinter einer Ziffer ein Punkt und hinter einem Buchstaben eine »Klammer zu« geschrieben werden.
Punkte und Klammern haben untereinanderzustehen. Hinter Punkt und Klammer ist ein fester Wert, beispielsweise ein Halbgeviert, zu schreiben, damit die jeweils erste Zeile hinter der Kennzeichnung des Absatzes auf gleicher Höhe beginnt.
Bei Anwendung römischer Ziffern müssen ebenfalls Punkte verwendet werden.

1 1.1 1.1.1 2

Bei Anwendung von dekadischen Ordnungszahlen steht lediglich zwischen den Zahlen jeweils ein

●

Stichwortübersicht